पुस्तकालय संगठन

पुस्तकालय संगठन

डॉ॰ अजय कुमार सिंह

अर्जुन पब्लिशिंग हाउस

पुस्तकालय संगठन

प्रथम संस्करण, 2011

ISBN 978-81-8330-281-4

प्रकाशक :

अर्जुन पब्लिशिंग हाऊस

4831/24, प्रह्लाद गली,
अंसारी रोड, दरियागंज,
नई दिल्ली—110002
फोन : 23272541, 23257835
फैक्स : 91–011–23257835
e-mail : arjunbooks2001@gmail.com

टाइपसेटिंग :

डिम्पल कम्प्यूटर्स

दिल्ली—110092

प्रिन्टर्स :

रोशन आफसेट प्रिंटर्स

दिल्ली - 53

प्रस्तावना

पुस्तकालय की सेवाएँ यदि सुसंगठित हैं तो उससे पाठक मनोनुकूल लाभ ले पायेंगे। एक मजबूत पुस्तकालय संगठन जिसके पास बेहतर उपयोगी व नवीन संस्करण की पुस्तकें हों, लाभदायी व महत्त्वपूर्ण होता है। सभी पुस्तकालयाध्यक्ष का मुख्य दृष्टिकोण यही रहता है कि वह पुस्तकालय सेवाओं को इस प्रकार नियोजित करें कि उससे उसकी कार्यक्षमता में अधिकाधिक बढ़ोत्तरी हो तथा अधिकाधिक पाठकों को पुस्तकालय सेवाओं से अनुकूलतम लाभ मिल सके। इस लक्ष्य की पूर्ति के लिए संस्था को सुसंगठित किया जाता है।

दूसरी संस्थाओं की तरह पुस्तकालय संस्था भी अपने लक्ष्य की तरफ सफलतापूर्वक तभी बढ़ सकती है, जब इसको संचालित करने वाला व्यक्ति इस दिशा में व्यवस्थित एवं संगठित कदम उठाये। दूसरे शब्दों में पुस्तकालय सेवा से अधिक से अधिक लाभ उठाने के लिए पुस्तकालय के संगठन को सुदृढ़ और समन्वित बनाना चाहिए। निजी प्रयत्नों का समन्वय करने एवं निर्धारित लक्ष्य की दिशा में उनका उपयोग करने की 'क्रिया' ही संगठन है। विस्तृत अर्थों में संगठन का अभिप्राय किसी कार्य के लिए जरूरी साधनों के परस्पर सम्बन्ध से है। पुस्तकालय संगठन में भवन, कर्मचारी, वित्त, सामग्री आदि तत्त्व शामिल होते हैं। इनमें से किसी एक तत्त्व का अकेला अस्तित्व कोई महत्त्व नहीं रखता, किन्तु जब यह सब एक साथ मिलते हैं, तो बहुत महत्त्वपूर्ण हो जाते हैं। उत्तम पुस्तकालय व्यवस्था में संचालन की दृष्टि से जरूरी साधनों को जुटाना ही पुस्तकालय का प्रयोजन है।

अपने विशेष अर्थ में किसी सार्वजनिक सेवा को बुलाने के लिए जरूरी कर्तव्यों एवं क्रियाओं का निर्धारण ही संगठन है। संगठन की जरूरत तब होती है, जब उक्त सेवा को करने के उद्देश्य से उसके समस्त साधनों को इकट्ठा किया जाता है। यह निर्विवाद सत्य है कि किसी भी सार्वजनिक सेवा का पूरा लाभ तभी उठाया जा सकता है, जब वह सही तरीके से संगठित हो।

प्रस्तुत पुस्तक में पुस्तकालय को कैसे संगठित किया जाए जिससे पाठक अधिक से अधिक लाभान्वित हों, इन तरीकों पर सविस्तार प्रकाश डाला गया है। इसके साथ ही साथ एक आदर्श पुस्तकालय का संगठन कैसा होना चाहिए, उसकी कर्मचारी व्यवस्था कैसी होनी चाहिए, वहाँ पुस्तक का प्रदर्शन व रखरखाव कैसा होना चाहिए, पुस्तक वर्गीकरण व सूचीकरण का आधार क्या होना चाहिए आदि पक्षों पर सूक्ष्म प्रकाश डाला गया है। आशा है कि पुस्तक, पाठकों को पुस्तकालय एवं संगठन विषय पर उपयोगी व नवीनतम ज्ञान प्रदान करने में सहायक होगी।

—लेखक

अनुक्रम

1

पुस्तकालय संगठन : परिचय

शिक्षा के क्षेत्र में पुस्तकालय का महत्त्वपूर्ण स्थान है। पुस्तकालय को मन्दिर की संज्ञा दी गयी है। यहाँ पर लोग ज्ञान का अर्जन करने के लिए एकत्र होते हैं। पुस्तकालय विज्ञान के भी कुछ निश्चित सिद्धान्त हैं। प्रबन्धनों के सिद्धान्तों का प्रयोग करके प्रबन्धक इच्छित परिणामों की प्राप्ति आसानी से कर सकता है। कून्टज एवं ओ 'डोनेल (Koontz and O'Donnell) के अनुसार, "अब प्रबन्धन के सिद्धान्त के रूप में व्यवस्थित ज्ञान उपलब्ध है जिसका प्रयोग सभी प्रबन्धकीय दशाओं में किया जाता है, चाहे वे व्यापारिक अथवा औद्योगिक संस्थान हो, शासकीय विभाग अथवा संस्थाएँ हों, धार्मिक अथवा सामाजिक संस्थान हों अथवा विश्वविद्यालय और उनके पुस्तकालय हों।" पुस्तकालय प्रबन्ध के क्षेत्र में जो समस्यायें आ रही हैं इससे निपटने के लिए प्रबन्धक तथा प्रबन्धक वैज्ञानिक प्रयत्न कर रहे हैं। अतः वे अपने ज्ञान, अनुभव तथा अनुसन्धान के द्वारा अनेक सिद्धान्तों का प्रतिपादन करने में सफल हुए हैं। प्रबन्ध क्या है इसका पुस्तकालय से क्या सम्बन्ध है, इसकी जानकारी करना आवश्यक है।

कार्य करने से पहले योजना बनानी चाहिए जिससे कार्य सही दिशा में संचालित हो सके। बिना प्रबन्ध के कोई कार्य किया जायेगा तो उसमें धन तथा समय दोनों का अपव्यय अधिक होगा। विज्ञान किसी भी विषय, उद्देश्य या अध्ययन का सामान्य सत्यों के संदर्भ में संगृहीत, स्वीकृत तथा व्यवस्थित ज्ञान है। आज मूल रूप

से पुस्तकालयों में भी वैज्ञानिक प्रबन्ध ही अपनाया जाता है क्योंकि वैज्ञानिक प्रबन्ध कोई निश्चित उद्देश्य लेकर चलता है तथा उसमें व्याख्या करने की भी शक्ति होती है तथा साथ ही यह कार्य और कारण से सम्बन्ध स्थापित करता है। कार्य करते समय यदि वैज्ञानिक विधियों को ध्यान में रखकर प्रबन्ध नहीं किया जायेगा जो उसमें संकट उत्पन्न होगा। वैज्ञानिक प्रबन्ध में वे सम्पूर्ण विशेषताएं दृष्टिगोचर होती हैं जिसकी आवश्यकता है।

अन्य प्रतिष्ठानों की तरह पुस्तकालय को भी सामाजिक संस्था की संज्ञा दी गयी है। उचित प्रबन्ध के द्वारा ही इसे सही दिशा में संचालित कर सकते हैं। दूसरे शब्दों में, प्रबन्ध से आशय दूसरों के माध्यम से कार्यों को सम्पन्न कराना होता है। प्रबन्ध करने वाले व्यक्ति को प्रबन्धक कहते हैं। पुस्तकालय के सन्दर्भ में पुस्तकालयाध्यक्ष ही प्रबन्धक कहलाता है, इसलिए पुस्तकालयी वह व्यक्ति होता है जो पुस्तकालय में कर्मचारियों द्वारा किए गये प्रयासों का निर्देशन करके उन प्रयासों में समन्वय स्थापित करता है। प्रबन्ध एक निरन्तर चलने वाली प्रक्रिया है, जिसमें पुस्तकालय नियोजन, संगठन, नियन्त्रण, निर्देशन एवं अभिप्रेरणा शामिल होते हैं जो पुस्तकालय के मानवीय साधनों को अग्रसर करने तथा कार्य करने के लिए अनुकूल परिस्थितियां तैयार करने में सहायक सिद्ध होती हैं। इसमें कम लागत में कर्मचारियों के साथ कार्य को सफल बनाकर समाज की कसौटी पर खरा उतरा जा सकता है, तथा कर्मचारियों को खुश रखा जा सकता है।

पुस्तकालय प्रबन्ध

पुस्तकालय में कर्मचारियों से कार्य कैसे करवाया जाय यह कार्य पुस्तकालय प्रबन्ध का है। पुस्तकालय में अनेक व्यक्ति समुदाय के रूप में कार्य करते हैं। जब किसी समुदाय के प्रमुख उद्देश्यों को प्राप्त करने का प्रश्न पैदा होता है, तो यह महत्त्वपूर्ण हो जाता है कि पुस्तकालय के कर्मचारियों द्वारा किए गये सामूहिक प्रयत्नों को यथाविधि नियोजित, संगठित, निर्देशित, समन्वित तथा नियन्त्रित किया जाए। पुस्तकालय में इन सामूहिक प्रयत्नों को उद्देश्यपूर्ण बनाने की प्रक्रिया को ही **प्रबन्ध** कहते हैं। अतः **पुस्तकालय प्रबन्ध** का अर्थ पुस्तकालय के कर्मचारियों द्वारा किए गये क्रिया-कलापों को युक्ति के साथ व्यवहृत करना, नियन्त्रित करना व निर्देशित करना है। ये सभी कार्य पुस्तकालय प्रबन्ध का है।

देखा जाय तो आजकल समाज में विभिन्न प्रकार की ऐसी संस्थायें विद्यमान है जो लक्ष्यों को ध्यान में रखकर कार्य का क्रियावयन करती हैं। इन संस्थाओं में कई व्यक्ति मिलकर कार्य करते हुए इसके वांछित लक्ष्यों को प्राप्त करने का प्रयत्न करते हैं। किसी भी संस्था में कर्मचारियों के सामूहिक प्रयासों के बिना उद्देश्य की प्राप्ति संभव नहीं है। ऐसी परिस्थिति में यह आवश्यक हो जाता है कि कर्मचारियों के सामूहिक प्रयासों को यथाविधि नियोजित, संगठित, निर्देशित, समन्वित व नियन्त्रित किया जाए, कहने का आशय यह है कि उस संस्था का सफल संचालन किया जाए जिससे वह संस्था अपने उद्देश्यों में सफल हो सके। सही संचालन के अभाव में कोई संस्थान उपयोगी सिद्ध नहीं हो सकता।

किसी भी संस्था के संचालन से सम्बन्धित प्रायः दो शब्दों प्रशासन एवं प्रबन्धन का उपयोग समान अर्थों में किया जाता है और दोनों को एक दूसरे का समानार्थी समझा जाता है, परन्तु वास्तव में ऐसा नहीं है। इन दोनों शब्दों में सूक्ष्म अन्तर है। इस भेद को समझने के लिए इन शब्दों को परिभाषित एवं विश्लेषित करना जरूरी है।

प्रशासन—प्रशासन शब्द अंग्रेजी के Administrative का हिन्दी रूपान्तरण है। कार्य को सही दिशा में कैसे नियोजित किया जाय यह प्रशासन का कार्य है। किसी संस्था अथवा पुस्तकालय में प्रशासन का तात्पर्य उसके सफल संचालन से होता है। किसी भी संस्था को उसके आदर्श तक पहुँचाने में प्रशासन ही प्रमुख होता है। अतएव, प्रशासन जिस स्तर का होगा संस्था द्वारा किया जाने वाला कार्य भी उसी स्तर का होगा।

अतः किसी संस्था में प्रशासन का तात्पर्य उन कार्यों से होता है जिन्हें संस्था में विभिन्न क्रियाकलापों को भली-भाँति और मितव्ययिता से सम्पन्न करने हेतु किया जाता है। प्रशासन संस्था में कार्यरत प्रत्येक व्यक्ति द्वारा किए गये कार्यों का निष्पादन करता है और उन्हें उचित दिशा में कार्य करने के लिए निर्देशित करता है। दूसरे शब्दों में हम कह सकते हैं कि प्रशासन का कार्य संस्था के लिए नीतियों को निश्चित करना तथा उनको क्रियान्वित करना होता है।

किसी संस्था में प्रशासन का आशय संगठन एवं प्रबन्ध के अलावा ऐसे कार्यों से भी होता है जो संस्था को उसके लक्ष्यों एवं उद्देश्यों को प्राप्त कराते हुए आदर्श तक पहुँचाने में मार्गदर्शक का कार्य करते हैं।

अतः प्रशासन का अर्थ उन कार्यों से है जो संस्था के विविध क्रियाकलापों को **भली-भांति मितव्ययितापूर्ण** ढंग से नियोजित करता है। इन कार्यों में संस्था के लिए

नीतियों का निर्माण करना, उन नीतियों के क्रियान्वयन के लिए फन्ड की व्यवस्था करना तथा एक सफल व्यवसायी की तरह इन नीतियों को नियोजित करना है जिससे पुस्तकालय कम से कम खर्च में अधिक लोगों को लाभ पहुँचा सकें। इस प्रकार हम कह सकते हैं कि प्रशासन संस्था में कार्यरत प्रत्येक व्यक्ति द्वारा किए गये कार्यों का निष्पादन करता है तथा उन्हें सही दिशा में कार्य करने के लिए उत्साहित करता है, उचित मार्गदर्शन के द्वारा इसे सही दिशा में अग्रसर किया जा सकता है।

प्रशासन की परिभाषा—विभिन्न विद्वानों द्वारा प्रशासन की दी गयी परिभाषाएं निम्नवत हैं—

D.K. Kimbell के अनुसार--प्रशासन किसी संस्था का वह कार्य है जो संस्था के उन उद्देश्यों को प्राप्त करता है जिनके लिए वह संस्था स्थापित की गई है।

L. Gullick का विचार प्रशासन में वे तकनीकियाँ सम्मिलित हैं जिनके माध्यम से यथा-संभव कम लागत तथा प्रयत्नों से किसी संस्था को उसका लक्ष्य मिलता है।

L.D. White का विचार प्रशासन किसी भी पुस्तकालय में उसके लक्ष्य लक्ष्यों को पाने के लिए निर्देशन, सहयोग तथा नियन्त्रण की कला है।

Library Glossary and Reference Book के अनुसार—प्रशासन किसी संस्था के दैनिक क्रियाकलापों रूपी यन्त्र के पीछे कार्य करने वाली शक्ति है।

प्रबन्ध—प्रबन्ध शब्द अंग्रेजी के Management का हिन्दी रूपान्तर है। मनुष्य किसी भी कार्य को कैसे करता है यह एक कला है। इस तरह किसी भी संस्था में कौशलपूर्ण युक्ति के साथ मानव (अर्थात् कर्मचारियों) की व्यवस्था एवं संचालन करना ही प्रबन्ध कहलाता है। प्रबन्ध का आशय अन्य व्यक्तियों से कार्य कराने की युक्ति से है। किसी भी संस्था या पुस्तकालय में कई लोग मिलकर समूह के रूप में काम करते हैं। जब किसी समूह के निर्धारित लक्ष्य या उद्देश्यों को प्राप्त करने का प्रश्न पैदा होता है, तो यह जरूरी हो जाता है कि सामूहिक प्रयासों को यथाविधि नियोजित, संगठित, निर्देशित, समन्वित तथा नियन्त्रित किया जाए। सम्मिलित प्रयासों को उद्देश्यपूर्ण बनाने की इस प्रक्रिया को ही प्रबन्ध कहते हैं। किसी भी संस्था का उस संस्था का प्रबन्ध मस्तिष्क होता है। उचित प्रबन्ध के अभाव में कार्य प्रभावशील नहीं होगा। जिस प्रकार मस्तिष्क शरीर के सभी अंगों का संचालन व निर्देशन करता है तथा उन पर नियन्त्रण करता है, उसी प्रकार प्रबन्ध भी संस्था के

कर्मचारियों के प्रयत्नों को नियोजित, निर्देशित एवम् नियन्त्रित करता है। जिस प्रकार हॉकी या फुटबॉल के खेल में टीम के सदस्य कितने ही निपुण और कुशल खिलाड़ी क्यों न हों प्रतिद्वन्दी टीम को तब तक पराजित नहीं कर सकते जब तक सही रणनीति से नहीं खेल रहे हैं। उसी प्रकार कोई भी संस्था अथवा संगठन अपने लक्ष्यों को प्राप्त करने में तब तक सफल नहीं हो सकती जब तक कि उससे संबंधित सभी व्यक्ति समन्वित रूप से एक केन्द्रीय एजेन्सी के नियन्त्रण में नियोजित एवं सामूहिक प्रयास न करें। व्यवसाय की भाषा में इस केन्द्रीय एजेन्सी के प्रयत्न को ही प्रबन्ध के नाम से सम्बोधित किया जाता है।

प्राचीन समय से ही मनुष्य यह अनुभव करता रहा है कि उसके द्वारा की गई एकाकी कोशिशों से किसी काम के प्रति उसकी उपलब्धियाँ कम रही हैं। इसलिए उसने अपनी उपलब्धियों में वृद्धि करने के लिए एकाकी प्रयासों की अपेक्षा सामूहिक प्रयासों पर अधिक जोर दिया। हमारी आधुनिक सभ्यता और प्रगति जो विश्व में व्याप्त है, शामिल प्रयत्नों की ही देन है। चाहे कृषि क्षेत्र हो या मिल-कारखाना, व्यापार एवं व्यवसाय, धार्मिक अथवा शैक्षणिक संस्था, स्कूल अथवा पुस्तकालय में जब व्यक्ति सामूहिक रूप से कार्य करते हैं, तो उनके निष्पादन की प्रभावशीलता उन लोगों पर आश्रित करती है जो उस समूह से कार्य सम्पादन करवाते हैं। इस तरह कार्य करवाना अथवा कार्य लेना आधुनिक युग का सबसे लोकप्रिय नारा है। प्रबन्धक का प्रमुख कार्य ठीक ढंग से कार्य को प्रबन्धन करना है क्योंकि जब व्यक्तियों का समूह कोई कार्य करता है तभी काम करवाने की समस्या पैदा होती है। इसलिए प्रबन्ध का अर्थ सामूहिक कार्यों के प्रबन्ध से होता है।

प्रबन्ध की परिभाषा—प्रबन्ध की परिभाशा विभिन्न विद्वानों ने अलग-अलग दी है, जिसमें से कुछ परिभाषाएँ निम्नवत हैं—

Herold Koontz—प्रबन्ध औपचारिक रूप में संगठित समूह के साथ तथा उसके द्वारा कार्य कराने की कला है।

J. Lundy—प्रबन्ध मुख्य रूप से विशिष्ट लक्ष्यों को पाने के लिए दूसरों के प्रयत्नों को नियोजित, अभिप्रेरित तथा नियन्त्रित करने का कार्य है।

H. Fayol—प्रबन्ध का तात्पर्य पूर्वानुमान लगाने एवं योजना बनाने, संगठन की व्यवस्था करने, निर्देश देने, समन्वय करने तथा नियन्त्रण करने से है।

प्रबन्ध की उपर्युक्त परिभाषाओं का विश्लेषण करने पर प्रबन्ध के सम्बन्ध में निम्नलिखित बातें सामने आती हैं—

(1) प्रबन्ध एक सामाजिक प्रक्रिया है क्योंकि यह समाज के व्यक्तियों द्वारा ही सम्पन्न होती है। संस्था में प्रबन्धक एवं कर्मचारियों द्वारा कार्य को सही दिशा में कार्यान्वित कराते हैं।

(2) प्रबन्ध एक निरन्तर प्रक्रिया है, जो उस समय तक चलती रहती है जब तक संस्था अपने लक्ष्यों को नहीं पा लेती है।

(3) प्रबन्ध अधिकार, जिम्मेदारी और कर्मचारियों के बीच परस्पर सम्बन्ध की एक व्यवस्था है।

(4) प्रबन्ध में किसी एक व्यक्ति की कोशिश न होकर सामूहिक प्रयत्न होता है। संस्था अपने लक्ष्यों में कर्मचारियों के सामूहिक प्रयत्नों से ही सफलता प्राप्त कर सकती है न कि प्रबन्धक के एकल प्रयत्नों से।

(5) प्रबन्ध के माध्यम से ही कर्मचारियों में आपसी समन्वय स्थापित किया जाता है। उत्तम प्रबन्ध के लिए उसके कर्मचारियों में परस्पर सहयोग एवं समन्वय का होना अति आवश्यक है।

(6) प्रबन्ध कला एवं विज्ञान दोनों ही है। प्रबन्ध का वैज्ञानिक पक्ष सिद्धान्तों एवं नियमों का विकास करना है तथा कला पक्ष का उन सिद्धान्तों एवं नियमों को प्रबन्ध के क्षेत्र में व्यावहारिक रूप से लागू करना है।

प्रशासन बनाम प्रबन्ध—प्रशासन एवं प्रबन्ध के सम्बन्ध में अनेक भ्रान्तियाँ एवं परस्पर विरोधी धारणाएँ हैं। कुछ विद्वानों के अनुसार इन दोनों शब्दों में काफी अन्तर है। एक की जगह दूसरे का प्रयोग नहीं कर सकते हैं। इसके विपरीत कुछ विद्वानों के अनुसार ये दोनों शब्द एक दूसरे के पर्याय हैं अर्थात् इनमें अंतर नहीं है। शब्दावली की इस समस्या के कारण कभी-कभी बड़ी मुश्किलें पैदा हो जाती हैं।

जो विद्वान प्रशासन एवं प्रबन्ध को भिन्न-भिन्न समझते हैं उनमें ओलीवर शैल्डन, टीड, मैकफारलैण्ड तथा रोबिन्सन आदि प्रमुख हैं।

प्रशासन एवं प्रबन्ध में अन्तर—कुछ विद्वान जो इन दोनों में अन्तर मानते हैं, उनके विचार इस प्रकार हैं—

टीड—टीड के विचार से प्रशासन एवं प्रबन्ध का अंतर इस तरह है—प्रशासन वह प्रक्रिया व साधन है जो कि उन उद्देश्यों के निर्धारण के लिए जिम्मेदार होता है जिनको पाने हेतु प्रबन्ध व संगठन प्रयास करता है। प्रबन्ध वह प्रक्रिया व साधन है, जो निर्धारित लक्ष्यों को पाने हेतु संगठन की क्रियाओं का संचालन व मार्गदर्शन करता है।

रोबिन्सन के अनुसार–प्रशासन का कार्य उन नीतियों का निर्धारण करना है, जिनके अनुरूप संस्था का संचालन किया जाता है जबकि प्रबन्ध का कार्य प्रशासन द्वारा निर्धारित नीतियों को क्रियान्वित करना है।

मैकफारलैण्ड के मतानुसार–प्रशासन का मुख्य कार्य उद्देश्यों एवम् नीतियों का निर्धारण करना है जबकि प्रबन्ध के अन्तर्गत उन उद्देश्यों को पूरा करने तथा नीतियों को प्रभावी बनाने से सम्बन्धित क्रियाओं को शामिल किया जाता है।

ओलीवर शैल्डन–विख्यात ब्रिटिश प्रबन्ध विशेषज्ञ ओलीवर शैल्डन ने प्रशासन एवं प्रबन्ध के भेद को बड़े रोचक ढंग से समझाते हुए लिखा है कि–प्रशासन वह प्रकार्य है जो किसी संस्था की नीतियों के निर्धारण, वित्त की स्थापना, संगठन के क्षेत्र में निर्णय तथा संस्था के सम्पूर्ण नियन्त्रण से सम्बन्धित है। प्रबन्ध वह प्रकार्य है जो प्रशासन द्वारा नियत सीमाओं के अन्दर ही नीतियों के क्रियान्वयन तथा निर्धारित विशिष्ट लक्ष्यों की पूर्ति के लिए संगठन का प्रयोग करता है। प्रशासन संगठन का रूप निश्चित करता है जबकि प्रबन्ध इसका इस्तेमाल करता है। प्रशासन लक्ष्यों को परिभाषित करता है और प्रबन्ध उनको पूरा करता है।

किसी भी संस्था में सही निर्देशन, तथा प्रभावकारी नीति का कार्य, प्रशासन के द्वारा ही होता है जबकि प्रबन्ध एक असरदार कार्यवाहक है जो संस्था की नीतियों को कार्य रूप में परिणित करता है।

इस तरह उपर्युक्त विश्लेषण से **प्रशासन** एवं **प्रबन्ध** का अन्तर स्पष्ट हो जाता है। लेकिन कुछ विद्वान ऐसे भी हैं जो प्रशासन एवं प्रबन्ध को समानार्थी या पर्यायवाची समझते हैं उनमें **किम्बाल, न्यूमेन** तथा **फेयोल** आदि प्रमुख हैं।

किम्बाल ने तो स्पष्ट लिखा है कि प्रशासन व प्रबन्ध के बीच अन्तर करना भ्रम को बढ़ावा देना है इस तरह दोनों शब्द पर्यायवाची हैं।

न्यूमेन के अनुसार–लोगों के एक समूह के द्वारा किसी सामान्य लक्ष्य की प्राप्ति के लिए किये जा रहे प्रयासों को आवश्यक मार्गदर्शन, नेतृत्व एवं नियन्त्रण प्रदान करना ही प्रशासन है। न्यूमेन ने प्रबन्ध को पारिभाषित नहीं किया है।

फेयोल के अनुसार–किसी कार्य को सुचारु रूप से चलाने के लिए प्रत्येक संस्था को नियोजन, संगठन, निदर्शन, समन्वय एवम् नियन्त्रण की आवश्यकता होती है तथा सभी को समान सिद्धान्तों का पालन करना पड़ता है। अतः इन दोनों शब्दों में भेद करना बेकार है।

इन दोनों शब्दों के अन्तर को समाप्त करने हेतु **प्रबन्ध विज्ञान** के विख्यात विशेषज्ञ प्रो. **ई.एफ.एल. ब्रेच** ने एक व्यापक शब्द **प्रबन्ध** का चुनाव किया है। इसकी परिभाषा देते हुए उन्होंने लिखा है कि–

प्रबन्ध का आशय संस्था की प्रक्रियाओं के प्रभावपूर्ण नियोजन एवं नियन्त्रण से होता है।

वस्तुतः प्रबन्ध को व्यापक दृष्टि से देखना चाहिए। व्यापक दृष्टि से देखने पर प्रबन्ध में नियोजन भी शामिल है। इस संशोधित विचारधारा के अनुसार **प्रशासन** प्रबन्धकीय प्रकार्य के कुछ खास पहलुओं की जानकारी देता है। इस प्रकार **प्रशासन** प्रबन्ध की एक शाखा है। इसके अनुसार प्रबन्ध प्रकार्य को दो भागों में विभाजित किया गया है–क्रियात्मक प्रबन्ध, प्रशासनिक प्रबन्ध।

उपर्युक्त परिभाषाओं के आधार पर हम कह सकते हैं कि **प्रशासन** एवं **प्रबन्ध** दोनों में गहरा सम्बन्ध है। **प्रशासन** का कार्य नीति सम्बन्धी विचार तथा **प्रबन्ध** का कार्य नीतियों को क्रियान्वित करना है। यदा-कदा संस्था के कार्यकारी प्रकार्यों को प्रबन्ध का नाम दिया जाता है जबकि अन्य संस्थानों में कार्यकारी प्रकार्य प्रशासन कहे जाते हैं। इस तरह चिन्तन तथा क्रियान्वयन प्रकार्यों में वर्गीकरण की कोई रेखा नहीं है।

थियोहेमन के शब्दों में प्रशासनिक एवं प्रशासकीय कार्य सम्पन्न करने हेतु अधिकारियों के दो विभिन्न समूहों की जरूरत नहीं होती है। दोनों प्रकार के कार्य एक ही व्यक्ति द्वारा पूर्ण किये जा सकते हैं। संक्षेप में शीर्ष या उच्च स्तरीय प्रबन्ध को **प्रशासनिक प्रबन्ध** तथा निम्न स्तरीय प्रबन्ध को **क्रियात्मक प्रबन्ध** कहा जा सकता है। प्रशासकीय तथा प्रबन्धकीय क्षेत्र कार्य में सामंजस्य स्थापित करके इसमें सफलता प्राप्त की जा सकती है।

हेनरी फेयोल की उपर्युक्त परिभाषा के अनुसार **प्रशासन** एवं **प्रबन्ध** दोनों में भेद करना निरर्थक है। दोनों ही शब्द परस्पर समान समझे जाते हैं। सरकारी क्षेत्रों में अधिकतर **प्रशासन** शब्द का उपयोग किया जाता है जबकि व्यावसायिक जगत में **प्रबन्ध** शब्द का।

प्रबन्धन की विशेषताएँ

प्रबन्धन की प्रमुख विशेषताएँ निम्नलिखित हैं–

(1) **प्रबन्ध का एक वैज्ञानिक ढंग होता है :** संस्था में प्रबन्ध का अस्तित्व भिन्न होता है। यह अन्य व्यक्तियों के द्वारा तथा उनके साथ मिलकर काम करवाने का एक वैज्ञानिक तरीका है।

(2) **प्रबन्ध का सिद्धान्त गतिशील होता है** : प्रबन्धन के सिद्धान्त गतिशील होते हैं। प्रबन्धन सामाजिक परिवर्तन के अनुरूप ही अपने को नहीं बनाता बल्कि उसमें नवीनता लाने का भी प्रयास करता है।

(3) **प्रबन्ध सामूहिक प्रयास होता है** : प्रबन्ध निर्धारित लक्ष्यों की प्राप्ति हेतु एक समूह के प्रयासों की तरफ इशारा करता है, व्यक्तिगत कोशिश की तरफ नहीं।

(4) **प्रबन्ध एक प्रक्रिया है** : प्रबन्धन वह महत्त्वपूर्ण कार्य है जिसके मुख्य अंग नियोजन, क्रियान्वयन तथा नियन्त्रण होते हैं। यह प्रक्रिया तब तक जारी रहती है जब तक पूर्व लक्ष्यों एवं उद्देश्यों को नहीं पाया जा सकता। इस प्रक्रिया को पूरा करने वाले प्रबन्धक कहलाते हैं।

(5) **प्रबन्ध एक पेशा है** : प्रबन्ध को भी एक पेशा की संज्ञा दी गयी है। जिस तरह चिकित्सक, वकील, अभियंता, लेखपाल आदि श्रेष्ठ व्यवसाय हैं उसी प्रकार प्रबन्ध भी धीरे-धीरे पेशे का रूप लेता जा रहा है। प्रबन्ध पेशा इसलिए होता है क्योंकि इसमें एकत्रित ज्ञान उपलब्ध है तथा व्यवहार में सफलता प्राप्ति के लिए उस ज्ञान को प्रयोग करना भी आवश्यक है।

(6) **प्रबन्ध से परिणाम की जानकारी मिलती है** : किसी संस्था में प्रबन्ध की सफलता अथवा असफलता की जानकारी उसके द्वारा किये गये प्रयत्नों से होती है।

(7) **सभी क्षेत्र में प्रबंधात्मक सिद्धान्तों का प्रयोग** : केवल व्यवसाय के क्षेत्र तक ही प्रबन्ध के सिद्धान्तों का उपयोग सीमित नहीं है बल्कि उन सभी क्षेत्रों में किया जाता है जहाँ एकजुट होकर समूह के रूप में कार्य किया जाता है।

(8) **प्रबन्ध का लक्ष्य वांछित उद्देश्य प्राप्त करना है** : बिना लक्ष्य के प्रबन्धकीय क्रिया का अस्तित्त्व नहीं है। यह लक्ष्य स्पष्ट या सार गर्भित हो सकता है। इन लक्ष्यों का निर्धारण प्रशासन द्वारा किया जाता है जिन्हें प्रबन्ध सम्पन्न करता है।

(9) **प्रबन्ध कला और विज्ञान दोनों है** : चूँकि प्रबन्ध के कुछ निश्चित सिद्धान्त हैं, इसलिए यह कला है तथा विज्ञान भी है क्योंकि व्यवहार में उन सिद्धान्तों का प्रयोग करके ही निर्धारित उद्देश्यों की प्राप्ति की जा सकती है।

(10) **प्रबन्ध के लिए संगठन की आवश्यकता होती है** : किसी संस्था के निर्धारित लक्ष्यों को पाने के लिए प्रबन्ध संगठन रूपी तंत्र का इस्तेमाल करता है।

प्रबन्ध क्षेत्र

किसी भी संस्था में प्रबन्ध का क्षेत्र अत्यन्त विस्तृत होता है। अतः उसको सीमा में बांधना बेहद मुश्किल काम है। प्रबन्धकीय क्रियाओं की गिनती के बाद उनका विभाजन करना और भी मुश्किल हो जाता है, फिर भी अध्ययन की सुविधा की दृष्टि से प्रबन्ध के क्षेत्र के अन्तर्गत निम्न बातों का शामिल किया जा सकता है–

(1) संस्थापन प्रबन्ध–इसके अन्तर्गत संस्था के विकास से जुड़ी समस्त क्रियाओं जैसे–प्रयोग, शोध आदि को सम्मिलित किया जाता है।

(2) कार्यालय प्रबन्ध–किसी भी संस्था में कार्यालय को महत्त्वपूर्ण स्थान प्राप्त है। इस प्रबन्ध के तहत कार्यालय की व्यवस्था तथा उसकी साज-सज्जा, श्रम-बचत के साधन, संदेश वाहन के साधन, अभिलेख व्यवस्था तथा कार्यालयी नियोजन व नियन्त्रण आदि कार्य को इसके अन्तर्गत सम्मिलित किया जाता है।

(3) वित्तीय प्रबन्ध–वित्तीय प्रबन्ध के अन्तर्गत लागत नियन्त्रण, प्रबन्धकीय लेखांकन, बजट नियन्त्रण, सांख्यिकीय नियन्त्रण, वित्तीय नियोजन, आय का प्रबन्ध आदि कार्य को सम्मिलित करते हैं।

(4) सेविवर्गीय प्रबन्ध–कुछ विद्वान प्रबन्ध को कर्मचारियों के प्रशासक के रूप में ही परिभाषित करते हैं। कर्मचारी प्रबन्ध के तहत, श्रमशक्ति का पूर्वानुमान, उनका चुनाव, नियुक्ति, कार्यभार, प्रशिक्षण, पदोन्नति, पदावनति, सेवानिवृत्ति, हस्तान्तरण, छंटनी, सेवासमाप्ति, कल्याण, सुरक्षा आदि बातों को सम्मिलित किया जाता है।

लक्ष्यात्मक प्रबन्ध

प्रबन्ध के अन्तर्गत लक्ष्यात्मक प्रबन्ध का अहम् स्थान है। ऊपर दिये गये विभिन्न प्रकार की प्रबन्ध पद्धतियों में सबसे ज्यादा लोकप्रिय एवम् प्रमुख **लक्ष्यात्मक प्रबन्ध** होता है। इसे संक्षेप में उ.द्वा.प्र. (MBO) कहते हैं तथा साथ ही लक्ष्यात्मक प्रबन्ध भी कहते हैं।

लक्ष्यात्मक प्रबन्ध का तात्पर्य–लक्ष्यात्मक प्रबन्ध के द्वारा ही किसी संस्था में लक्ष्य का निर्धारण किया जाता है। यह पद्धति प्रबन्ध की उद्देश्योन्मुखी पद्धति है। जिस प्रकार किसी यात्रा को प्रारम्भ करने से पूर्व यह जानना आवश्यक है कि जाना कहाँ है? या गन्तव्य स्थान कौन सा है? उसी तरह संस्था के क्रिया-प्रक्रम को प्रारम्भ

करने से पूर्व उसके उद्देश्यों एवं लक्ष्यों के विषय में ज्ञान प्राप्त करना जरूरी होता है। आधुनिक प्रबन्ध की यह नवीनतम विधि है जिसके तहत संस्था के लक्ष्यों के आधार पर प्रबन्ध की व्यूह रचना आयोजित की जाती है। व्यूह रचना के अनुसार संस्था का शीर्ष प्रबन्ध लक्ष्य निर्धारित करता है और फिर उन्हीं लक्ष्यों के आधार पर प्रबन्ध के लक्ष्यों का निर्धारण किया जाता है। इसके पश्चात् हर प्रबन्धक के कार्यों का मूल्यांकन भी उन्हीं लक्ष्यों का आधार पर निर्धारित किया जाता है।

प्रबन्ध जगत में लक्ष्यों द्वारा प्रबन्ध तथा प्रयोजन द्वारा प्रबन्ध भी कहते हैं। **एलेन (Allen)** ने इसे अन्तिम परिणाम (Last Results) तथा **कूण्टज एवं डोनेल** ने इसे प्रबन्ध कार्यक्रम का अन्तिम बिन्दु कहा है।

वास्तव में उद्देश्यों द्वारा प्रबन्ध निम्नांकित प्रश्नों के समाधान खोजने से सम्बन्धित एक दृष्टिकोण है–

(1) संस्था में एक व्यक्ति क्या कर रहा है?

(2) उसके कार्य करने का उद्देश्य या लक्ष्य क्या है?

(3) संस्था में उस व्यक्ति के कार्य की क्या भूमिका है?

(4) वह अपना कार्य कैसे कर रहा है?

(5) क्या संस्था के आधारभूत उद्देश्यों के निर्धारण को सहभागीदारी द्वारा अभिप्रेरित करना सम्भव है?

(6) क्या कार्य-निष्पादन का मूल्यांकन उद्देश्यों की प्राप्ति से करना सम्भव है?

लक्ष्यात्मक प्रबन्ध की परिभाषा–लक्ष्यात्मक प्रबन्ध की निम्नलिखित परिभाषाएँ हैं–

हैण्डरसन–लक्ष्यात्मक प्रबन्ध वह प्रबन्धकीय व्यवहार है जो विशिष्ट लक्ष्यों की प्राप्ति पर बल देता है।

जार्ज एस. आडिओर्न–लक्ष्यात्मक प्रबन्ध एक प्रणाली है जिसके अन्तर्गत संस्था के शीर्ष व अधीनस्थ प्रबन्धक सामूहिक रूप से संगठन के सामान्य उद्देश्यों का निर्धारण करते हैं।

हिक्स एवं गुलेट–लक्ष्यात्मक प्रबन्ध अभिप्रेरणा की एक पद्धति है जो संस्था के कर्मचारी एवम् उनके अधिकारियों को कर्मचारी के भावी निष्पादन के लक्ष्य निर्धारण की स्वीकृति देती है।

मैसी एवं डगलस–उद्देश्यों की व्यवस्थित सौपानिकता लक्ष्यात्मक प्रबन्ध कहलाती है।

आरिस उरिस—लक्ष्यात्मक प्रबन्ध एक सरल अवधारणा है जिसके द्वारा वास्तविक कार्य-निष्पादन का मूल्यांकन निर्धारित उद्देश्यों से किया जाता है।

लक्ष्यात्मक प्रबन्ध का उद्देश्य—इस प्रबन्ध का प्रयोजन निम्नलिखित है—

(1) उद्देश्यों के निर्धारण द्वारा अन्तिम परिणाम प्राप्त करना।

(2) समाचार सम्प्रेषण की विधियों को उद्देश्यों के अनुसार रखना।

(3) कर्मचारियों की कार्यक्षमता को उद्देश्योन्मुखी बनाकर उसमें बढ़ोत्तरी करना।

(4) कार्य निष्पादन का मूल्यांकन करना।

(5) उपलब्धियों की सभी को जानकारी देना।

(6) प्रत्येक कर्मचारी के उद्देश्यों का संस्था के आधारभूत उद्देश्यों से समन्वय स्थापित करना।

लक्ष्यात्मक प्रबन्ध की प्रमुख विशेषताएँ—इस प्रबन्ध की प्रमुख विशेषताएं निम्नलिखित है—

(1) उपलब्धियों का प्रसार—सभी संस्थाओं के अन्तर्गत कर्मचारियों और विभागों को प्राप्त उपलब्धियों की जानकारी सभी लोगों के साथ-साथ पूरी संस्था को देनी चाहिए। जिन्होंने लक्ष्यों को प्राप्त कर लिया है उनका अभिनन्दन किया जाना चाहिए तथा उनकी पदोन्नति अथवा वेतन में बढ़ोत्तरी करके उन्हें अभिप्रेरित करना चाहिए। इससे संस्था में कार्यरत कर्मचारियों में जागरुकता का विकास होगा।

(2) उद्देश्य निर्धारण में सामूहिक भावना—लक्ष्यात्मक प्रबन्ध की दूसरी विशेषता यह है कि कर्मचारी के उद्देश्यों का निर्धारण उनके अधिकारियों द्वारा अकेले नहीं किया जाता बल्कि सामूहिक टीम भावना से अधिकारी तथा अधीनस्थ दोनों मिलकर उद्देश्यों का निर्धारण करते हैं। उद्देश्य निर्धारण में सामूहिक भावना का विकास किया जाना चाहिए।

(3) वांछित उद्देश्य—लक्ष्यात्मक प्रबन्ध के अन्तर्गत संस्था के सभी स्तर पर उद्देश्य को निर्धारित करने के पश्चात उसके पदानुक्रम को विकसित किया जाता है। सम्पूर्ण संस्था को उद्देश्यों के ताने-बाने में समाहित कर दिया जाता है। समस्त संस्था में उसके उद्देश्य इस प्रकार छा जाते हैं कि हर व्यक्ति उनको प्राप्त करने में जुट जाता है। विभागीय उद्देश्य की रचना संस्था के व्यापक उद्देश्यों को ध्यान में रखकर की जाती है। सभी सदस्य मिलकर संगठनात्मक उद्देश्यों को प्राप्त करने में कोशिश करते हैं।

(4) नियन्त्रण व्यवस्था—नियोजन, संगठन के बाद नियन्त्रण का कार्य होता है। इससे यह निर्धारित किया जाता है कि कार्य हो रहा है कि नहीं।

आजकल डाटा प्रक्रियाकरण (Data Processing) के कारण नियन्त्रण व्यवस्था में बहुत अधिक सुधार हुआ है। इसके तहत एक वृहत संस्था के कार्यों का ही नहीं बल्कि उसके विविध विभागों के कार्यों का एवं किसी भी छोटी से छोटी परियोजना का सूक्ष्म निरीक्षण विश्लेषण एवं तुलनात्मक अध्ययन किया जा सकता है। यही नहीं नियन्त्रण व्यवस्था में स्वयं सुधारने वाली प्रबन्ध विधियों का भी समावेश किया गया है।

(5) व्यापक दृष्टिकोण का अनुपालन—उद्देश्यों को अनेक श्रेणियों में विभाजित करके प्रत्येक कार्य की प्राथमिकता का निर्धारण करना चाहिए। इस व्यवस्था के अनुसार प्रत्येक प्रबन्धक को व्यापक दृष्टिकोण अपनाना चाहिए। उसे केवल अपने निर्धारित कार्य पर ही ध्यान नहीं केन्द्रित करना चाहिए। बल्कि यह भी सोचना चाहिए कि कार्य विधियों में किस प्रकार सुधार किया जाए। व्यापक दृष्टिकोण को अपनाकर उद्देश्यों की प्राप्ति की जा सकती है।

(6) नियमावधि—कोई भी संस्था एक नियत अवधि के लिए संगठन का नियोजन करती है। इस अवधि के तहत वार्षिक एवं मासिक योजनाएँ बनाई जा सकती हैं। यह अवधि 5 वर्ष की हो सकती है।

(7) उद्देश्यों का मूल्यांकन—बिना उद्देश्य के कोई भी व्यक्ति सफलता नहीं प्राप्त कर सकता। प्रबन्ध की इस पद्धति के अनुसार उद्देश्यों द्वारा प्रबन्ध की सम्पूर्ण व्यवस्था की वार्षिक समीक्षा की जाती है तथा आवश्यकता एवं अनुभव के आधार पर उसमें आवश्यक संशोधन भी किया जाता है।

(8) प्रशिक्षण की सुविधा—संगठन के उद्देश्यों की आसानी से प्राप्त करने के लिये पर्याप्त मात्रा में इसकी व्यवस्था होनी चाहिए। प्रशिक्षण के अभाव में संगठन, कार्य को सही दिशा में गतिशील नहीं कर पाता।

(9) कार्य भार—इसके अन्तर्गत संस्था के सभी अधिकारी अपने कर्मचारियों को एक सीमा तक अधिकारों एवं कर्तव्यों का भार प्रदान कर सकते हैं।

लक्ष्यात्मक प्रबन्ध से लाभ : लक्ष्यात्मक प्रबन्ध के निम्नलिखित लाभ हैं—

(1) **स्व-अभिप्रेरणा**—इस पद्धति में कर्मचारी की भागीदारी, उनके निर्णय लेने की स्वतंत्रता तथा प्राप्त परिणामों के आधार पर मूल्यांकन करने के कारण सभी कर्मचारी स्वतः ही अभिप्रेरित एवम् प्रोत्साहित होकर काम करते हैं जिसका लाभ संस्था को प्राप्त होता है। अभिप्रेरणा के अभाव में कार्य शीघ्रता से नहीं होता है।

(2) **प्रभावी संगठन**—कर्मचारियों एवं प्रबन्धकों के अधिकारों का विकेन्द्रीकरण होने से संगठन अधिक प्रभावी बन जाता है। कार्य करने की गति में मनोबल का भी प्रभाव पड़ता है।

(3) **स्वान्तः सुखाय**—कर्मचारियों में कार्य निष्पादन से कार्य सन्तुष्टि की भावना का विकास होता है जिसके कारण सभी कर्मचारियों में सुखी एवं सन्तुष्टि की भावना का विकास होता है। स्वान्तः सुखाय की अवधारणा द्वारा कर्मचारियों में आपसी भाईचारे का विकास होता है।

(4) **उच्च मनोबल**—कर्मचारियों का मनोबल सदैव ऊँचा रहता है इसलिए वे कार्य को और अधिक मनोयोग के साथ सम्पन्न करते हैं। कार्य करने की गति में मनोबल का भी प्रभाव पड़ता है।

(5) **वैयक्तिक पहल में वृद्धि**—इस पद्धति के अन्तर्गत कर्मचारी सीमा के अन्दर अपनी परेशानी का समाधान व उचित फैसले के लिए स्वतंत्र होता है। अतः उनकी व्यक्तिगत पहल करने की शक्ति में वृद्धि होती है। व्यक्तिगत पहल के द्वारा भी कार्य में वृद्धि होती है।

(6) **उचित पदोन्नति एवं वेतन वृद्धि**—वार्षिक समीक्षा एवं मूल्यांकन के आधार पर ही कर्मचारियों के वेतन में वृद्धि एवं पदोन्नति आदि की जाती है जिससे संस्था में सर्वत्र सन्तोष का वातावरण पैदा हो जाता है।

(7) **टीम भावना का विकास**—संस्था के समस्त कर्मचारी अपने अधिकारियों से मिलकर ही अपने लक्ष्यों को निर्धारित करते हैं जिससे उनमें टीम भावना से काम करने की प्रवृत्ति पैदा होती है।

(8) **निष्ठापूर्वक कार्य करना**—इस पद्धति के तहत संस्था का प्रत्येक कर्मचारी व प्रबन्धक अपने-अपने लक्ष्यों से परिचित होता है लक्ष्यों के ज्ञान एवं स्पष्टता के कारण वे अधिक निष्ठा एवं परिश्रम से काम करते हैं। चूँकि कार्य-निष्पादन के अनुसार ही उनका मूल्यांकन होता है, अतः वे मन लगाकर कार्य करते हैं।

(9) **प्रभावी नियन्त्रण**—इस पद्धति में एकीकृत नियोजन एवं प्रभावपूर्ण नियंत्रण कर्मचारियों पर बना रहता है जिससे सभी कार्य उद्देश्यानुसार ही सम्पन्न होते हैं। प्रभावी नियन्त्रण द्वारा कार्य सही समय पर तथा सही दिशा में किया जा सकता है।

(10) **कुशल निष्पादन**—कुशल निष्पादन के द्वारा लक्ष्यों का सही मूल्यांकन करते हैं। लक्ष्यात्मक प्रबन्ध की पद्धति से किसी भी संस्था में निष्ठापूर्वक उद्देश्यों को प्राप्त करने हेतु एक वातावरण सा बन जाता है तथा प्रबन्ध के निष्पादन से सुधार

होता है। सभी कर्मचारियों का उद्देश्य एक ही ओर रहता है इसलिए उनकी क्रियाएँ एक ही दिशा की तरफ बढ़ती हैं अलग-अलग नहीं।

प्रबन्ध की विभिन्न विचारधारायें

प्रबन्धकीय विचारधारा : प्रादुर्भाव एवं विकास

प्रबन्ध की अवधारणा नवीन अवधारणा न होकर एक प्राचीन अवधारणा है। यह कहा जा सकता है कि प्रबन्ध का विकास मानव सभ्यता के विकास एवं पुरातन युग से जुड़ा हुआ है। वर्तमान प्रबन्ध-विज्ञान अपेक्षाकृत नवीन होते हुए भी इसकी पारम्परिक शैली मानव सभ्यता के आरम्भ से ही चली आ रही है। प्रत्येक युग में प्रबन्ध विचारधारा के विकास में विश्व के विभिन्न राष्ट्रों ने समय-समय पर महत्त्वपूर्ण योगदान दिया है। रोम, मिस्र, ग्रीक, चीन, बेबीलोन एवं भारत आदि की प्राचीन सभ्यताएँ इसका एक महत्त्वपूर्ण उदहारण हैं। कौटिल्य द्वारा रचित महत्त्वपूर्ण ग्रन्थ 'अर्थशास्त्र में भी सार्वजनिक प्रबन्ध की विभिन्न समस्याओं के समाधान पर कतिपय प्रकाश डाला गया है। इन तथ्यों के आधर पर कहा जा सकता है कि प्रबन्ध विचारधारा का विकास विश्व के अनेक देशों में मानवीय सभ्यता के प्रारम्भिक काल से ही होता चला आ रहा है। **डॉ. एस.एन. धोसला** के शब्दों में, "प्रबन्धन का विकास मानव समाज में समूह निवास की उत्पत्ति के साथ शुरू हुआ माना जा सकता है। फिर भी व्यवसाय में प्रबन्ध का विकास, जीवन तथा व्यवसाय की बढ़ती हुई जटिलताओं के कारण व्यवसायिक संगठनों के विभिन्न स्वरूपों के विकास के सथ सहचारी कहा जा सकता है।

प्रबन्धन विचारधारा के विभिन्न स्कूल

किसी भी संस्था या संगठन में प्रबन्धन का विशेष महत्त्व है। प्राचीन काल में प्रबन्ध का विशेष महत्त्व नहीं था परन्तु जैसे-जैसे मानव सभ्यता का विकास हुआ वैसे वैसे प्रबन्ध का महत्त्व भी बढ़ता गया तथा प्रबन्धन क्षेत्र में विभिन्न विचारधाराएं विकसित हुई, जिन्हें प्रबन्ध विचारधारा की विभिन्न स्कूलों के नाम से जाना लगा। प्रत्येक प्रबन्ध स्कूल का प्रबन्ध विचारधारा के विकास क्रम में अपना महत्त्वपूर्ण स्थान रहा है। प्रबन्ध विचारधारा की प्रमुख स्कूलों के अन्तर्गत विभिन्न स्कूलों को शामिल किया गया है जिनमें से कुछ प्रमुख स्कूलों की निम्नलिखित बिन्दुओं के अन्तर्गत स्पष्ट किया जा सकता है–

1. शास्त्रीय विचारधारा—प्रबन्ध की इस विचारधारा को परम्परावादी विचारधारा के नाम से भी जाना जाता है। इस विचारधारा की उत्पत्ति एडम स्मिथ के श्रम विभाजन के सिद्धान्त से हुई है। यह विचारधारा (सम्प्रदाय) प्रबन्ध को संगठित समूहों के द्वारा काम कराने का एक तरीका मानता है। व्यवहार में इसका अभिप्राय प्रक्रिया के विश्लेषण, प्रक्रिया के विचारात्मक संरचना की स्थापना और प्रक्रिया के आधारभूत सिद्धान्तों के निर्धारण से है। इस विचारधारा के अनुसार प्रबन्ध प्रक्रिया आवश्यक है चाहे व्यापार हो या सरकारी काम काज। इस विचारधारा को टेल, फेयोल, उर्विक, ऐलन आदि विद्वानों ने उन्नतशील बनाने का प्रयास किया। प्रबन्ध की यह शास्त्रीय विचारधारा औपचारिक प्रबन्ध व्यवस्था की संरचना का अध्ययन करती है अर्थात प्रबन्ध सिद्धान्त को संक्षिप्त एवं संगठित करने का एक तरीका है जिससे कि व्यवहार को सुधारा जा सके। शास्त्रीय विचारधारा में विभिन्न विशेषताएं पायी जाती हैं जिनमें से कुछ प्रमुख विशेषताओं को निम्नलिखित पंक्तियों द्वारा स्पष्ट किया जा सकता है—

1. यह औपचारिक संगठन से जुड़ा हुआ है।
2. यह श्रम विभाजन के सिद्धान्त उद्देश्य एवं क्रियाओं तथा उनके समन्वय सम्बन्धी प्रयासों पर आधारित है।
3. प्रबन्ध की यह शास्त्रीय विचारधारा केन्द्रीकरण पर अधिक ध्यान देती है।
4. शास्त्रीय विचारधारा मेकग्रेगर के एक्स सिद्धान्त पर आधारित है।
5. यह कट्टरपंथी है।
6. यह विचारधारा कार्य निष्पादन हेतु उत्तरदायित्व पर बल देती है।
7. इस विचारधारा ने अनेक सिद्धान्तों को विकसित किया है।

प्रबन्ध के इस शासकीय विचारधारा के आधुनिक समर्थक प्रबन्ध के कार्यों (नियोजन, संगठन, प्रबन्ध, कर्मचारियों की नियुक्ति, निर्देशन एवं नियन्त्रण) का विश्लेषण करके बुनियादी सिद्धान्तों की स्थापना का प्रयास करते हैं ताकि वे प्रबन्ध के जटिल व्यवहारिक क्षेत्र में सही उतरें। आधुनिक विचारक इस विचारधरा को यान्त्रिक मानवीय तत्त्व की उपेक्षा करने वाली तथा अवैज्ञानिक और अनौपचारिक संगठनों पर बल देने वाली कहकर इसकी प्रायः निन्दा करते रहते हैं।

2. प्रबन्ध प्रक्रिया स्कूल या 'परम्परागत' स्कूल—यह स्कूल इस विचार को मान्यता देता है कि प्रबन्ध एक प्रक्रिया है जिसके द्वारा मानवीय सामूहिक प्रयासों को उद्देश्यनुसार संगठित एवं व्यवस्थित किया जाता है। परम्परागत स्कूल विचारधारा

का प्रतिपादन प्रसिद्ध प्रबन्ध विशेषज्ञ हेनरी फेयोल महोदय ने किया है। न्यू मैन, हैरोल्ड कून्टज तथा ओ' डोनेल, टैरी व बैच आदि विद्वानों ने इनके सुधार में अपना महत्त्वपूर्ण योगदान दिया है। इस स्कूल को सर्वाथवादी स्कूल तथा गौरवान्वित के नाम से भी जाना जाता है। प्रबन्धन विचारधारा के स्कूल के विचारकों का मानना है कि प्रबन्धन कार्य प्रथाओं और मान्यताओं के आधार पर किये जाते है। अनुभवों के आधार पर और परम्पराओं के आधार पर कार्य पथ पर निर्धारण एवं निर्देशन होता है। इसीलिए इसे परम्परावादी स्कूल भी कहा गया है। प्रसिद्ध प्रबन्ध विशेषज्ञ कून्टज महोदय ने पराम्परावादी स्कूल को अनुभव रहित स्कूल कहा है। उनके आधार पर इस स्कूल को प्रबन्ध सिद्धान्तों के अनुभवों को संगठित करने की विधि के रूप में स्वीकारा गया है। इसमें शोध-अनुसंधान सिद्धान्तों के प्रयोगात्मक परीक्षण तथा प्रबन्ध प्रक्रिया के आधार पर तत्त्वों को शिक्षण का माध्यम बनाकर इसे व्यावहारिक रूप प्रदान किय जाता है।

प्रबन्ध प्रक्रिया स्कूल अथवा पम्परागत स्कूल एक वास्तविक ज्ञान व अनुभव पर आश्रित है तथा इसकी पुरातन शैली है। इस स्कूल के अनुसार प्रबन्धक बनाये नहीं जाते बल्कि प्रबन्धकीय प्रतिभा जन्मजात होती है। इसमें एकल नेतृत्व को ही स्वीकार किया गया है व परम्पराओं को तोड़ने का विरोध किया गया है। प्रबन्ध के आधुनिक स्वरूप को इसी ने सुदृढ़ आधार प्रदान किया है। इसलिए इसके महत्त्व को नकारा नहीं जा सकता।

(3) 'अनुभवाश्रित' स्कूल या 'प्रयोगात्मक' स्कूल—अनुभवाश्रित स्कूल विचारधारा का प्रतिपादन प्रसिद्ध प्रबन्ध विशेषज्ञ कून्टज महोदय ने किया है इस विचारधारा के आधार पर "ज्ञानों एवं अनुभवों व को पारिवर्तित परिस्थितियों के परिपेक्ष्य में रखा जाना चाहिये और यदि वे खरे नहीं उतरते हैं तो उन्हें त्याग देना चाहिये। इस विचारधारा के पीटर ड्रूकर, कीथ डेवड, अर्नेस्ट डेल, न्यूमैन, पीटरस, फ्लोमैन, लेविट ओर बैनिट आदि समर्थक हैं। यह स्कूल प्रबन्ध प्रक्रिया स्कूल के समान ही है और समान ही कार्य-पद्धति को अपनाकर चलता है किन्तु फिर भी इन दोनों स्कूलों में कुछ मौलिक अन्तर पाया जाता है। वह यह है कि प्रबन्ध प्रक्रिया में परिवर्तन की कोई गुंजाइश नहीं है जबकि यह अनुभवों औचित्य को प्रमाणित करते ही उन्हें स्वीकार कर लेती है। इस स्कूल का मानना है कि सफल प्रबन्धकों के अनुभवों एवं असफलताओं का अध्ययन करने से हम समस्याओं का समाधान करना एवं प्रबन्ध की प्रभावी तकनीकों का प्रयोग करना सीख जाते हैं।

अर्नेस्ट डेल (Earnest Dale) ने इस सम्बन्ध में लिखा है कि ''अनुभवाश्रित स्कूल क्रियात्मक विचाराधारा का अनुसरण करती है जिसके अन्तर्गत तथ्यों के निर्धारण के लिये विगत क्रियाओं का अध्ययन किया जाता है, तथ्यों को स्पष्ट करने के लिये सिद्धान्तों (Theories) का विकास किया जाता है और अन्ततः तथ्यों एवं सिद्धान्तों का प्रयोग भावी क्रियाओं के सम्बन्ध में अनुमान लगाने के लिये किया जाता है।''

अनुभवाश्रित स्कूल को क्रियात्मक विचारधारा का एक प्रतिरूप कह सकते हैं जिसके अन्तर्गत आनेवाली समस्याओं का समाधान पूर्व अनुभवों के आधार पर किया जाता है किन्तु अनुभव एक प्रभावशाली शिक्षक होते हुये भी हमें यह नहीं भूलना चाहिये कि प्रबन्ध विज्ञान पूर्णतः परिशुद्ध नहीं है तथा यह पूरी तरह पूर्व-दृष्टान्तों पर आधारित नहीं हो सकता। फ्रैंक सी. केरे सिपालो ने इस स्कूल की आलोचना करते हुये एक जगह लिखा है कि ''जब प्रबन्ध का उपलब्ध विकल्पों में से किसी एक विकल्प का चयन कर लेता है तो वह फिर इस तथ्य पर कभी विचार नहीं करता कि यदि अन्य किसी विकल्प का चुनाव किया गया होता तो क्या-क्या परिणाम होते, अर्थात् अन्य विकल्प इससे बेहतर हो सकता है।''

(4) 'वैज्ञानिक प्रबन्ध' स्कूल—वैज्ञानिक प्रबन्ध स्कूल के अनुसार प्रबन्ध की समस्याओं के समाधान एवं प्रबन्ध कार्यों के निष्पादन हेतु वैज्ञानिक दृष्टि की प्रयुक्ति आवश्यक है। इस स्कूल का मुख्य विचार प्रबन्ध के बारे मे वैज्ञानिक विधियों की खोज करना है। जार्ज आर. टैरी के अनुसार, ''वैज्ञानिक प्रबन्ध स्कूल का सार जिज्ञासु मस्तिष्क का विकास करने में है ताकि अधिक ज्ञान, अधिक तथ्य एवं अधिक सम्बन्धों की खोज की जा सके।'' वैज्ञानिक प्रबन्ध स्कूल में इस तथ्य को स्वीकार किया है कि प्रबन्धकों में कल्पना-शक्ति, मौलिक सूझ-बूझ तथा नवाचार के गुण होने चाहिए साथ की इस बात पर भी बल दिया है कि 'वैज्ञानिक प्रबन्ध के सिद्धान्त' तथा 'विश्लेषण एवं संश्लेषण के सिद्धान्त' आदि को प्रबन्ध के क्षेत्र में अपनाया जाना चाहिये। जहाँ वैज्ञानिक प्रबन्ध के सिद्धान्त पूर्ण खोज व नियन्त्रित प्रयोग को सम्भव बनाता है, वहाँ विश्लेषण एवं संश्लेषण के सिद्धान्त किसी समस्या को संघटकों में विभक्त करके उन्हें विभिन्न इकाइयों में संयोजित करने में प्रबन्धकों की मदद करता है।

हालांकि वैज्ञानिक प्रबन्ध स्कूल ने प्रबन्धकीय समस्याओं समाधान हेतु मानवता को विपुल प्रबन्ध-ज्ञान राशि प्रदान की है जिससे प्रबन्ध के अन्य स्कूल भी लाभान्वित हुये हैं लेकिन फिर भी इसे सार्वभैमिकता प्राप्त नहीं हुई है। जैसा कि जार्ज

टेरी ने एक जगह लिखा है कि "वैज्ञानिक प्रबन्ध स्कूल को व्यापक पैमाने पर अपनाया जाता है फिर भी यह सार्वभौमिक नहीं है।"

(5) 'मानवी व्यवहार' स्कूल—'मानवीय व्यवहार' स्कूल का आविर्भाव एल्टन मायो एवं रोथेमिस बर्गर द्वारा हावथोर्न कारखाने में किये गये विभिन्न प्रयोगों से हुआ है। इन प्रयोगों में प्रबन्ध के क्षेत्र में पहली बार मानवीय तत्त्वों पर सर्वाधिक बल देने की बात कही गई। इन परीक्षणों ने व्यक्तियों को समझने तथा वे क्या करते हैं और क्यों करते हैं, पर अधिक ध्यान केन्द्रित करने की आवश्यकता पर बल दिया। इस कारण सामाजिक मनोविज्ञान का प्रयोग प्रबन्धकीय समस्याओं के निराकरण में किया जाने लगा और यह माना गया कि मानव सम्पूर्ण गतिविधियाँ प्रमुख आधार है। यदि एक समूह में कार्यरत व्यक्ति कार्य करते समय एक दूसरे को समझ लें तो प्रबन्ध की अधिकांश समस्याओं का समाधान अपने आप हो जायेगा। यह विचारधारा मनोविज्ञान तथा समाजशास्त्र के उन आधारभूत सिद्धान्तों की ओर ध्यान दिलाती है जिससे श्रमिक को सामाजिक तथा मनोवैज्ञानिक दृष्टि से सन्तुष्ट रखा जा सके। इस विचारधारा के प्रेरक विद्वान मानव को कार्यों का केन्द्र बिन्दु मानते हैं न कि मशीन का पुर्जा मात्र। उनके अनुसार प्रबन्ध का दूसरा नाम नेतृत्व तथा अच्छे मानवीय समबन्ध हैं।

इस विचारधारा के अनुसार प्रबन्धक कुछ ऐसी विधियों का विकास करे जिससे सर्वाधिक मानवीय भागों एवं जरूरतों को पूरा किया जा सके। साथ ही इस विचारधारा ने कर्मचारियों को नीति निर्धारण में हिस्सा प्रदान करने, अनौपचारिकताओं को बढ़ावा देने व स्वस्थ वातावरण प्रदान करने आदि बातों पर जोर दिया है। परिणामतः मानवीय व्यवहार दृष्टिकोण विचारधारा में में प्रबन्ध का कला पक्ष तो अधिक मजबूत बनता गया किन्तु विज्ञान पक्ष का तिरस्कार होने लगा। परन्तु किसी भी उपक्रम के सुगम संचालन के लिये दोनों पक्षों का मजबूत होना अनिवार्य है।

(6) 'सामाजिक प्रणाली' स्कूल—प्रबन्धन में विचारधारा प्रबन्ध को एक सामाजिक प्रणाली कहा गया है। यहाँ सामाजिक प्रणाली का अर्थ 'सांस्कृतिक अन्तर्सम्बन्धों की प्रणाली' से लिया गया है। कुछ विद्वान इसके क्षेत्र को थोड़ा सीमित करते हैं तथा केवल औपचारिक संगठनों को ही सामाजिक प्रणाली में शामिल करते हैं। चेस्टर आई. बर्नार्ड इस स्कूल के मुख्य प्रवर्तक माने जाते हैं। उनके अनुसार समस्त प्रबन्धकीय समस्याओं का समाधान 'सहकारिता के सिद्धान्त' में निहित है। इस सिद्धान्त के द्वारा कर्मचारियों के व्यक्तिगत विकास में बाधक जैविक, भौतिक

तथा सामाजिक सीमाओं को दूर किया जा सकता है। यह विचारधारा इस मत को मानती है कि व्यक्ति की विभिन्न समस्याओं का निपटारा औपचारिक संगठन के स्थान पर अनौपचारिक संगठन के माध्यम से अधिक कुशलतापूर्वक किया जा सकता है क्योंकि सामाजिक सम्बन्धों का विकास सामाजिक परम्पराओं तथा दशाओं का ही फल है जिन्हें औपचारिक क्रियाओं से नहीं प्राप्त किया जा सकता है। सामाजिक प्रणाली स्कूल की विभिन्न मान्यताएं हैं जिनमें से कुछ प्रमुख मान्यताओं को निम्न पंक्तियों के अन्तर्गत स्पष्ट किया जा सकता है–

(1) प्रबन्ध एक सामाजिक पद्धति है।

(2) प्रबन्ध की समस्याओं का समाधान सहकारिता के सिद्धान्त में निहित है।

(3) औपचारिक संगठन के स्थान पर अनौपचारिक संगठन, नेतृत्व व संदेशवाहन अपनाया जाना चाहिये।

(4) संगठन के आन्तरिक परिवर्तन का, बाहरी परिवर्तनों के साथ सम्बन्ध बनाना।

(5) विवेकपूर्ण निर्णय लेना।

(6) सामाजिक उत्तरदायित्वों के प्रति सचेष्ट होना।

उपर्युक्त वर्णित मान्यताओं का अध्ययन करने के बाद हम कह सकते है कि सामाजिक प्रणाली स्कूल उपक्रम या संस्था को एक सामाजिक अंग स्वीकार करती है। प्रबन्ध के क्षेत्र में इस विचारधारा का महत्त्वपूर्ण योगदान रहा है। किन्तु कुछ विद्धानों के मतानुसार इस विचारधारा ने प्रबन्ध के क्षेत्र को अंत्यन्त संकुचित बना दिया है तथा प्रबन्ध की सार्वभौमिकता को तिरस्कृत किया है।

(7) 'प्रणालीगत प्रबन्ध' स्कूल–इस विचारधारा के अनुसार, जिस प्रकार हमारी शारीरिक क्रियाएँ एक वृहत्तर प्रणाली एवं उप-प्रणालियों का परिणाम है, उसी प्रकार व्यावसायिक क्रियाएँ भी वृहत्तर प्रणाली एवं कई उप-प्रणालियों का ही परिणाम है। इसलिये प्रबन्धकों को चाहिये कि वे प्रणालियों के संचालन के जरिये वांछित परिणाम प्राप्त करें। इस स्कूल के अनुसार प्रत्येक क्रिया दूसरी समस्त क्रियाओं को प्रभावित करती है। अतः समस्त क्रियाओं को एकीकृत करके उनका अध्ययन किया जाना चाहिए ताकि वांछित परिणाम तथा श्रेष्ठ निर्णय आदि न्यूनतम लागत पर प्राप्त किये जा सकें।

जार्ज आर, टैरी प्रणालीगत प्रबन्ध स्कूल संस्था को मानव-निर्मित प्रणाली मानते हैं जिसके आन्तरिक हिस्से निर्धारित लक्ष्यों को प्राप्ति हेतु मिलकर कार्य करते हैं और बाह्य हिस्से संस्था के वातावरण अर्थात् ग्राहकों, जन-समुदाय, पूर्तिकर्त्ताओं एवं

सरकार के साथ समायोजन स्थापित करते हैं। यह विचारधारा प्रणालीगत प्रबन्ध स्कूल के तहत एक प्रणाली है जो साधनों तथा सुविधाओं को लक्ष्य प्राप्ति हेतु एकीकृत करती है। इस स्कूल के एक अन्य विचार के अनुसार परम्परागत विभागीकरण की समाप्ति पर भी जोर दिया गया है।

(8) 'निर्णय सिद्धान्त' स्कूल—इस दृष्टिकोण को स्वीकार करने वाले विशेषज्ञों ने प्रबन्धन को निर्णय लेने की प्रक्रिया एवं क्रियान्वित करने की शक्ति के रूप में ग्रहण किया है। उनके अनुसार निर्णयन प्रबन्ध का एक मुख्य कार्य है—क्या प्राप्त करना है तथा कैसे प्राप्त करना है—को आधुनिक प्रबन्ध का मुख्य कार्य मानते हैं। उनके अनुसार समस्त मानवीय क्रियाओं तथा उनसे सम्बन्धित समस्याओं का समाधान निर्णयन में निहित है। निर्णयन का तात्पर्य उपलब्ध विकल्पों में से किसी एक सर्वश्रेष्ठ विकल्प का चुनाव करना है। इस निर्णयन का समस्त भार प्रबन्धक के ऊपर होता है। निर्णय सिद्धान्त स्कूल की प्रमुख विशेषताओं को निम्नलिखित पंक्तियों में स्पष्ट किया जा सकता है—

(1) निर्णयन प्रबन्धन का प्रमुख कार्य है।
(2) निर्णय तथ्यों के अध्ययन एवं विश्लेषण के बाद लिये जाने चाहिये।
(3) निर्णयन की श्रेष्ठता पर उपक्रम की सफलता निर्भर करती है।
(4) निर्णयन कार्य महत्त्वपूर्ण है और प्रबन्धकों के लिये चुनौतीपूर्ण है।
(5) यह समस्त मानवीय क्रियाओं का अध्ययन करती है।

वर्तमान समय में मानव की सभी क्रिया-कलापों में निर्णयन की आवश्यकता महसूस की जाती है। अर्थशास्त्रियों ने सटीक निर्णयों के लिए मॉडल एवं गणितीय विधियों का विकास किया है।

(9) 'गणितीय' स्कूल—गणितीय मॉडल के समर्थक विद्वानों ने इस विचारधारा का प्रतिपादन किया है। उनके आधार पर प्रबन्ध एक तर्कपूर्ण प्रक्रिया है जिसे गणितीय नमूनों तथा परिमाणात्मक तथ्यों के द्वारा स्पष्ट किया जा सकता है, जो मापने के योग्य है। प्रबन्ध गणितीय आदर्शों का वह विज्ञान है जिस सभी समस्याओं का निदान तथ्यों में निहित होता है। इसके लिये समस्याओं का निर्धारण तथा विश्लेषण करके निश्चित मॉडल तैयार कर लिये जाते हैं जिससे कि विवेकपूर्ण निर्णय लेना सम्भव हो सके। गणितीय स्कूल (विचारधारा) की विभिन्न विशेषताएं है जिनमें से कुछ प्रमुख विशेषताओं को निम्नलिखित पंक्तियों के अन्तर्गत स्पष्ट किया जा सकता है—

(1) समस्या का पूर्व निधारण,
(2) तथ्यों का संग्रह, विश्लेषण एवं उनका सारणीयन,
(3) गणितीय मॉडल का प्रयोग,
(4) सांख्यिकीय एवं गणितीय विधियों का प्रयोग, तथा
(5) तथ्यात्मक दृष्टिकोण।

वर्तमान समय के व्यवसाय में व्याप्त जटिल समस्याओं के निकारण हेतु गणितीय सूत्रों का प्रयोग आवश्यक हो गयी है इसके अलावा गणितीय विचारधारा के आधार पर सम्पूर्ण व्यवस्था को इस प्रकार प्रस्तुत किया जा सकता है, जिससे कि उसे आसानी से समझा जा सके।

इस दृष्टिकोण को स्वीकार न करने वाले विद्वान इसे एक पृथक् विचारधारा नहीं मानते। उनके अनुसार विभिन्न दृष्टिकोणों में गणित का प्रयोग तो स्वाभाविक है किन्तु भौतिकशास्त्र तथा इन्जीनियरिंग शास्त्र की भाँति गणित का प्रयोग ही इसे प्रबन्ध-शास्त्र नहीं बना सकता। यह विचारधारा प्रबन्ध के क्षेत्र में मानवीय व्यवहारों की अपेक्षा करते हुये भौतिक तत्त्वों पर अधिक बल देती है।

(10) 'निदेशात्मक' स्कूल—निदेशात्मक विचारधारा के समर्थक विद्वानों ने प्रबन्ध को निदेश के रूप में स्वीकार किया है। इस विचारधारा के अनुसार प्रबन्धकों को नीति निर्धारण के साथ-साथ उसकी क्रियान्वति पर भी जोर देना चाहिये। नीतियों का प्रभावपूर्ण क्रियान्वयन करने के लिए अधीनस्थों को प्रभावपूर्ण आदेश-निर्देश देने पड़ते हैं। अतः प्रबन्धकों को इतना योग्य होना आवश्यक है कि वे अधीनस्थ कर्मचारियों का सही मार्गदर्शन कर सकें। इस स्कूल की यह मान्यता है कि प्रबन्धकों में निर्देशन क्षमता अवश्य होनी चाहिए अर्थात उसे (प्रबन्धक) योग्य, कुशल एवं विशिष्ट ज्ञान वाला व्यक्ति होना चाहिए, ताकि वह अधीनस्थ कर्मचारियों की तुलना में अधिक सही निर्णय ले सके तथा उसे कार्यरूप में परिणित कराने के लिए अधीनस्थ कर्मचारी का सही मार्गदर्शन कर सके। इस विचारधारा के अनुसार कर्मचारियों को प्रबन्ध में हिस्सा नहीं मिलना चाहिए क्योंकि प्रबन्धक ही सर्वोपरि है। इसके अतिरिक्त ये विचारक यह मानकर चलते हैं कि कर्मचारियों की अपेक्षा प्रबन्धकों में निर्णय-क्षमता अधिक होती है। दूसरे शब्दों में, यह विचारधारा शक्ति को ज्ञान के बराबर मानती है और यह मानती है कि जिसके पास शक्ति होती है वह विशेषज्ञ भी होता है।

(11) 'भागिता' स्कूल—इस विचारधारा के समर्थक विचारकों का मानना है कि किसी भी संस्था में कार्य करने वाले कार्मिकों को अपने मत को प्रस्तुत करने का

मौका प्रदान किया जाना चाहिए और उन्हें प्रबन्ध में हिस्सा लेने का अवसर मिलना चाहिए तथा उन्हें सभी निर्णयों में सम्मिलित किया जाना चाहिए। श्रमिक एवं कर्मचारी किसी भी व्यावसायिक संस्थान के सक्रिय सदस्य हैं। औद्योगिक प्रजातन्त्र की स्थापना का प्रबल समर्थन करने वाली यह विचाराधारा इस बात को भी मानती है कि कर्मचारियों को नीति-निर्धारण में सम्मिलित करके रीतियों का क्रियान्वयन अत्यन्त सुगम एवं सुविधाजनक हो जाता है। व्यक्तिगत निर्णयन के स्थान पर सामूहिक निर्णयन अधिक उपयुक्त एवम् व्यावहारिक माना गया। कर्मचारियों में संस्था के प्रति अपनत्व की भावना जागृत करने के लिए उन्हें संस्था के निर्णयों में भागीदार बनाना होगा व विभिन्न सस्थाओं-गोष्ठियों में भाग लेने का अवसर देना होगा, जिससे उनका सहयोग प्राप्त किया जा सके।

(12) 'नियमनिष्ठ' स्कूल—नियमनिष्ठ स्कूल के समर्थकों का मानना है कि किसी भी संस्था व संगठन के प्रभावी सम्पादन हेतु यह अति महत्त्वपूर्ण है कि संगठन में कार्यरत सदस्यों के अधिकार एवं दायित्व स्पष्ट होने चाहिए, जिससे कि कार्य एवं दायित्व सम्बन्धी कोई कोई मतभेद भविष्य में उत्पन्न न हों। जब संगठन में कार्यरत प्रत्येक सदस्य को अपने अधिकार एवं दायित्व का स्पष्ट ज्ञान होगा तो वह अपने अधिकार का प्रयोग सीमा में ही कार्य करता हुआ अपने दायित्वों का निर्वाह करेगा। इस दृष्टिकोण की यह भी मान्यता है कि कार्यक्षेत्र, अधिकार एवं दायित्वों का स्पष्ट विभाजन करके कर्मचारियों की कार्यकुशलता में वृद्धि की जा सकती है। साथ ही कर्मचारियों के आपसी सम्बन्धों में भी मधुरता लाई जा सकती है। इसके अलावा इस विचारधारा के अनुसार प्रत्येक सदस्य को संगठन में अपनी स्थिति भी ज्ञात होनी चाहिए।

(13) 'तुलनात्मक प्रबन्धन विचारधारा' स्कूल—इस दृष्टिकोण के अनुसार प्रबन्ध संस्कृति (Culture) से प्रभावित हुए बिना नहीं रहा सकता, अतः प्रबन्ध के सिद्धान्तों की संस्कृति विशेष सीमित प्रयुक्ति सम्भव है। यह विचारधारा अनुभवाश्रित विचारधारा की प्रतिद्वन्दी है। इस विचारधारा के जन्मदाता श्री गोन्जालेज (Gonzalez) एवम् श्री मैकमिलन (McMillan) हैं। कून्ट्ज, गाँधी, इस्टेफन, फरमर एवं रिचर्मन आदि ने भी तुलनात्मक प्रबन्ध की स्कूल की मान्यताओं को स्पष्ट रूप से समझाने हेतु विभिन्न मॉडल्स विकसित किये हैं। तुलनात्मक प्रबंधन विचारधारा की यह भी मान्यता है कि विभिन्न संस्कृतियों का तुलनात्मक अध्ययन किया जाना चाहिए तथा प्रबन्ध के सामान्य सिद्धान्तों को विभिन्न संस्कृतियों के सन्दर्भ में संशोधित किया

जाना चाहिए। दूसरे शब्दों में प्रबन्ध के सामान्य सिद्धान्तों एवं निष्कर्षों का निर्धारण विभिन्न राष्ट्रों की संस्कृतियों को ध्यान में रखकर ही किया जाना चाहिए, किन्तु उनका प्रयोग 'टेलर मेड' (Taila made) अर्थात आवश्यकतानुसार उनमें संशोधन करके ही किया जाना चाहिए। तुलनात्मक प्रबन्धन विचारधारा में कुछ विशेषताएं भी पायी जाती हैं जिनमें से कुछ प्रमुख विशेषताओं को निम्नलिखित पंक्तियों के अन्तर्गत स्पष्ट किया जा सकता है–

(1) इसे आधुनिक विचारधारा का नाम दिया जा सकता है।

(2) इस स्कूल के मतानुसार प्रबन्धन संस्कृति से प्रभावित होता है।

(3) विभिन्न संस्कृतियों में प्रबन्ध के सिद्धान्तों की प्रयुक्ति समान रूप में सम्भव नहीं है।

प्रबन्धन के स्तर

प्रबन्धन का कार्य बहुत व्यापक होता है। किसी भी संस्था में यहीं से सम्पूर्ण कार्य का संचालन होता है। प्रबन्धन एक सामाजिक प्रक्रिया है जिसमें एक उपक्रम/ संगठन की क्रियाओं के प्रभावी नियोजन एवं नियमन के उत्तरदायित्वों एवं कार्यों में संगठन की योजनाओं को पूरा करने के लिए कार्यक्रमों का निर्धारण, कार्यों को करने वाले कर्मचारियों का मार्गदर्शन, एकीकरण तथा पर्यवेक्षण आदि सम्मिलित हैं। किसी भी उपक्रम, संगठन अथवा संस्था के उत्तरदायित्वों एवं कर्यो के कुशल संचालन हेतु प्रबन्धन के तीन स्तर निर्धारित किए गए हैं जिनके अलग-अलग कार्यक्षेत्र हैं।

(1) उच्च स्तरीय प्रबन्धन–प्रबन्धन के इस स्तर में उच्च अधिकारी सम्मिलित होते हैं। यही लोग किसी कार्य के प्रति जबाब देय होते हैं। उच्च स्तरीय प्रबन्धन किसी संगठन अथवा संस्था के सफल संचालन के लिए उत्तरदायी होता है। इसमें संसथा का संचालक मण्डल एवं प्रबन्धक आदि को सम्मिलित किया जाता है जो उपक्रम अथवा संगठन के लिए नीतियों का निर्धारण, गुणवत्ता, नियन्त्रण और संसाधनों की व्यवस्था आदि कार्यो के लिए उत्तरदायी होते हैं। यह प्रबन्धन सभी प्रकार के महत्त्वपूर्ण निर्णय लेने और दिशा निर्देश के लिए जिम्मेदार होता है। इसे शीर्ष स्तरीय प्रबन्ध के नाम से भी जाना जाता है।

(2) मध्य स्तरी प्रबन्धन–उच्चस्तरीय प्रबन्धन के अलावा जो कार्य होते हैं, वह मध्य स्तरीय प्रबन्ध करता है। मध्य स्तरीय प्रबन्धन उच्च स्तरीय प्रबन्धन द्वारा

निर्धारित योजनाओं, नीतियों और निर्णयों को क्रियान्वित करने की विधियों एवं तकनीकों का विकास एवं उन पर नियन्त्रण का कार्य करता है। इसमें संगठन के विभागीय प्रबन्धक, उप-प्रबन्धक आदि सम्मिलित होते हैं। इनका प्रमुख कार्य कार्यविधियों का निर्धारण, नियोजन, समन्वय तथा नियन्त्रण होता है। मध्य स्तरीय प्रबन्धन की संगठन में अत्यन्त महत्त्वपूर्ण भूमिका होती है। इसे उच्च स्तरीय प्रबन्धन एवं अपने से नीचे के स्तर के क्रियान्वयन प्रबन्धन, के बीच समन्वय स्थापित करके विभिन्न कार्यों का संचालन होता है।

(3) पर्यवक्षणीय प्रबन्धन–यह प्रबन्ध की सबसे नीचे की अवस्था है। दिन प्रतिदिन होने वाले कार्यों के लिए इसकी जिम्मेदारी होती है। विभिन्न कार्यों एवं परिणाम के लिए यह सीधे उत्तरदायी होता है। इस स्तर के प्रबन्धन का कर्मचारियों से निकटतम सम्बन्ध होता है। इस प्रबन्धन वर्ग में पर्यवेक्षक, अधीक्षक, सहायक, पुस्तकालयाध्यक्ष एवं अन्य विभागीय प्रभारी सम्मिलित किए जा सकते हैं। प्रबन्धन के इस वर्ग का कर्मचारियों, से घनिष्ठ सम्बन्ध होता है।

प्रत्येक स्तर के प्रबन्धन में अलग-अलग क्षमता तथा दक्षता की आवश्यकता होती है। इस दक्षता एवं कौशल से ही किसी संगठन का संचालन एवं प्रबन्धन समुचित प्रकार से सम्पन्न किया जा सकता है। साधारणतया प्रबन्धक से तीन प्रकार के कौशल की अपेक्षा की जाती है–तकनीकी कौशल, मानव संसाधन कौशल और वैचारिक कौशल। इन कौशलों के अभाव में कार्य ठीक ढंग से प्रारम्भ नहीं हो सकता।

प्रबन्धन के कार्य

प्रबन्धन के विभिन्न कार्य होते हैं जैसे–योजना बनाना, संगठन, निर्देशन तथा मूल्यांकन आदि। टैरी (Tarry) के अनुसार, "कार्य ही वे आधार हैं जिन पर प्रबन्धन एक प्रभावशाली ढाँचा तैयार करता है।"

सर्वप्रथम **हेनरी फेयोल** ने 1916 में प्रबन्धन के कार्यों का व्यवस्थित अध्ययन करके उनको क्रमबद्ध किया। इन्होंने प्रबन्धन के पाँच कार्य बताए हैं–

(1) नियोजन,
(2) संगठन,
(3) निर्देशन या आदेश देना,
(4) समन्वय, एवं
(5) न्नियन्त्रण।

जार्ज आर, टेरी (George R. Terry) ने प्रबन्धन के चार प्रमुख कार्य बताए हैं–(1) नियोजन, (2) समन्वय, (3) नियन्त्रण तथा (4) अभिप्रेरण ।

ई. एफ. ब्रेच (E. F. L Brech) ने प्रबन्धन के चार कार्यों का विवेचन किया है–(1) नियोजन, (2) समन्वय, (3) नियन्त्रण तथा अभिप्रेरण।

लूथर गुलिक (Luther Gulick) ने प्रबन्धन के सात कार्य प्रतिपादित किए हैं और इन्हें स्मरण रखने के लिए 'पोस्डकोर्ब' (POSDCORB) शब्द का प्रयोग किया है। ये सात कार्य निम्नलिखित हैं–

(1) नियोजन,

(2) संगठित करना,

(3) कर्मचारी व्यवस्था,

(4) निर्देशन देना,

(5) समन्वयीकरण,

(6) प्रतिवेदन प्रस्तुत करना एवं

(7) बजट प्रस्तुतीकरण।

प्रबन्धन के सिद्धान्त

उर्विक (Urwick) का कथन है कि "प्रबन्धन के सिद्धान्तों के प्रयोग से प्रबन्धक समस्याओं के समाधान में मार्गदर्शक नियमों का प्रयेग करके प्रभावी सिद्ध हो सकता है और उसे पुराने परिश्रमपूर्ण अनुसंधानों या जोखिमपूर्ण तीर या तुक्के विधियों का सहारा नहीं लेना होगा।" प्रबन्धन के सिद्धान्तों का पालन करके प्रबन्धक उपक्रम/संस्था के साधनों का सर्वोत्तम उपयोग करके कार्य-कुशलता सहायक सिद्ध होता है।

इस प्रकार प्रबन्धन के सिद्धान्तों के अनुप्रयोग से प्रबन्धकीय कुशलता में वृद्धि लाई जा सकती है, संगठन के उद्देश्यों की प्राप्ति की जा सकती है, अनुसंधान कार्य को बढ़ावा दिया जा सकता है, प्रबन्धकीय प्रशिक्षण में सुविधा प्राप्त की जा सकती है और प्रबन्धकीय क्रियाकलापों की उचित जानकारी प्राप्त की जा सकती है।

प्रबन्धन के आधारभूत सिद्धान्त

विभिन्न प्रबन्धन शास्त्रियों ने अपने-अपने ढंग से अलग-अलग सिद्धान्तों का प्रतिपादन किया है। सर्वप्रथम प्रबन्धन के जनक हेनरी फेयोल ने पबन्धन के चौदह

सिद्धान्तों का प्रतिपादन किया था जो आज भी सार्वभौमिक माने जाते हैं। जार्ज आर, टेरी ने प्रबन्धन के 27 सिद्धान्त बनाए हैं और उर्विक ने 29 सिद्धान्त तथा कून्टज एवं ओ 'डोनेल ने 57 सिद्धान्तों का उल्लेख किया है।

हेनरी फेयोल द्वारा प्रतिपादित प्रबन्धन के सिद्धान्त–फ्रांस के प्रमुख उद्योगपति हेनरी फेयोल ने अपने व्यावहारिक अनुभव के आधार पर प्रबन्धन के 14 आधारभूत सिद्धान्तों का प्रतिपादन किया था जो वर्तमान में भी उपयुक्त एवं व्यावाहारिक प्रतीत होते हैं। फेयोल के सिद्धान्त निम्नलिखित हैं–

1. कार्य का विभाजन–किसी भी संस्था में अलग-अलग कार्य होते हैं। किसी भी संगठन अथवा संस्था में विशिष्टीकरण और प्रमापीकरण का लाभ प्राप्त करने के लिए समस्त कार्यों को उनकी विशेषता के आधार पर विभाजित करके उनका निष्पादन किया जाना चाहिए। संगठन के प्रत्येक व्यक्ति को उसकी योग्यता, दक्षता तथा रुचि के अनुसार कार्य सौंपा जाना चाहिए क्योंकि प्रत्येक हर कार्य को सम्पन्न व्यक्ति को सामान्य कार्य सौंपा जाना चाहिए। इस प्रकार कार्य विभाजन से कार्य का निष्पादन न्यूनतम लागत पर सम्भव होता है।

शिक्षा के क्षेत्र में पुस्तकालय के इस सिद्धान्त का परिपालन करके पुस्तकालय में संगठित विभिन्न विभागों के कार्यों को कर्मचारियों की योग्यता, दक्षता, अनुभव एवं रुचि के आधार पर उनके मध्य विभाजित किया जा सकता है। इस प्रकार पुस्तकालय के कार्यों और सेवाओं को समुचित ढंग से सम्पन्न करने में यह सिद्धान्त महत्त्वपूर्ण भूमिका निभाता है।

2. अधिकार एवं उत्तरदायित्व–कुछ लोग अधिकार एवं उत्तरदायित्व को एक ही मानते हैं, लेकिन दोनों शब्द अलग-अलग है। अधिकार का आशय है आदेश देने का अधिकार एवं आज्ञा पालन करवाने की शक्ति तथा उत्तरदायित्व के आशय सौंपे गए कार्य को पूर्ण जिम्मेदारी से सम्पन्न करना। अधिकार व्यक्ति एवं पद में निहित होते हैं। यदि किसी व्यक्ति को कोई कार्य भार सौंपा जाए, तो उसे निभाने के लिए अर्थात् आदेश देने के लिए अधिकार भी दिऐ जाने आवश्यक हैं। शैक्षणिक पुस्तकालयों में पुस्तकालय के अधीनस्थ कर्मचारियों से विविध कार्यों को सम्पन्न कराने हेतु आदेश का अधिकार प्राप्त होना चाहिए जिससे वह अपने उत्तरदायित्व का पालन पुस्तकालय को ध्यान में रखते हुए करते हैं।

3. अनुशासन–अनुशासन के अभाव में कोई कार्य उचित समय तथा सही दिशा में नहीं हो सकता। विभिन्न उपक्रमों अथवा संस्थाओं में जहाँ अधिक संख्या

में कर्मचारी मिलकर कार्य करते हैं, अनुशासन की विशेष आवश्यकता होती है। अनुशासन के अन्तर्गत कर्मचारियों की आज्ञाकारिता, व्यवहार एवं अधिकारियों के प्रति सम्मान आदि सम्मिलित होते हैं। अनुशासन वह शक्ति है जो किसी व्यक्ति अथवा समूह को निर्धारित लक्ष्यों की प्राप्ति के लिए नीतियों, विषयों एवं कार्यविधियों का पालन करने के लिए प्रेरित करती है। अनुशासन अधिकारियों के अच्छे नेतृत्व से स्थापित होता है। एक उपक्रम/संस्था में प्रभावशाली नेतृत्व, स्पष्ट एवं निष्पक्ष समझौता तथा दण्ड व्यवस्था के न्यायपूर्ण क्रियान्वयन के माध्यम से अनुशासन स्थापित करने का प्रयास किया जाना चाहिए। हेनरी फेयोल का यह सिद्धान्त पुस्तकालय में भी मान्य है।

4. आदेश की एकता—इसमें आदेश ऊपर से नीचे दिये जाते हैं। उच्च अधिकारी अधीनस्थ कर्मचारियों को आदेश देता है। यदि एक कर्मचारी को अनेक अधिकारियों से आदेश एवं निर्देश प्राप्त होंगे तो कर्मचारी ने केवल भ्रमित होगा अपितु अपने उत्तरदायित्व का निर्वाह वह ठीक से नहीं कर सकेगा। फेयोल (Fayol) के शब्दों में, "संगठनों अथवा संस्थाओं में दोहरे आदेश सदैव परस्पर विरोध के कारण रहे हैं, अतः आदेश की एकता का सिद्धान्त महत्त्वपूर्ण सिद्धान्त है। अन्य संगठनों के समान शैक्षणिक पुस्तकालयों में भी इस सिद्धान्त का महत्त्व एवं उपयोगिता है।

5. निर्देश की एकता—प्रबन्ध के क्षेत्र में निर्देश का उल्लेखनीय महत्त्व है। निर्देश की एकता के सिद्धान्त से आशय है कि समान उद्देश्य वाले सभी कार्यों के लिए एक ही प्रबन्धक/अधिकारी का निर्देशन और एक ही योजना होनी चाहिए अतः यदि समस्त, गतिविधियों, क्रिया-कलापों को जब एक ही अधिकारी से निर्देश प्राप्त होंगे तो कार्य में एकरूपता बनी रहेगी तथा कर्मचारियों की कार्य-कुशलता की तुलना भी आसानी से की सा सकती है। शैक्षणिक पुस्तकालयों के क्षेत्र में यह सिद्धान्त प्रभावकारी होता है।

6. सामूहिक हितों के लिए व्यक्तिगत हितों का त्याग—किसी भी उपक्रम, संगठन अथवा संस्था की सफलता के लिए व्यक्तिगत हितों तथा सामूहिक हितों में पूर्ण सामंजस्य होना आवश्यक है। व्यक्तिगत हितों की अपेक्षा संस्था के सामूहिक हितों को अधिक महत्त्व दिया जाना चाहिए। व्यक्तिगत एवं सामूहिक हितों में यदि अवरोध पैदा होता है तो सामूहिक हितों की रक्षा के लिए व्यक्गित हितों का त्याग कर देना चाहिए। इससे संस्था का जो निर्धारित लक्ष्य है उसे प्राप्त किया जा सकेगा।

7. कर्मचारियों को पारिश्रमिक—कार्य के अनुसार कर्मचारियों को उचित पारिश्रमिक मिलना चाहिए। इस पारिश्रमिक से कर्मचारियों एवं नियोजकों दोनों की संतुष्टि होनी चाहिए। कर्मचारी संस्था के कार्यों को पूर्ण लगन, रुचि और पूर्ण क्षमता से तभी करते हैं, जब उनकी सेवाओं का पर्याप्त प्रतिफल प्राप्त होता है। कर्मचारियों को देय पारिश्रमिक के भुगतान की पद्धति संतोषजनक व न्यायसंगत होनी चाहिए और उन्हें किसी प्रकार की कठिनाई नहीं होनी चाहिए। कार्य के लिए अभिप्रेरित करने के लिए मौद्रिक प्रेरणाओं के साथ-साथ अमौद्रिक प्रेरणाओं का भी विकास करना चाहिए।

8. केन्द्रीयकरण—केन्द्रीयकरण से यहाँ पर आशय यही नहीं है कि सभी कार्यों के केन्द्रीकरण हो, अपितु इसका तात्पर्य यह भी है कि नियोजन एवं निर्धारण का अधिकार उच्च अधिकारियों के पास भी रहना चाहिए। किसी संस्था में अधिकारों का केन्द्रीकरण किस सीमा तक हो, यह संस्था की प्रकृति, अधीनस्थों की कार्य-कुलशलता एवं विभिन्न अन्य परिस्थितितयों पर निर्भर करती है। इसका उद्देश्य अधीनस्थ एवं वरिष्ठ कर्मचारियों के बीच समन्वय स्थापित करना है।

9. पदाधिकारी सम्पर्क शृंखला—किसी भी संगठन अथवा संस्था में कार्य करने वाले सभी पदाधिकारियों के मध्य ऊपर से नीचे तक एक सीधी शृंखला होनी चाहिए। अर्थात् वे ऊपर से नीचे तक एक सीधी रेखा के रूप में संगठित हों। उनमें प्रत्यक्ष सम्बन्ध होना चाहिए तथा आदेश स्पष्ट होना चाहिए। अधिकारियों के मध्य सन्देश का आदान-प्रदान पूर्व निर्धारित व्यवस्था के अनुरूप होना चाहिए। अधिकारियों को अधिकार शृंखला का उल्लंघन नहीं करना चाहिए और यदि किन्ही परिस्थितियों में सम्पर्क का उल्लंघन करके अन्य अधिकारी से सम्पर्क करना भी पड़े तो इसकी पूर्व अनुमति होनी चाहिए।

10. समानता—किसी भी संस्था में कार्य करने वाले कर्मचारियों को कार्य के प्रति रुचि बनाये रखने के लिए समानता बहुत आवश्यक है। अधिकारियों के न्यायपूर्ण एवं निष्पक्ष व्यवहार से कर्मचारियों में निष्ठा एवं समर्पण की भावना विकसित होती है और संस्था का विकास तथा प्रगति होती है।

11. व्यवस्था—व्यवस्था के अभाव में कर्मचारी नियोजित ढंग से कार्य नहीं करेंगे। व्यवस्था से तात्पर्य है कि संस्था में प्रत्येक वस्तु, सामग्री और उपकरण आदि अपने उचित स्थान पर व्यवस्थित हो, प्रत्येक कर्मचारी के लिए एक नियत स्थान होना चाहिए और कार्य के लिए सम्बन्धित स्थान पर उचित कर्मचारी होना चाहिए।

संस्था के सभी संसाधनों को उचित व्यवस्था में रखने से मानव, मशीन तथा सामग्री का सही अनुमान लगाया जा सकात है तथा न्यूनतम प्रयासों से अधिकतम परिणाम प्राप्त किये जा सकते हैं। ये सिद्धान्त शैक्षणिक पुस्तकालयों को समुचित रूप से व्यवस्थित करने में प्रभावकारी सिद्ध होते हैं।

12. कर्मचारियों के कार्यकाल में स्थिरता—इस सिद्धान्त के अनुसार कर्मचारियों की नियुक्ति करते समय स्थिरता का ध्यान रखना चाहिए, नहीं तो उनकी कार्यक्षमता में कमी आती है। बार-बार कर्मचारियें को सेवा से हटाने पर संस्था के के कार्य पर प्रतिकूल प्रभाव पड़ेगा ही, साथ ही नए कर्मचारियों को प्रशिक्षित करने का अतिरिक्त भार भी संस्था की उत्पादन लागत को बढ़ा देगा है। कर्मचारियों के कार्यकाल में स्थिरता होने से उनमें संस्था के प्रति अपनत्व की भावना विकसित होती है और वे संस्था तथा कार्य के प्रति क्रियाशील होते हैं।

13. पहलपन—यह सिद्धान्त बतलाता है कि संगठन अथवा संस्था के कार्यों में प्रबन्धकों एवं उच्च अधिकारों को पहल करनी चाहिए ताकि कर्मचारी भी उनका अनुसरण करने लगे। इसके साथ ही यदि कर्मचारी वर्ग किसी कार्य को अपनी योग्यता एवं अनुभव के आधार पर सम्पन्न करने में पहल करता है तो उसको उस कार्य के करने के लिए स्वतन्त्रता एवं प्रोत्साहन दिया जाना चाहिए।

14. सहयोग की भावना—सहयोग की भावना का विकास होने से कार्यक्षमता में वृद्धि होती है। सहयोग का यह सिद्धान्त "संगठन ही शक्ति है" की मान्यता पर आधारित है। संगठन की सफलता के लिए कर्मचारियें का पूर्ण सहयोग प्राप्त करना आवश्यक होता है। इसके लिए कर्मचारियों की शंकाओं, समस्याओं और कठिनाइयों का शीघ्र निवारण करना चाहिए तथा संस्था के कर्मचारियों में किसी प्रकार की भ्रान्तिया उत्पन्न नहीं देनी चाहिए। अधिकारियों तथा कर्मचारियों के मध्य पूर्ण सहयोग के अभाव में लक्ष्यों को प्राप्त करना मुश्किल होता है। अतः अधिकारियों के मध्य पूर्ण सहयोग के अभाव में लक्ष्यों को प्राप्त करना कठिन होता है। अतः अधिकारियों को सहयोग प्राप्त करने के लिए अपना दृष्टिकोण में परिवर्तन करना चाहिए, अर्थात् उन्हें मैं जो कहता हूँ वह करो के स्थान पर 'मैं जो करता हूँ वह करो' की नीति का अनुकरण करना चाहिए।

फेयोल का यह दृढ़ विश्वास था कि इन सिद्धान्तों का उपयोग व्यावसायिक संस्थानों में ही नहीं, वरन् आर्थिक, सामाजिक शैक्षणिक, धार्मिक, राजनीति आदि सभी संस्थाओं में समान रूप से किया जा सकता है। तकनीकी प्रशिक्षण की भाँति

प्रबन्धकीय प्रशिक्षण भी प्रदान किया जा सकता है। इस प्रकार फेयाल आधुनिक प्रबन्धशास्त्र के केवल 'जनक' ही नहीं बल्कि प्रबन्धकीय प्रशिक्षण के प्रवर्तक भी माने जाते है प्रबन्ध के क्षेत्र में इनका सिद्धान्त महत्त्वपूर्ण है।

वैज्ञानिक प्रबन्धन के सिद्धान्त

'वैज्ञानिक प्रबन्ध' का तात्पर्य किसी एक नियत लक्ष्य की प्राप्ति के लिए किसी भी कार्य को विशिष्ट ज्ञान की सहायता से एवं सुव्यवस्थित ढंग से सम्पन्न करने से है। **पीटर एफ. ड्रकर** के शब्दों में "वैज्ञानिक प्रबन्धन कार्य का संगठित अध्ययन है, कार्यों के सरलतम भागों का विश्लेषण है तथा कार्य के प्रत्येक भाग में कर्मचारियों के कार्य-निष्पादन का व्यवस्थित सुधार है।" वैज्ञानिक प्रबन्धन के अनुशासन, प्रयोग एवं विवेक के द्वारा उत्पादन के पृथक-पृथक अंगों का एकीकरण करके उनका इस प्रकार प्रयोग किया जाता है कि जिससे सभी वर्गो को लाभ हो तथा श्रम, धन, उपकरण, उत्पादन, प्रक्रियाओं आदि के द्वारा अधिक से अधिक लाभ प्राप्त हो सके।

किसी संस्था में प्रशासन सम्बन्धी समस्याओं के निवारण के लिए जो सिद्धान्त व विधि का प्रयोग होता है वह वैज्ञानिक प्रबन्धन के अन्तर्गत होता है तथा वैज्ञानिक पद्धति निरीक्षण, परीक्षण प्रयोग एवं अनुसंधान पर आधारित होती हैं और इन्हीं के आधार पर निष्कर्ष निकाले जाते हैं। इन निष्कर्षो के परिणामों को संगठन/संस्था के कार्यों में प्रयोग किया जाता है। इनके प्रयोग से कर्मचारियों एवं प्रबन्धन के मध्य एक पूर्ण मानसिक परिवर्तन आता है। दोनों की मानसिक प्रक्रिया में संगठन के प्रति परिवर्तन आता उनकी कार्य-कुशलाता एवं क्षमा में वृद्धि होती है। इस प्रकार वैज्ञानिक प्रबन्धन का मूल आशय कार्य का सुव्यवस्ति अध्ययन विश्लेषण करने के पश्चात् कर्मचारियों की कार्य-क्षमता में वृद्धि और सुधार करना है।

वैज्ञानिक प्रबन्धन को सफल बनाने के लिए यह आवश्यक है कि वह ठोस सिद्धान्तों पर आधारित हो। कुछ महत्त्वपूर्ण सिद्धान्त निम्नलिखित हैं—

1. कार्य विश्लेषण—कर्मचारियों के नियुक्ति से पहले उनके कार्यों का वैज्ञानिक ढंग से विश्लेषण क़रना चाहिए। उचित कार्य हेतु उचित व्यक्ति की ही नियुक्ति क़ी जानी चाहिए। कार्य उन कर्तव्यों और उत्तरदायित्वों का संग्रह है जो एक व्यक्ति के लिए नियत किए जाते हैं। गहन परीक्षण की प्रक्रिया को विश्लेषण कहते हैं। सरल अर्थ में विश्लेषण से तात्पर्य उस प्रक्रिया से है जिसके द्वारा किसी कार्य के सम्बन्ध में छोटी-से छोटी बात की जानकारी प्राप्त की जा सकती है। इस प्रकार कार्य-विश्लेषण वह प्रक्रिय

है जिसके द्वारा प्रत्येक कार्य के विषय में आवश्यक तथ्य प्राप्त करके उनको तालिकाबद्ध किया जाता है एवं फिर चुनाव द्वारा निष्कर्ष निकाले जाते हैं। प्रबन्ध का यह वैज्ञानिक सिद्धान्त कार्यों के मध्य विश्लेषण का निर्धारण करता है।

2. श्रम विभाजन—यह सिद्धान्त संगठन अथवा उपक्रम के विभिन्न स्तरों पर कर्मचारियों और उनके कर्तव्यों का निर्धारण है। विशिष्टता का लाभ प्राप्त करने हेतु श्रम अथवा कार्य के विभाजन, कर्मचारी की योग्यता, अनुभव और उसकी कार्य के प्रति रुचि के आधार पर किया जाना आवश्यक है। इस सिद्धान्त का प्रयोग प्रबन्धकीय एवं तकनीकी आदि सभी कार्यों के लिए कर सकते हैं।

3. कार्य प्रविधि—इसका तात्पर्य कार्य की विधियों के सुधार अथवा उन्नयन से है। ये विधियाँ पहले से जाँची-परखी गयी प्रणालियों पर आधारित होनी चाहिए, जैसे—समय अध्ययन गति अध्ययन एवं उपकरणों का मानकीकरण आदि।

4. अधिकतम लाभ—संगठन का संचालन इस प्रभावी ढंग से किया जाना चाहिए कि नियोजकों के लिए उत्पादकता अधिकतम हो और कर्मचारियों को भी अधिकतम लाभ पहुँच सके।

5. प्रोत्साहन पारिश्रमिक प्रणाली—कर्मचारियों हेतु पारिश्रमिक प्रणाली इस प्रकार की होनी चाहिए जिसमें कुशल एवं कर्मठ कर्मचारियों के लिए धन अथवा अन्य रूप में प्रोत्साहन की व्यवस्था हो। इस प्रकार वे भवष्यि में अपने कार्य में और सुधार करने को प्रोत्साहित हो सकेंगे।

6. पूर्ण सामंजस्य—प्रबन्धन एवं कर्मचारियेां के मध्य सामंजस्य पूर्ण व्यवहार अपनाना चाहिए।

7. प्रमापीकरण—इसके द्वारा कार्य का मूल्यांकन निश्चित लक्ष्यों के आधार पर किया जा सकता है। इस प्रकार प्रबन्धन में विभिन्न विधियों एवं कर्मचारियों के कार्य करने की दशाओं का प्रमापीकरण आवश्यक है। इससे उत्पादन में सुधार और कर्मचारियों की कार्य-क्षमता में वृद्धि की सम्भावना रहती है।

वैज्ञानिक प्रन्बन्धन का मूल सिद्धान्त दायित्वों का विभाजन अथवा विकेन्द्रीकरण है। उच्च प्रबन्धन को नीति निर्धारण और वित्तीय ममलों के निर्णय तक अपने को सीमित रखना चाहिए। नीतियों के क्रियान्वयन और उनकी समीक्षा आदि के अधिकार मध्य स्तरीय प्रबन्धन को देने चाहिए। समय-समय पर समीक्षा करते रहना चाहिए। और यदि कोई समस्या अथवा कमी है तो उसका वैज्ञानिक विधि से समस्या का समाधान करना चाहिए।

शैक्षणिक पुस्तकालयों में वैज्ञानिक प्रबन्धन के सिद्धान्तों का अनुप्रयोग

शैक्षिक पुस्तकालयों में वैज्ञानिक सिद्धान्तों का प्रयोग करके इसे अधिक प्रभावकारी बनाया जा सकता है। विभिन्न उपक्रमों, संगठनों और संस्थाओं के समान ही पुस्तकालया भी सामाजिक संस्थाएँ है। इनके विभिन्न क्रियाकलापों और सेवाओं में वैज्ञानिक प्रबन्धन के सिद्धान्तों का अनुपयोग करने से इसके मानवीय एवं भौतिक संसाधनों का प्रभावपूर्ण ढंग से उपयोग किया जा सकता है। कर्मचारियों को सुविधाएँ प्रदान करते हुए उनकी क्षमता और योग्यता में वृद्धि की जा सकती है। शैक्षणिक पुस्तकालयों के निम्नलिखित कार्यों में वैज्ञानिक प्रबन्धन के सिद्धान्तों का सफलतपूर्वक उपयोग किया जा सकता है–

1. पुनरावृत्ति वाले कार्य, इनमें एक ही कार्य को सम्पा‍िदत करने के लिए प्रत्येक समय समान चरणों को अपनाया जाता है, जैसे–क्रयदेश, सूचीकरण, आदान-प्रदान व व्यवस्थापन आदि।
2. पुस्तकालय एवं सूचना केन्द्र के ऐसे कार्य जिनमें अधिक धनराशि व्यय होती है, जैसे संदर्भ एवं सूचना सेवा प्रदान करना, कार्य लागतकरण, लागत लेखाकरण आदि।
3. निरन्तर सम्पन्न होने वाले कार्य, जैसे–पुस्तकों को डुप्लिकेट चैकिंग, पुस्तकों हेतु क्रयादेश तैयार करना वर्गीकरण, परिग्रहण, सूची-पत्रक तैयार करना, सूची पत्रकों का संचिकाकरण करना, पुस्तकों का आदान-प्रदान एवं उनका निधानियों पर पुनर्व्यवस्थापन आदि।
4. वित्तीय प्रबन्धन, जैसे–लागत निर्धारण लागत-लाभ, सूचना सेवाओं का वित्तीय मूल्य।
5. ऐसे कार्य जिनमें कर्मचारियों अथवा उपकरणों की तीव्र गति वांछित हो, जैसे–अधिग्रहण एवं तकनीकी अनुभागों के मध्य भौतिक व्यवस्थापन, सार्वजनिक सूची, बड़े, ग्रन्थात्मक उपकरण, संदर्भ सूचना अनुभाग एवं परिचालन अनुभाग।

पुस्तकालय में वैज्ञानिक प्रबन्धन से लाभ

इस प्रकार पुस्तकालय एवं सूचना केन्द्रों में वैज्ञानिक प्रबन्धन के अनुप्रयोग से निम्नलिखित लाभ प्राप्त हो सकते हैं–

1. वास्तविक डाटा के विकास में सहायक सिद्ध होता है।

2. वैज्ञानिक आधार पर पुस्तकायल/सूचना केन्द्र के नियोजन एवं नियंत्रण से सभी कार्य सुनियोजित ढंग से क्रियान्वित किया जा सकते हैं।
3. समस्त कार्यों, विधियों एवं उपकरणों का मानकीकरण हो जाता है जिससे सभी कार्यों एवं सेवाओं में सुविधा मिलती है।
4. यह पुस्तकालय/सूचना केन्द्रों के दैनिक कार्यों के सम्पादन की कार्य कुशलता की वृद्धि में सहायक होता है।
5. यह पुस्तकालय/सूचना केन्द्र के कर्मचारी प्रबन्धन एवं वित्तीय प्रबन्धन के एक उपयोगी उपकरण के रूप में कार्य करता है।
6. कर्मचारियों को प्रोन्नति के अवसर प्राप्त होते हैं। उनके पारिश्रमिक/वेतन अथवा पद निर्धारण में एक वैज्ञानिक आधार प्राप्त होता है।

प्रबन्धकीय विशेषता एवं नेतृत्व

प्रबन्ध मानवीय संगठनों का एक रूप है जिसके अन्तर्गत इसमें आन्तरिक सम्बन्ध स्थापित होते हैं। प्रबन्ध में पायी जाने वाली विशेषताएं समाज, संस्कृति एवं अर्थ व्यवस्था की कई प्रक्रियाओं के बीच से निकलकर सामने आती हैं। ये तमाम विशिष्टताएँ प्रबंध की व्यापक चर्चाओं से सांस्थापित कार्य-व्यवहार की विशिष्टताओं पर भी प्रकाश डालती हैं। प्रबन्ध मानवीय संगठनों का एक विशिष्ट कार्य है। इसके अर्थ, अवधारणा एवं प्रकृति को सही रूप में समझने के लिए इसकी प्रमुख विशेषताओं का अध्ययन करना आवश्यकता है। प्रबन्ध की प्रमुख विशेषताओं को निम्नलिखित बिन्दुओं के अन्तर्गत स्पष्ट किया जा सकता है–

1. संयोजित प्रक्रिया–नियोजन, संगठन, निर्देशन, नियन्त्रण, समन्वय आदि एक ऐसी प्रक्रिया है जिसमें इन सभी कार्यों को एक संयोजित एवं एकीकृत प्रक्रिया के रूप में रखा जाता है। ये सभी कार्य पृथक्-पृथक् या एकाकी रूप से निष्पादित नहीं किये जाते हैं। ये सभी कार्य एक दूसरे से सम्बन्धित एवं प्रभावित होते हैं। **ब्रेच** (Brech) के अनुसार *"प्रबन्ध एक एकीकृत या संयोजित प्रक्रिया है।"* यह एक सार्वजनिक प्रयत्नों की व्यवस्था है। प्रबन्ध की जरूरत, मानव विशिष्ट के प्रयत्नों हेतु नहीं होती।

2. सार्वजनिक प्रयत्न–प्रबन्धन की एक महत्त्वपूर्ण विशेषता यह है कि इसमें में सार्वजनिक प्रयत्न शामिल होते हैं। इसकी आवश्यकता व्यक्ति विशेष के प्रयासों के लिए नहीं होती है। संगठन के लक्ष्यों की प्राप्ति एक व्यक्ति की तुलना में सामूहिक

रूप से कर पाना ज्यादा सुगम होता है। समूह के प्रयासों को समन्वित करने व प्रभावी बनाने के लिए प्रबन्धकीय निर्देशन एवं नियन्त्रण की आवश्यकता होती है। प्रबन्ध की समूह प्रकृति के कारण ही **कून्ट्ज एवं ओ'डोनेल** ने अपनी परिभाषा में **"औपचारिक रूप से संगठित समूहों", चाल्स रेनाल्ड** ने **"समुदाय का अभिकरण'** तथा **लॉरेन्स एप्पले** ने **"दूसरे व्यक्तियों के प्रयास"** शब्दों का प्रयोग किया है।

3. श्रेणीबद्ध प्रबन्ध–प्रबन्ध सम्पूर्ण मानव के दायित्व एवं अधिकारों का एक श्रेणीबद्ध प्रक्रिया है। श्रेणीबद्ध प्रबन्ध में व्यक्ति की परिस्थितियों एवं कर्तव्यों में विभिन्नताएं व्याप्त जाती हैं। संस्था में कर्मचारियों के निर्देशन, अभिप्रेरणा व नियन्त्रण की आवश्यकता होती है। बड़े अधिकारी अपने अधीनस्थों को आदेश-निर्देश देते हैं, नियमानुसार कार्य करवाते हैं तथा कार्य की प्रगति के बारे में पूछते हैं। वे अपने अधीनस्थों का नेतृत्व करते हैं। **हरबिसन तथा मेयर्स** ने लिखा है– **"प्रबन्ध वास्तविक अर्थों में नियम बनाने व लागू करने वाली संस्था है। यह स्वयं में उच्च अधिकारियों एवं अधीनस्थों के सम्बन्ध जाल में बँधी हुई होती है।"**

4. एक प्रक्रिया–प्रबन्ध संस्था के भौतिक एवं मानवीय संसाधनों को संयोजित करके निर्धारित लक्ष्यों को प्राप्त करने की प्रक्रिया है। इसमें नियोजन, संगठन, समन्वय, निर्देशन, अभिप्रेरणा व नियन्त्रण आदि कार्य सम्मिलित हैं। प्रबन्ध प्रक्रिया के माध्यम से ही संगठन के संसाधनों को उत्पादन एवं लाभ में रूपान्तरित किया जाता है। यह व्यक्तियों का निर्देशन करने एवं परिणाम प्राप्त करने की प्रक्रिया है। **पीटर ड्रकर** के अनुसार–"प्रबन्ध एक कार्य है, अतः इसका अपना कौशल, अपने उपकरण एवं अपनी तकनीकें होती हैं।"

5. मानवीय प्रक्रिया–यह एक महत्त्वपूर्ण तथ्य है कि सभी व्यक्तियों के व्यवहार एवं प्रयासों के नियोजन, संगठन, निर्देशन, अभिप्रेरणा एवं नियन्त्रण से सम्बन्धित है। मानव एवं उसका व्यवहार ही प्रबन्ध की मुख्य विषयवस्तु है। प्रबन्ध के सन्दर्भ में पीटर.एफ.ड्रकर महोदय का मानना है कि "प्रबन्ध कार्य है, प्रबन्ध एक विधा है। किन्तु प्रबन्ध व्यक्ति भी है। प्रबन्ध की हर उपलब्धि प्रबन्धक की उपलब्धि है। हर सफलता प्रबन्धक की सफलता है। व्यक्ति प्रबन्ध करते हैं न कि "शक्तियाँ अथवा तथ्य" (People manage rather than forces or 'facts')। प्रबन्धकों की दृष्टि, समर्पण व सत्यनिष्ठा ही यह निर्धारित करती है कि वहाँ प्रबन्ध है या कुप्रबन्ध।" प्रबन्ध की मानवीय प्रकृति के कारण ही **लॉरेन्स एप्पले** ने कहा है कि **"यह प्रबल व्यक्तियों का विकास है, निर्जीव वस्तुओं का निर्देशन नहीं।"**

6. सामाजिक प्रक्रिया—प्रबन्ध के अन्तर्गत मानव की आन्तरिक क्रिया सम्बन्ध सम्मिलित होते हैं व्यवसाय एक सम्प्रदाय हैं, जो विभिन्न वर्गों—अंशधारियों, कर्मचारियों, पूर्तिकर्ताओं, ग्राहकों, सरकार, व्यावसायिक संस्थाओं आदि के सहयोग से संचालित होता है। प्रबन्धक को इन सभी वर्गों के पारस्परिक सम्बन्धों, हितों व कल्याण के लिए उत्तरदायी रहना होता है। प्रबन्ध से लक्ष्यों की पूर्ति में व्यक्तियों का सहयोग एवं योगदान प्राप्त करने में सहायता मिलती है। सामाजिक प्रक्रिया के कारण ही प्रबन्धक में सामाजिक कौशल (Social Skills) का गुण होना आवश्यक है। **ई. एफ. एच. ब्रेच के शब्दों में**—"संगठन में मानवीय तत्त्वों की सर्वव्यापकता ही प्रबन्ध को सामाजिक प्रक्रिया का स्वरूप प्रदान करती है।"

7. मानवीय संगठनों से जुड़ी प्रक्रिया—प्रबन्ध मानवीय संगठनों का ही एक बदला हुआ रूप है। पशुओं, भौतिक संसाधनों, यंत्रों, भूमि-भवनों तथा अन्य निर्जीव वस्तुओं का प्रबन्ध नहीं होता, क्योंकि इन्हें निर्देश देना तथा उनका पालन करवाना सम्भव नहीं होता। "प्रबन्ध मानवीय संगठनों से सम्बन्धित कार्य है। पशुओं का प्रशिक्षक प्रबन्धक नहीं होता है जबकि मनुष्यों का प्रशिक्षक प्रबन्धक हो सकता है।" सर्कस में पशुओं से कार्य लेने वाला 'प्रशिक्षक' कहलाता है, प्रबन्धक नहीं।

8. अदृश्य शक्ति—**जॉर्ज टैरी** के अनुसार प्रबन्ध एक **अदृश्य शक्ति** है। कुछ अन्य विद्वानों ने भी प्रबन्ध को अस्पृश्य, अविचारणीय एवं गौण कहा है। इसका आशय है कि प्रबन्ध की विद्यमानता को इसके प्रयासों के परिणामों, जैसे—सुव्यवस्था, कर्मचारी संतुष्टि, श्रेष्ठ उत्पादन, उत्साह, उत्तम नीतियों आदि से महसूस कर सकते हैं। इसी तरह अव्यवस्थित प्रबन्ध की जानकारी, योग्य प्रबन्ध की तुलना में, कर्मचारियों व समाज को शीघ्र हो जाती है।

9. सर्वव्यापी प्रक्रिया—कुछ प्रबन्ध प्रसिद्ध विशेषज्ञों ने प्रबन्ध को सर्वव्यापी प्रक्रिया के रूप में स्वीकार किया है। इसके सिद्धान्त, कौशल व तकनीकें सभी प्रकार के मानवीय संगठनों के संचालन में समान रूप से लागू होती हैं। व्यावसायिक एवं गैर-व्यावसायिक संगठनों के साथ-साथ प्रत्येक देश एवं अर्थव्यवस्था में संस्थाओं की सफलता के लिए प्रबन्ध कार्य आवश्यक होता है। इस प्रकार दूसरे शब्दों में यह कहा जा सकता है कि **प्रबन्धकीय कौशल योग्यता एवं अनुभव विभिन्न मानवीय संगठनों में हस्तान्तरणीय** है।

10. कला व विज्ञान दोनों ही—कुछ विद्वानों ने प्रबन्ध को कला और विज्ञान दोनों कहा है। विज्ञान के रूप में प्रबन्ध सुव्यवस्थित एवं क्रमबद्ध सिद्धान्तों, विधियों

व तकनीकों का ज्ञान समूह है। कला के रूप में प्रबन्ध इन सैद्धान्तिक नियमों का व्यावहारिक प्रयोग है। प्रबन्ध की सफलता इसका विधिवत् ज्ञान प्राप्त करने एवं व्यक्तिगत आधार पर व्यवहार में इसके कुशल प्रयोग करने, दोनों ही पर निर्भर करती है। प्रबन्ध के सन्दर्भ में प्रसिद्ध प्रबन्ध विशेषज्ञ टैरी महोदय का मानना है कि–''प्रबन्ध का अध्ययन किया जा सकता है, इसका ज्ञान प्राप्त किया जा सकता है तथा इसके प्रयोग में प्रवीणता प्राप्त की जा सकती है।''

11. सांयोगिक प्रकृति–प्रबन्ध की प्रकृति प्रायः सांयोगिक एवं पारिस्थितिक (Situational) होती है। अर्थात् परिस्थितियों एवं वातावरण के अनुसार प्रबन्ध की विधियों, सिद्धान्तों एवं तकनीकों में परिवर्तन करना आवश्यक होता है। समस्त परिस्थितियों में प्रबन्ध करने की कोई एक श्रेष्ठ विधि अथवा प्रणाली निर्धारित नहीं की जा सकती है। प्रबन्धक को प्रत्येक परिस्थिति की आवश्यकता को ध्यान में रखकर ही अपनी कार्य-प्रणाली निर्धारित करनी होती है।

12. आर्थिक अवयव–व्यवसाय के क्षेत्र में प्रबन्ध को एक केन्द्र बिन्दु कहा गया है। कृषि के क्षेत्र में वर्तमान औद्योगिक व्यवस्था तक का विकास ''प्रबन्ध'' की ही देन है। प्रबन्ध ही समाज के संसाधनों का कुशलता से उपयोग करके समाज की आवश्यकताओं की पूर्ति हेतु उपयोगी वस्तुओं का निर्माण करता है। प्रबन्ध ही समाज में ''आर्थिक मूल्यों'', ''पूँजी व धन का सृजन करता है। **पीटर ड्रकर** के शब्दों में–''प्रबन्ध औद्योगिक समाज का एक आर्थिक अंग है। प्रबन्धक के प्रत्येक कार्य, प्रत्येक निर्णय व प्रत्येक विचार में आर्थिक निष्पादन का होना इनका प्रथम आयाम है।''

13. सामंजस्यकारी क्षमता–प्रबन्ध की एक सबसे बड़ी विशेषता समन्वय की क्षमता है। यह मानव की गतिविधियों एवं प्रक्रियाओं में परस्पर मेल-जोल बनाने, अनेक समुदायों के कल्याण को समन्वित करने तथा संस्था के उद्देश्यों व उपलब्ध संसाधनों के मध्य एकीकरण करने की प्रक्रिया है। प्रबन्धक अपने समस्त कार्यों (नियोजन, संगठन, निर्देशन, अभिप्रेरण, नियन्त्रण आदि) में समन्वय के तत्त्व पर अधिक बल देता है। प्रबन्ध का आधारभूत स्वरूप समन्वयकारी ही है।

14. लक्ष्यपूर्ति–प्रबन्ध संगठन के लक्ष्य व उद्देश्यों की उपलब्धता का एक प्रमुख साधन है। इन लक्ष्यों की उपलब्धता हेतु उसे नियोजन, संगठन, अभिप्रेरणा, समन्वय तथा नियन्त्रण के महत्त्वपूर्ण कार्य करने होते हैं, प्रबन्धकीय सफलता का मूल्यांकन पूर्व-निर्धारित उद्देश्यों की पूर्ति के आधार पर ही किया जा सकता है। कोई

अधिकारी अपने अधीनस्थों को आदेश-निर्देश देने व उन पर अधिकार रखने मात्र से प्रबन्धक नहीं बन जाता है, प्रबन्धक की वास्तविक पहचान लक्ष्यों को प्राप्त करना है। इस संदर्भ में **मैसी** (Massie) महोदय–"प्रबन्धक वास्तव में क्रियाशील व्यक्ति है।" इसी तरह पीटर ड्रकर महोदय ने भी लिखा है कि–"प्रबन्ध का स्वयं अपने लिए ज्ञान से कोई सम्बन्ध नहीं है, इसका सम्बन्ध निष्पादन से है।" इस प्रकार प्रबन्ध एक लक्ष्य-प्रधान (Goal-oriented) प्रक्रिया है।

15. पृथक् महत्त्व–आधुनिक औद्योगिक परिवेश में प्रबन्ध एक महत्त्वपूर्ण भूमिका निभा रहा है। यह व्यवसाय के स्वामियों एवं कर्मचारियों से भिन्न व्यक्तियों का एक ऐसा वर्ग है, जिसके हाथों में प्रबन्ध-व्यवसाय की समस्त बागडोर होती है। प्रबन्धक निर्णय लेने, नेतृत्व प्रदान करने व कार्यों पर नियन्त्रण करने वाले व्यक्तियों का एक विशिष्ट वर्ग है। प्रबन्धक अन्य व्यक्तियों से कार्य करवाने एवं परिणामों के लिए उत्तरदायी रहने वाले व्यक्तियों का एक पृथक् वर्ग है। **मैसी** ने प्रबन्ध को **"विशिष्टता प्राप्त वर्ग"** (Distinguishable Group) कहा है। यह वर्ग ज्ञान, पद, स्थिति व अधिकारों में उच्च होता है। इस समय प्रबन्धकों के इस विशिष्ट वर्ग को पेशेवर प्रबन्धक कहते हैं।

16. उत्प्रेरक कारक–संस्था अथवा संगठन में उत्प्रेरक तत्त्व प्रबन्ध की उपस्थिति की भांति है। प्रबन्धक के निर्देशन में व्यक्ति अपने प्रयासों को उत्पादक बनाते हैं। प्रबन्धक व्यक्तियों के प्रयासों में गति लाते हैं। प्रबन्धक व्यक्तियों में उपलब्धियों के प्रति उत्साह, आकांक्षा व ऊर्जा का संचार करते हैं। **जॉर्ज टैरी** के शब्दों में, "प्रबन्ध चीजों को घटित करता है (Management makes things happen)। प्रबन्ध की विद्यमानता संस्था के कर्मचारियों एवं संसाधनों को गतिमान करती है।"

17. निर्माणशील प्रक्रिया–कुछ प्रसिद्ध प्रबन्ध विशेषज्ञों ने प्रबन्ध को एक निर्माणशील प्रक्रिया कहा है जो समाज के अन्तर्गत विनियोग, आय रोजगार व नये व्यवसायों में वृद्धि करके धन-सम्पदा का निर्माण करता है। प्रबन्ध के द्वारा ही देश में कार्य कौशल, सृजनात्मक विचारों, साहसिक प्रवृत्तियों व व्यावसायिक अभिरुचियों को प्रोत्साहन मिलता है।

18. प्रबन्ध का व्यवहार–प्रबन्ध एक व्यवहार है जो किसी संस्था या संगठनों की सफलता प्रबन्धकीय सिद्धान्तों के व्यावहारिक प्रयोग पर ही निर्भर करती है। इस सन्दर्भ में पीटर ड्रकर महोदय का मानना है कि–"प्रबन्ध एक व्यवहार है। इसका सारतत्त्व 'जानने' में नहीं बल्कि "करने" में है। इसकी एकमात्र अधिकार सत्ता

निष्पादन है। प्रबन्ध का विकास व्यवहार से हुआ है तथा यह 'व्यवहार' पर केन्द्रित है।''

19. 'समन्वय' प्रबन्ध का सार है—समन्वय या समायोजन को प्रबन्धकीय प्रक्रिया का सार माना गया है। यह प्रबन्ध का कार्य ही नहीं वरन् सार-तत्त्व है। प्रबन्ध किसी भी संस्था के भौतिक संसाधनों तथा मानवीय प्रयासों के समन्वय की प्रक्रिया है। समन्वय के बिना प्रबन्ध का कोई अर्थ नहीं होता।

20. प्रबन्ध के ज्ञान व सिद्धांतों का हस्तान्तरण संभव—शिक्षण-प्रशिक्षण के द्वारा प्रबन्ध के ज्ञान, सिद्धान्तों एवं तकनीकों का हस्तान्तरण किया जा सकता है। एक सीमा तक विज्ञान होने के कारण प्रबन्ध पद्धति की औपचारिक शिक्षा दी जा सकती है।

21. मानव की प्रक्रियाओं का विशेष योगदान—जैसाकि स्पष्ट किया जा चुका है कि प्रबन्ध में मानवीय गतिविधियों का एक प्रमुख योगदान है। इस प्रकार हम कह सकते हैं कि प्रबन्ध एक मानवीय प्रक्रिया है। प्रबन्धक भी मानव होते हैं। प्रबन्ध की संपूर्ण प्रक्रिया **''मनुष्यों के व्यवहार''** से जुड़ी हुई है। ''मानव'' प्रबन्ध की प्रमुख विषय-सामग्री है, वस्तुएँ या यंत्र नहीं। इस प्रकार प्रबन्ध मानव तंत्र से घिरा है।

22. संस्कृतिबद्ध विज्ञान—प्रबन्ध स्थायी न होकर परिवर्तनशील होता है। यह मानवीय समाज व सभ्यता के साथ-साथ परिवर्तित होता रहता है। समाज की संस्कृति व संपूर्ण मानव जीवन पर प्रबन्ध का गहरा प्रभाव पड़ता है। किन्तु प्रबन्ध भी समाज के मूल्यों व परम्पराओं से अछूता नहीं है। इस सन्दर्भ में पीटर एफ.ड्रकर महोदय का मानना है कि ''प्रबन्ध संस्कृति भी है, यह मूल्य-मुक्त विज्ञान नहीं है। प्रबन्ध एक सामाजिक कार्य है, जिसकी जड़ें संस्कृति अर्थात् समाज, मूल्य, परम्पराओं, रीति-रिवाजों एवं आस्थाओं और सरकारी व राजनैतिक प्रणालियों में हैं। प्रबन्ध संस्कृति-बद्ध है और होना चाहिए, किन्तु प्रबन्ध व प्रबन्धक संस्कृति व समाज को स्वरूप भी देते हैं।''

23. अप्रतिस्थापनीय कौशल—वर्तमान युग में प्रबन्धन का क्षेत्र काफी विस्तृत हो गया है जिसके अन्तर्गत नये-नये यंत्रों कम्प्यूटर तकनीकी का उपयोग तेजी से हो रहा है। प्रबन्धक को अपने निर्णयों व प्रक्रियाओं में इन नवीनतम साधनों से बहुत सहायता मिली है, इनसे प्रबन्धक की दृष्टि, विश्लेषण-योग्यता व निर्णय क्षमता में निश्चित रूप से वृद्धि हुई है। इनके कारण प्रबन्धक ज्यादा सूचना-सम्पन्न

(Information-rich) हैं। किन्तु ये प्रबन्ध के साधन मात्र हैं, इनसे प्रबन्धीय कौशल को प्रतिस्थापित (Replace) करना सम्भव नहीं है।

24. गतिशील प्रक्रिया—प्रबन्ध एक गतिशील प्रक्रिया है। जो समाज के अन्तर्गत सतत गतिमान रहती है। व्यवसाय के प्रबन्ध में नियोजन, संगठन, समन्वय, अभिप्रेरणा, नेतृत्व, नियंत्रण व नवप्रवर्तन संबंधी कार्य सतत् रूप से चलते रहते हैं। **न्यूमैन तथा वारेन** के अनुसार "प्रबन्ध, शिक्षा अथवा सरकार की भाँति सतत् रूप से चलने वाली प्रक्रिया है। प्रबन्ध को सदैव नये मुँहों (Mouths) को पोषण देना होता है, नए मस्तिष्कों को उत्प्रेरित करना होता है तथा नये व्यक्तियों को नेतृत्व प्रदान करना होता है।"

25. परिवर्तनशील प्रक्रिया—प्रबन्ध एक परिवर्तनशील प्रक्रिया है। यह समयानुसार परिवर्तित होती रहती है। यह **वातावरणमूलक कार्य** है जो आर्थिक, सामाजिक, राजनीतिक एवं तकनीकी वातावरण से जुड़ा रहता है। प्रबन्ध वातावरण से प्रभावित होने के कारण परिवर्तनशील है। **पीटर ड्रकर** के अनुसार—"प्रबन्ध गतिशील है। यह स्थिर नहीं, वरन् परिस्थितियों के अनुरूप ढलने वाली प्रक्रिया है।"

26. प्रबन्ध का नियमन एवं नियंत्रण सम्भव—प्रबन्धन कार्य के लिए विभिन्न प्रकार के नियम निर्धारित होते हैं जिनसे हटकर कार्य करना सम्भव नहीं होता है। प्रबन्ध पर विभिन्न कानूनों का नियमन एवं नियंत्रण बना रहता है। प्रबन्धकों को विभिन्न अधिनियमों जैसे—कम्पनी अधिनियम, उपभोक्ता संरक्षण अधिनियम, कारखाना अधिनियम एवं विविध श्रम सन्नियमों के प्रावधानों का पालन करना होता है।

27. भूमण्डलीय क्रिया—आज प्रबन्ध को एक भू मण्डलीय क्रिया माना गया है जो वैश्विक स्तर पर फैला हुआ है। यह कार्य प्रबन्ध **'वैश्विक परिप्रेक्ष्य'** को अपनाये बिना सफल नहीं हो सकता है। **स्टोनर व गिलबर्ट** के अनुसार—आज कोई भी प्रबन्धक अपनी संस्था को वैश्विक दबावों एवं चुनौतियों से मुक्त मानकर नहीं बैठ सकता है। बदलती हुई अन्तर्राष्ट्रीय परिस्थितियों में "वैश्विक प्रबन्ध" की अवधारणा तेजी से विकसित हो रही है। आधुनिक प्रबन्धक को "वैश्विक साझेदारी" निभानी होती है। अन्तर्राष्ट्रीय प्रभाव के कारण ही 'बहु-केन्द्रिक प्रबन्धक', 'भूमण्डलीय प्रबन्धक' एवं 'मानवजाति-केन्द्रिक प्रबन्धक' की अवधारणायें प्रचलन में आ गई हैं।

28. प्रबन्ध का विभिन्न विषयों से सम्बन्ध—प्रबन्ध के अन्तर्गत किसी एक विषय का प्रयोग नहीं किया जाता है बल्कि इसमें विभिन्न विषयों जैसे समाजशास्त्र,

मनोविज्ञान, मानवशास्त्र, राजनीतिशास्त्र आदि की अवधारणाओं एवं ज्ञान का प्रयोग किया जाता है। प्रबन्ध विभिन्न विषयों की देन है। प्रो. मैसी के अनुसार, ''प्रबन्ध विविध विषयों द्वारा विकसित ज्ञान तथा विचारधाराओं के समन्वय एवं व्यवहार का विषय है।''

29. 'प्रबन्ध' का स्वामित्व से भिन्नता है—वर्तमान समय में व्यवसाय एक व्यापक रूप धारण कर लिया जिसके विभिन्न स्वरूप भी होते हैं, इसलिए स्वामी एवं प्रबन्धक भिन्न-भिन्न व्यक्ति होते हैं। कम्पनी में अशंधारी व संचालक कम्पनी के स्वामी होते हैं जो नियंत्रणकारी पूँजी के धारक होते हैं। वे संस्था पर अन्तिम नियंत्रण रखते हैं जबकि प्रबन्धक प्रशिक्षित, पेशेवर एवं वेतनभोगी व्यक्ति होते हैं जो संस्था की प्रबन्ध व्यवस्था के लिए उत्तरदायी होते हैं। छोटे एवं मध्यम श्रेणी के संगठनों में उद्यमी या प्रवर्तक ही स्वामी होते हैं, जो कार्यकारी उच्च प्रबन्धक के रूप में कार्य करते हैं। निचले स्तरों पर 'नियुक्त प्रबन्धक' वे होते हैं जो संगठन का संचालन करते हैं। आधुनिक युग में प्रबन्ध ज्ञान में प्रशिक्षित व्यक्ति ही प्रबन्धकों, प्रवर्तकों एवं नियंत्रणकारी शक्ति रखने वाले स्वामियों की भूमिका निभाने लगे हैं।

संघटक तत्त्व

विश्वविद्यालय पुस्तकालय को मूर्तरूप देने वाले संघटक तत्त्व हैं— 1. शासन; 2. विश्वविद्यालय का सर्वोच्च प्रबंध, 3. पुस्तकालयी।

शासन

देश की जनता को अपनी योग्यता और सामर्थ्य के अनुसार विभिन्न प्रकार की शिक्षा प्राप्त करने के लिए आवश्यक सूचनाएँ उपलब्ध करवाना लोकतांत्रिक शासन पद्धति में शासन का उत्तरदायित्व है। इसके लिए सरकार को न सिर्फ प्राथमिक स्तर से उच्च स्तरीय शिक्षा तक की व्यवस्था करनी होती है, बल्कि प्रत्येक व्यक्ति को समस्त अभीष्ट सूचना और साहित्य यथासमय प्राप्त करने की भी व्यवस्था करनी होती है। इस दायित्व को क्रियान्वित करने के लिए शासन तीन तरह से कार्य करता है। उसके कुछ कार्य बाह्य स्वरूप के, कुछ अप्रत्यक्ष और कुछ प्रत्यक्ष रूप से विश्वविद्यालय से संबंधित होते हैं। अनुकूल वातावरण उत्पन्न करने के निमित्त उसके कुछ कार्य विश्वविद्यालय पुस्तकालय के साक्षात असंबंधित या बाह्य स्वरूप के होते हैं। ये कार्य निम्नांकित हैं—

अप्रत्यक्ष कार्य

उक्त प्रमुख कार्यों के अतिरिक्त विश्वविद्यालय पुस्तकालय के कार्यों को कारगर तरीके से सम्पन्न करने के लिए शासन अप्रत्यक्षरूप से अनेक प्रशासनिक व्यवस्थाएं करता है। उनमें निम्नांकित कार्य उल्लेखनीय हैं:

1. अन्तर-पुस्तकालय आदान—पूरे देश में ही नहीं, अन्तर्राष्ट्रीय स्तर पर पुस्तकों के आदान-प्रदान को सुलभ करने के लिए राष्ट्रीय केन्द्रीय पुस्तकालय सहयोग प्रदान करता है।

2. ग्रन्थ क्रय केन्द्र—राष्ट्रीय केंद्रीय पुस्तकालयों को भाग के अनुरूप, विदेशी प्रकाशकों को सरलता से अन्य पुस्तकालयों को उपलब्ध कराने के लिए जरूरी प्रयास करने चाहिए। उदाहरणार्थ—अमेरिका के राष्ट्रीय केन्द्रीय पुस्तकालय, लाइब्रेरी ऑफ कांग्रेस ने इस कार्य के लिए मित्र देशों में एक स्वतंत्र केन्द्र स्थापित किया है, उसका नाम है 'अमेरिकन बुक प्रोक्योरमेंट सेंटर'।

3. आवश्यक सुविधा—अपना कार्य फायदे से संपन्न करने के लिए पुस्तकालय व्यवसाय को आवश्यक स्थिति, सुविधा तथा समाज में उचित जगह मिलनी चाहिए। इसके लिए जहाँ जन पुस्तकालय विधान प्रयोग में है, वहाँ सवैधानिक रूप से शासन सर्वप्रथम पुस्तकालय संघों को मान्यता देता है, और उनके संचालन हेतु नियमित रूप से अनुदान देता है। पुस्तकालय के व्यावसायिक कर्मचारियों को वह शिक्षकों के समान वेतनमान और अन्य सुविधाएं प्रदान करता है। विश्वविद्यालय के सन्दर्भ में यह कार्य विश्वविद्यालय अनुदान आयोग करता है। पुस्तकालयों में खो जाने वाली पुस्तकों के दायित्व को पुस्तकालयाध्यक्षों पर न थोपने के लिए यह आयोग शासन से अनुशंसा करता है।

4. मानक संस्थान की स्थापना—यह संस्था अन्य कार्यों के अतिरिक्त पुस्तकालय से संबंधित विषय और सामग्रियों के लिए मानक तैयार करती है। उदाहरण के लिए भारतीय मानक संस्थान, नई दिल्ली ने पुस्तकालय भवन, उपकरण आदि के लिए मानक तय किए हैं। शासन से अनुदान प्राप्त करने, धन का सदुपयोग से खर्च करने के लिए पाठकों को सुविधा देती है।

5. डाक खर्च में छूट—पाठ्य-सामग्रियों के आवागमन को सारे देश में सर्वसुलभ करने के निमित्त शासन, पुस्तकालयों को डाक खर्च में छूट दे सकता है और उसे देनी चाहिए। अंतर्राष्ट्रीय स्तर पर पारस्परिक सहयोग और यूनेस्को के मार्ग दर्शन से मित्र राष्ट्रों के बीच यह सुविधा उपलब्ध है।

अपरोक्ष कार्य

विश्वविद्यालय और उसके पुस्तकालयों का प्रबन्ध कुछ देशों में सीधे शासन के निर्देशन में रहता है। इस तरह का उदाहरण जर्मनी और साम्यवादी देशों में देखने को मिलता है। अन्य देशों में विश्वविद्यालय एक स्वायत्त संस्था होता है। उसके दैनिक प्रशासन में शासन हस्तक्षेप नहीं करता है। सिर्फ आपातस्थिति में ही वह संवैधानिक तौर पर उसके कार्यों में हस्तक्षेप करता है।

बाह्य कार्य

विश्वविद्यालय अनुदान आयोग–देश में उच्च शिक्षा के क्रियान्वयन करने, आयोग को आवश्यक वित्त उपलब्ध करने, शिक्षा के स्तर को सर्वत्र एक समान और उच्च स्तरीय बनाये रखने तथा विश्वविद्यालयों को जरूरी परामर्श देने के लिए इस तरह की स्थापना की आवश्यकता होती है। यह ब्रिटिश परम्परा एवं प्रथा है। विश्वविद्यालय अनुदान आयोग की स्थापना ब्रिटेन में सन् 1919 में तथा भारत में सन् 1953 में हुई थी। देश के विश्वविद्यालय पुस्तकालयों के विकास में इसकी प्रमुख देन है। प्रादेशिक स्तर पर इस प्रकार का कार्य करने के लिए अनेक राज्यों ने उच्च शिक्षा अनुदान आयोग की स्थापना की है।

राष्ट्रीय पुस्तकालय पद्धति का आरम्भ–राष्ट्रीय पुस्तकालय पद्धति का निर्माण देश के हर कोने में बस्तियों व गाँवों तक पुस्तकालयों को पहुँचाने के लिए किया गया। हर स्तर पर सहयोग और समन्वयात्मक कार्यों को क्रियात्मक रूप देने के लिए राष्ट्रीय एवं विश्वविद्यालय पुस्तकालय के प्रतिनिधि तैयार रहते हैं। ये प्रतिनिधि विश्वविद्यालय पुस्तकालय और राष्ट्रीय, केन्द्रीय तथा प्रादेशिक केन्द्रीय पुस्तकालयों के बीच तालमेल बनाये रखने का कार्य करते हैं।

विश्वविद्यालय का कानून बनाना–उच्च शिक्षा की व्यवस्था करने के लिए केन्द्रीय और प्रादेशिक दोनों सरकारें अपने-अपने क्षेत्र में विश्वविद्यालयों की स्थापना करने के लिए कानून बनाती हैं। विश्वविद्यालय में पुस्तकालय की अनिवार्य व्यवस्था के लिए उक्त कानून में व्यवस्था होती है।

विश्वविद्यालय संबंधी उच्च प्रबंध

उच्च शिक्षा को अग्रसर बनाने में पुस्तकालय रीढ़ की हड्डी का कार्य करते हैं। इनके बिना शिक्षा अधूरी है। इसलिए पुस्तकालयों को साकार रूप देने के लिए विश्वविद्यालय कई कार्य करता है।

पुस्तकालयी

पुस्तकालयी पुस्तकालय का प्रथम अधिकारी और प्रबन्धक होता है। उसका कर्तव्य एवं जिम्मेदारी ही पुस्तकालय का स्थायी आधार है। वे दिन-प्रतिदिन उसे आगे बढ़ाने वाला प्रेरक तत्त्व हैं। उसके कार्यों और गतिशीलता पर ही पुस्तकालय का विकासशील स्वरूप स्थायी बना रहता है। विश्वविद्यालय पुस्तकालय की स्थापना और व्यवस्था के प्रमुख तीन तत्त्वों में हालाँकि ग्रन्थालयी का स्थान तीसरे क्रम में आता है, तथापि वास्तविक अर्थ में पुस्तकालय के अस्तित्त्व और उसके विकास की दृष्टि से वह प्रथम और प्रमुख व्यक्ति होता है। वही पुस्तकालय का नायक और नेता है।

कानूनी एवं प्रशासनिक आधार

1. विश्वविद्यालय अधिनियम—केंद्रीय शासन या संबंधित राज्यों के ऊपर विश्वविद्यालय पुस्तकालय के संवैधानिक आधार के निर्माण की जिम्मेदारी होती है। अपने क्षेत्र में विश्वविद्यालय की स्थापना करने के लिए शासन अधिनियम या कानून बनाता है। उसमें अन्य बातों के अलावा विश्वविद्यालय के शैक्षणिक उद्देश्यों को प्रभावशाली तरीके से क्रियान्वित करने हेतु पुस्तकालय के कार्य, ग्रन्थालयी, उसकी योग्यता, नियुक्ति, अधिकार और कार्यों के लिए प्रावधान दिए रहते हैं। पुस्तकालय सम्बन्धी ये प्रावधान या तो अधिनियम में दिए रहते हैं अथवा परिनियम एवं अध्यादेशों में इन्हें विस्तार के साथ देने के लिए निर्देशात्मक संचालन पर ही विश्वविद्यालय के अन्य संपूर्ण विभाग और उनके कार्यों में गतिशीलता बनी रहती है। इसका संचालक ग्रंथालयी होता है। अतः विश्वविद्यालय की गतिविधियों से सदा परिचित रहने और आवश्यकतानुसार पुस्तकालय के कार्यों में परिवर्तन तथा परिवर्धन करने के लिए विश्वविद्यालय के प्रत्येक निकायों में उसे पदेन सदस्य होना चाहिए। अधिनियम में यथास्थान उसके इस महत्त्व का उल्लेख होना आवश्यक है। यूरोप के विभिन्न विश्वविद्यालयों में, विशेषतः अमेरिका में पुस्तकालयाध्यक्षों को यह सौभाग्य प्राप्त है। भारत के विश्वविद्यालयों में ग्रन्थालयी को आंशिक रूप से यह सुविधा प्राप्त है। साधारणतः वह कोर्टा या सिनेट और विद्वत परिषद् (एकेडेमिक काउन्सिल) का पदेन सदस्य रहता है। विश्वविद्यालय अधिनियम का मुख्य उद्देश्य समन्वयात्मक रूप से पुस्तकालय को विकसित होने देना है।

2. विश्वविद्यालय पुस्तकालय नीति—अधिनियम में वर्णित पुस्तकालय संबंधी प्रावधानों की व्यवस्था और विस्तार, परिनियम (स्टेट्यूट्स), अध्यादेश (आर्डिनेन्सेस) न्यायालय के व्याख्यात्मक निर्णयों में दिए रहते हैं। यह व्याख्या और विस्तार ही विश्वविद्यालय की पुस्तकालय नीति कहलाती है। इस तरह यह नीति स्पष्ट करती है कि पुस्तकालय क्या है, अधिनियम, परिनियम और अध्यादेशों में वर्णित विश्वविद्यालय की सामान्य संगठन पद्धति में उसका क्या स्थान है, और उसका नियंत्रण कैसे किया जाता है? दूसरे शब्दों में पुस्तकालय को व्यवस्थित तरीके से संचालित करने के लिए आवश्यक नीति निर्धारित करना विश्वविद्यालय का दायित्व है। परिनियम और अध्यादेश के रूप में वह उसे अभिलिखित करता है। विश्वविद्यालय की पुस्तकालय सम्बन्धी आन्तरिक प्रशासकीय नीति का स्वरूप निम्नलिखित प्रकार से स्पष्ट होना चाहिए—

(1) पुस्तकालय के दैनिक प्रशासन और उसके क्रमिक विकास के लिए नीति निर्धारण करने और ग्रन्थालयी को परामर्श देने के लिए यह नीति पुस्तकालय समिति का निर्माण और उसके कार्यों को अभिलिखित करती है। इस प्रकार पुस्तकालय सम्बन्धी सबकी मांगों को ध्यान में रखकर यह नीति निर्धारण करती है और उसके क्रियान्वयन के लिए ग्रन्थालयी को परामर्श देती है।

(2) यह पुस्तकालय के अधिकारी एवं उसके व्यावसायिक कर्मचारियों की प्रतिष्ठा (स्टेट्स), तदानुसार विश्वविद्यालय में उनका स्थान, वेतनमान, सेवा सम्बन्धी सुविधा, पदोन्नति के अवसर आदि को स्पष्ट करती है। विलसन और टाबर ने पुस्तकालय सम्बन्धी इन बातों को विश्वविद्यालय की आन्तरिक प्रशासकीय नीति की विशेषताएं कहा है।

स्वातंत्र्योत्तर युग से ही भारतीय विश्वविद्यालय के अधिनियमों एवं उपनियमों में यह बातें उल्लिखित होने लगी हैं। सन् 1950 के बाद पारित अधिनियम और उन पर आधारित उपनियमों में यह बात स्वीकार की गई है कि विश्वविद्यालय में पुस्तकालय एक मुख्य प्राधिकारी है और ग्रन्थालयी एक प्रमुख संवैधानिक अधिकारी है। उसके प्रमुख कार्य, दायित्व एवं अधिकारों का वर्णन किया गया है। संपूर्णानंद संस्कृत विश्वविद्यालय अधिनियम की ही तरह विद्यमान अधिनियमों में ग्रंथालयी के लिए प्रावधान होना चाहिए। इसके अतिरिक्त पुस्तकालय सम्बन्धी अन्य अनेक आवश्यक प्रावधान भारत के विश्वविद्यालय अधिनियमों और उपनियमों में नहीं हैं। फलस्वरूप ग्रन्थालयी एक प्रधान अधिकारी होते हुए भी पुस्तकालय को प्रभावशाली तरीके से संचालित करने और न्यायसंगत तरीके से सबको उससे समान लाभ

पहुंचाने में असमर्थ रहता है। इसीलिए दिल्ली विश्वविद्यालय के परिप्रेक्ष्य में कार्ल एम.व्हाइट ने इन बातों को उल्लिखित करने के लिए उक्त विश्वविद्यालय के अधिनियम और परिनियम में संशोधन करने की संस्तुति करते हुए उदाहरण के रूप में पुस्तकालय सम्बन्धी अमेरिका के दो विश्वविद्यालयों के परिनियमों को उद्धृत किया है।

(3) यह पुस्तकालय और विश्वविद्यालय के विभिन्न विभागों के कार्यों और दायित्वों को व्यवस्थित रूप से विभाजित कर ग्रन्थालयी का विश्वविद्यालय के अन्य विभाग, अधिकारी, शिक्षकों और छात्रों के सम्बन्ध पर प्रकाश डालती है। पुस्तकालय द्वारा उसके कार्यों का सही तरीके से संपादन सभी लोगों के आपसी सहयोग के जरिए ही हो सकता है। ग्रन्थालयी और उसके व्यावसायिक कर्मचारियों को विश्वविद्यालय के विभिन्न विभागों की नीति, कार्य और उनमें समय-समय पर किए जाने वाले बदलावों की अच्छी जानकारी होनी जरूरी है। उसके आधार पर वे उनकी पाठ्य-सामग्री सम्बन्धी मांगों को पूरा करने का उपाय करते हैं और इस तरह पुस्तकालय को उनकी सेवा के लिए सदैव तैयार रख सकते हैं।

(4) पाठ्य-सामग्रियों के स्वरूप को यह नीति स्पष्ट करती है—शैक्षणिक उद्देश्यों को कारगर तरीके से क्रियान्वित करने के लिए पत्र-पत्रिकाएं, पुस्तक और विशिष्ट अध्ययन सामग्रियों का क्रय और उपहार, दान के रूप में संकलन एवं संग्रह करना है।

(5) प्रशासकीय नीति—पुस्तकालय को विश्वविद्यालय परिभाषित करता है और स्पष्ट करता है कि विश्वविद्यालय पुस्तकालय पद्धति में कौन-कौन से पुस्तकालय आते हैं और उनका संगठनात्मक स्वरूप किस तरह का है अर्थात् वह केन्द्रित व्यवस्था है, विकेन्द्रित है या आंशिक रूप से विकेन्द्रित है।

(6) यह नीति विश्वविद्यालय के प्रशासन में ग्रन्थालयी का स्थान, पद, दायित्व, संवैधानिक अधिकार, नियुक्ति और कुलपति से उसके सम्बन्ध पर प्रकाश डालती है। दूसरे शब्दों में, कुलपति के परामर्श और स्वीकृति के आधार पर जरूरत के अनुसार शाखा पुस्तकालयों की स्थापना, उनका प्रभारी, पुस्तकालयाध्यक्षों को अधिकार प्रदान करना और अन्य प्रशासकीय कार्य, जैसे—पुस्तकालय समिति के सदस्य-सचिव के रूप में कार्य करना।

(7) यह नीति सामग्री प्रबंध के दायित्व को निश्चित करती है। पुस्तकों को रखने और उसके पुनः प्राप्ति के सम्बन्ध में नीति-निर्धारित करती है। ऐतिहासिक

कारणों से इसमें विविध प्रथाएं देखने में आती हैं। परिणामस्वरूप अनेक स्थानों पर केन्द्रीय पुस्तकालय की सामग्रियों का प्रबंध ग्रन्थालयी और शाखा या विभागीय पुस्तकालयों की सामग्रियों की व्यवस्था संबंधित विभागाध्यक्ष के निर्देशन में रहता है। परन्तु विद्यालय, विश्वविद्यालय में सभी पाठ्य-सामग्रियों को न्यायसंगत तरीके से समान रूप से सभी पाठकों को उपलब्ध कराने और उनके क्रय एवं संगठन कार्यों में मितव्ययिता बरतने हेतु उनका प्रबंध मुख्य ग्रन्थालयी के निर्देशन में रहना चाहिए।

पुस्तकालय संबंधी योजना तथा कार्यक्रम

उक्त लक्ष्यों को कार्यान्वित करने के लिए पुस्तकालय को अपनी योजना और कार्यक्रम स्थिर करना चाहिए। मुख्यतः तीन प्रकार के लोगों का पुस्तकालय में सम्बन्ध रहता है--

1. कर्मचारी वर्ग, जिन पर पुस्तकालय को संचालित करने की जिम्मेवारी है।
2. पाठक, जिनके उपयोग और बौद्धिक सेवा हेतु पुस्तकालय में सब काम किए जाते हैं।
3. प्राधिकारी वर्ग जो पुस्तकालय के संगठन, प्रबंध और वित्त के लिए उत्तरदायी होता है।

ग्रन्थालयी पर पुस्तकालय की योजना और कार्यक्रम बनाने की जिम्मेदारी रहती है। वह पुस्तकालय से संबंधित सभी विषयों का विशेषज्ञ होता है। इसलिए यह उसका काम है कि वह पुस्तकालय के उद्देश्यों को ध्यान में रखकर पुस्तकालय के लिए प्रभावशाली योजना और कार्यक्रम बनाये और उसे पुस्तकालय अधिकारी के सम्मुख प्रस्तुत करे। ऐसा करते समय ग्रंथालयी को निम्नांकित बातों को दृष्टि में रखना चाहिए--

प्रमुख सिद्धान्त एवं उद्देश्य

1. संगठन तथा सेवा सम्बन्धी योजनाएं मानक सिद्धान्तों पर आधारित हों, पुस्तकालय विज्ञान के मौलिक सूत्रों के अभिप्राय, पुस्तकालय के विषयों के लिए निर्धारित राष्ट्रीय मानकों एवं योजना के अन्य सिद्धान्त इस कार्य के मार्गदर्शक हैं।
2. अन्य पुस्तकालयों के लिए वह एक आदर्श उदाहरण बने।
3. राष्ट्रीय विकास में पुस्तकालय का कार्यक्रम सहायक सिद्ध हो।

4. कर्मचारी आसानी से अपनी जिम्मेदारी निभा सकें और जिससे उनका भविष्य उज्ज्वल रहे।
5. अध्ययन सामग्रियों का प्रयोग और पाठकों को अधिकाधिक संतोष प्राप्त हो।
6. योजना और कार्यक्रम प्रभावशाली एवं कम खर्चीले हों।

प्रभावी तत्त्व

विश्वविद्यालय पुस्तकालय पर प्रभाव डालने वाले तत्त्वों को योजना बनाते समय ध्यान में रखना चाहिए। भारत के परिप्रेक्ष्य में शामिल कुछ प्रभावकारी तत्त्वों का उल्लेख पहले किया जा चुका है। उनके अलावा निम्नांकित तत्त्वों को भी ध्यान में रखना चाहिए–

1. विश्वविद्यालय की विकास योजनाएं।
2. देश में पुस्तकालय सेवाओं की स्थिति, ग्रंथालयी वर्ग की स्थिति और प्रतिष्ठा।
3. वित्त का स्रोत।
4. पाठ्य-सामग्रियों एवं पुस्तकालय सेवाओं के केन्द्रीकरण और विकेन्द्रीकरण की स्थिति तथा मात्रा या सीमा।
5. राष्ट्रीय एवं प्रादेशिक स्तर पर उच्च शिक्षा और शोध की वर्तमान स्थिति।
6. उन विभागों की भौगोलिक स्थिति और शिक्षा पद्धति।
7. उक्त शिक्षा को प्रभावित करने वाले स्थानीय तत्त्व।
8. विश्वविद्यालय के ग्रन्थालयी का अधिकार और स्थिति।
9. छात्रों और शिक्षकों की संख्या।
10. विश्वविद्यालय के शैक्षणिक विभाग और विशिष्ट शोध संस्थाएं।

योजना : वर्गीकरण

पुस्तकालय की योजना तीन प्रकार की होती है।

1. प्रारम्भिक योजना–पुस्तकालय की स्थापना के समय यह योजना तैयार की जाती है।

2. वार्षिक योजना–पुस्तकालय की वर्तमान सेवा और सुविधाओं में सुधार करने के लिए प्रतिवर्ष योजना बनाई जाती है। वार्षिक आय-व्यय या बजट का यह एक भाग होता है।

3. दीर्घकालीन विकास योजना, जैसे—पंचवर्षीय योजना।

योजना संबंधी विषयों का उल्लेख

विशेषतः प्रारम्भिक योजना में अन्य विषयों के अतिरिक्त निम्नांकित विषयों का उल्लेख होना चाहिए—

1. अन्य पुस्तकालयों और संस्थाओं से सहयोग और समन्वयन बनाये रखने की प्रक्रिया।
2. संगठन पद्धति।
3. पुस्तकालय की सेवा के लक्ष्य।
4. परीक्षण एवं विकास के लिए आवश्यक उपाय।
5. वित्त सम्बन्धी विषय।
6. योग्य कर्मचारी और उनसे संबंधित अन्य बातें।
7. पाठ्य-सामग्री, सेवा और सुविधाएं।
8. निरीक्षण, मूल्यांकन एवं नियत्रंण पद्धति।
9. प्रशासन पद्धति।
10. भवन परियोजना और उपकरण।
11. अधिकारी, शिक्षक एवं छात्रों से सम्पर्क और सहयोग बनाये रखने का माध्यम।

विकास योजना बताते समय अन्य विषयों के अतिरिक्त निम्नलिखित बातों को ध्यान में रखें—

1. छात्र संख्या में प्रत्याशित वृद्धि कितनी होगी।
2. प्रत्येक संकाय में छात्रों की संख्या कितनी रहेगी।
3. नये विषय और विशिष्टीकरण के क्षेत्र क्या होंगे।
4. विशेष अनुसंधान प्रयोगशालाएं क्या होंगी।

विकास योजना में एक आवश्यक बात यह है कि "लक्ष्य किताबों की संख्या का है, धनराशि का नहीं।"

पुस्तकालय संगठन प्रक्रिया

पुस्तकालय द्वारा संचालित सेवाओं की प्रकृति एवं परिधि पर पुस्तकालय का संगठन (सामान्य या विशिष्ट) निर्भर करता है। किसी पुस्तकालय का शुरुआती कार्य यह है कि उसमें संग्रहीत पठन-सामग्री पाठकों के लिए हर समय उपलब्ध रहे तथा वे उनका पूर्ण प्रयोग कर सकें। पुस्तकालय के संगठन एवं संचालन की प्रक्रिया का

उद्देश्य इस लक्ष्य की पूर्ति की ओर प्रयत्नशील रहना है। डॉ. रंगनाथन ने पुस्तकालय विज्ञान के पाँच मूलभूत सूत्र इस आधार पर अभिव्यक्त करने हेतु तय किए हैं– (1) पुस्तकें प्रयोग के लिए हैं। (2) सभी पाठक को उसकी वांछित पुस्तक मिले। (3) सभी पुस्तक को उसका पाठक मिले। (4) पाठकों का समय बचे। (5) पुस्तकालय एक संवर्द्धनशील संस्था है।

भवन निर्माण

इन पाँच सूत्रों के आधार पर एक आदर्श अत्याधुनिक सेवा की रूपरेखा बनाई जा सकती है। पुस्तकालय भवन हेतु सही स्थान का चुनाव पुस्तकालय सेवा के संदर्भ में प्रारम्भिक प्रश्न होता है। एक सार्वजनिक सेवा के रूप में पुस्तकालय से यह अपेक्षा की जाती है कि वह व्यापक क्षेत्र को उपयुक्त सेवा प्रदान करे। अतः भवन का ऐसे स्थान पर होना आवश्यक है, जहाँ सभी नागरिक किसी न किसी कार्य से स्वभावतः आता हो। पुस्तकालय भवन का निर्माण वैज्ञानिक आधार पर नियोजित दृष्टिकोण से किया जाना दूसरा सवाल है।

आर्थिक साधनों की उपलब्धि एवं स्थान पर पुस्तकालय भवन निर्माण की योजना निर्भर करती है। इन साधनों की कितनी भी अधिकता हो, यह ध्यान में रखना आवश्यक है कि ये वर्तमान जरूरतों को पूरा करें एवं भविष्य में उसकी लम्बाई, चौड़ाई एवं ऊँचाई में जरूरत के मुताबिक बढ़ोत्तरी की जा सके। पुस्तकालय भवन में जरूरी विभागों को चलाने के लिए पर्याप्त स्थान होना आवश्यक है। विभागों को मोटे तौर पर सार्वजनिक तथा प्रशासनिक दो भागों में बाँटा जा सकता है।

1. सार्वजनिक,
2. प्रशासनिक।

सार्वजनिक कक्ष में अनुवर्ग सूची कक्ष, पत्र-पत्रिका विभाग, लेन-देन विभाग, सूचना कक्ष, वाचनालय, सन्दर्भ कक्ष, सभाकक्ष, बाल-विभाग, प्रदर्शनी स्थल, अध्ययन कक्ष, इत्यादि शामिल रहते हैं। प्रशासनिक कक्ष में संग्रह कक्ष, समिति कक्ष, कर्मचारी कक्ष, पुस्तकालयाध्यक्ष कक्ष, जिल्दसाजी एवं आलेख कक्ष शामिल हैं। पुस्तकालय में मौजूद सामग्री एवं आवश्यकताओं के आधार पर इन विभागों का आकार निर्भर करता है। भवन में नैसर्गिक प्रकाश पर समुचित ध्यान दिया जाना चाहिए। पाठ्य-सामग्री, कर्मचारी एवं पाठक-पुस्तकालय के तीन आधार स्तम्भ हैं। अतः इन तीनों की सुविधाएँ ध्यान में रखते हुए भवन-निर्माण होना चाहिए।

साज-सज्जा भवन-निर्माण के बाद एक आवश्यक पक्ष है विभिन्न विभागों के लिए जुटाये गये उपकरण ऐसे हों, जिससे कार्य सुचारू रूप से चलाने में सहायता

मिले। उपकरणों के तहत प्रथम स्थान फर्नीचर का है। उन्हें सुविधाजनक, आरामदेह एवं टिकाऊ होना चाहिए।

पुस्तकालय अधिकारी

पुस्तकालय अधिकारी से हमारा आशय ऐसे संगठन से है, जो अपने क्षेत्र की पुस्तकालय सेवा के संचालन के हेतु उत्तरदायी हो।

ग्रेट ब्रिटेन में पुस्तकालय अधिकारी द्वारा चुना जाता है। जनतन्त्र में सेवा-अधिकारी एवं आर्थिक स्रोतों का होना जरूरी है।

पुस्तकालय वित्त

वित्तीय व्यवस्था की आवश्यकता पुस्तकालय सेवा को गतिशील बनाए रखने हेतु होती है। वित्त की जरूरत पुस्तकें खरीदने, कर्मचारयों को वेतन एवं भत्ते देने एवं पाठकों हेतु सुविधायें जुटाने के लिए होती है। पुस्तकालय की स्थापना से पूर्व वित्तीय साधनों की व्यवस्था होनी जरूरी है। पुस्तकालयों के लिए धन की व्यवस्था सम्बन्धित विभागीय अधिकारियों द्वारा की जाती है। पुस्तकालय संस्थानों द्वारा संचालित किये जाते हैं। इसलिए उनके समग्र बजट में पुस्तकालय के लिए अनुदान की व्यवस्था की जाती है। व्यापारिक संस्थान, औद्योगिक प्रतिष्ठान इत्यादि विशिष्ट पुस्तकालयों का संचालन करने वाले अन्य संस्थान अपने समग्र बजट में पुस्तकालय के लिए वित्तीय प्रावधान करते हैं। आर्थिक संसाधनों की परिधि में सफल पुस्तकालय सेवा का आयोजन करना समिति का काम है। पुस्तकालय शुल्क, वृत्तिदान अतिदेय शुल्क तथा सरकारी अनुदान सामान्यतः पुस्तकालयों की आय के स्रोत होते हैं।

पुस्तकालयों को उचित सीमा के तहत आर्थिक साधन उपलब्ध होना चाहिए। चाहे वे शासन द्वारा जुटाये गये हों या पुस्तकालय अधिनियम को लागू करने में प्राप्त हुए हों। अधिकांश विकसित देशों में पुस्तकालय अधिनियम की स्थापना के द्वारा शुल्क वसूल करने के लिए प्राधिकारी अधिकृत किया गया है। इस प्रकार पुस्तकालय की आय की अनिश्चितता तथा धन की कमी को दूर करने की दिशा में सफल कोशिश की गई है।

विस्तार सेवा कार्यक्रम

पुस्तकालय विस्तार सेवा कार्यक्रम के माध्यम से पढ़ने में रुचि रखने वाले व व्यक्ति जो पुस्तकालयों के विषय में नहीं जानते, लाभ प्राप्त कर सकते हैं। इसके अंतर्गत उन्हें सुविधाओं से अवगत कर स्थायी सदस्य बनाया जाता है। अविकसित एवं अद्धविकसित राष्ट्रों में साक्षरता का प्रतिशत कम है, अतः स्थानीय साक्षरता

कार्यक्रमों में पुस्तकालयों को सहायता देनी चाहिए। पुस्तकालय में निरक्षर एवं नवसाक्षर के लाभ हेतु कथा-गोष्ठियों, पठन कार्यक्रम, सामान्य ज्ञान सम्बन्धी वार्ता, कीर्तन, लोक-गीत आदि कार्यक्रमों का आयोजन करना चाहिए। पुस्तकालयों में नवसाक्षरों हेतु सुबोध, सरल तथा बोधगम्य साहित्य की भी व्यवस्था होनी चाहिए।

पुस्तकालय प्रणाली

हमारे सांस्कृतिक, शैक्षणिक तथा सामाजिक जीवन में पुस्तकालय का महत्त्वपूर्ण स्थान है। बाल्यकाल से वृद्धावस्था तक हमें ज्ञान, प्रेरणा एवं मनोरंजन के लिए पुस्तकों की जरूरत पड़ती है। अपनी रुचियों, लक्ष्य तथा ज्ञानपिपासा की तृप्ति हेतु हमें पुस्तकों की ओर आकृष्ट होना पड़ता है। नगरीय व्यक्ति पांडित्य हेतु, ग्रामीण व्यक्ति अपने व्यवसाय की समस्याओं के निवारण तथा भविष्य की योजनाओं हेतु पुस्तकों पर निर्भर रहते हैं। हमें पुस्तकों की जरूरत व्यावसायिक संगठन, वैज्ञानिक शोध एवं औद्योगिक नियोजन के लिए हर समय पड़ती है। हम कहीं भी हों, किसी भी कार्य में संलग्न हों, बिना पुस्तकों के अपना कार्य नहीं चला सकते। अतः पुस्तकालय, मानव के सफल जीवन के लिए जरूरी है।

पुस्तकालय प्रचार प्रविधियाँ

पुस्तकालय सेवा को लोकप्रिय बनाने हेतु पुस्तकालय अधिकारियों को उसी तरह प्रयास करना चाहिए जिस प्रकार अनुभवी व्यापारी अपने उत्पादों को लोकप्रिय बनाने हेतु प्रचार प्रविधियों का प्रयोग करता है। यह इसलिए जरूरी है कि पुस्तकालय सेवा चाहे कितनी ही सक्षम क्यों न हो, पाठकों को स्वतः आकर्षित नहीं कर पाती। अतः पुस्तकालय व्यवस्था के संयोजकों तथा संचालकों का यह उत्तरदायित्व है कि नागरिकों की रुचि सस्ते मनोरंजनों के साधनों से हटकर पुस्तकालय की ओर अभिप्रेरित हो। यह नहीं समझना चाहिए कि एक बार पुस्तकालय की स्थापना हो जाने पर पाठक स्वयं ही उनकी ओर खींचे चले आते हैं। पुस्तकालय प्रचार प्रविधियों के उचित प्रयोग से अनभिज्ञ नागरिकों को पुस्तकालय सेवा एवं संग्रहीत सामग्री की जानकारी मिल सकेगी और वे धीरे-धीरे पुस्तकालय की तरफ आकृष्ट होंगे।

विकसित देशों में प्रचार हेतु उचित राशि का प्रावधान पुस्तकालयों के बजट में किया जाता है। प्रचार के लिए जनमत-निर्माण के प्रायः सभी साधनों, जैसे—रेडियो, समाचार-पत्र, टेलीविजन, प्रदर्शनी इत्यादि का प्रयोग किया जा सकता है।

पुस्तकालय समिति

पुस्तकालय समिति का कार्य पुस्तकालय आयोजन की नीति तय करना है, जिससे सफल पुस्तकालय सेवा का संचालन किया जा सके तथा पुस्तकालय प्रशासन में बाधा न पड़े। समिति का सामान्य कार्य भवन, कर्मचारी तथा पुस्तकालय के अलग-अलग विभागों की नीति तय करना एवं निरीक्षण करना है। उसे लेखा तथा वित्त के परीक्षण का कार्य भी सौंप दिया जाता है। पुस्तकालय के नियमों का गठन एवं उनमें सामयिक परिवर्तन भी समिति द्वारा किया जाता है।

पुस्तकालय के सम्बन्ध में पुस्तकालयाध्यक्ष वार्षिक प्रतिवेदन समिति के समक्ष प्रस्तुत करता है। प्रतिवेदन में निर्गम के आँकड़े, पाठकों की संख्या, विशिष्ट दानदाताओं के नाम एवं पुस्तकालय सेवा में सुधार हेतु पाठकों एवं विशेषज्ञों द्वारा प्रस्तुत सुझाव शामिल रहते हैं। मितव्ययिता पूर्वक खरीद की गई नई पुस्तकों की सूची भी समिति के समक्ष रखी जाती है।

पुस्तकालयों के प्रकार

विभिन्न उद्देश्यों के आधार पर विभिन्न तरह के पुस्तकालयों की स्थापना जरूरी होती है। विकसित देशों में पुस्तकालय सेवा संगठित अवस्था में है। अतएव इन देशों में राष्ट्र के केन्द्रीय पुस्तकालय से लेकर खण्ड पुस्तकालयों तक पुस्तकालयों का जाल फैला हुआ है। स्थापना के उद्देश्य एवं उनमें संग्रहीत सामग्री की विभिन्नता के आधार पर अलग-अलग देशों में पुस्तकालय अनेक प्रकार के होते हैं।

इस प्रकार यह स्पष्ट है कि पुस्तकालय संगठन, पुस्तकालय विज्ञान की वह शाखा है जिसके अन्तर्गत पुस्तकालय की उपयोगिता, पुस्तकालय विज्ञान के सिद्धान्त, पुस्तकालयों के प्रभेद, पुस्तकालयों का ऐतिहासिक विकास, पुस्तकालय समिति एवं उसका कार्य, पुस्तकालय सामग्री, पुस्तकालय आयोजन तथा उससे सम्बन्धित समस्याओं का अध्ययन किया जाता है।

संगठन को प्रभावी बनाने के आवश्यक उपाय

पुस्तकालय के संगठन को प्रभावशाली बनाने के लिए निम्नलिखित कदम उठाने चाहिए :

1. समन्वय तथा सन्तुलन : भिन्न-भिन्न विभागों, उपविभागों एवं व्यक्तियों की क्रियाओं के बीच संतुलन तथा समन्वय की स्थापना का प्रयास करना चाहिए।

इस हेतु संगठन के अलग-अलग भागों में सम्बन्ध स्थापित करना अति आवश्यक होता है। सभी व्यक्तियों को सम्पूर्ण संगठन के रूप में, उसमें स्थान एवं अन्य विभागों तथा पदाधिकारियों के साथ उसके सम्बन्ध इत्यादि के बारे में अवगत करा दिया जाता है।

2. अधिकार का सौंपा जाना : अपने उत्तरदायित्वों को निभाने के लिए सभी कर्मचारियों को आवश्यक अधिकार सौंपे जाए। जैसा कि ज्ञात है बिना उत्तरदायित्व के अधिकारों का सौंपा जाना सर्वथा गलत है। किस व्यक्ति को कितने अधिकार प्रदान किये जायें यह कार्य की प्रवृत्ति, उसके सम्बन्ध में उसका उत्तरदायित्व एवं पद आदि पर निर्भर करता है। वास्तव में अधिकार एवं उत्तरदायित्व ये दोनों साथ-साथ चलते हैं—दोनों का गहरा संबंध है।

3. क्रियाओं का निर्माण : पुस्तकालय के उद्दश्यों का निर्धारण होने के उपरान्त सबसे पहला कदम उन उद्देश्यों की पूर्ति के लिए जरूरी क्रियाओं का निर्धारण करना है। इसके लिए जरूरी समस्त कार्यों को परिभाषित किया जाता है। इसके पश्चात् प्रत्येक कार्य को उसकी आकार, प्रकृति, उद्देश्य एवं उसके साथ निहित उत्तरदायित्व को ध्यान में रखकर उपक्रियाओं में विभाजित किया जाता है। तत्पश्चात् ही उसे विभिन्न व्यक्तियों को सौंपा जाता है।

4. कर्मचारियों के मध्य कार्य का विभाजन : क्रियाओं का वर्गीकरण हो जाने के पश्चात् उनका वितरण विभिन्न व्यक्तियों में उनकी योग्यता एवं रुचि के अनुसार किया जाता है। प्रत्येक कर्मचारी की जिम्मेदारी की सीमा भी ऐसा करते समय निश्चित कर दी जाती है।

5. क्रियाओं का श्रेणीबद्ध किया जाना : विभागों को उपविभागों में या समान प्रकार की क्रियाओं या एक-दूसरे से संबंधित क्रियाओं को विभाजित किया जाता है। क्रियाओं को विभागों में विभाजित करने हेतु पुस्तकालय के विशेष कार्यों जैसे—पठन-सामग्री उधार देना, संदर्भ सेवा देने आदि को प्रारम्भिक आधार बनाया जा सकता है।

संगठन का महत्त्व

पुस्तकालय सेवाओं का संचालन समन्वय एवं नियंत्रण संगठन तंत्र के जरिए होता है। यह वास्तव में पुस्तकालय की आधारशिला है। अगर संगठन दोषयुक्त हुआ तो व्यवहारिक कार्य कठिन तथा प्रभावहीन हो जाता है। इसके विपरीत अगर अपने पाठकों की अपेक्षाओं को पूर्ण करने के लिए स्पष्टतः तर्कसंगत तथा नियोजित ढंग

से पुस्तकालय सेवा कार्य प्रारम्भ करता है तो यह समझना चाहिए कि सफल पुस्तकालय सेवा की प्राथमिक आवश्यकता पूरी कर ली गई है।

संगठन की महत्ता निम्नांकित विवेचन से स्पष्ट हो जाती है–

1. कार्यक्षमता में वृद्धि : यदि संगठन की स्पष्ट रूप से व्याख्या की गई हो तथा वह विधिवत हो तो पुस्तकालय प्रशासन सुचारू रूप से चलता है। श्रेष्ठ संगठन द्वारा पुस्तकालय के समस्त कर्मचारियों की योग्यताओं तथा गुणों का पूरा-पूरा फायदा उठाया जा सकता है। जबकि शिथिल तथा अपर्याप्त संगठन अकुशलता, विलम्ब एवं दुहराव को प्रोत्साहन देता है। यही नहीं, प्रशासनिक कार्य इतने छोटे-छोटे भागों में इस प्रकार बँट जाता है कि प्रशासनिक कुशलतापूर्वक कार्य कर ही नहीं पाता।

2. साधनों का अधिकतम उपयोग : संगठन के द्वारा मानवीय एवं भौतिक साधनों का अधिकतम प्रयोग किया जा सकता है।

3. अनेक क्रियाओं को अनुपातिक तथा संतुलित महत्त्व प्रदान करना : संगठन पुस्तकालय के विभिन्न कार्यों को अनुपातिक एवं सन्तुलित महत्त्व प्रदान करता है। इसके तहत उपक्रम की समस्त क्रियाओं को विभिन्न विभागों, उपविभागों एवं कार्यों में विभाजित किया जाता है। इससे कार्य-निष्पादन सुचारू रूप से होता है।

4. विकास को बढ़ावा : स्वस्थ संगठन एक ऐसे ढाँचे का निर्माण करता है जिसके तहत पुस्तकालय एवं उसके द्वारा प्रदत्त सेवाओं का स्वतः ही विकास होता है। पुस्तकालय एक संवर्द्धनशील संस्था है जिसकी क्रियाओं का विकास तथा विस्तार होता रहता है। यह कार्य संगठन के माध्यम से ही सम्भव होता है।

5. समन्वय को सरल बनाना : स्वस्थ संगठन समन्वय को आसान बनाता है। संगठन सम्बन्धी रचना अलग-अलग विभागों, उपविभागों, स्थितियों, कृत्यों तथा क्रियाओं के बीच समन्वय स्थापित कर के की जाती है। इससे एक ओर तो पुस्तकालय की कार्यकुशलता में बढ़ोत्तरी होती है एवं दूसरी तरफ तय लक्ष्यों को प्राप्त किया जा सकता है।

6. कर्मचारियों का मनोबल बढ़ाना : स्वस्थ संगठन की स्थिति में कर्मचारियों का मनोबल ऊँचा उठता है और वे मेहनत, ईमानदारी एवं लगन से कार्य करने के लिए प्रेरित होते हैं।

2

पुस्तकालय प्रबन्धन का क्रियात्मक विश्लेषण

'पोस्डकोर्ब'

लूथर गुलिक (Luther Gulick) महोदय ने प्रबन्ध के प्रमुख सात कार्य बतलाएं हैं तथा इन्हें याद रखने हेतु पोस्डकोर्ब शब्द का इस्तेमाल किया है। इन सात कार्यों को निम्नलिखित बिन्दुओं के अन्तर्गत स्पष्ट किया जा सकता है--

(1) **नियोजन**--नियोजन प्रबन्धन का एक आधारभूत कार्य है। यह एक बौद्धिक क्रिया है जिसमें किसी भी उपक्रम/संस्था के निर्धारित लक्ष्यों की प्राप्ति के लिए विभिन्न वैकल्पिक विधियाँ, नीतियाँ तथा कार्यक्रमों में सर्वश्रेष्ठ का चयन किया जाता है। नियोजन के अन्तर्गत पूर्व में ही इन बातों का निर्धारण कर लिया जाता है कि क्या करना है और कैसे करना है। इस प्रकार नियोजन भविष्य में देखने की क्रिया है जो भावी अनिश्चितताओं में बदलने का प्रयास करती है।

किसी भी प्रकार का उपक्रम या विभाग हो उसमें नियोजन की जरूरत पड़ती है। पुस्तकालय भी एक संस्था है जिसे अपने उद्देश्यों की प्राप्ति तथा कार्यों एवं सेवाओं के निष्पादन के सम्बन्ध में योजना तैयार करना आवश्यक है। पुस्तकालय

का नियोजन करने में स्थानीय स्थिति, स्थान, वातावरण, भाषा, शिक्षा का स्तर आदि पर पूर्व विचार करना आवश्यक होता है। नियोजन मार्गदर्शन का कार्य करता है और इसमें उद्देश्य, नीतियाँ, कार्यविधियाँ, प्रविधियाँ, नियम, बजट, कार्यक्रम तथा युक्ति कौशल आदि तत्त्वों का मिश्रण पाया जाता है।

(2) संगठित करना—विभिन्न प्रकार की संस्थाओं में जहाँ बड़ी संख्या में कर्मचारी मिलकर समूह के रूप में कार्य करते हैं, उनके मध्य कार्यों, अधिकारों तथा उत्तरदायित्वों का विभाजन करना ही संगठन कहलाता है। इस सन्दर्भ में कून्टज एवं ओ डोनेल महोदय का कहना है कि "संगठन का तात्पर्य इच्छित उद्देश्यों की प्राप्ति के लिए कर्मचारियों, सामग्री, उपकरण एवं अन्य संसाधनों के मध्य सम्बन्ध स्थापित किया जाता है। प्रबन्धन का यह एक महत्त्वपूर्ण कार्य है जिसके अन्तर्गत प्रबन्धक उपक्रम के उद्देश्यों के लिए सम्पन्न किए जाने वाले कार्यों का निर्धारण करते हैं। विभिन्न कर्मचारियों को उनकी रुचियाँ एवं कुशलताओं के आधार पर कार्य दिया जाता है तथा उन्हें आवश्यक दायित्व सौंपते हुए पर्याप्त मात्रा में संसाधन उपलब्ध कराए जाते हैं और तत्पश्चात् यह देखा जाता है कि कार्य सुचारु रूप से हो रहा है अथवा नहीं। प्रबन्धन इसके लिए सुव्यवस्थित ढाँचे का निर्माण करता है। संगठनात्मक ढाँचे के निर्माण में कार्य विभाजन की दृष्टि से सम्पूर्ण प्रणाली को विभागों, उप-विभागों और इकाइयों आदि में विभाजित कर दिया जाता है और प्रत्येक व्यक्ति के अपने विभाग अथवा उप-विभाग में उत्तरदायित्व एवं अधिकार निर्धारित कर दिये जाते हैं।

(3) कर्मचारी व्यवस्था—किसी भी संस्था एवं संगठन का प्रभावी संचालन उसमें कार्यरत अधिकारियों पर निर्धारित करता है। अतः विभिन्न पदों पर कर्मचारियों के चयन एवं नियुक्ति हेतु निर्धारित नीति का होना आवश्यक है। उसमें अपने पद के अनुरूप कार्य सम्पादन में दक्षता, क्षमता तथा कार्य के प्रति पर्याप्त अभिरुचि होनी चाहिए। जैसे—किसी विश्वविद्यालय के पुस्तकालयाध्यक्ष को उच्च शिक्षित होने के साथ-साथ उसे छात्रों, शोध छात्रों एवं शिक्षकों की आवश्यकताओं और उनकी रुचियों का ज्ञान होना चाहिए। उसका व्यवहार भी अच्छा और सहयोगपूर्ण होना चाहिए। अन्य पुस्तकालय कर्मचारियों का चयन और नियुक्ति भी योग्यता एवं गुणों के आधार पर की जानी चाहिए जिससे पुस्तकालय अपने उद्देश्य को पूरा कर सके।

इस तरह प्रबन्धन का एक प्रमुख कार्य है कर्मचारियों की व्यवस्था करना। इस कार्य के अन्तर्गत मानव संसाधन नियोजन, चयन, नियुक्ति, प्रशिक्षण एवं विकास,

प्रोन्नति, पुरस्कार, अभिप्रेरणा, सुरक्षा आदि कार्य सम्मिलित हैं। कर्मचारी व्यवस्था के अभिलक्षणों में कार्य विश्लेषण, कार्य विवरण, कार्य संस्तुष्टि और कार्य मूल्यांकन आते हैं।

(4) निर्देशन देना—प्रबन्ध विशेषज्ञ स्ट्रोंग महोदय के विचारानुसार निर्देशन के अन्तर्गत दो प्रमुख तत्त्वों का होना अति आवश्यक है—पहला तत्त्व अधीनस्थ कर्मचारियों को कार्य के सम्बन्ध में निर्देश देना, और दूसरे तत्त्व में कार्य के लिए अधीनस्थों को आदेश देना। मूलरूप से प्रबन्धन अन्य व्यक्तियों से कार्य कराने की युक्ति है। अतः निर्धारित लक्ष्यों को प्राप्त करने के लिए अधीनस्थ कर्मचारियों को क्या, कैसे और कब करना है, इसके बारे में आदेश तथा कोई बाधा उत्पन्न होने पर निर्देशन या मार्गदर्शन करना चाहिए।

इस प्रकार निर्देशन एक अत्यन्त महत्त्वपूर्ण प्रबन्धन का कार्य है जिसके अभाव में प्रशासनिक सफलता प्राप्त नहीं की जा सकती। कर्मचारियों की कार्य कुशलता एवं सामन्जस्य संस्था के प्रमुख के नेतृत्व पर निर्भर करती है। कर्मचारियों में आत्म-विश्वास, उत्साह एवं नैतिक आचरण का विकास संस्था के प्रमुख के निर्देशन से ही सम्भव है।

विद्यालय सम्बन्धित पुस्तकालयों के अन्तर्गत कार्यरत कर्मचारियों की कार्यक्षमता और निपुणता पुस्तकालयाध्यक्ष के व्यक्तिगत गुणों पर ही निर्भर करती है। पुस्तकालयाध्यक्ष का यह दायित्व है कि वह अपने अधीनस्थ कर्मचारियों का उचित मार्गदर्शन करे और उचित नेतृत्व प्रदान करते हुए उनकी दक्षता, कार्यक्षमता और योग्यता में विकास करे जिससे वे पुस्तकालय कार्य एवं सेवाओं में गुणवत्ता लाते हुए पुस्तकालय के उद्देश्य को पूरा करने में सक्षम बन सकें।

(5) समन्वयीकरण—समन्वय प्रबन्धन का एक महत्त्वपूर्ण तत्त्व है। संस्था (जिसमें पुस्तकालय भी सम्मिलित है) सामान्य उद्देश्यों की प्राप्ति के लिए समस्त कार्यों में एकरूपता बनाए रखने के लिए समन्वय आवश्यक होता है। पुस्तकालयों में इसे दो प्रकार से देखा जा सकता है एक कर्मचारियों के बीच समन्वय और दूसरा विभिन्न विभागों के मध्य समन्वय। पुस्तकालय के प्रत्येक कर्मचारी एवं विभागों में समन्वय तभी स्थापित हो सकता है जब मुख्य पुस्तकालयाध्यक्ष को प्रत्येक प्रकार के कार्य और उनकी प्रक्रियाओं का पूर्ण ज्ञान हो तथा अपने नेतृत्व में पुस्तकालय प्रशासन को प्रभावी ढंग से संचालित कर सके। इसके लिए यह आवश्यक है कि भिन्न-भिन्न विभागों के प्रभारियों को उनसे सम्बन्धित कार्यों एवं सेवाओं का हस्तान्तरण होना चाहिए तथा उन्हें जो अधिकार दिया गया है उस कार्य

एवं सेवाओं के प्रति उनका उत्तरदायित्व निश्चित किया जाए। अन्त में सभी विभागों की समस्याओं का निराकरण प्रमुख पुस्तकालयाध्यक्ष का कार्य होना चाहिए।

(6) प्रतिवेदन प्रस्तुत करना–पुस्तकालय से सम्बन्धित सभी कार्यों के सन्दर्भ में सूचना अथवा प्रतिवेदन देना भी प्रबन्धन का एक प्रमुख कार्य है। प्रतिवेदन प्रस्तुत करने से तात्पर्य किसी भी संस्था द्वारा अपने प्राधिकरण (Authority) अथवा संगठन/संस्था के अध्यक्ष को संस्था की प्रगति अथवा अवनति के क्रियाकलापों के सम्बन्ध में सूचित करना है। प्रमुख पुस्तकालयाध्यक्ष का यह कर्तव्य है कि वह समय-समय पर सभी विभागों के प्रभारियों से उनकी कार्य एवं सेवाओं की प्रगति के सम्बन्ध में प्रतिवेदन प्राप्त करता रहे, जिससे विभागों द्वारा सम्पन्न कार्यों एवं सेवाओं की गुणवत्ता का अनुमान लगाया जा सके। अन्त में पुस्तकालय द्वारा सम्पूर्ण वर्ष के अन्तर्गत किए गए क्रियाकलापों और सेवाओं का पूर्ण विवरण प्रतिवेदन के द्वारा अपने उच्च अधिकारियों के अवलोकनार्थ तैयार करना होता है।

(7) बजट प्रस्तुतीकरण–किसी भी संस्था या संगठन का संचालन वित्त के अभाव में नहीं किया जा सकता। वित्तीय आशय में विविध साधनों से जुड़े नियोजित वित्त के आवंटन को बजट कहा जाता है। बजट भी प्रबन्धन का एक महत्त्वपूर्ण तत्त्व है। पुस्तकालय भी एक सामाजिक संस्था है जिसे धन की निरन्तर आवश्यकता रहती है। प्रत्यक्ष रूप से पुस्तकालय कोई उत्पादन अथवा आर्थिक लाभ अर्जित करने वाली संस्था नहीं है। अतः इसके संचालन के लिए समुचित धन की व्यवस्था आवश्यक है। मुख्य पुस्तकालयाध्यक्ष पर यह निर्भर करता है कि वह पुस्तकालय की आर्थिक स्थिति को किस प्रकार और किन संसाधनों द्वारा सुदृढ़ बनाए। पुस्तकालयाध्यक्ष को अपनी योग्यता, दक्षता और क्रियाकलापों के माध्यम से उच्च प्रबन्धन को पुस्तकालय के उद्देश्य, उपयोगिता, लोकप्रियता और आवश्यकता के प्रति जानकारी देते हुए उन्हें पुस्तकालय हेतु समुचित धन उपलब्ध करने हेतु सहमत करना चाहिए।

पुस्तकालय के उपयुक्त सेवाओं में वित्त निवेश करने के लिए पुस्तकालयी को एक सुव्यवस्थित एवं संतुलित बजट बनाना चाहिए। उसे निरर्थक लागतों या व्ययों पर नियन्त्रण रखते हुए महत्त्वपूर्ण सामग्रियों, कार्यों और सेवाओं पर व्यय का प्रावधान करना चाहिए। मुख्य व्यय पाठ्य-सामग्री के क्रय पर होता है, अतः पाठ्य-सामग्री का चयन सावधानीपूर्वक किया जाना चाहिए। आवश्यक सेवाओं को भी बजट निर्मित करते समय ध्यान में रखा जाना चाहिए। तैयार बजट को प्राधिकरण के समक्ष प्रस्तुत कर उसका अनुमोदन लेना आवश्यक है।

सम्पूर्ण गुणवत्ता प्रबन्धन

सम्पूर्ण गुणवत्ता विचार प्रबन्धन का विकास सबसे पहले 1920 के दौरान अमेरिका में किया गया था। इस विचार या अवधारणा का प्रमुख उद्देश्य औद्योगिक उत्पादों की गुणवत्ता को निर्धारित करना था जिससे वस्तुओं के निर्माण में सुधार हो सके और यह विश्वास हो जाए कि वह वस्तु निश्चय ही दोष-मुक्त होकर उपयुक्त सिद्ध होगी। यह अवधारणा अमेरिका में अधिक प्रचलित नहीं हो सकी, परन्तु द्वितीय विश्वयुद्ध के पश्चात् जापान ने इसे अपना लिया और विश्व में उत्पादनों की गुणवत्ता के क्षेत्र में अपना प्रमुख स्थान बना लिया। इसी के स्थान पर सम्पूर्ण गुणवत्ता प्रबन्धन की अवधारणा का विकास 1980 के प्रारम्भिक काल में अमेरिका में पुनः हुआ और यह गुणवत्ता क्रान्ति अमेरिका के विभिन्न क्षेत्रों में सतत फैलती जा रही है।

इस गुणवत्ता की विचारधारा प्रबन्ध पद्धति में एक महत्त्वपूर्ण एवं क्रान्तिकारी अवधारणा है। प्रबन्धन की इस नई प्रणाली में वैज्ञानिक प्रबन्धन तथा भागीदारी प्रबन्धन के सभी महत्त्वपूर्ण एवं उपयोगी तत्त्वों को एक साथ संयुक्त कर दिया गया है। अमेरिका के साथ-साथ जापान में अधिकांश औद्योगिक संस्थानों के अन्तर्गत इस नई पद्धति को अपनाया जा रहा है, क्योंकि जापान ने वैज्ञानिक प्रबन्धन की कमियों को देखते हुए अपने औद्योगिक प्रतिष्ठानों के पुनर्निर्माण के लिए इस प्रणाली को अपनाया है।

प्रबन्धन की इस नवीन विचारधारा में गुणवत्ता अत्यन्त महत्त्वपूर्ण पद है। गुणवत्ता को किसी वस्तु अथवा व्यक्ति की विशेषता के रूप में देखा जाता है जिससे उस वस्तु अथवा व्यक्ति के गुण, स्वभाव एवं व्यवहार का निर्धारण किया जाता है। गुणवत्ता को विशेषता, गुण और उपयोगिता का पर्यायवाची माना जाता है। प्रबन्धन में गुणवत्ता का तात्पर्य उत्पाद अथवा सेवाओं में विशिष्टता प्रदान करने से है। जब वर्तमान प्रबन्धन के अन्तर्गत गुणवत्ता पर चर्चा होती है तब अपना अर्थ यह होता है कि ग्राहक अथवा उपभोक्ता की दृष्टि से संगठन/संस्था द्वारा किया जाने वाला कार्य अथवा सेवा ऐसी हो जिसके आधार पर उपभोक्ता संगठन विशेष एवं उसके कार्यों, सेवाओं और उत्पादों को सर्वश्रेष्ठ मान सकें।

सम्पूर्ण गुणवत्ता प्रबन्धन से तात्पर्य—प्रत्येक संगठन में गुणवत्ता एवं ग्राहक सुविधा से सम्बन्धित किये गये सभी प्रयत्नों का समूहीकरण करना सम्पूर्ण गुणवत्ता प्रबन्धन कहलाता है। किसी संगठन की सम्पूर्ण गुणवत्ता उसके उपभोक्ताओं की संतुष्टि पर जोर देती है। उत्पादन में सम्पूर्ण गुणवत्ता प्राप्त करने के लिए यह आवश्यक है कि उपयोगकर्ताओं को संतुष्ट करने वाले सभी बिन्दुओं पर ध्यान

केन्द्रित किया जाए। टेनर एवं डे टोरो के आधार पर यह गुणवत्ता प्रबन्धन निम्नलिखित तत्त्वों पर निर्भर करती है–

1. एक उद्देश्य निरन्तर सुधार;

2. तीन सिद्धान्त–उपभोक्ता पर ध्यान, प्रक्रियात्मक सुधार और सम्पूर्ण लग्न;

3. छह सहायक तत्त्व–नेतृत्व, शिक्षण एवं प्रशिक्षण, सहयोगी संचरना, संचार पुरस्कार एवं मान्यता तथा मूल्यांकन;

अन्तर्राष्ट्रीय मानक संगठन के आधार पर सम्पूर्ण गुणवत्ता प्रबन्धन किसी संगठन के प्रबन्धन की वह प्रक्रिया है, जो गुणवत्ता पर केन्द्रित, सभी सदस्यों के सामूहिक प्रयासों पर आधारित और जिसका उद्देश्य उपभोक्ताओं की संतुष्टि, समाज और संगठन के सभी सदस्यों को लाभ उपलब्ध कराते हुए दीर्घकालीन सफलता प्राप्त करता है। इस प्रबन्धन प्रक्रिया के अन्तर्गत सभी कर्मचारी सामूहिक रूप से संगठन के पक्ष या हित में कार्य को अंजाम देते हैं।

इस प्रकार सम्पूर्ण गुणवत्ता प्रबन्धन का मौलिक उद्देश्य वस्तु की गुणवत्ता में संशोधन तथा विकास करना और ग्राहकों की आवश्यकताओं एवं भागों के अनुरूप आत्मसन्तुष्टि प्रदान करना है।

सम्पूर्ण गुणवत्ता के विभिन्न पक्ष–किसी भी संगठन में गुणवत्ता किसी उत्पाद अथवा सेवा के कुछ पक्षों तक ही सीमित नहीं की जा सकती, बल्कि इसे समग्रता के दृष्टिकोण से देखना चाहिए सम्पूर्ण गुणवत्ता पक्ष जिनमें उत्पाद अथवा सेवा की उपयोगिता, उत्पाद का स्थायित्व, उत्पाद के प्रति उपभोक्ता विश्वसनीयता, उत्पाद का स्वरूप, उत्पादों की बिक्री के पश्चात् उपभोक्ता को सेवा एवं सहयोग, उत्पादों तथा सेवाओं की विविधता, सेवा की गति एवं क्षेत्र, संगठन/संस्था की प्रतिष्ठा, सेवा प्रदान करने में कुशलता एवं दक्षता, निर्देशानुसार अनुकूलता आदि प्रमुख है।

इन सभी पक्षों को गुणवत्ता में सम्मिलित कर सकते हैं। अतः उत्पाद में इन पक्षों को समाहित करके उसमें उच्च-स्तरीय गुणवत्ता लाना सम्भव है और इससे विक्रय वृद्धि में सहायता मिलती है साथ ही उपभोक्ता को सन्तुष्टि प्राप्त होती है।

सम्पूर्ण गुणवत्ता प्रबन्धन के उद्देश्य–इसमें निम्नलिखित उद्देश्य हैं–

(1) उपभोक्ता अथवा उपयोगकर्ता को उत्पादों अथवा सेवाओं द्वारा पूर्णरूप से संतुष्ट करना।

(2) संगठन द्वारा उत्पादों एवं सेवाओं को उपभोक्ता की माँग एवं आवश्यकता के अनुरूप होना।

(3) संगठन/संस्था का निरन्तर विकास एवं प्रगति जो अन्य संगठनों के साथ प्रतियोगिता में उनका सामना कर सके।

(4) उच्च गुणवत्तापरक उत्पादों का उत्पादन एवं निरन्तर उनमें गुणात्मक सुधार के प्रयास।

(5) संगठन के सभी कर्मचारियों की पूर्ण सहभागिता।

उपरोक्त वर्णित उद्देश्यों को पूरा करने के लिए संगठन/संस्था को समय-समय पर वस्तुओं अथवा उत्पादों की गुणवत्ता का विश्लेषण करना चाहिए। उत्पादों की गुणदत्ता में वृद्धि करने हेतु उस क्षेत्र के विशेषज्ञों एवं वैज्ञानिकों से भी राय लेनी चाहिए। गुणवत्ता विकास एवं प्रगति से सम्बन्धित राष्ट्रीय और अन्तर्राष्ट्रीय स्तर की सूचनाओं को भी प्राप्त करना चाहिए और उनका उपयोग करके उत्पाद की गुणवत्ता में वृद्धि करनी चाहिए। मूल्यों में कमी एवं गुणवत्ता में सुधार समग्र गुणवत्ता प्रबन्ध का एक महत्त्वपूर्ण सिद्धान्त है। यद्यपि यह एक-दूसरे के विपरीत दिखते हैं किन्तु प्रतिस्पर्धा के युग में इनमें सामंजस्य होना आवश्यक है। मानव एवं व्यावहारिक पक्ष सम्पूर्ण गुणवत्ता प्रबन्धन की महत्त्वपूर्ण विशेषता है अतः सभी स्तर के प्रत्येक अधिकारियों एवं कर्मचारियों को संगठन के विकास और प्रगति में अपने-अपने कार्यक्षेत्र के अन्तर्गत सर्वोत्तम योगदान देने का प्रयत्न करना चाहिए।

सम्पूर्ण गुणवत्ता प्रबन्धन की उपयोगिता—प्रत्येक संगठन में समग्र गुणवत्ता प्रबन्धन में सम्पूर्ण कर्मचारियों के सहयोग से नवीन प्रकार की कार्य संस्कृति विकसित की जाती है। इस परिवर्तित वातावरण में कर्मचारी अपने-अपने कार्यक्षेत्र में रुचिपूर्ण कार्य सम्पन्न करते हैं, जिससे संगठन अथवा संस्था को अपने उद्देश्यों एवं लक्ष्यों को प्राप्त करना सरल हो जाता है। अतः समय प्रबन्धन की प्रमुख उपयोगिताओं एवं महत्त्व को निम्नलिखित पंक्तियों द्वारा स्पष्ट किया जा सकता है—

(1) संगठन में कार्य करना रुचिकर हो जाता है, क्योंकि सभी स्तर के कर्मचारी एक-दूसरे के साथ सामूहिक रूप से मिलकर नवीन कार्य वातावरण में कार्य करते हैं।

(2) उत्पाद में गुणवत्ता के साथ उत्पादन में वृद्धि होती है।

(3) कर्मचारियों की कार्य-क्षमता बढ़ती है और कार्य सम्पादन में संतुष्टि मिलती है।

(4) कर्मचारियों में सामूहिक भावना का विकास होता है।

(5) उत्पादों और सेवाओं की गुणवत्ता में वृद्धि एवं उत्पाद के मूल्यों में कमी आती है।

शैक्षणिक पुस्तकालयों में सम्पूर्ण गुणवत्ता प्रबन्धन—पुस्तकालय उस क्षेत्र अथवा स्थान को कहा जाता है जहां विभिन्न विषयों से सम्बन्धित पुस्तकों का संग्रहण किया जाता है। डॉ. रंगनाथन के प्रयास से पुस्तकालयों के स्वरूप में परिवर्तन आया और इन्हें उपयोग की वस्तु माना गया और पाठकों द्वारा इनका उपयोग किया जाने लगा। जैसे-जैसे समय परिवर्तित हुआ शिक्षा के क्षेत्र में जागृति आई। अतः शिक्षण एवं प्रशिक्षण कार्य हेतु पुस्तकालयों का महत्त्व भी बढ़ता गया। शिक्षा और अनुसन्धान के लिए पुस्तकालयों को शैक्षणिक संस्थान का हृदय कहा गया। वर्तमान में नवीन सूचना प्रौद्योगिकी के आविष्कार और उसके अनुप्रयोग ने पुस्तकालयों के पूरे परिदृश्य को परिवर्तित कर दिया। आज पुस्तकालय केवल ज्ञान और सूचना का संग्रह एवं संरक्षण ही नहीं करते बल्कि उसका उत्पादन और उपयोगकर्ता की माँग और आवश्यकतानुसार उसका सम्प्रेषण भी करते हैं। वर्तमान में पुस्तकालयों का उद्देश्य उचित उपभोक्ता को उचित समय पर उसकी आवश्यकता और माँग के अनुसार उचित सूचना उपलब्ध कराना आवश्यक है। अतः पुस्तकालय ज्ञान और सूचना का उत्पादन, विनिमय और उपयोग कराने वाली एक महत्त्वपूर्ण सामाजिक संस्था है।

हालांकि विश्वविद्यालय तथा महाविद्यालयों से जुड़े पुस्तकालय समग्र गुणवत्ता प्रबन्धन की एक आधुनिक विचारधारा है, परन्तु यह अन्य व्यावसायिक एवं औद्योगिक संगठनों के समान ही पुस्तकालय जैसे सेवा संगठनों के लिए भी उतनी ही महत्त्वपूर्ण एवं उपयोगी है। सन् 1990 के प्रारम्भ में कुछ पुस्तकालयों एवं सूचना केन्द्रों ने यह अनुभव किया कि वर्तमान समय में उपभोक्ताओं को उनके अध्ययन एवं अनुसंधानिक कार्यों के लिए नवीनतम सूचना सामग्रियों को शीघ्रातिशीघ्र उपलब्ध कराना आवश्यक है। तब इस संदर्भ में उन्होंने सम्पूर्ण गुणवत्ता को अपनाने पर विचार किया। पुस्तकालय एवं सूचना केन्द्र अपने प्रबन्धन में सम्पूर्ण गुणवत्ता के मानकों को अपनाकर अपनी सेवाओं में अधिक गुणवत्ता प्राप्त कर सकते हैं तथा सूचना उत्पादों एवं सेवाओं पर आने वाले व्यय को भी कम कर सकते हैं।

आवश्यकता एवं महत्त्व—आज के इस युग को प्रौद्योगिक का युग कहा जा रहा है। इस युग में कम्प्यूटर एवं सूचना का क्षेत्र अत्यधिक व्यापक हुआ है। इसके फलस्वरूप पुस्तकालयों एवं सूचना केन्द्रों की कार्य-प्रणाली में आमूल-चूल परिवर्तन हो गया है। अब सूचना प्राप्त करने के लिए न केवल पुस्तकें, पत्रिकाएँ, मोनोग्राफ, पैम्फलेट एवं शोध ग्रन्थ ही पुस्तकालय में सूचना माध्यमों का कार्य करते हैं, वरन् टेलीविजन भी सूचना माध्यमों का कार्य करते हैं। इसके अतिरिक्त अब सूचना प्राप्त करने में पुस्तकालय कार्यों एवं सेवाओं पर भी प्रभाव पड़ा है। पुस्तकालयों में जो

सामग्री लिखित प्रलेखों के रूप में होती थी, वह अब इलेक्ट्रॉनिक माध्यमों, जैसे—फ्लॉपी, सीडी-रोम, माइक्रोफिल्म आदि स्वरूपों में उपलब्ध होने लगी है।

आज के इस परिवर्तित युग में अगर पुस्तकालय समग्र गुणवत्ता अभियान से दूर रहेंगे, तो वे अपने उद्देश्यों को पूरा करने से वंचित रह जायेंगे। पुस्तकालय एवं सूचना केन्द्रों द्वारा उपलब्ध सूचना उत्पादों एवं सेवाओं में यदि गुणवत्ता नहीं है, तो उनका कोई महत्त्व नहीं रह जाएगा। पुस्तकालय एवं सूचना सेवा उपलब्ध कराने के लिए एवं उनकी अधिकतम संतुष्टि के लिए समग्र गुणवत्ता अधिगम का अपनाया जाना आवश्यक है। सूचना एवं प्रौद्योगिक के क्षेत्र में हो रहे नित नए परिवर्तनों का सामना करने के लिए सम्पूर्ण गुणवत्ता प्रबन्धन एक महत्त्वपूर्ण उपकरण प्रमाणित हो सकता है। शैक्षणिक पुस्तकालयों एवं सूचना केन्द्रों की विभिन्न श्रेणि के उपयोगकर्ताओं की विभिन्न सूचना माँगों को पुस्तकालय के कर्मचारियों के सम्मिलित प्रयास से ही पूरा किया जा सकता है। इसमें सूचना प्रौद्योगिकी का समुचित उपयोग भी सम्मिलित है। पुस्तकालय एवं सूचना केन्द्रों के प्रबन्धन में सभी वर्ग एवं स्तर के कर्मचारियों को सम्मिलित कर उनको उचित सुविधा एवं सम्मान प्रदान कर भविष्य के लक्ष्यों को प्राप्त किया जा सकता है। अतः पुस्तकालय के कार्यों एवं सेवाओं में पुस्तकालय के उद्देश्यों की प्राप्ति में सम्पूर्ण गुणवत्ता प्रबन्धन का विशेष महत्त्व है जिसे निम्नलिखित पंक्तियों के अन्तर्गत स्पष्ट किया जा सकता है—

(i) अच्छे उत्पाद अभिकल्पना में,

(ii) पुस्तकालय में उपलब्ध प्रलेखों की सूची विकसित करने में,

(iii) पुस्तकालय की समस्त सामग्रियों और अभिलेखों का डेटाबेस विकसित करने में,

(iv) आज विविध उपकरणों द्वारा सार्वभौमिक प्रकाशन के क्षेत्र में सुविधा उपलब्ध कराने में,

(v) सूचना विश्लेषण एवं उत्पाद समेकन की गुणवत्ता सुधार करने में,

(vi) सूचना प्रणाली एवं सेवाओं का समुचित उपयोग करने हेतु उपभोक्ताओं के कौशल एवं दक्षता में सुधार करने में,

(vii) पुस्तकालय संसाधनों को सेवा संसाधनों के रूप में उपयोगकर्ताओं हेतु समग्र कर उनकी नेटवर्किंग करने में,

(viii) अच्छा वातावरण और कर्मचारियों के मध्य मधुर सहभागी सम्बन्ध स्थापित करने में,

(ix) ग्राहकों या उपभोक्ताओं के अन्तर्गत विश्वास पैदा करने में।

मानक—औद्योगिक, व्यावसायिक, शैक्षिक संस्थाओं, अथवा शैक्षिक कार्यों की प्रक्रिया कार्यविधि, परिमाप तथा शब्दावली सम्बन्धी एकरूपता प्राप्त करने हेतु बनाए गए अधिकारिक मापदंड मानक होते हैं। मानक एक लिखित प्रलेख होता है जिसमें वस्तु विशेष की उत्पादन प्रणाली, गुण, नाप, तौल, प्रारूप आदि की सूचनाएँ होती हैं। प्रत्येक देश में मानक संस्था मानकीकरण की प्रक्रिया के कार्य के लिए स्थापित की जाती है।

1. मानकीकरण एवं सरलीकरण—मानकीकरण एवं सरलीकरण का आशय बचत से लगाया जाता है। सामान्य तौर पर यह कहा जा सकता है कि इसके माध्यम से समय, स्थान, प्रयास, सामग्री, मानवशक्ति और धन की बचत होती है। सबसे पहले वस्तुओं पर सरलीकरण का प्रयोग किया गया यह स्वाभाविक था। पदार्थ सामग्री की संख्या इतनी अधिक है और उनका दैनिक जीवन में इतना अधिक उपयोग है कि उनके सरलीकरण ने जनसाधारण को पहले से ही प्रभावित किया है। इससे प्रभावित होकर व्यावसायिक मस्तिष्क ने यह अनुभव किया कि सरलीकरण सभी प्रकार की सेवाओं और विधियों की दृष्टि से समान लाभ का है। भोजन सेवा, विमान परिचारिका सेवा, रिकार्डस, की फाइलिंग, प्रयोगशाला के कार्यकलाप और उत्पादन प्रविधि सेवा और पद्धतियों के क्षेत्र इसके उदाहरण हैं, जिसके अन्तर्गत मानकीकरण एवं सरलीकरण ने ही एक महत्त्वपूर्ण योगदान दिया है।

बौद्धिक कार्य में प्रयोग--बौद्धिक दृष्टि से सरलीकरण का एक प्रमुख स्थान है। आज के इस परिवर्तित युग में यह महसूस किया जा रहा है कि बौद्धिक कार्यों में भी सरलीकरण का लाभप्रद उपयोग सम्भव है। परन्तु ध्यान रखना चाहिए कि बौद्धिक कार्य सृजनात्मक तथा पुनरावृत्यात्मक दोनों प्रकार का होता है। यह सृजनात्मक भाग वास्तव में वैयक्तिक होता है। इस भाग में कोई ऊपर से प्रेषित सरलीकरण कार्य व्यर्थ ही होगा। वास्तविक रूप से रचनात्मक अपना सृजनात्मक कार्य विभिन्न प्रकार की बचत द्वारा प्रभावित होता है। यह अल्प कार्य सिद्धान्त द्वारा प्रभावित होता है और सरलीकरण इसके अन्तर्निहित होता है। प्राचीन भारतीय विद्वान वात्स्यायन ने कहा था कि जब स्वयं सृजनात्मक शक्ति क्रियाशील होती है तो विज्ञान और नियमों की अवहेलना होती है। परन्तु वही वात्स्यायन दृढ़ता से स्वीकार करते हैं कि नियम-कानून, वाह्य निर्देश, मानक और सरलीकरण, जो बाहर से प्रभाव डालते हैं, पुनरावृत्यात्मक बौद्धिक कार्यों में बचत प्राप्त करने में सहायक होते हैं।

मानसिक ऊर्जा का संरक्षण—सरलीकरण हेतु बौद्धिक एवं मानसिक शक्ति के संरक्षण की इतनी अधिक आवश्यकता होती है जितनी कि ऊर्जा और भौतिक

सामग्री की। मानसिक ऊर्जा का संरक्षण मानवीय साधनों या स्रोतों के संरक्षण के बराबर होता है। जैसा कि वृहादारण्यक उपनिषद् में कहा गया है कि मानव का प्रमुख तत्त्व मस्तिष्क है।

बौद्धिक कार्यों में प्राचीन मानकीकरण—वास्तविक रूप से यह कहा जा सकता है कि अति प्राचीन युग से तर्कशास्त्र, श्रुतिभाष्य और गणित में निश्चित क्रियाओं के निरूपण के प्रयास, बौद्धिक कार्य में मानकीकरण हेतु हुए प्रयोग के सूचक हैं।

प्राचीन भारत के नैयायिक और आज के सामान्य सिमैटिसिस्टस बौद्धिक कार्य में मानकीकरण के निरूपण में बराबर हैं।

पाणिनी की प्रसिद्ध कृति अष्टाध्यायी में बौद्धिक कार्यकलापों, विशेष रूप से पदावलियों के क्षेत्र में उत्तम मानकीकरण का अनुप्रयोग है।

ग्रन्थालयित्व मानकीकरण का प्रयोग—अब हम यह कल्पना करते हुए कि क्या मानकीकरण का बौद्धिक कार्य के कतिपय क्षेत्रों में प्रयोग किया जा सकता है हम मानकीकरण के लिए उपयुक्त ग्रन्थालयित्व के क्षेत्रों का मूल्यांकन करेंगे।

ग्रन्थालयित्व एक विचार-अभियांत्रिकी—ग्रंथालयित्व एक सामाजिक सेवा है। यह अभियांत्रिक सेवा की भांति है। अभियांत्रिक क्रिया या सेवा के अन्तर्गत ऊर्जा को संशोधित किया जाता है। उसमें अन्तर्निहित ऊर्जा के रूप को क्रियाशील किया जाता है। ग्रन्थालयित्व विचार-ऊर्जा के रूपान्तरण में समान भूमिका निभाता है। हमारे दृष्टिकोण से विचार-ऊर्जा का सृजन और रूपान्तरण एक सतत् घटना चक्र है।

लेखक और कृति—लेखक किसी एक या एक से अधिक विषय का विशेषण होता है, जो विचारों का निर्माण करता है। इसे संचार योग्य बनाने के लिए वह इसे एक भाषा में अथवा किसी अन्य रेखीय माध्यम द्वारा व्यक्त करता है। इसे कृति कहते हैं।

ग्रंथ व्यवसाय और प्रलेख—यदि किसी कृति को किसी वस्तु पर अंकित नहीं किया जाता तो उसके विलुप्त होने की सम्भावना रहती है। लेखक की कृति या तो रचना रूप में या परम्परागत प्रलेख जैसे ग्रन्थ या पत्रिका प्रकाशन के रूप में, अभिलिखित हो सकती है। बाद वाले अभिलेख ग्रन्थ व्यवसाय के परिक्षेत्र में आते हैं। कृति को प्रलेख सामग्री के रूप में परिवर्तित किया जाता है ताकि इसे बहुत समय तक संरक्षित किया जा सके और इसे विभिन्न देशों और स्थानों में भेजा जा सके जिससे कि यह सभी को पूर्ण रूप से सुलभ हो सके।

पुस्तकालय व्यवसाय और प्रलेखन कार्य—पुस्तकालय व्यवसाय का कार्य प्रलेखों का संग्रह, एकत्रीकरण और पाठकों द्वारा उपयोग के लिए पुनर्प्राप्ति करना है। यदि किसी पाठक विशेष के लिए प्रलेखों को व्यापक यथाशीघ्र और सटीक पुनर्प्राप्ति करना हो और यदि प्रलेखों को बिना किसी समय क्षति के पुनः उनको सही स्थान पर रखना हो तो उनके लिए वर्गीकरण और सूचीकरण की तकनीकों की आवश्यकता पड़ती है। प्रलेखों के ऐसे संगठन को प्रलेखन कार्य के नाम से जाना जाता है।

मानकीकरण के क्षेत्र—किसी भी लेखक की कृति या रचना का प्रमाप अथवा मानक नहीं होनी चाहिए, क्योंकि वह रचनात्मक होती है। सामान्य रूप से यही होता है तो भी संकलन कार्य सम्बन्धित लेखकीय कृति जैसे—निर्देशिकाएँ, प्रशासनिक प्रतिवेदन विश्वकोश, वाङ्मय सूची और सारण पत्रिकाओं आदि में अपवाद है।

संकलनकर्ता के कार्य में मानकीकरण—किसी सामग्री के संकलन कार्य से मानकीकरण सम्भव है। भारतीय मानक संस्था के प्रलेखन अनुभागीय समिति सारण के लिए पहले से ही मानक (795-1956 सार बनाने के लिए उपसूत्र) बनाया है। अभी भी सारण पत्रिका की वाह्य रूपरेखा के लिए मानक बनाना है और शायद सारण पत्रिका के वर्गीकृत अनुक्रमणिका की संरचना के लिए दूसरे मानक की आवश्यकता होगी। सन्दर्भ ग्रन्थों के विभिन्न रूपों, जैसे—निर्देशिकाएँ, वार्षिक प्रनिवेदन, विश्वकोश और शायद कार्यालयी पुस्तिका के लिए मानक स्थापित करना है। पुस्तकालय व्यवसाय को ऐसी पाठ्य सामग्रियों के लिए मानकों का विकास करना है जैसे कि पाठकों की सेवा करने के कार्य का एक भाग है। यह कार्य सम्बद्ध संकलनकर्ता के व्यवसाय के सहयोग से करना है।

प्रलेख के भौतिक उत्पादन में मानकीकरण—मानकीकरण के जगत में अगला क्षेत्र आलेखों अथवा प्रलेखों के भौतिक उत्पाद का है। इस क्षेत्र से प्रकाशक, मुद्रक जिल्दसाज, कागज निर्माता, टाईप निर्माता और चित्र निर्माता सम्बन्धित होते हैं। परन्तु इन सभी के कार्यों का उद्देश्य अधिकांशतः पुस्तकालय में फलीभूत होता है। पुस्तकालय में वैचारिक तत्त्व ग्रन्थ और पत्रिका जैसे भौतिक स्वरूप में पड़े रहते हैं जो सक्रिय रूप से परिवर्तित होकर अध्येता के विचारों को विस्फोटित और उत्प्रेरित करते हैं। पुस्तकालय व्यवसाय को ही प्रलेख के भौतिक स्वरूप के गुणावगुण अनुभव करने का सर्वोत्तम अवसर मिलता है।

स्थापित मानक—स्थापित मानक बनाने के लिए सर्वप्रथम विशिष्ट पत्रिकाओं के ढाँचे या संरचना को सम्मिलित किया जाता है। इस विषय पर भारतीय मानक 4—1949 पत्रिकाओं की रूपरेखा के लिए व्यवहार में है। एक ओर प्रकाशकीय और

मुद्रकीय व्यवसाय तथा दूसरी ओर पुस्तकालय व्यवसाय पहले से ही ग्रन्थ के प्रारम्भिक पृष्ठों से सम्बन्धित निम्नलिखित पाँच मानक प्रकाशित कर चुका है—

790—1956 ग्रन्थ के प्रारम्भिक पृष्ठों की सामान्य संरचना

791—1956 ग्रन्थ के अर्ध-आख्यापृष्ठ के लिए प्रतिमान

192—1956 ग्रन्थ के आख्यापृष्ठ का प्रतिमान

793—1956 ग्रन्थ के आख्यापृष्ठ में लेखक के कथन लिए प्रतिमान

794—1956 वर्ण्य विषय की सारणी का व्यवहार

प्रबन्धन सूचना प्रणाली

बीसवीं शताब्दी के छठे दशक के पूर्व भाग में बढ़ रहे कम्प्यूटर के प्रयोग के कारण यह प्रचलित हुआ है। मानव शरीर के लिए स्नायु-प्रणाली का जो महत्त्व है वहीं स्थान व्यापार के लिए प्रबंधन सूचना प्रणाली का है। इसके अंतर्गत विभिन्न विषय-वस्तु यथा--प्रबंधन सिद्धान्त, संचार सिद्धांत, डाटा की मानवजन्य प्रक्रिया तथा सूचना तकनीक सम्मिलित हैं। आजकल ज्यादातर सूचना प्रणालियों को तोड़-मरोड़कर नया रूप दिया जा रहा है। यथा--निर्णय समर्थक प्रणाली, प्रबंधन प्रतिवेदन प्रणाली, कार्यालय सूचना प्रणाली, व्यापार प्रक्रियाकरण प्रणाली, कार्यालय स्वचालन, सूचना स्त्रोत प्रबंधन तथा डाटाबेस प्रबंधन प्रणाली, इन सब को प्रबंधन सूचना प्रणाली कहकर वर्णित किया जा रहा है। फिर भी प्रबंधन सूचना प्रणाली की अवधारणा में ये सभी समाहित हैं।

सामान्य रूप से इस प्रणाली के अन्तर्गत उन्हीं तत्त्वों को सम्मिलित किया गया है, जो पुस्तकालय प्रबन्धकों द्वारा प्रयुक्त किए जाने वाले होते हैं। प्रबन्धन के अन्तर्गत किसी भी कार्य को सफलतापूर्वक सम्पन्न कराने के लिए बनाई गई योजना, संगठन, प्रक्रियाओं पर नियंत्रण आदि को सम्मिलित किया जाता है। छोटे स्तर के प्रबन्धन के अन्तर्गत बड़े स्तर की सूचनाओं की जरूरत पड़ती है, जिससे प्रतिदिन के निर्णय लिए जाते हैं। उच्च स्तर के प्रबन्धन में जिनका सम्बन्ध दूरगामी उद्देश्यों से होता है, संक्षिप्त सूचनाओं की आवश्यकता होती है। निर्णय लेने के लिए आवश्यक तत्त्व सूचना होती है और किसी भी सूचना में पूर्ण रूप से शुद्धता, आवश्यकतानुसार नियंत्रण, संबद्धता और समयानुकूलता के गुण होने आवश्यक हैं। इन गुणों के माध्यम से सूचना को इस प्रकार परिभाषित किया जा सकता है—"किसी भी प्रकार का निर्णय लेने के लिए उपलब्ध "डाटा" जो कि पूर्ण शुद्धता के साथ, आवश्यकतानुसार उस विषय विशेष से संबद्धता के साथ, उपयुक्त समय पर प्रदान किया जाता है", सूचना कहलाता है।

पुस्तकालय प्रबंधकों के पास अपने संचालन कार्यों तथा सेवाओं के प्रत्येक पक्ष की सूचना होनी चाहिए। सूचना के प्रक्रियाकर्ता के रूप में प्रबंधक को आवश्यक सूचना को एकत्र, भंडारित, प्रक्रियाकृत कर तथा उसे पुनर्प्राप्ति कर निर्णय निर्धारणार्थ प्रयोग में लाना चाहिए। एक पुस्तकालय प्रबन्धक के लिए, विस्तारशील तथा जटिल संगठन-पुस्तकालय के लिए आवश्यक सूचना व्यवसाय से सम्बन्धित व्यक्तियों की विशिष्ट भागों की पूर्ति हेतु अति आवश्यक है।

अर्थ एवं परिभाषा

प्रबन्धन सूचना प्रणाली एकीकृत प्रायोगिक सूचना प्रणाली है जो दिए गए परिवेश में डेटा को मॉनीटर करती है, सूचना की पुनर्प्राप्ति करती है, औद्योगिक प्रतिष्ठान में कार्य विवरण तथा कार्यों से डेटा प्राप्त करती है, डेटा को फिल्टर कर संगठित करती है, चुनती है और प्रबंधकों के लिए इसका प्रस्तुतीकरण सूचना के रूप में करती है। यह प्रणाली प्रबंधकों के लिए ऐसे साधन प्रदान करती है, जिनसे वे इच्छानुसार सूचना का उत्पादन कर सकें। सामान्य शब्दों में किसी भी ऐसे संगठित प्रयास, जिससे प्रासंगिक तथा सामायिक सूचना ली जा सकती है और उस पर प्रबंधन निर्णय को आधारित किया जा सकता है, को प्रबंधन सूचना प्रणाली कहा जा सकता है।

प्रबन्धन सूचना प्रणाली की परिभाषा इस प्रकार दी जा सकती है—सूचना, सही गुणवत्ता के साथ सही समय पर, सही व्यक्ति द्वारा, सही व्यक्ति के लिए, उपयुक्त कार्य के लिए प्रदाय करने की प्रणाली, प्रबंधन सूचना प्रणाली कहलाती है। अन्य शब्दों में यह भी कहा जा सकता है कि यह डेटा प्रसंस्करण उपकरण क्रियाविधि, सॉफ्टवेयर और उन सब लोगों का सामूहिक रूप है जो संगठन की उपप्रणाली का एकीकरण कर नियोजन तथा नियंत्रण प्रक्रियाओं पर निर्णय निर्धारण के लिए आवश्यक सूचना प्रदान करते हैं।

प्रबंधन सूचना प्रणाली डेटा का कम्प्यूटर द्वारा प्रक्रियाकरण कर एक सूचना तंत्र प्रदान करती है। प्रबन्धन सूचना प्रणाली एक शक्तिशाली विधि है जो प्रबन्धकों की समस्याओं को सुलझाने तथा निर्णय लेने के लिए कार्यों के विश्लेषण द्वारा सहायता करती है।

प्रबन्धन सूचना प्रणाली के उद्देश्य

प्रबंधन सूचना प्रणाली एक ऐसी विधि है जिसके माध्यम से प्रबंधकों को सूचना विनिमय के जरिये प्रक्रियात्मक प्रणाली से जोड़ा जाता है। प्रबंधन सूचना

का विशिष्ट उद्देश्य ऐसी सूचना प्रदान करना है जो संगठन की प्रमुख प्रक्रियाओं में निर्णय लेने के लिए, नियोजन करने के लिए, उसका संगठन करने के लिए तथा उत्तरोत्तर लाभ प्राप्त करने के लिए आवश्यक है। प्रबंधन सूचना प्रणाली के प्रमुख उद्देश्य हैं : निर्णय निर्धारण, नियोजन तथा नियंत्रण प्रक्रिया को संपन्न करने के लिए विभिन्न इकाइयों की उद्देश्य पूर्ति के लिए कार्यों का मूल्यांकन करने के लिए, प्रतिवेदनों का आर्थिक तथा कुशल उत्पादन करने के लिए तथा निर्देशन देने के लिए तथा प्रबंधकों के संचार की कार्यवाही के लिए एक सहायक सुविधा प्रदान करने के लिए है न कि सूचना उत्पादन हेतु। निर्णय लेने वालों को प्रक्रियाकृत सूचना प्रदान करना इससे अपेक्षित है। प्रबंधन सूचना प्रणाली का प्रतिफल, प्रायः सूचना प्रतिवेदनों के रूप में प्रदर्शित होता है। इस प्रक्रियाकृत सूचना का प्रसार, संगठन के सदस्यों को, जनसामान्य को तथा बाह्य आर्थिक जोखिम उठाने वाले—ग्राहकों, विवरणकर्ताओं, प्रतियोगियों, पूर्तिकर्ताओं, श्रम संगठनों, शेयरों का क्रय-विक्रय करने वालों, आर्थिक संस्थानों, वाणिज्य संघों, सरकार, अधिकतर विशेष रुचि वाले गुटों तथा नियामक एजेन्सियों के लिए भी किया जाता है।

विशेषताएँ

प्रबन्धन सूचना प्रणाली के अन्तर्गत अपने निर्धारित लक्ष्यों की पूर्ति के लिए गुणवत्तायुक्त सूचना के लक्षणों के अलावा कुछ अन्य वांछित विशेषताओं का होना बहुत जरूरी है। सर्वप्रथम एम. आई. एस. को प्रबंधन अभिमुखी तथा प्रबंधन निर्देशित होना चाहिए। इसमें पहुँच, विशालता, परिशुद्धता, उपयुक्तता, समयबद्धता, स्पष्टता, लचक, सत्यापन, तथा निष्पक्ष होने के गुण होने आवश्यक हैं। इसे यथासंभव चयनित होना चाहिए और उसे केवल प्रासंगिक डेटा तथा सूचना को पकड़ना (कैप्चर करना) चाहिए। इसे संगठन में प्रबंधन के सारे कार्यों, विभागों तथा संगठन में प्रबंधन के सारे स्तरों का एकीकरण करना चाहिए, ताकि शक्तिपूर्ण प्रभाव तथा एक कार्य का दूसरे पर असर, इन दोनों को सुनिश्चित किया जा सके। इसे प्रत्येक प्रबंधक के पद, उत्तरदायित्व तथा निर्णय लेने की सीमा को ध्यान में रख कर सूचना आवश्यकताओं को तद्नुसार संश्लेषित करना चाहिए। प्रबंधन सूचना प्रणाली को नियोजन, निर्णय लेने और नियंत्रण कार्यों में आवश्यक सूचना के प्रकार में भेद करना चाहिए। एम. आई. एस. की संरचना उपकार्यों के पदों के लिए की जाती है, न कि व्यक्तियों के लिए। इसकी संरचना उपकार्यों के उत्तरदायित्व का ध्यान

करते हुए तथा विभिन्न कार्यक्षेत्रों में विभिन्न प्रबंधन स्तरों की आवश्यकताओं के लिए की जाती है। संगठनात्मक तथा प्रायोगिक संशोधन हेतु इसके अन्तर्गत उच्च स्तर की कार्यशीलता का गुण होना चाहिए। इसमें कुछ लचक, प्रयोग में सुगमता, अनुकूलनीयता तथा आंतरिक आकस्मिकता के गुण होने चाहिए। इसके अतिरिक्त प्रबंधन सूचना प्रणाली को, आवश्यक डेटा की पूर्ति करके निर्णय के पूरे प्रभाव को पहले ही ध्यान में लाना चाहिए। प्रदत्त सूचना में वर्णित मात्रा प्रबंधन के स्तर के अनुसार अतिरिक्त विश्लेषण तथा व्याख्या की कम से कम आवश्यकता, प्रस्तुतीकरण की समानता तथा महत्त्वपूर्ण विगत संबंधों तथा भविष्य के संबंधों की पहचान भी होनी चाहिए। प्रबन्धन सूचना प्रणाली को एकल बिंदु डेटा प्रवेश, अद्यतनीकरण तथा डेटा की निसंगता वाले डेटाबेस से एकीकृत होना चाहिए।

प्रबन्धन सूचना प्रणाली के लाभ

प्रबन्धन सूचना प्रणाली के कुछ प्रमुख लाभों को निम्नलिखित पंक्तियों के द्वारा स्पष्ट किया जा सकता है–

(1) प्रबंधन सूचना प्रणाली शीघ्रता से, प्रबंधन के विभिन्न स्तरों पर निर्णय लेने के लिए विभिन्न प्रकार की महत्त्वपूर्ण सूचना देती है।

(2) डेटा के रूपों को पकड़ने की प्रक्रिया में कुछ त्रुटिपूर्ण, अपूर्ण तथा गलत डेटा मिलेंगे। इस क्रम में उनको ठीक किया जा सकता है अथवा पूरा किया जा सकता है अथवा उसकी रिक्ति को भरा जा सकता है।

(3) प्रबंधन सूचना प्रणाली से निर्णय लेना सुगम, बिल्कुल सही तथा कम जोखिम वाला हो जाता है।

(4) प्रबन्धकों में सम्बन्धित सभी स्तरों में सूचना का प्रसार अथवा प्रवाह दोनों तरफ से निर्धारित तथा प्रेरित होता है।

(5) सूचना को लगातार मॉनीटरिंग करना तथा अद्यतन करना अनिवार्य हो जाता है।

(6) सटीक, भविष्यकथन, प्रवृत्ति-विश्लेषण तथा बजट बनाने में सूचना के पूर्ण नियोजन द्वारा दीर्घकालिक योजना बनाने में बहुत सहायता पहुँचती है। कार्य नियोजन तथा नीतिपत्र नियोजन को भी, एम. आई. एस. सूचना-निवेश प्रदान करता है। इससे योजना तथा मॉडलिंग (जिसमें आते हैं–प्रस्तावना, परिचय तथा कार्रवाई के मार्गों के विकल्पों की तुलना) को बहुत सहायता मिलती है।

(7) प्रबंधकीय प्रक्रियाओं के नियंत्रण में, निष्पादन, मॉनीटरिंग तथा विकेंद्रीकृत निषेध लेने में, निष्पादन प्रतिवेदन, अंतिम विश्लेषण, वित्तीय प्रमाण इत्यादि में एम. आई. एस. का अत्यधिक योगदान है। यह प्रणाली बजटकृत तथा वास्तविक परिणामों के बीच जो आँकडे हैं, पुनरावृत्ति वाला भविष्यकथन करती है, तथा कार्यविधि की मॉनीटरिंग के लिए पूर्व चेतावनी प्रणाली का काम करती है। दूसरे शब्दों में, एम. आई. एस. द्वारा सूचना पर नियंत्रण, जो पहले उपलब्ध नहीं था और विभागों में सूचना सहभागिता दोनों ही को सुनिश्चित किया जा सकता है।

(8) एम. आई. एस. के जरिये अन्य नवीन सुविधाओं की योजना निर्माण में मदद मिलती है। विभिन्न रूपों में एम. आई. एस. से पुस्तकालयों को कार्यक्षमता, प्रभावित प्रतियोगिता तथा निष्पादन में सहायता मिलती है तथा डेटा एकत्रण, कर्मियों के प्रशिक्षण तथा विकास को सुविधाजनक रूप में पूरा किया जा सकता है।

पुस्तकालय एवं सूचना केन्द्रों में प्रबन्धन सूचना प्रणाली

पुस्तकालय एवं सूचना केन्द्रों के अन्तर्गत प्रबन्धन सूचना प्रणाली को एक विशिष्ट साधन के रूप में स्वीकार किया जा चुका है तथा प्रबन्धन सूचना की अवधारणा को एक संगठनात्मक संसाधन के रूप में जाना जाता है। वित्तीय अनुशासन के इस वर्तमान युग में पुस्तकालय एवं सूचना केंद्र प्रबन्धकों को निर्णय लेने पड़ते हैं जिसमें नई सेवाओं का महत्त्वपूर्ण स्थान होता है। कुशल सूचना प्रबन्धन द्वारा ही नवीन सेवाओं से सम्बन्धित निर्णय लिया जा सकता है। अतः सूचना का प्रबंधन किया जाना चाहिए। एम. आई. एस. के जरिये समस्या का समाधान ढूढ़ा जा सकता है।

पुस्तकालय एवं सूचना केन्द्र प्रबन्धक के क्षेत्र में प्रबन्धन सूचना परिवीक्षण तकनीक है। कम्प्यूटर तकनीकी के क्षेत्र में दिन-प्रतिदिन हो रहे संशोधनों अथवा परिवर्तनों ने भी प्रबन्धन सूचना प्रणाली के विकास को काफी हद तक प्रभावित किया है। इन परिवर्तनों में तीव्र प्रक्रिया और डिस्क की अत्यधिक संग्रहण क्षमता विविध प्रक्रिया एवं सामान्यीकृत सॉफ्टवेयर के उपयोग महत्त्वपूर्ण हैं। इस परिवर्तन पर दृष्टिपात करते हुए यह स्पष्ट रूप से कहा जा सकता है कि आनेवाले दिनों में पुस्तकालयों एवं सूचना प्रणाली का अधिक विस्तार होगा। इस तरह पुस्तकालयों एवं सूचना के पारम्परिक सूचना स्वरूप में भी परिवर्तन अपरिहार्य है।

पुस्तकालय प्रबन्धन प्रक्रिया

पुस्तकालय नियोजन

किसी भी क्षेत्र या संगठन अथवा संस्था में नियोजन का एक महत्त्वपूर्ण स्थान है। पुस्तकालय भी एक संस्था है जिसके अन्तर्गत नियोजन की आवश्यकता होती है। अतः पुस्तकालय जगत में भी नियोजन एक प्रमुख प्रक्रिया है। प्रबन्ध के सभी कार्यों से नियोजन अन्तर्सम्बन्धित होता है। पुस्तकालय का सर्वप्रथम कार्य पुस्तकालय के कार्यों की योजना बनाना है। किसी भी कार्य को करने से पहले उसके बारे में सोच-विचार कर एक योजना तैयार करना तथा उसी के आधार पर कार्य करने से सफलता मिलने की अत्यधिक सम्भावना होती है और ठीक इसके विपरीत बिना योजना बनाए किसी काम को करने में कठिनाइयों का सामना करना पड़ सकता है। काम करने से पहले योजना बनाना ही नियोजन कहलाता है। प्रबन्ध के सन्दर्भ में नियोजन की महत्ता को सभी विद्वानों ने स्वीकार किया है।

नियोजन के अभाव में पुस्तकालयों में प्रबन्ध का कार्य सफलापूर्वक सम्पन्न नहीं किया जा सकता। पुस्तकालयों में अनेक विभाग होते हैं तथा उन विभागों में अनेक कार्य सम्पन किए जाते हैं, इसलिए इन कार्यों को करने से पहले इसकी योजना बनाना अर्थात् नियोजन करना अत्यन्त महत्त्वपूर्ण एवं आवश्यक होता है।

वास्तव में नियोजन का निर्माण भविष्य के लिए किया जाता है जिसमें भावी घटनाओं के बारे में तथ्यों के आधार पर अनुमान लगाना होता है। पुस्तकालय में आगे क्या करना है? कैसे करना है? कौन करेगा? तथा किस विधि से अमुक कार्य किया जायेगा? आदि बातों पर पहले से ही विचार करना आवश्यक होता है जो प्रबन्ध का एक आवश्यक अंग होता है। इसी को पुस्तकालय के क्षेत्र में नियोजन कहा जाता है। इस प्रकार नियोजन एक बौद्धिक प्रक्रिया है जिसमें पुस्तकालयों के सदंर्भ में निर्णय लेना होता है।

पुस्तकालयों में नियोजन का महत्त्व—अन्य संगठनों की भांति पुस्तकालय में भी नियोजन कार्य अत्यधिक उपयोगी व महत्त्वपूर्ण होता है। यदि योजना न बनाकर अर्थात् बिना नियोजन के काम किया जाता है तो सभी कार्य बिना क्रम के चलेंगे जिससे अनेक कठिनाइयाँ आ सकती हैं और काम को पूरा करने में देरी हो सकती

है जिससे पुस्तकालय के पाठकों को अत्यन्त असुविधा होगी और डॉ. रंगानाथन द्वारा प्रतिपादित पुस्तकालय विज्ञान के चतुर्थ सूत्र पाठकों के समय की बचत करनी चाहिए।

पुस्तकालयों के अन्तर्गत निर्धारित किये गये सभी लक्ष्यों को पाने के लिए यदि योजना का निर्माण किया जाता है तो उसके लिए भावी घटनाओं पर समुचित विचार करना पड़ता है एवं उनका पूर्व अनुमान लगाना पड़ता है। इसके लिए पिछले वर्षो के उपलब्ध सभी आकड़ों को एकत्रित करके विश्लेषण किया जाता है। इस प्रकार पुस्तकालयों में नियोजन के अनुसार काम करने में एक क्रमबद्ध तरीके से तथा वैज्ञानिक ढंग से आगामी अनिश्चितताताअें के बारे में उपयुक्त विचार-विमर्श करना पड़ता है और वैज्ञानिक ढंग से अपनाये गये पूर्वानुमानों को ध्यान में रखकर समुचित युक्तियाँ अपनाई जाती है। इन सभी का परिणाम यह होता है कि पुस्तकालयी भविष्य के दुश्ंचिताओं से बहुत कुछ मुक्त हो जाता है तथा भविष्य आश्वस्त हो जाता है। विश्वास व अनुशासन पुस्तकालयी को साहस के साथ कठिनाइयों का सामना करने के लिए बल प्रदान करता है।

नियोजन के अन्तर्गत बजट को तैयार करके कार्य को सम्पादित करना इसका एक महत्त्वपूर्ण अंग कहलाता है। अतः अनुमान के आधार पर जब हम बजट में लक्ष्य निर्धारित करते हैं तो नियन्त्रण में आसानी होती है। इन वास्तविक उपलब्धियों की तुलना बजट में दिये गये लक्ष्यों से करके यह पता लगा सकते हैं कि यदि लक्ष्य प्राप्त नहीं हुए हैं तो उनके क्या कारण हो सकते हैं और उनका निवारण करने के लिए कौन से उचित कदम उठाये जा सकते हैं? इसलिए यदि हम नियन्त्रण को अधिक प्रभावपूर्ण बनाना चाहते हैं तो यह आवश्यक है कि हम अपनी कार्यवाही योजना बनाकर ही करें।

उपरोक्त विश्लेषण से स्पष्ट होता है कि नियोजन की निम्नवत आवश्यकताएं हैं–

(1) भावी अनिश्चितता तथा सम्भव परिवर्तनों के कारण पुस्तकालयों में नियोजन अत्यन्त आवश्यक होता है।

(2) नियोजन पुस्तकालयों के उद्देश्यों पर दृष्टि रखता है।

(3) पुस्तकालयों में नियन्त्रण हेतु नियोजन आवश्यक एवं अनिवार्य होता है।

(4) नियोजन मितव्ययी होता है।

उपर्युक्त वर्णित तत्त्वों के आधार पर यह कहा जा सकता है कि पुस्तकलाय में योजना बनाकर कार्य करना अत्यन्त आवश्यक है। नियोजन निश्चित रूप से

पुस्तकालयी को अपना उद्देश्य समय से तथा न्यूनतम लगात पर पूर्ण करने में मदद करता है तथा पुस्तकालयों में प्रबन्ध के कार्य को निरूद्देश्य एवं दिशाहीन होने से बचाता है। पुस्तकालयी नियोजन के माध्यम से निश्चित होकर प्रबन्ध का कार्य अधिक कुशलता से कर सकते हैं।

नियोजन के तत्त्व

नियोजन के विभिन्न तत्त्व सहायक होते हैं जिनमें से कुछ प्रमुख तत्त्वों को निम्नलिखित बिन्दुओं के अन्तर्गत स्पष्ट किया जा सकता है–

1. उद्देश्य–उद्देश्य नियोजन का प्रथम व एक महत्त्वपूर्ण तत्त्व है। इन्हीं उद्देश्यों की पूर्ति हेतु ही सभी व्यावसायिक कार्य किये जाते है। अगर हमें योजना बनानी है तो इन्हीं उद्देश्यों एवं लक्ष्यों की प्राप्ति हेतु ही बनानी होगी। इसके अन्तर्गत प्रमुख लक्ष्यों के निर्धारण के साथ-साथ सहायक लक्ष्यों को भी निर्धारित किया जाना चाहिए। इनको निर्धारित करते समय लक्ष्यों में आपस में सामंजस्य स्थापित करने का प्रयास भी करना चाहिए।

2. नीतियाँ–नियोजन में नीतियों की एक महत्त्वपूर्ण भूमिका होती है इसलिए इन्हें भी निर्धारित किया जाना चाहिए। नीतियाँ वास्तव में प्रबन्ध में अपनाये जाने वाले वे सिद्धान्त हैं जिन्हें संस्था के उच्च अधिकारी गण बनाते हैं तथा जो वक्तव्यों या निर्देशों के रूप में व्यक्त किये जाते हैं। नीतियाँ विभिन्न विभागों में अधीनस्थों के संदर्भ में निर्णय लेने में सहयोग करती हैं। नीतियाँ सामान्य एवं विशिष्ट दोनों ही प्रकार की हो सकती हैं। ये कार्यों के क्रियान्वयन में मार्ग-दर्शन का कार्य करती हैं। निर्णय लेने में सहायता प्रदान करती हैं तथा उसकी सीमा भी निर्धारित करती हैं तथा कार्य में एकरूपता लाने में भी सहायता करती है। नीतियाँ बनाते समय यह भी ध्यान रखना चाहिए कि उनमें आवश्यकता पड़ने पर परिवर्तन की सम्भावना भी रहनी चाहिए। नीतियाँ नियमों से भिन्न होती हैं, वास्तव में नीतियों के क्रियान्वयन के लिए ही नियम बनाये जाते हैं। आधारभूत नीतियाँ संस्था के उच्च अधिकारियों का पथ प्रदर्शन करती हैं।

3. कार्य विधियाँ–कार्यविधि उन क्रियाओं तथा विधियों को कहते हैं जिनके द्वारा नीतियों का संपादन किया जाता है। कार्यविधियाँ भी योजनाएँ ही होती हैं क्योंकि इसमें कार्यवाही की एक दिशा का चुनाव करना होता है। कार्यविधियों के माध्यम से ही संस्था के उद्देश्यों की पूर्ति सम्भव होती है। इसके अन्तर्गत उन सभी

कार्यों का विस्तृत विवरण देना होता है जिन्हें पूरा करना हो। ये कार्य का मार्ग-दर्शन करते हैं। किसी भी संस्था के लिए उसके उद्देश्यों को परिभाषित कर देना तथा नीतियों का निर्माण करना ही पर्याप्त नहीं है बल्कि कार्य के सम्पादन के लिए कार्य विधि निश्चित करना आवश्यक होता है जिससे कार्य भी निश्चित समय में पूरा किया जा सके। सम्पूर्ण कार्य को कई क्रियाओं में विभाजित किया जा सकता है तथा विभिन्न व्यक्तियों को उत्तरदायित्व सौंपा जाता है।

4. नियम—सामान्यता प्रविधियों तथा नियमों को समानार्थी शब्द मान लिया जाता है परन्तु इन दोनों शब्दों में अन्तर पाया जाता है। नियम कार्यों का क्रम निर्धारित करता है न कि पथ-प्रदर्शन। प्रविधि का क्षेत्र विस्तृत होता है तथा नियम इसके अंग हो सकते हैं। नियम विशेष परिस्थितियों में प्रबन्धक द्वारा निश्चित कार्यवाहीं किये जाने से पूर्व वे निर्णय को प्रकट करते हैं। अतः प्रविधि तथा नियम में अन्तर होता है।

5. कार्यक्रम—कार्यक्रम नीतियों एवं प्रविधियों का एक संगठित रूप है जिसका अर्थ कार्य का निर्धारण अथवा उस उस रूपरेखा से लगाया जाता है जिसके अनुसार कार्य को करना होता है। कार्यक्रम के अन्तर्गत उद्देश्या, नीतियाँ, कार्य विधियों, नियम, कार्य का विभाजन, कार्य के लिए नियोजित साधन कार्य की विधि आदि बातों का समावेश किया जाता है। किसी भी कार्य को करने से पहले यदि कार्यक्रम बना लिया जाय तथा उसी के अनुरूप कार्य किया जाय तो कार्य के समय से एवं निश्चित रूप से पूर्ण होने की सम्भवना अधिक रहती है।

6. बजट—किसी भी कार्य को प्रभावी एवं सुचारु रूप से संचालित करने के लिए धन का होना बहुत जरूरी होता है। इसके लिए बजट बनाना आवश्यक होता है। बजट तैयार करना नियोजन का एक प्रमुख कार्य है। बजट का तात्पर्य उस विवरण से है जिसमें संख्यात्मक शब्दों में व्यक्त प्रत्याशित परिणामों का व्यक्तव्य दिया रहता है। बजट वास्तव में नियोजन का एक महत्त्वपूर्ण अंग है क्योंकि इसमें उद्देश्यों की प्राप्ति हेतु सभी साधनों का तथा निर्धारित लक्ष्यों का ब्यौरा दिया जाता है जो हमें प्राप्त करना होता है। बजट मुख्यतः नियन्त्रण का साधन होता है अर्थात् बजट वह साधन है जिसका प्रयोग भविष्य के कार्यों का नियोजन करने में किया जात है। बजट प्रत्याशित आय एवं व्यय का अनुमान होता है।

7. कार्यकौशल—किसी भी कार्य की सफलता के लिए यह आवश्यक होता है कि उस सम्बन्ध में पहले से ही सभी पहलुओं पर विचार करके उसके कार्यकौशल

को निर्धारित कर लिया जाय। कार्यकौशल सामान्यतया तो अपनाना ही चाहिए लेकिन विशेष परिस्थितियों में इसे अपनाना अत्यन्त आवश्यक होता है। प्रतिस्पर्धा के इस युग में कार्यकौशल का प्रत्येक संस्था में अत्यधिक महत्त्व होता है।

8. समय—नियोजन के अन्तर्गत समय का प्रमुख स्थान होता है क्योंकि परिवर्तनों का महत्त्व समय के विस्तार पर निर्भर करता है। अल्पकालीन नियोजन का सम्बन्ध निकट भविष्य से होता है जबकि दीर्घकालीन योजनाओं में समय की अवधि के लिए स्थितियों का पहले ही अनुमान लगाकर कार्य का क्रम निश्चित किया जाता है। समय के संदर्भ में नियोजन की सफलता इस बात पर निर्भर है कि दोनों प्रकार की योजनाओं को संगठित करने में अधिकारी कितने योग्य हैं। अल्पकालीन योजनाएँ तभी सफल हो सकती हैं जब उन्हें पर्याप्त दीर्घकालीन योजनाओं के सन्दर्भ में लागू किया जाय।

9. आकड़ों का संग्रह एवं विश्लेषण—नियोजन की प्रक्रिया का महत्त्वपूर्ण तत्त्व अथवा कारक सूचनाओं तथा आकड़ों का संग्रह करना तथा उनका विश्लेषण करना है। नियोजन की प्रभावशीलता इन सूचनाओं तथा आकड़ों के प्रकार एवं मात्रा का निर्भर करती है; इसलिए सूचना के लिये विश्वस्त स्रोतों का पता लगाना चाहिए तथा सामयिक रूप से सूचनाओं को प्राप्त करना चाहिए।

नियोजन करने के विभिन्न चरण अथवा प्रक्रिया

पुस्तकालय जगत में नियोजन का उद्देश्य पुस्तकालयों के निश्चित लक्ष्यों को ग्रहण करने के लिए पहले ही यह निर्धारण करना होता है कि पुस्तकालय में भविष्य में क्या करना है। जब पुस्तकालयों में नियोजन की बात आती है तो इसमें भविष्य के लिए कार्यवाही का प्रक्षेपण किया जाता है। इस कारण से पुस्तकालय की भावी योजना बनाना सरल कार्य नहीं है। इसलिए इसके लिए पुस्तकालयी को पर्याप्त, अध्ययन, मनन एवं विश्लेषण की आवश्यकता होती है। अतः नियोजन करते समय कार्यों के एक निश्चित क्रम का पालन करने से सुविधा प्राप्त होती है। नियोजन के इस निश्चित क्रम निर्धारण को ही चरण अथवा अवस्थाएँ एवं प्रक्रिया कहते हैं। नियोजन के चरण को निम्नलिखित बिन्दुओं द्वारा स्पष्ट किया जा रहा है—

1. नियोजन की आवश्यकताओं को समझना—पुस्तकालयों की योजना बनाना एक जटिल प्रक्रिया है। पुस्तकालय की योजना बनाते समय सबसे पहले इस तत्त्व पर विशेष ध्यान देना चाहिए कि पुस्तकालय में नियोजन की आवश्यकता एवं

उसकी महत्ता को पहले अच्छी तरह से समझा जाये। यदि नियोजन की आवश्यकता को समझे बिना ही इसे एक दैनिक कार्य की तरह तैयार किया जायेगा तो इससे पूरा लाभ नहीं उठाया जा सकता है तथा पुस्तकालय पर लगाया गया विनियोग पूर्णतया व्यर्थ एवं निरर्थक ही रहेगा।

2. उद्देश्यों का निर्धारण करना—पुस्तकालय के सन्दर्भ में नियोजन की आवश्यकता को समझने के बाद उसके उद्देश्यों का निर्धारण करना चाहिए। ये उद्देश्य स्पष्ट रूप से निर्धारित किये जाने चाहिए। योजना की सफलता बहुत कुछ स्पष्ट रूप से उद्देश्यों को निर्धारित करने पर निर्भर करती है क्योंकि उद्देश्य ही योजना के आधार होते हैं और बिना इसके योजना निरर्थक एवं निरुद्देश्य सिद्ध होगी। उद्देश्यों का निर्धारण करते समय योजना के प्रमुख उद्देश्य एवं उप-उद्देश्यों पर समुचित विचार करना चाहिए। कोई निरर्थक उद्देश्य योजना में सम्मिलित नहीं करना चाहिए।

3. आवश्यक आधारों को निश्चित करना—नियोजन के उद्देश्यों को पूरा करने हेतु प्रभावी योजना बनानी पड़ती है तथा उसके उचित आधार निश्चित करने और एकत्र करने की आवश्यकता होती है जिसके लिए तथ्य प्राप्त करने होते हैं। तथ्यों एवं आकड़ों का अध्ययन एवं उचित विश्लेषण कर सारभूत तथ्य एकत्रित करने होते हैं। विद्यमान पुस्तकालय नीतियों एवं व्यवस्थाओं का अध्ययन करके यह देखना होता है कि क्या उनमें कुछ परिवर्तनों की आवश्यकता है अथवा नवीन नीतियों, सिद्धान्तों एवं आधारों को निर्धारित करना होगा आदि। इस प्रकार इस चरण के अन्तर्गत उन सभी आवश्यक आधारभूत तथ्यों को एकत्रित करना होता है जिनकी सहायता से योजना तैयार की जाती है।

4. वैकल्पिक कार्य विधियों का ज्ञान—योजना के आवश्यक आधारों का निर्धारण करने के पश्चात यह पता लगाना बहुत जरूरी होता है कि निर्धारित उद्देश्यों की उपलब्धता हेतु किन-किन विधियों का प्रयोग में लाया जाता है। व्यवहार में हम यह देखते हैं कि किसी भी कार्य को हम भिन्न-भिन्न तरीकों से सम्पन्न कर सकते हैं, अतः निर्धारित उद्देश्यों की प्राप्ति के लिए भी यह देखना होता हे कि उन्हें अब किन-किन विधियों से प्राप्त किया जा सकता है। इस प्रकार वैकल्पिक कार्य-विधियों का पता लगाना पुस्तकालय नियोजन का अगला चरण है।

5. वैकल्पिक कार्य विधियों का मूल्यांकन—सम्भावित कार्य विधियों का पता लगाने के बाद उनका सापेक्ष अर्थात् एक-दूसरे की तुलना के रूप में मूल्यांकन करना होता है। इसके लिए उन सभी विधियों का गुण-दोषों के आधार पर विवेचन करना

होता है। इस समय पुस्तकालय योजना के उद्देश्य को ध्यान में रखना अति आवश्यक होता है। यह कार्य अत्यन्त महत्त्वपूर्ण होता है तथा साथ ही इस कार्य में निष्पक्ष रहने की आवश्कता होती है।

6. सर्वोत्तम कार्य विधियों का चयन—वैकल्पिक कार्य विधियों का मूल्यांकन करने के उपरान्त पुस्तकालय के नियोजन का अलगा चरण निर्णय लेना होता है कि इसमें यह निश्चित किया जाता है योजना के निश्चित उद्देश्यों की पूर्ति हेतु कौन सी कार्य विधि सर्वोत्तम रहेगी। चयन करने का यह निर्णय अत्यन्त महत्त्वपूर्ण होता है। यदि इस कार्य में कोई गलती या चूक हो जाय तो वांछित सफलता नहीं प्राप्त हो सकती है। यह कार्य आसान कार्य नहीं है क्योंकि सर्वोत्तम कार्य विधि का निर्णय करते समय एक विधि दूसरी उत्तम विधि से अधिक एवं श्रेष्ठ दिखाई देती है परन्तु दोबारा ध्यान देने पर ऐसा लगता है कि दूसरी विधि ही अधिक श्रेष्ठ है। ऐसी स्थिति में पुस्तकालय के निर्णायक तत्त्वों को ध्यान में रखकर ही कोई निर्णय लेना चाहिए।

7. विस्तृत योजना की तैयारी—नियोजन के सर्वोत्तम कार्य विधियों का चुनाव करने उपरान्त पुस्तकालय के सम्पूर्ण माध्यमों पर दृष्टिपात करते हुए विस्तृत एवं स्पष्ट योजना का निर्माण करना होता है। योजना निर्माण करते समय सम्भावित सभी कठिनाइयों, समस्याओं तथा सीमाओं का ध्यान भी रखना होता है।

प्रणाली

प्रणाली शब्द अंग्रेजी के System का हिन्दी रूपान्तरण है, इसकी उत्पत्ति ग्रीक भाषा के Sistema शब्द से हुई है; जिसका अर्थ है, विभिन्न कार्य इकाइयों में उचित तालमेल स्थापित करना। सामान्यतः किसी समान उद्देश्य के लिए एक साथ सम्मिलित रूप से कार्य कर रहे घटकों, वस्तुओं अथवा विभिन्न भागों के समूह को प्रणाली (System) के रूप में जाना जाता है। उदाहरणार्थ—सूचना प्रणाली, दूरसंचार प्रणाली, उत्पादन प्रणाली, कम्प्यूटर प्रणाली आदि। प्रमुख रूप से प्रणाली के अर्थ को परिभाषित करते हुए हम कह सकते हैं कि प्रणाली विभिन्न अन्तर्सम्बन्धित तत्त्वों से मिलकर बना एक समूह है जो एक नियोजित तरीके से पूर्व निश्चित उद्देश्यों की प्राप्ति की दिशा में कार्य करती है। यहाँ तत्त्वों से तात्पर्य विभिन्न भौतिक पदार्थों से है; जैसे—मशीन, सामग्रील और कर्मचारी आदि।

किसी प्रणाली (System) की अवधारणा हेतु जिन प्रमुख तीन तत्त्वों का होना अति आवश्यक है वे निम्नलिखित हैं—

(1) प्रणाली का निर्माण पूर्व निर्धारित उद्देश्यों को प्राप्त करने के लिए बनाया गया होना चाहिए।

(2) प्रणाली के विभिन्न तत्त्वों में परस्पर पूर्ण सामंजस्य का होना आवश्यक हैं।

(3) किसी प्रणाली के उद्देश्यों को उसकी उप-प्रणाली के उद्देश्यों से अधिक अधिक महत्त्व प्रदान करना चाहिए।

प्रणाली की विशेषताएं—प्रणाली की प्रमुख विशेषताओं को निम्नलिखित बिन्दुओं के अन्तर्गत स्पष्ट किया जा सकता है—

(1) संगठन—संगठन का अर्थ प्रणाली की संरचना या ढांचे से लगाया जाता है जो विविध उद्देश्यों को पूरा करने में उपयोगी होता है जैसे—किसी पुस्तकालय प्रणाली से संगठन में सबसे ऊपर पुस्तकालयध्यक्ष तत्पश्चात उप-पुस्तकालयाध्यक्ष, सहायक पुस्तकालयाध्यक्ष, पुस्तकालय सहायक एवं अन्य लिपिक वर्ग आता है। इस प्रकार के वर्गीकरण से प्रणाली एवं उप-प्रणाली के अन्र्तसम्बन्धों की रचना होती है। इसी प्रकार कम्प्यूटर प्रणाली का भी उदाहरण दिया जा सकता है, जिसमें एक केन्द्रीय प्रोसेसिंग यूनिट, मॉनीटर, की बोर्ड, माउस व एक या अधिक भण्डारण इकाई होती हैं। जब इन सबको एक साथ जोड़ा जाता है तो ये सब मिलकर एक प्रणाली का कार्य करते हैं और सूचना उपलब्ध करते हैं।

(2) परस्पर सम्बन्ध—प्रणाली के विभिन्न तत्त्वों के साथ सम्बन्ध बनाकर कार्य करने की प्रक्रिया को परस्पर सम्बन्ध कहा जाता है। जैसे--किसी संगठन में क्रय विभाग का उत्पादन विभाग से सम्बन्ध होना चाहिए। विज्ञापन विभाग के साथ तथा मजदूरी का कर्मचारियों के साथ सम्बन्ध होना चाहिए। कम्प्यूटर प्रणाली में केन्द्रीय प्रोसेसिंग यूनिट के इनपुट यूनिटों से सम्बन्ध बनाए रखना चाहिए जिससे समस्या का समाधान किया जा सके।

(3) अन्तः निर्भरता—इसका अर्थ यह है कि संगठन, पुस्तकालय एवं सूचना केन्द्र अथवा कम्प्यूटर प्रणाली के विभिन्न विभाग एक दूसरे पर निर्भर हैं। ये सभी विभाग एक नियोजन द्वारा आपस में जुड़े होते हैं। एक उप-प्रणाली पर आश्रित होती है।

(4) समाकलन—समाकलन से तात्पर्य यह है कि प्रणाली के विभिन्न विभाग आपस में जुड़े रहकर किस प्रकार पूर्व निश्चित उद्देश्यों को प्राप्त करते हैं। दूसरे शब्दों में कहा जा सकता है कि प्रत्येक भाग परस्पर मिलकर किसी कार्य को करते हैं तथा साथ ही साथ वह स्वतन्त्र रूप से भी विशिष्ट कार्य को संचालित करते हैं।

(5) केन्द्रीय उद्देश्य—किसी भी प्रणाली की आन्तिम विशेषता उसका केन्द्रीय उद्देश्य है।

प्रणाली के मूल तत्त्व—प्रणाली के मूल तत्त्वों को निम्नलिखित बिन्दुओं के अन्तर्गत स्पष्ट किया जा सकता है—

(1) आगम और निर्गम—किसी भी प्रणाली का मुख्य उद्देश्य एक प्रकार का आउटपुट देना है जो उस प्रणाली के उपयोगकर्त्ता के लिए उपयोगी है। इस आउटपुट का स्वरूप—पदार्थ, सुविधा अथवा सेवाएँ या सूचना प्रदान करना आदि हो सकता है। इन्हें उपयोगकर्त्ता की जरूरत के आधार पर निर्मित किया जाना चाहिए। आउटपुट (Output) को को निश्चित करने के लिए पहले इनपुट (Input) का निर्धारण किया जाता है। जैसे—प्रणाली विश्लेषक वह व्यक्ति है जो पूर्ण प्रणाली पर नियंत्रण रखता है। वह सर्वप्रथम यह पता लगाता है कि उपयोगकर्त्ता की आवश्यकता क्या है? तत्पश्चात् आगम (Input) और निर्गम (Output) प्रक्रिया को पूरा करता है।

(2) प्रक्रियाएँ—किसी भी प्रणाली के निर्माण के लिए प्रक्रिया का होना अति आवश्यक है। इसके अभाव में किसी भी प्रणाली का निर्माण करना सम्भव नहीं है। प्रक्रियाएं वे तत्त्व हैं जो किसी आगम (Input) को निर्गम (Output) के सम्बन्ध में परिवर्तित करती हैं। ये प्रक्रियाएँ किसी प्रणाली का कार्यशील भाग हैं। आउटपुट की आवश्यकता के अनुसार ये प्रक्रियाएँ इमपुट को आंशिक अथवा पूर्णरूप से परिवर्तित कर देती हैं।

(3) नियंत्रण—प्रणाली में नियंत्रण तत्त्व का एक प्रमुख स्थान है जो प्रणाली को दिशा-निर्देशन देती है। यह किसी प्रणाली (System) की उप-प्रणाली है जो प्रणाली के समस्त कार्यों जैसे कि इनपुट क्रियाओं ओर आउटपुट पर आवश्यकतानुसार नियंत्रण रखती है। किसी पुस्तकालय एवं सूचना केन्द्र के संदर्भ में पुस्तकालयाध्यक्ष/सूचना वैज्ञानिक एक नियंत्रण इकाई के रूप में आगम, देखरेख, प्रक्रिया एवं अन्य विभिन्न क्रियाकलापों पर नियंत्रण रखते हैं ताकि पुस्तकालय/सूचनाकेन्द्र का विकास हो सके। एक कम्प्यूटर प्रणाली में ऑपरेटिंग सिस्टम तथा अन्य सॉफ्टवेयर प्रणाली के व्यवहारों को प्रभावित करती है।

(4) फीडबैक—फीडबैक किसी भी क्षेत्र में सफलता हासिल करने का एक महत्त्वपूर्ण साधन है। किसी परिवर्तनशील प्रणाली में नियंत्रण को फीडबैक द्वारा ही प्राप्त किया जा सकता है। किसी प्रणाली में विभिन्न प्रक्रियाओं और नियंत्रण के द्वारा निर्धारित आउटपुट प्राप्त किया जा सकता है। इस आउटपुट को निर्धारित मापदण्ड के

अन्तर्गत अध्ययन करके फीडबैक प्राप्त किया जाता है और इन्हीं प्राप्त फीडबैक के आधार पर प्रक्रियाओं का इनपुट में परिवर्तन कर संशोधित आउटपुट को प्राप्त किया जाता है अथवा आउटपुट के स्तर में परिवर्तन किया जा सकता है। यह फीडबैक अनुकूल या प्रतिकूल दोनों हो सकता है। अनुकूल फीडबैक संस्था/पुस्तकालय/सूचना केन्द्र को कार्य करने की पुर्नशक्ति प्रदान करता है, जबकि प्रतिकूल फीडबैक सामान्यतः नियंत्रण को कार्य करने के लिए सूचना प्रदान करता है।

(5) वातावरण—वातावरण एक ऐसा तत्त्व है जिसमें सम्पूर्ण संस्थाएं कार्य को सम्पादित करती है। यह प्रणाली पर प्रभाव डालने वाला बाह्य तत्त्व है। वास्तव में यह निश्चित करता है कि प्रणाली (System) को कैसे कार्य करना चाहिए।

(6) सीमाएँ एवं अन्तः सम्बन्ध—सीमाएँ एवं अन्तः सम्बन्ध प्रणाली के तत्त्वों, प्रक्रियाओं एवं अर्न्तसम्बन्धों की दूसरी प्रणाली के साथ व्याख्या करती है। प्रत्येक प्रणाली (System) की सीमाएँ हैं, जो इसके नियंत्रण पर प्रभाव डालती है।

सारांश एवं सारांशकरण : मानक एवं मानकीकरण

साम्यता, गुणात्मकता, समय, श्रम तथा व्यय की बचत, डेटा-प्रोसेसिंग टेक्नालॉजी का उपयोग करने, अनेक सारांशकरण सेवाओं द्वारा बहु-अंतर्विषयी आलेखों के सारांशों का उपयोग करने हेतु, ऑन-लाइन इन्टरएक्टिव रिट्रिवल सिस्टम तथा मात्र एक ही कम्प्यूटर-रिडेबिल डेटाबेस में अनेक सारांशकरण सेवाओं, अन्वेषण एवं पुनर्प्राप्ति के लिए शामिल करने आदि विचारों से यह जरूरी है कि सारांशों तथा सारांशकरण हेतु उपयुक्त मानक एवं मानकीकरण को आवश्यक रूप से अपनाया जाय।

इस क्षेत्र में विभिन्न मानकों एवं मानकीकरण पद्धतियों को अपनाए जाने हेतु दिग्दर्शिकाओं को निर्मित किया गया है, जो निम्नलिखित है—

1. Astia Guidelines for Cataloguing and Abstracting 1962 : संयुक्त राज्य अमेरिका में डिपार्टमेन्ट ऑफ डिफेन्स द्वारा इस विभाग के वैज्ञानिक एवं प्राविधिक साहित्य के सारांशकरण हेतु दस मार्गदर्शिका का प्रकाश 1962 में किया गया था, जिसका श्रेय आर्म्ड सर्विसेज टेक्निकल इनफॉरमेशन ऐजेन्सी (Armed Service Technical Information Agency) को है। इसके द्वारा टेक्निकल अब्सट्रैक्ट बुलेटिन का प्रकाशन कम्प्यूटर की सहायता से किया जाता है।

2. DDC Standards 1968: ASTIA का नामकरण बदल कर डिफेन्स डाकूमेन्टेशन सेन्टर कर दिया गया और डिफेन्स सप्लाई ऐजेन्सी (Defence

Supply Agency) को स्थानान्तरित कर दिया गया। सूचना प्रक्रियाबद्धकरण हेतु कम्पूयटरों का उपयोग किए जाने के कारण सारांशकरण मार्गदर्शिका डीडीसी, 1968 को प्रकाशित किया गया।

1968 की मार्गदर्शिका के अन्तर्गत सारांशों को बनाने के निर्देश वर्णित है। सारांशों, अभिटिप्पणन तथा आख्याओं के लिए प्रयुक्त प्रतीकों का भी उल्लेख है, जिन्हें यत्रों द्वारा सूचना प्रक्रियाबद्धकरण के लिए उपयोग में लाया जाता है।

(3) Ansi Standard 1970 Astla एवं DDC की मार्गदर्शिकाएँ रक्षा विभाग हेतु प्राविधिक प्रतिवेदनों के सारांशकरण की प्रक्रियाओं को ही दिशा प्रदान करती है। परन्तु पत्रिकाओं के प्रलेखों के सारांशकरण के लिए इसके अन्तर्गत कोई मार्गदर्शन नहीं दिया गया है।

अतः सारांशों को बनाने के लिए जिसे अब के नाम से जाना जाता है, ने को तैयार किया है। इसमें काउन्सिल ऑफ नेशनल लाइब्रेरी एसोसियशन का योगदान रहा है। इस मानक में प्रलेखन एवं पुस्तकालय कार्य के मानकीकरणों को सूत्रबद्ध किया गया है। इस मानक में सारांशों की परिभाषा, सारांशों के प्रकार, संक्षेपणों से सम्बन्धियों पदों शैलियों आदि का स्पष्ट संकेत किया गया है, जो संयुक्त राज्य अमेरिका में प्रकाशित शोध पत्रिकाओं में सारांशों को प्रकाशित करने की मार्गदर्शिका प्रस्तुत करता है।

4. इन्डियन स्टैण्डर्स इन्सटीट्यूट--अब ब्यूरो ऑफ इन्डियन स्टैण्डर्स ने भी सारांशकरण/प्रलेख आदि के मानकों को निर्मित एवं विकसित किया है। इस दिशा में सारांशों के मानकीकरण की दृष्टि से तैयार किया गया कैनन फॉर मेकिंग अब्सट्रेक्ट्स (15:795-1956) तथा बिब्लियोग्राफिकल रेफ्रेन्सेज 1629 मार्गदर्शिका का कार्य करते हैं।

5. अन्तर्राष्ट्रीय मानक (International Standards)—वैश्विक स्तर पर सारांशीकरण एवं अनुक्रमणिकरण कार्यों व सेवाओं का अनुभव किया गया है तथा जिसके समाधान के लिए प्रयत्न किया गया है। अमेरिकन नेशनल स्टैण्डर्स इन्सटीट्यूट का अन्तर्राष्ट्रीय प्रतिरूप इन्टरनेशन इस्टैण्डर्स आर्गनाइजेशन है। इसकी सारांशकरण संस्तुतियों का प्रकाशन 1961 में प्रथम बार 214 की आख्या से किया गया था।

इसके अन्तर्गत रूपरेखा अथवा संक्षिप्त विषय-वस्तु और सारांश की परिभाषा तथा इनके अन्तर को बताया गया है। इसके आधार पर संक्षिप्त रूपरेखा का अभिप्राय उस संक्षिप्त स्वरूप से है, जो मूल आलेख के लेखक के द्वारा अपना उसकी स्वीकृति

से तैयार किया गया है, और इस आलेख के साथ ही प्रकाशित किया गया होता है। यह विभेद कभी मान्य किया जाता रहा है, लेकिन अब इसको स्वीकार नहीं किया जाता है। सारांश को अब अधिक वरीयता प्रदान की जाती है। यह लेखक अथवा सम्पादक दोनों द्वारा उल्लिखित एवं प्रस्तुत हो सकता है। आलेखों के साथ पृथक से प्रकाशित सार को भी सांराश का ही एक रूप माना जाता है।

ISO की दर्शिका अत्यन्त संक्षिप्त है जिसमें सारांश को संक्षिप्त तथा वस्तुनिष्ट होने का संकेत किया गया है इसे मूल प्रलेख का संतुलन तथा सामान्य स्वरूप बनाए रखना चाहिए।

यूनेस्कों द्वारा प्रकाशित (Guide for the Preparation of Autgo Abstracts for Publication Unesco, 1968) में प्रत्येक वैज्ञानिक पत्रिका में प्रकाशित सारांश संक्षिप्त होना चाहिए और अन्तर्गत विषय-वस्तु का सार-निष्कर्ष तथा नवीनतम सूचना का समावेश होना चाहिए। इसके अन्तर्गत भाषा व शैली को सामान्य होने तथा सारांशों को पूर्ण शब्दों का वर्णित का निर्देश दिया गया है, परन्तु सारांशों को 200-350 शब्दों में प्रस्तुत किये जोन को मान्य किया है और मूल प्रलेख की भाषा के बिना किसी विचार के अधिकतम प्रयुक्त की जाने वाली भाषा में ही सारांशों को प्रकाशित किये जाने को इसमें मान्य किया गया है।

अन्तर्राष्ट्रीय सारांशकरण सेवाओं तथा कम्प्यूटर के आविर्भाव के कारण सारांशों के प्रस्तुतिकरण के लिए अधिकाधिक मानकीकरण एवं निर्देशन की आवश्यकता का अनुभव किया जाने लगा है। इस कार्य हेतु सारांशकरण एवं अनुक्रमणिकाकरण सेवाओं की एक अन्तर्राष्ट्रीय तालिका संकलित एवं तैयार करने का प्रयास 1971 में प्रारम्भ किया गया था जिसके लिए तथा यूनेस्कों ने आर्थिक सहायता की थी। इसको तथा इन्टरनेशन फेडरेशन फॉर डाकूमेन्टेशन सम्पन्न करने का प्रयास कर रहे हैं।

लेकिन सारांशकरण एवं अनुक्रमणिकरण तालिका विश्व विज्ञान पद्धति जिसे 1971 के नाम से जाना जाता है, के सुनियोजित प्रयास का मात्र एक चरण है। प्रभावशाली ढंग से संक्षेप में अधिक से अधिक प्रतिवेदन सम्मिलित करने के लिए सारांशों एवं सारांशकरण के कार्य को सम्पन्न करने के लिए मानकों का अनुसरण अति आवश्यक है जिसके लिए उल्लिखित मार्गदर्शिकाएँ क्रमबद्ध एवं विरचित की गयी है।

इस तरह पुस्तकालय प्रक्रिया जगत में प्रायः प्रमाप या मानक जो समय के साथ उद्गम हुए हैं, प्रकृति में वे 'स्वीकृत' प्रयोग हैं। बहुत से देशों में मानक संस्थानों

ने यह उचित माना है कि इन स्वीकृत प्रयोगों के क्रमानुसार बनाकर राष्ट्रीय मानक के रूप में प्रस्तुत किया जाए। भारत में भारतीय मानक संस्थान जिसका वर्तमान नाम भारतीय मानकों का ब्यूरों है, ने जो मानक प्रकाशित किए हैं ये पुस्तकालयाध्यक्ष को कुशलतापूर्ण तथा सही संरचना का चयन करने के लिए आवश्यक दिशा निर्देशन देते हैं।

पुस्तकालय एवं सूचना प्रणाली

पुस्तकालय एवं सूचना प्रणाली के अन्तर्गत विभिन्न प्रकार की उप-प्रणालियों को समावेशित किया गया है। पुस्तकालय एवं सूचना केन्द्र के महत्त्वपूर्ण क्रियाकलाप, जैसे—अधिग्रहण, वर्गीकरण, सूचीकरण, सामयिकी नियन्त्रण, आदान-प्रदान, सूचना संग्रहण एवं पुनर्प्राप्ति प्रशासन एवं नियंत्रण आदि। ये सभी क्रियाकलाप पुस्तकालय एवं सूचना प्रणाली के अंग माने जाते हैं। ये सभी उप-प्रणालियाँ अथवा अंग पुस्तकालय एवं सूचना केन्द्र के मूलभूत उद्देश्यों को प्राप्त करने की दिशा में परस्पर मिलकर कार्य करते हैं। ये उप-प्रणालियाँ अलग-अलग होते हुए भी एक-दूसरे पर आश्रित तथा परस्पर सम्बन्धित होती हैं।

प्रणाली विश्लेषण

प्रणाली को प्रभावशाली बनाने हेतु विश्लेषण की जरूरत पड़ती है। प्रणाली विश्लेषण के अर्थ को स्पष्ट करते हुए प्रबन्ध विशेषज्ञ हेराल्ड बोको ने ने लिखा है कि "प्रणाली विश्लेषण एक जटिल प्रक्रिया अथवा संगठन के परीक्षण की एक औपचारिक प्रक्रिया है, जो इसके घटकों तक सीमित कर देता है एवं इन भागों को एक-दूसरे से और मुख्य इकाई से समग्र रूप से सम्बन्धित कर देता है।"

प्रणाली विश्लेषण में समावेशित की गयी एवं अन्य सभी प्रस्तुत किये गये प्रतिवेदनों का अध्ययन वर्तमान प्रणाली का तथा नवीन विकसित की जाने वाली प्रणाली का विश्लेषण किया जाता है। प्रणाली विश्लेषण के ही अन्तर्गत प्रणाली की समस्याओं तथा निर्धारित सीमाओं में रहते हुए उन्हें नवीन प्रणाली द्वारा किस प्रकार दूर किया जाएगा और उनसे क्या लाभ होंगे आदि का विश्लेषण किया जाता है। जैसे—यदि किसी पुस्तकालय को कम्प्यूटरीकृत करना है तो एक नई प्रणाली के अभिकल्पन हेतु विश्लेषण आवश्यक है। इसमें सामान्य तौर पर विभिन्न तत्त्वों का विश्लेषण किया जाता है जिसमें से कुछ प्रमुख तत्त्वों का विश्लेषण इस प्रकार है—

(1) उपयोगकर्त्ता की सूचना आवश्यकताओं का विश्लेषण।
(2) प्रणाली उपभोक्ता संस्थान का पूर्ण विश्लेषण।
(3) प्रचलित प्रणाली का पूर्ण विश्लेषण।
(4) प्रस्तावित प्रणाली का पूर्ण विश्लेषण।
(5) हार्डवेयर/सॉफ्टवेयर आवश्यकता का विश्लेषण।

उपर्युक्त वर्णित सभी विश्लेषणों हेतु व्यावहारिक विश्लेषण सूचना का प्रयोग किया जाता है तथा जरूरत पड़ने पर अन्य माध्यमों को भी प्रयोग में लाया जा सकता है।

प्रणाली अभिकल्पन

प्रणाली अभिकल्पन सबसे अधिक रचनात्मक एवं समन्वयात्मक प्रक्रिया है। प्रणाली अभिकल्पन से तात्पर्य वास्तविक प्रक्रिया के विकास से है जिससे कि प्रणाली का निर्माण होता है। प्रणाली विश्लेषण से प्राप्त तथ्यों के आधार पर प्रणाली अभिकल्पन हेतु पूर्व प्रणाली के गुण और दोषों को ज्ञात किया जाता है और परिवर्तन हेतु आवश्यक सुझाव भी प्राप्त किए जाते हैं। पूर्णतः सन्तुष्ट होकर नई प्रणाली का अभिकल्पन किया जाता है। प्रणाली अभिकल्पन करते समय विभिन्न तथ्यों पर विशेष ध्यान दिया जाता है जिनमें से कुछ तथ्य इस प्रकार है–

(1) परिवर्तित एवं नवीन आवश्यकताओं के सन्दर्भ में प्रणाली के उद्देश्यों की समीक्षा करना आवश्यक है।

(2) नई प्रणाली के अभिकल्पन में लगने वाली लागत को भी ध्यान में रखना आवश्यक है। लागत पक्ष दो आधारों पर देखा जाता है। पहला प्रणाली में व्यय होने वाली प्रधान पूंजी और दूसरा उसके प्रचालन में अनवरत आने वाला व्यय। नई अथवा संशोधित प्रणाली की स्थापना में आर्थिक पक्ष पर विशेष ध्यान दिया जाना चाहिए।

(3) आधुनिक प्रणाली के अन्तर्गत निर्गम होने वाले व्यय की तुलना में संशोधित अथवा नवीन प्रणाली के प्रति इकाई व्यय का मापदण्ड महत्त्वपूर्ण भूमिका निभाता है।

प्रणाली अभिकल्पन के चरण–सामान्य रूप से प्रणाली अभिकल्पन में प्रमुख चार चरण होते है, जिसे निम्न बिन्दुओं में स्पष्ट किया जा सकता है–

(1) प्रथम चरण–इस चरण में प्रणाली के समस्त कार्यों को पुनः नियोजित किया जाता है जिससे उनमें परस्पर समन्वय स्थापित किया जा सके। पुरानी वर्कशीट

के स्थान पर नवीन वर्कशीट तैयार की जाती है। इसमें संशोधित लक्ष्यों के अनुरूप आवश्यक संशोधनों को सम्मिलित किया जाता है।

(2) द्वितीय चरण—प्रणाली अभिकल्पन के इस चरण के अन्तर्गत सम्पूर्ण गतिविधियों को लिखा जाता है तथा इन्हें एक तार्किक क्रम में विस्तृत रूप से प्रस्तुत किया जाता है। आवश्यकतानुसार फ्लो चार्ट बनाया जाता है। विवरण तथा फ्लो चार्ट को एक साथ मिलाकर कार्यविधिक नियमावली बनाई जाती है।

(3) तृतीय चरण—इस चरण के अन्तर्गत उपयुक्त कार्यविधिक नियमावली जो प्रणाली को भली प्रकार समझने के लिए आवश्यक है। इससे स्वचालित प्रणाली की दिशा में पढ़ने के लिए सूचनाओं को निवेश के रूप में एकत्रित करने तथा रूपान्तरित करने में सहायता प्राप्त की जाती है।

(4) चतुर्थ चरण—प्रणाली अभिकल्पन का यह चौथा तथा अन्तिम चरण कहलाता है। यह चरण मुद्रित स्वरूप के अभिकल्पन से सम्बन्धित होता है। इसका उपयोग सूचनाओं को संग्रहित करने एवं प्रसारित करने के लिए किया जाता है। यह ध्यान भी रखा जाता है कि सूचनाओं की पुनरावृत्ति न हो सके।

पुस्तकालय प्रणाली के अभिकल्पन में यह महत्त्वपूर्ण है कि किसी डाटा को एक ही बार निवेशित किया जाए तथा उसका उपयोग आवश्यकतानुसार अनेक स्थानों अथवा बिन्दुओं पर किया जा सके।

फ्लो चार्ट

प्रणाली में फ्लो चार्ट को तैयार करना व्यावहारिकर्त्ता विश्लेषण का एक प्रमुख चरण कहलाता है। सूचना संकलन के समय निर्मित किये गए फ्लो चार्ट और डाटा फ्लो डाईग्राम का इस समय पुनरीक्षण किया जाता है। फ्लो चार्ट वर्तमान एवं प्रस्तावित प्रणाली के महत्त्वपूर्ण इनपुट, आउटपुट और डाटा प्रवाह को दर्शाता है। फ्लो चार्ट किसी भी प्रणाली के विस्तृत मूल्यांकन के लिए आवश्यक होते हैं।

पुस्तकालय एवं सूचना केन्द्र प्रणाली तथा उप-प्रणालियों में प्रत्येक क्षेत्र में सम्बन्धित प्रत्येक प्रक्रिया एवं क्रियाकलापों को फ्लो चार्ट द्वारा प्रस्तुत किया जाता है। सामान्य रूप से किसी समस्या के समाधान या संशोधित प्रणाली को विकसित करने हेतु आवश्यक चरणों को तार्किक क्रम में रेखाचित्र के माध्यम से प्रस्तुत किया जाना ही फ्लो चार्ट कहलाता है। विभिन्न पुस्तकालय कार्यों को फ्लो चार्ट के माध्यम

से सुविधापूर्वक पहचाना जा सकता है। पुस्तकालय एवं सूचना केन्द्र के विभिन्न कार्यों/सेवाओं को फ्लो चार्ट में विभिन्न प्रतीकों के माध्यम से तार्किक क्रम प्रस्तुत किया जाता है। फ्लो चार्ट के निर्माण में मानक प्रतीकों का प्रयोग किया जाता है जिससे प्रत्येक व्यक्ति समझ सके। वैश्विक स्तर पर मानक चिन्हों का प्रतीकों का समान अर्थ प्रकट किया जाता है। फ्लो चार्ट में प्रयुक्त होने वाले कुछ प्रमुख प्रतीकों व चिन्हों को निम्न प्रकार से स्पष्ट किया जा सकता है—

निवेश

निर्णय

प्रकिया/कार्य

पूर्वनिर्धारित प्रक्रिया

टर्मिनल

अन्य पृष्ठों को जोड़ने वाला

प्रलेख

निम्नलिखित कुछ प्रमुख नियम फ्लो चार्ट के निर्माण सहायक होते हैं—

(1) उपरोक्त दशाए गए प्रतीक फ्लो चार्ट की सार्वमौम भाषा का निर्माण करते हैं। अतः इनका प्रयोग फ्लो चार्ट के निर्माण में अवश्य करना चाहिए।

(2) प्रत्येक प्रकार के फ्लो चार्ट, चाहे कुछ भी प्रस्तुत करते हों, प्रारम्भ एवं ठहराव को इंगित करने वाले टार्मिनल का प्रयोग करना चाहिए।

(3) कार्य के आगे बढ़ने की दिशा सर्वदा एक ही दिशा में होनी चाहिए। यह या तो ऊपर से नीचे की ओर अथवा बायें से दायें दिशा में चलना चाहिए।

(4) फ्लो चार्ट में प्रयुक्त निर्णय सम्बन्धों प्रतीकों के साथ हाँ अथवा नहीं को इंगित करने वाली लाइन जुड़ी होनी चाहिए।

पुस्तकालय एवं सूचना केन्द्र के अन्तर्गत अधिग्रहण (Acquisition) उप-प्रणाली में सम्पन्न होने वाले कार्यों को प्रतीकों के माध्यम से फ्लो चार्ट में विभिन्न रूप से प्रस्तुत किया जा सकता है जो निम्नवत् है—

प्रारम्भ

प्रलेख आना

परीक्षण/आदेश फाइल आना

सूचीकरण प्रविष्ट करना हाँ मिलान नहीं वापस

इस तरह फ्लो चार्ट प्रत्येक प्रणाली या इसकी किसी प्रक्रिया के सम्पूर्ण तत्त्वों की तार्किक क्रम में प्रस्तुति हेतु अत्यन्त उपयोगी है। अन्य क्षेत्रों की भाँति पुस्तकालय एवं सूचना केन्द्र के क्षेत्र में भी यह अत्यधिक महत्त्वपूर्ण है। पुस्तकालयाध्यक्ष सूचना अधिकारी के लिए फ्लो चार्ट अत्यन्त उपयोगी है। यह इनके कार्य के अन्तर्गत सम्पन्न कार्यों, निर्णयन और क्रियाओं की पहचान करने में सहायता देता है।

सूचना प्रणाली के प्रकार

यह प्रणाली प्रयोगकर्ता तथा विश्लेषण के मध्य साहचर्य स्थापित करने का एक प्रमुख साधन है। सूचना प्रणाली अनिश्चितता के स्थिति को समाप्त कर किसी निष्कर्ष पर पहुँचने में सहायता करती है। यह सूचना दिशा निर्देश एवं फीडबैक उपलब्ध करती है। सूचना प्रणाली को प्रमुख तीन भागों में विभाजित किया जा सकता है जो निम्नलिखित है–

(1) औपचारिक सूचना प्रणाली–औपचारिक सूचना प्रणाली किसी भी संस्था के संगठनात्मक चार्ट पर आधारित होती है। इसमें संस्था से सम्बन्धित कार्यविधियों को सीधी लाइनों के माध्यम से दर्शाया जाता है। इस सूचना प्रणाली में औपचारिक रूप से दिशा निर्देशों, नीति निर्धारक सूचनाओं एवं प्रबन्ध सूचनाओं को सम्मिलित किया जाता है।

(2) अनौपचारिक सूचना प्रणाली–यह प्रणाली प्रत्येक संगठन या संख्या के संगठनात्मक चित्र पर आश्रित होती है। इस प्रणाली के अन्तर्गत जहां संस्था से जुड़े सभी गतिविधियों की प्रस्तुत किया जाता है। वहीं इस प्रकार की सूचना प्रणाली तथा सम्बन्धित समस्त विधियों को भी दर्शाया जाता है। तात्पर्य यह है कि यह मूलतः संस्था में प्रबन्धकों द्वारा निर्मित प्रणाली होती है जिसमें कि उद्देश्य पूर्ति के लिए अपनाए जाने वाले तरीकों को अतिरिक्त उस कार्य पूर्ति में आने वाली समस्याओं का समाधान करने हेतु कौन सी विधि उपयोगी होगी उसे भी प्रदर्शित किया जाता है।

(3) कम्प्यूटर आधारित सूचना प्रणाली–वर्तमान दौर में सूचना प्रणाली का प्रयोग विभिन्न क्षेत्रों में किया जा रहा है। इस प्रणाली में सूचना प्राप्ति के लिए कम्प्यूटर का उपयोग किया जाता है। विश्लेषक को कम्प्यूटर एवं उसमें उपयोगों के विषय में पूर्ण ज्ञान होना चाहिए, क्योंकि उसे सभी कार्यों के लिए कम्प्यूटर पर निर्भर होना पड़ता है।

कम्प्यूटर आधारित सूचना प्रणाली के प्रकार—कम्प्यूटर आधारित सूचना प्रणाली के निम्नलिखित प्रकार हैं—

(1) कार्यविवरण प्रक्रियाकरण प्रणाली (Transaction Processing System-TPS)

(2) प्रबन्धन सूचना प्रणाली (Management Information System- MIS)

(3) निर्णयात्मक सहयोग प्रणाली (Decision Support System-DSS)

(4) कार्यालय स्वचालीकरण प्रणाली (Office Automation System-OAS)

(5) कार्यकारी सहयोग प्रणाली (Executive Support System- ESS)

परिवीक्षण तकनीक

नियंत्रण अथवा परिवीक्षण तकनीक तथा नियोजन प्रक्रिया दोनों के मध्य अत्यधिक घनिष्टता पाया जाता है। किसी नियोजन प्रक्रिया को संचालित करने के लिए नियंत्रण आवश्यक है। इसे नियंत्रण प्रणाली द्वारा पुनः प्रभावी बनाया जाता है। पुस्तकालय प्रबन्धन के क्षेत्र में नियोजन एक महत्त्वपूर्ण कार्य होता है। किसी भी कार्य को कराने के पहले विचार-विमर्श कर एक समुचित योजना बनाना तथा उसी के अनुसार कार्य करने से सफलता की सम्भावना बढ़ जाती है।

अन्य संस्थाओं की भांति पुस्तकालयों में भी कार्यों को सम्पादित करने से पहले योजना का निर्माण करना अति उपयोगी होता है। पूर्ण नियोजन के अभाव में किसी भी कार्य को करने में विभन्न प्रकार की समस्याएं उत्पन्न हो सकती है। लेकिन नियोजन के साथ यह भी आवश्यक है कि उस प्रक्रिया पर निगाह रखी जाए। नियोजन के अन्तर्गत निर्धारित नीतियों के अनुसार कार्य सम्पन्न हो रहा है अथवा नहीं तथा कहाँ-कहाँ कमियाँ हैं जिन्हें ठीक किया जाना है, इनके लिए परिवीक्षण की आवश्यकता होती है।

किसी भी संस्था के लिए उसमें उद्देश्यों को परिभाषित कर देना तथा नीतियों का निर्माण करना ही पर्याप्त नहीं है, बल्कि सुचारू रूप से कार्य के सम्पादन के लिए कार्यविधि निश्चित करना आवश्यक होता है जिससे कार्य निश्चित समय में पूरा किया जा सकें। कार्यविधि निश्चित करने के बाद कार्य संचालन पर नियंत्रण रखा जाता है।

सभी प्रकार के संगठनों या संस्थाओं में प्रमुख रूप से व्यापक संगठनों के अन्तर्गत नियंत्रण अति आवश्यक होता है, क्योंकि प्रबन्धकों को आवश्यकतानुसार

उचित समय पर उपयोगी सूचनाएँ एवं मार्गदर्शन उपलब्ध रहता है। नियत नीतियों एवं सिद्धान्तों के अनुसार किसी कार्य के कार्यान्वयन की समुचित देखभाल करना ही नियंत्रण कहलाता है।

परिवीक्षण तकनीक एवं नियंत्रण—परिवीक्षण तकनीक अथवा नियंत्रण और कुछ नहीं बल्कि संगठन के लिए निर्देश होते हैं, जो संगठन को उसके उद्देश्यों को प्राप्त करने की प्रगति को इंगित करते हैं। नियंत्रण से तात्पर्य प्रबन्धन प्रक्रिया को संचालित करने के क्रम में जाँच प्रमाणित करने, नियमपूर्वक प्रचालन, परीक्षण तथा सीमित उपयोग करने अथवा निर्देश देने से है। परिवीक्षण में दोष ढूँढ़ना एवं दोष निवारण, कार्य का सम्पादन, परामर्श एवं अनुदेश देना तथा सावधानी रखना आदि सम्मिलित होते हैं।

परिवीक्षण एवं नियंत्रण की तकनीक—किसी भी सूचना में नियोजन एवं संचालन दो प्रमुख प्रबन्धन कार्य होते हैं, परन्तु मात्र इन दोनों कार्यों से ही संस्था के समुचित लक्ष्यों को पाना मुश्किल है। किसी भी संगठन के लिए विकसित योजना का उपयोग परिणाम पाने की दिशा में कार्यान्वयन आवश्यक है।

परिवीक्षण तकनीक एक दिशा में निर्देश, एक उपकरण अथवा एक सहायक यन्त्र है। यह तकनीक समय पर आधारित एक ऐसी प्रक्रिया है, जिससे आवंटित संसाधनों का लक्ष्य प्राप्ति के लिए बेहतर उपयोग सम्मिलित है। वही तकनीक सबसे अच्छी मानी जाती है जो बहुत कठोर न हो अपितु समय अथवा भविष्य की माँग के अनुसार शिथिलनीय या परिवर्तनशील हो। महत्त्वपूर्ण परिवीक्षण तकनीक निम्नलिखित है—

(i) संक्रियात्मक अनुसंधान (OR)
(ii) प्रबन्धन सूचना प्रणाली (MIS)
(iii) उद्देश्यानुसार प्रबन्धन (MBO)
(iv) नेटवर्क विश्लेषण
(v) परिवीक्षण तकनीक के रूप में बजट निर्माण
(vi) परिवीक्षण समूह अथवा परामर्शदाता।

मूल्यांकन तकनीक

किसी भी प्रक्रिया का मूल्यांकन एक विशिष्ट पक्ष कहलाता है। मूल्यांकन में कार्य अथवा परिणाम की सूचना संगठन के निर्धारित उद्देश्यों के साथ तुलना की जाती है, जिससे विशिष्ट समय में वांछित परिणाम प्राप्त करने के लिए आवश्यक परिवर्तन

किये जा सकें। यह भी आकलन किया जाता है कि परिवर्तन सही दिशा में है या नहीं एवं किस सीमा तक ये परितर्वन प्रभावी है। मूल्यांकन हेतु दो संगठन के विशिष्ट एवं स्पष्ट उद्देश्य, उपयुक्त एवं आसान उपकरण, जिनसे जांच की जा सके प्रमुख होती है।

उद्देश्यों में निहित कमी को मूल्यांकन प्रक्रिया में रेखांकित किया जाना चाहिए। अतः मूल्यांकन प्रक्रिया में उद्देश्यों की एक आधार रूप में आवश्यकता होती है। मूल्यांकन प्रक्रिया में उन्हीं उपकरणों को कार्य जांच के लिए प्रयुक्त किया जाना चाहिए जो उपयोग में आसान, सटीक एवं विश्वसनीय हों।

मूल्यांकन का उद्देश्य—प्रबन्धन में किसी कार्य अथवा सेवा के मूल्यांकन का तात्पर्य उसके मूल्य अथवा उपयोगिता निर्धारण से होता है। मूल्यांकन की समीक्षा, मूल्य निर्धारण जांच उपयोगिता आदि अर्थ में किया जाता है। मूल्यांकन के विभिन्न उद्देश्य होते हैं, जिनमें से कुछ प्रमुख उद्देश्यों को निम्नलिखित पंक्तियों में स्पष्ट किया जा सकता है—

1. अपेक्षित परिणामों को किस सीमा तक प्राप्त किया जा सकता है, इस तथ्य का निर्धारण करना इसका प्राथमिक उद्देश्य है,
2. कार्यन्वयन के पूर्व उद्देश्यों को निर्धारित कर लिया जाता है।
3. किसी विशिष्ट सफलता एवं असफलता के कारण का निर्धारण करना,
4. सफलता के पीछे छिपे सिद्धान्तों का अनावरण करना,
5. उपयोगिता बढ़ाने के लिए तकनीकों की खोज करना,
6. अग्रिम शोध के लिए आधार की स्थापना करना,
7. प्रणाली के उद्देश्यों को पुनः परिभाषित करना।

पुस्तकालय एवं सूचना केन्द्रों के अन्तर्गत स्थल मूल्यांकन और सूक्ष्म मूल्यांकन इन दोनों मूल्यांकनों का प्रयोग सबसे अधिक परिलक्षित होता है।

स्थूल मूल्यांकन में सिर्फ क्रियान्वित कार्य विवरणों को शामिल किया जाता है। इसका उद्देश्य यह निर्धारित करना होता है कि कोई प्रणाली कितनी अच्छी तरह कार्य कर रही है। इसमें पुस्तकालयास अथवा सूचना प्रणाली के कार्य करने का ढंग अथवा इसकी असफलताओं को विचार में लिया जाता है एवं समस्त विभागों/उप-विभागों के विवरणों को विस्तार से सम्मिलित नहीं किया जाता है।

मूल्यांकन की विधियाँ—मूल्यांकन की विभिन्न विधियां है, जिनमें से कुछ प्रमुख विधियों को निम्नलिखित बिन्दुओं के अन्तर्गत स्पष्ट किया जा रहा है—

1. प्रयोगात्मक मूल्यांकन विधि—मूल्यांकन की इस विधि को प्रायः उन क्षेत्रों या स्थानों पर प्रयोग किया जाता है, जिन क्षेत्रों में किसी सभ्यता के कुछ विशेष पक्षों का अलग से अध्ययन किये जाने की आवश्यकता होती है। इनमें उन सभी तत्त्वों पर नियंत्रण करने पर जोर दिया जाता है जो परिणाम को प्रभावित कर सकते हैं। इस विधि का प्रयोग सूचना प्रणाली के सूचना पुनःप्राप्ति प्रणाली के सिद्धान्तों को प्रमाणित करने के लिए किया जाता है।

2. गुणात्मक मूल्यांकन विधि—इस विधि में उन विभिन्न विधियों या तकनीकें शामिल हैं, जिसमें व्यवहार अध्ययन एक सामान्य पक्ष होता है, जैसे सूचना खोज एवं व्यवहार में लाने का ढंग। इस विधि में उपयोगकर्त्ता के दृष्टिकोण पर सर्वाधिक ध्यान दिया जाता है, जो मूल्यांकन का एक प्रधान पक्ष होता है। इसमें प्रयुक्त डेटा सूक्ष्म एवं विस्तृत अवसर प्रदान है।

3. निर्णय विश्लेषण विधि—मूल्यांकन की विभिन्न विधियों ये निर्णय विश्लेषण विधि एक प्रमुख विधि है। यह किसी उपयुक्त निर्णय पर पहुंचने के लिए एक तथ्यपरक प्रक्रिया प्रदान करता है, जो स्वयं में एक अच्छा विकल्प हो सकता है। इस विधि से कई विकल्पों में एक बेहतर निर्णय पर पहुंचा जा सकता है। उपयोगकर्त्ता के सभी विचारों को ध्यान में लिया जाता है। पुस्तकालय एवं सूचना कार्य से जुड़े सभी प्रकार की सामग्रियों एवं सेवाओं के चयन के लिए जांच सूची (चेक लिस्ट) का उपयोग किया जाना, निर्णय विश्लेषण का एक दूसरा स्वरूप है।

4. उपयोगकर्त्ता अध्ययन विधि—पुस्तकालय एवं सूचना विज्ञान से सम्बन्धित यह एक महत्त्वपूर्ण विधि है। किसी भी सूचना प्रणाली में उपयोगकर्त्ता के व्यवहार का अध्ययन बहुत महत्त्वपूर्ण है। पाठक की सूचना आवश्यकतओं की संतुष्टि सभी प्रणालियों का अन्तिम लक्ष्य होता है। किसी सूचना सेवा में कैसे सूचनाएं पाठकों द्वारा प्राप्त की जाती हैं एवं इनमें इनको कितनी सफलता मिलती है। अर्थात् किस सीमा तक उपयोगकर्त्ता संतुष्ट हो पाता है, इन्हीं तथ्यों का अध्ययन इस विधि का मूल मंत्र है।

5. लागत वसूली विश्लेषण विधि—किसी सूचना प्रणाली अथवा सेवा में वहां के संसाधनों का महत्त्वपूर्ण योगदान रहता है। संसाधनों का सम्बन्ध सीधे वित्तीय स्रोत से होता है। इन सभी संसाधनों में व्यय होने वाले वित्त को लागत कह सकते हैं। इसमें छः पक्ष सम्मिलित होते है—लागत, उपयोगिता, लाभ, लागत उपयोगिता, लागत कार्य लाभ।

विभिन्न तकनीकें—मूल्यांकन करने की अनेक तकनीकें उपलब्ध है। इन तकनीकों का प्रयोग भिन्न-भिन्न परिस्थितियों में पृथक-पृथक किया जाता है। यह विभिन्न सूचना संगठन के प्रकार, श्रेणी अथवा सम्बद्ध उपयोगकर्त्ताओं के कारण होती है। विभिन्न तकनीकियों में कुछ तकनीक ऐसी थी जो वैज्ञानिक प्रबन्ध पर आश्रित है। मूल्यांकन प्रक्रिया में प्रयोग की जाने वाली कुछ प्रमुख तकनीकों को निम्नलिखित बिन्दुओं के अन्तर्गत स्पष्ट किया जा सकता है—

1. निष्पादन/प्रदर्शन माप—इस तकनीक का प्रयोग यह जांचने के लिए किया जाता है कि सूचना प्रणाली या सूचना सेवा किस सीमा तक निश्चित सिद्धान्तों की तुलना में कार्य कर रही है। सूचना सेवाएं किस तरह संचालित की जा रही हैं। कुछ निष्पादन माप तकनीकें है : लागत लाभ विश्लेषण, निर्णय विश्लेषण, सर्वेक्षण/निरीक्षण विधियां जैसे—निरीक्षण, साक्षात्कार, प्रश्नावली आदि।

2. पुनर्प्राप्ति मान/जांच—किसी भी सूचना पुनर्प्राप्ति की उपयोगिता/प्रभावोत्पादकता की जांच में दो बिन्दु महत्त्वपूर्ण होते हैं। ये दो माप बिन्दु है : रिकाल (वापस बुलाना एवं प्रिसिजन परिशुद्धता/सूक्ष्मता)। रिकाल के द्वारा इस तथ्य को परखा जाता है कि प्रणाली प्रश्न के प्रत्युत्तर में अन्दर निहित सूचनाओं में से कितनी सूचनाएं पुनर्प्राप्ति कर लेती है। जब कि प्रिसिजन यह बताती है कि प्रणाली द्वारा उपलब्ध करायी गयी सूचनाओं में परिशुद्ध/सटीक कितनी हैं खोज परिणाम में शुद्धता एवं लिये गये समय के आधार पर प्रणाली की उपयोगिता प्रमाणित होती है।

3. सूचनाओं की गुणवत्ता—सूचना प्रणाली के माध्यम से प्राप्त की गयी सूचनाओं की विशेषता एवं गुणवत्ता भी उसके मूल्यांकन का आधार प्रस्तुत करने में सहयोग देती है। कुछ आधार निर्धारण पर गुणवत्ता की जांच की जाती है। ये आधार किसी विशेष आवश्यकता पर निर्भर करते हैं। प्रलेख के प्रकार (जैसे प्रत्रिका लेख, समाचार पत्र की कतरन, सम्मेलन प्रतिवेदन आदि) तिथि के द्वारा जैसे—पिछले कुछ वर्षों में प्रकाशित प्रलेख, भाषा के द्वारा जैसे अंग्रेजी में प्रकाशित प्रलेख आदि के आधार पर सूचनाओं की गुणवत्ता की जांच की जा सकती है।

4. असफलता विश्लेषण—प्रणाली के अन्तर्गत विद्यमान दोषों को ढूढ़कर उसमें संशोधन करने के प्रयास किये जाते हैं। पुनर्प्राप्ति प्रणाली में नयी खोज कौशल के निर्माण के लिए यह विश्लेषण उपयोगी है।

5. निष्पादन मूल्यांकन—इस मूल्यांकन के अन्तर्गत इस बात की जांच की जाती है कि कोई सूचना सेवा कितना अच्छा कार्य कर रही है। कुछ पूर्व निर्धारित

मानदण्डों के आधार पर कार्य प्रणाली की कुशलता की जांच करते हैं। इस प्रक्रिया के अन्तर्गत पूर्व निर्धारित उद्देश्यों एवं मानकों के आधार पर प्रणाली द्वारा सम्पादित किये जा रहे कार्यों/सेवाओं का मूल्यांकन करते हैं।

निष्पादन मूल्यांकन के प्रभावी सम्पादन से कई प्रमुख जरूरतों की पूर्ति की जा सकती है। इसमें प्रणाली के सभी अवयवों/पक्षों की सेवाओं का अलग-अलग परीक्षण किया जाता है एवं सेवाओं की समग्र भाव से भी जाँच की जाती है।

6. विपणन शोध—विपणन शोध का उद्देश्य बाजार की जाँच, पहचान एवं परख है। इसमें बाजार की जाँच, बाजार का स्वाभाव मूल्य सम्बन्धी शोध, विज्ञापन की उपयोगिता की जाँच एवं पूरे विपणन समुदाय का अध्ययन सम्मिलित है।

विपणन अनुसंधान के द्वारा वर्तमान ग्राहकों, सम्भावित ग्राहकों तथा बाजार के सन्दर्भ में विशेष जानकारी रखने में मदद प्राप्त होती है। इससे सामयिक उत्पादों एवं सेवाओं के मूल्यांकन में भी मदद मिलती है। जिसके आधार पर पुस्तकालय एवं सूचना सेवाओं में गुणात्मक परिवर्तन करना सम्भव होता है। बाजार के विषय में शोध करने के लिए हम प्रयोगात्मक, पर्यवेक्षण, एवं निगरानी आदि स्वरूपों को अपना सकते हैं।

7. लागत उपयोगिता विश्लेषण—कार्य/सेवा निष्पादन के स्तर एवं स्तर को प्राप्त करने में लगी लागत के बीच सम्बन्ध को लागत उपयोगिता कहते हैं। जो प्रणाली जितना अधिक लागत उपयोगिता सिद्ध करती है उतना ही कम खर्चीली अथवा लागत वाली मानी जाती है।

पुस्तकालय एवं सूचना सेवा की लागत उसमें प्रयुक्त संसाधनों के विषय में आंकी जाती है। लागत में निर्धारित लागत एवं संशोधित लागत दोनों पर विचार किये जाने की आवश्यकता होती है। लागत-उपयोगिता विश्लेषण में प्रयुक्त संसाधनों के मुकाबले उपयोगिता को बढ़ाने का प्रयत्न किया जाता हैं किसी पुस्तकालय एवं सूचना केन्द्र की सेवा की लागत उपयोगिता को विभिन्न प्रकार से विकसित की जा सकती है जो निम्नलिखित हैं—

1. प्रणाली की प्रचालन लागत को कम करते हुए वर्तमान निष्पादन स्तर को बनाये रखकर।
2. प्रणाली की प्रचालन लागत को स्थिर रखते हुए औसत कार्य निष्पादन स्तर को, बढ़ाकर।

लागत उपयोगिता के तहत लागत, सार्थकता, लाभ, लागत-उपयोगिता, लागत-लाभ तथा लागत कार्य निष्पादन लाभ जैसे पक्षों का मूल्यांकन करते हैं।

पुस्तकालय एवं सूचना प्रबन्धन की दृष्टि से कार्य निष्पादन एवं लाभ का वित्त सम्बन्धी आकार महत्त्वपूर्ण होता है।

बिब्लियोमेट्रिक्स—बिब्लियोमेट्रिक्स में लेखक, प्रकाशन एवं साहित्य उपयोग आदि अध्ययन परम्पराओं का सांख्यिकीय विश्लेषण किया जाता है। विभिन्न आधारों पर साहित्य उपयोग की इस सांख्यिकीय विधि का प्रयोग पुस्तकालय एवं सूचना क्षेत्र में मूल्यांकन के लिए किया जा रहा है। इसकी अनेक अकनीकों की पहचान की गयी हैं जिनका प्रायोगिक उपयोग पुस्तकालयो में किया जा रहा है। बिब्लियामेट्रिक्स के अन्तर्गत प्रयोग की गयी विविध तकनीकें जिनका प्रयोग आज पुस्तकालयों में बड़े प्रभावी ढंग से किया जा रहा है वे निम्नलिखित है—

1. एक सामयिकी/ पत्रिका एवं लेखक के विभिन्न लेखों अलग-अलग जगह पर आए, के निर्धारण के लिए उद्धरण विश्लेषण का उपयोग।
2. किसी विशेष विषय के विभिन्न शोध क्षेत्रों की पहचान के लिए उद्धरण विश्लेषण का उपयोग।
3. प्रकाशित हो रहे प्रलेखों की संख्या के आधार पर किसी विषय क्षेत्र में हो रही प्रगति अथवा ह्रास की पहचान के लिए भी इस तकनीक का प्रयोग सम्भव है।

डेल्फी तकनीकी—सूचना प्रबन्धकीय क्षेत्र में डेल्फी तकनीक महत्त्वपूर्ण भूमिका निभा रही है। इस तकनीक से प्रबन्धकों एवं निर्णयकर्ताओं को बेहतर भविष्यवाणी करने एवं सलाह में मदद मिलती है। डेल्फी तकनीक उस वार्तालाप को बढ़ावा देने का एक रास्ता है जिससे किसी भविष्यवाणी अथवा निर्णय की गुणवत्ता को उन्नत किये जाने की सम्भावना होती है।

आधुनिक दौर में डेल्फी तकनीक का उपयोग तकनीकी शिक्षा के क्षेत्र में भविष्यवाणी हेतु व्यापक स्तर पर किया जा रहा है। इस तकनीक का प्रयोग एक मूल्यांकन तकनीक के रूप में भी किया जा सकता है।

सूचना प्रणालियों एवं सेवाओं का मूल्यांकन

सूचना प्रणालियों एवं सेवाओं का मूल्यांकन करना बहुत जरूरी होता है। पुस्तकालय अथवा सूचना प्रणाली के मूल्यांकन के लिए विभिन्न तकनीकों का प्रयोग होता है।

ये तकनीकें मूल्यांकन में व्यावसायिक दृष्टि से कितनी महत्त्वपूर्ण है, इसका विश्लेषण करना अति आवश्यक है।

संग्रह मूल्यांकन—किसी पुस्तकालय अथवा सूचना केन्द्र का संग्रह सबसे महत्त्वपूर्ण पक्ष होता है। क्योंकि समस्त पुस्तकालय क्रियाकलापों एवं सेवाओं का आधार उसका संग्रह ही होता है। अतः संग्रह का मूल्यांकन अत्यन्त महत्पूर्ण होता है। संग्रह के मूल्यांकन की तकनीकों में संग्रह में प्रलेखों की संख्या एक उपयोगकर्त्ता की दृष्टि से उनकी गुणवत्ता की जाँच महत्त्वपूर्ण है। संग्रह मूल्यांकन के महत्त्वपूर्ण अभिगम कुछ इस प्रकार हैं—

(क) मात्रात्मक—

(i) संग्रह के आकार के आधार पर,

(ii) श्रेणीकरण की विभिन्न विधियों के आधार पर,

(iii) आधुनिक विकास दर के आधार पर,

(iv) संग्रह पर व्यय के द्वारा, इसमें प्रत्येक व्यय एवं पूरे बजट के सन्दर्भ में संग्रह पर होने वाला व्यय सम्मिलित होता है।

(ख) गुणात्मक/गुणवत्तापरक—प्रयोग अध्ययन के माध्यम से संग्रह की विशेषता एवं गुणवत्ता की जांच निम्न प्रकार से की जा सकती है—

(i) संग्रह उपयोग की विश्लेषण,

(ii) परिचालन आँकड़े,

(iii) पुस्तकालय के अन्दर उपयोग।

पुनर्प्राप्ति प्रणालियों का मूल्यांकन (Evaluation of Retieval Systems)—सूचना प्रणाली के अन्तर्गत समावेशित सूचना, प्रयोगकर्ता द्वारा माँगने पर, उपयोग के लिए उपलब्ध कराना पुनर्प्राप्ति प्रणाली के अन्तर्गत आता है। पुनर्प्राप्ति में सूचना का सटीक होना अत्यन्त महत्त्वपूर्ण होता है। इससे अत्यनत कम समय में वांछित सूचना मिल जानी चाहिए तथा प्रणाली उपयोग में अत्यन्त सरल होनी चाहिए। किसी भी प्रकार के सूचना स्रोत के रूप में उपलब्ध सूचना प्राप्त किया जाना चाहिए।

पुनर्प्राप्ति प्रणालियों के मूल्यांकन के अन्तर्गत विभिन्न तकनीकों का प्रयोग किया जाता है जिनमें से कुछ प्रमुख तकनीकें इस प्रकार हैं—

(i) गुणवत्ता मूल्यांकन तकनीक,

(ii) विशिष्ट विषय अध्ययन,

(iii) असफलता विश्लेषण आदि।

पुनर्प्राप्ति प्रणाली के मूल्यांकन में विभिन्न तथ्य शामिल हैं, वे तथ्य निम्नलिखित हैं–

1. वाङ्मयात्मक खोज प्रणालियों का मूल्यांकन,
2. मुद्रित अनुक्रमणिकाओं का मूल्यांकन,
3. डेटाबैंक का मूल्यांकन,
4. पुस्तकालय सूची एवं पुस्तकालय डेटाबेस का मूल्यांकन,
5. सूचना के चयनित प्रसारण प्रणाली का मूल्यांकन।

प्रलेख प्रदायक प्रणाली का मूल्यांकन–सूचना प्रणाली में प्रलेख प्रदायक प्रणाली की एक विशिष्ट भूमिका होती है। इस प्रणाली का सम्बन्ध ऐसी सेवा विधि से है जिसमें पुस्तक पत्रिका, लेख आदि किसी रूप में उपलब्ध प्रलेख को उपयोगकर्त्ता के संज्ञान में लाया जाता है एवं उपलब्ध कराया जाता है, जिसकी उपलब्धता का ज्ञान पुनर्प्राप्ति प्रणाली से नहीं हो पाता है।

प्रलेख प्रदायक के मूल्यांकन के अन्तर्गत प्रमुख दो तथ्यों पर विशेष ध्यान दिया जाता है, प्रथम प्रलेख की उपलब्धता, अर्थात उपयोगकर्त्ता के स्थानीय पुस्तकालय एवं सूचना केन्द्र में क्या-क्या मिल सकता है।

द्वितीय वास्तविक रूप में प्रलेख को उपलब्ध कराना। इसके मूल्यांकन में असफलता विश्लेषण उपलब्धता अध्ययन, प्रश्नावली, साक्षात्कार, सर्वेक्षण आदि तकनीकों का उपयोग किया जाता है।

सूचना सेवाओं का मूल्यांकन–सूचना सेंवाओं के मूल्यांकन का अर्थ सेवाओं का सभी सम्भाव्य उपायों से परीक्षण एवं जाँच है जो उपयोगकर्त्ताओं की आवश्यकताओं से सम्बन्धित हो। इस मूल्यांकन के अन्तर्गत प्रयोगकर्ता एवं उसकी आवश्यकता को सर्वाधिक महत्त्व दिया जाता है। सूचना सेवाओं के मूल्यांकन में अनेक मानदण्डों का उपयोग किया जा सकता है। सूचना सेवाओं का मूल्यांकन विभिन्न विधियों द्वारा किया जाता है, जिनमें से कुछ प्रमुख विधियों को निम्नलिखित बिन्दुओं के अन्तर्गत स्पष्ट किया जा सकता है–

1. **कर्मचारियों का मूल्यांकन**–किसी सूचना सेवा में कर्मचारियों का महत्त्वपूर्ण योगदान होता है। अतः सेवा का मूल्यांकन करते समय सर्वप्रथम पुस्तकालयों अथवा सूचना केन्द्र के कर्मचारियों के कार्य सम्पादन पर विचार किया जाना चाहिए। किसी सूचना सेवा में विशिष्ट कार्य सम्पादन के लिए व्यक्तिगत कर्मचारी के कार्य का मूल्यांकन किया जाता है।

2. **सूचना सेवाओं का स्थूल-स्तरीय मूल्यांकन**—किसी संगठन अथवा पुस्तकालय के कार्य सम्पादन का एक साथ समग्र रूप में मूल्यांकन स्थूल-स्तरीय मूल्यांकन कहलाता है। अधिकतर पुस्तकालय/सूचना केन्द्रों में सम्पन्न की जा रही प्रत्येक सेवा का अलग-अलग मूल्यांकन नहीं किया जाता है, बल्कि इन्हें पुस्तकालय/सूचना सेवा के समग्र स्तर पर पुस्तकालय आँकड़े, पुस्तकालय सर्वेक्षण आदि माध्यमों से मूल्यांकित किया जाता है।
3. **उपयोगकर्त्ता अध्ययन**—किसी कार्य अथवा सेवा का प्रभावी मूल्यांकन प्रयोगकर्ता के दृष्टिकोण से ही किया जा सकता है। चूँकि ये हमारी प्रणाली के केन्द्र बिन्दु के रूप में कार्य करते हैं। अतः सेवा के मूल्यांकन में महत्त्वपूर्ण भूमिका का निर्वाह करते हैं। उपयोगकर्त्ता अध्ययन की अनेक तकनीकें प्रचलित है—निरीक्षण, साक्षात्कार, प्रश्नावली, डायरी विधि आदि।
4. **प्रत्यक्ष मूल्यांकन**—सेवा प्रदान करते समय उपयोगकर्ता से सीधे वार्तालाप द्वारा किसी सूचना सेवा का मूल्यांकन किया जाता है। उपयोगकर्ता समूह से उनकी सेवा सम्बन्धी प्रतिक्रिया प्राप्त कर सेवा की सफलता अथवा असफलता का निर्धारण किया जाता है।
5. **अद्यतन जागरूकता सेवा का मूल्यांकन**—प्रत्येक सूचना सेवा की समग्र प्रक्रिया में अद्यतन जागरूकता सेवा मूल्यांकन के कार्य को महत्त्वपूर्ण माना जाता है। अतः मूल्यांकन करते समय अद्यतन जागरूकता सेवा पर विशेष ध्यान दिये जाने की आवश्यकता होती है। यह सेवा अत्यन्त व्यक्तिगत सेवा होती है। लागत उपयोगिता एवं प्रक्रिया या प्रणाली विश्लेषण आदि तकनीक इसके लिए उपयोग में लायी जाती है।

पुस्तकालय वित्त व्यवस्था

पुस्तकालय व्यय

आमतौर पर भवन, सजा-सज्जा, फर्नीचर, उपकरणों आदि पर जो धनराशि व्यय की जाती है उसे पूँजीगत व्यय (Capital expenditure) के अन्तर्गत रखा जाता है और अन्य दूसरे मद जिन पर वर्ष भर व्यय होता रहता है, जैसे—पुस्तकें, पत्र-पत्रिकाएँ, लेखन सामग्री, डाक व्यय, जिल्दसाजी, कर्मचारियों का वेतन और पारिश्रमिक आदि चालू व्यय (Current expenditure) के अन्तर्गत आते हैं। इसे आवर्ती व्यय भी कहते हैं।

पुस्तकालय व्यय के कुछ निम्नलिखित मद हैं–

(i) पुस्तकें एवं सामयिकी प्रकाशन (Books and Periodicals),

(ii) वेतन एवं अन्य पारिश्रमिक (Salaries and Wages),

(iii) लेखन सामग्री (Stationery),

(iv) जिल्दसादी (Binding),

(v) डाक व्यय (Postage),

(vi) भवन (Building),

(vii) फर्नीचर (Furniture),

(viii) उपकरण (Equipments),

(ix) प्रकाशन (Publication),

(x) आकस्मिक व्यय (Contingency)

पुस्तकालय बजट और वित्तीय नियोजन

बजट एक वित्तीय विवरण एवं एक योजना प्रलेख है जो प्रस्तावित आय एवं एक निश्चित समयावधि सामान्यतः एक वर्ष के लिए व्यय का विवरण प्रदान करता है। यह एक नियोजन प्रक्रिया है जिसमें पुस्तकालय के व्यय और आय का एक विशेष समयावधि के लिए लेखाकरण किया जाता है। यह आय और व्यय पर नियंत्रण करने का महत्त्वपूर्ण साधन है कि कितनी धनराशि प्राप्त होनी चाहिए तथा उसे किस प्रकार व्यय किय जाएगा। बजट नियंत्रण वह प्रक्रिया है जिसमें वर्तमान बजट के आँकड़ों की तुलना पिछले वर्ष के बजट से करते हैं जिससे आर्थिक प्रगति का लेखा-जोखा रखा जा सके और जहाँ कहीं भी कोई कमी रह गई हो उसे ठीक किया जा सके। इस तरह बजट निर्माण हमें ऐसा बनाता है कि या तो हम इच्छित नतीजों को प्राप्त करेंगे या जहाँ अच्छे नतीजे प्राप्त नहीं हो सकेंगे वहाँ तद्नुसार समायोजन का कार्य करेंगे। बजट किसी नियोजित कार्य की गणनात्मक, अभिव्यक्ति, पुस्तकालय प्रबन्ध के लिए एक मार्गदर्शिका, पुस्तकालय की प्रगति के मापन की एक युक्ति और योजना के परिवर्तनों को मुख्य रूप से दर्शाने और कार्यों को पुनः उचित मार्ग पर लाने के लिए शोधक क्रियाओं की आवश्यकताओं को व्यय करता है। दूसरे शब्दों में बजट सुव्यवस्थित एवं प्रगतिशील नियोजन, समन्वय एवं क्रियान्वयन में सहायता देता है और वित्तीय नियन्त्रण तथा परिणामों के मूल्यांकन की युक्ति के रूप में कार्य करता है।

बजट निर्माण व वित्तीय नियोजन के कई प्रत्यक्ष लाभ हैं। ये संस्था के उद्देश्यों को स्पष्ट करते हैं, उत्तरदायित्व के निर्धारण में सहायता करते हैं, संगठन की संरचना

की कमियों को व्यक्त करते हैं, लक्ष्य एवं कार्य सम्पादन को गणनात्मक रूप से व्यक्त कर कार्यवाही हेतु संकेत देते हैं और यदि किसी विचलन के कारण सुधार की आवश्यकता हो तो इंगित करते हैं।

परिभाषा (Definition)–निम्नलिखित विद्वानों ने बजट की परिभाषा दी है–

(1) विल्सन एवं टावर के शब्दों में, "बजट एक निश्चित समय के लिए किसी संस्था के अनुमानित आय एवं व्यय का लेखा है।"

(2) ह्वाइनर के शब्दों में, "बजट उन कार्यक्रमों एवं क्रियाओं की विस्तृत योजना का मानचित्र होता है, जिन्हें मुद्रा (धन) में व्यक्त किया जाता है।"

(3) ब्राउन एवं हाबर्ड के विचार में, "बजट एक निश्चित अविधि की प्रबन्ध नीति का एक पूर्ण निर्धारत विवरण होता है जो वास्तविक परिणामों से तुलना के लिए प्रमाण प्रदान करता है।"

(4) ऑक्सफोर्ड इंग्लिश डिक्शनरी के अनुसार, "पुस्तकालय के आय एवं व्यय के वार्षिक अनुमान को बजट कहते हैं।"

उपरोक्त परिभाषाओं से स्पष्ट होता है कि किसी संस्था की भावी आवश्यकताओं की एक निश्चित अवधि के लिए पूर्वानुमान करने को ही बजट (आय-व्ययक) कहते हैं। यह भूतकाल की योजनाओं एवं परिणामों के आधार पर तैयार किया जाता है। बजट एक योजना होती है, जिसके निश्चित उद्देश्य होते हैं और उन उद्देश्यों की अभिपूर्ति हेतु वित्तीय मान्यताओं को आधार माना जाता है।

शैक्षणिक पुस्तकालय हेतु बजट निर्माण से पहले पुस्तकालय के वित्तीय स्त्रोतों एवं उसके विभिन्न विभागों द्वारा प्रदान की जाने वाली सेवाओं के संचालन हेतु इन पर किए जाने वालो व्यय का पूर्वानुमान होना आवश्यक है जिससे पुस्तकालय का प्रबन्धन समुचित प्रकार से किया जा सके।

बजट की आवश्यकता (Need of Budget)–कुछ निम्नलिखित कारणों से बजट की आवश्यकता पड़ती है–

(1) पुस्तकालय के वित्तीय स्त्रोत बहुत सीमित होते हैं, जिन्हें विभिन्न मदों पर व्यय करना होता है। व्यय के मदों की पूर्ण जानकारी तथा इन पर नियन्त्रण रखने के लिए बजट की आवश्यकता होती है।

(2) पुस्तकालय में बजट के माध्यम से सम्भावित आय एवं व्यय का अनुमान पहले से हो जाता है।

(3) पुस्तकालय की आय एवं व्यय का संतुलन बजट द्वारा ही सम्भव हो पाता है।

(4) पुस्तकालय की भावी परियोजनाओं और उनके क्रियान्वयन हेतु किन-किन साधनों का उपयोग किया जाएगा और उन पर कितनी धनराशि व्यय की जाएगी, इसकी जानकारी के लिए बजट आवश्यक है।

(5) किन-किन मदों में कितनी-कितनी धनराशि व्यय की जाएगी, इसके सम्बन्ध में उच्च अधिकारियों को अवगत कराने हेतु।

(6) आजकल में दी जा रही पुस्तकालय सेवाओं और भविष्य में दी जाने वाली आधुनिक सेवाओं पर किए जाने वाले व्यय की यथास्थिति की जानकारी के लिए।

(7) अनावश्यक व्यय पर प्रतिबन्ध लगाने के लिए।

(8) वर्तमान आय एवं व्यय को दृष्टिगत रखते हुए भविष्य के लिए धन का निर्धारण का अनुमान लगाने के लिए।

(9) पुस्तकालय आय एवं व्यय का सन्तुलन स्थापित करने के लिए।

(10) बजट द्वारा ही पुस्तकालय वित्त को नियोजित ढंग से व्यय किया जाता है जिससे आय और व्यय में सामन्जस्य बना रहता है।

बजट के उद्देश्य (Objective of Budget)–प्रत्येक वर्ष शैक्षणिक पुस्तकालय अपनी आय एवं व्यय का अनुमान करके उसे नियोजित रूप में संगठित करने के लिए बजट का निर्माण करते हैं। नियोजित आय एवं व्यय हेतु बजट का निर्धारण आवश्यक है। इस प्रकार बजट निर्माण के निम्नांकित उद्देश्य कहे जा सकते हैं–

(1) बजट के माध्यम से किसी निश्चित अवधि के लिए वित्तीय स्थिति अर्थात् आय एवं व्यय में संतुलन पहले से ही हो जाता है।

(2) पुस्तकालय का आय एवं व्यय में संतुलन बजट द्वारा ही स्थापित होता है।

(3) बजट के माध्यम से ही उपयोगी एवं आवश्यक मदों पर धनराशि व्यय होती है।

(4) बजट पुस्तकालय के वित्तीय नियन्त्रण के लिए एक प्रभावी युक्ति होता है।

(5) परिणामों के मूल्यांकन के लिए बजट एक आवश्यक उपकरण है।

(6) भविष्य में पुस्तकालय द्वारा की जाने बाली सेवओं के विवरण प्रस्तुतीकरण हेतु।

(7) भावी नीतियों एवं योजनाओं के निर्माण तथा निर्धारण में बजट आधार के रूप में कार्य करता है।

(8) बजट प्रस्तुतीकरण से पुस्तकालय प्राधिकरण को पुस्तकालय की प्रस्तावित आय एवं व्यय का पूर्व में ही विवरण प्राप्त हो जाता है।

(9) बजट के द्वारा ही पुस्तकालय वित्त को नियोजित ढंग से व्यय किया जाता है अतः पुस्तकालय संसाधनों एवं व्यय के बीच प्रभावी समन्वय बना रहता है।

(10) पुस्तकालय के वित्तीय प्रबन्धन एवं नियन्त्रण के लिए बजट निर्माण आवश्यक है।

बजट की विशेषताएँ (Characteristics)–बजट एक ऐसा विशिष्ट अभिलेख है, जिसके माध्यम से शैक्षणिक पुस्तकालय का सफलतापूर्वक सुनियोजित संचालन किया जा सकता है। इसके महत्त्व के सम्बन्ध में एलिजावेथ स्टोन का कथन है कि, "बजट पुस्तकालय के प्रभावशाली प्रबन्धन का महत्त्वपूर्ण साधन है। इसके द्वारा समस्त दृष्टिकोणों से निर्देश प्रदान किए जाते हैं। यह नीतियों, कार्यक्रमों, सेवाओं और वित्त आदि सभी के मध्य समन्वय स्थापित करता है। इसके माध्यम से भविष्य की दीर्घकालीन योजनाओं हेतु नियमित विचार-विनिमय और पुनर्मूल्यांकन स्वतः निश्चित होता है।"

पुस्तकालय बजट का निर्माण करने से पूर्व कुछ विशेष बातों को ध्यान में रखना आवश्यक है जिन्हें बजट की विशेषताएँ अथवा गुण कहा जाता है। एक श्रेष्ठ बजट की निम्नांकित विशेषताएं बतलायी जा सकती हैं–

(1) बजट पुस्तकालय के उद्देश्य एवं लक्ष्यों को ध्यान में रखकर बनाया जाना चाहिए।

(2) बजट एक निश्चित अवधि के लिए तैयार किया जाता है अतः उसे उस अवधि के प्रारम्भ होने से पूर्व ही बना लिया जाता है और पुस्कालय प्राधिकरण के समक्ष समय पर प्रस्तुत कर दिया जाता है जिससे आवश्यक वित्त व्यवस्था की योजना प्रारम्भ की जा सके।

(3) बजट विभिाजित रूप में होना चाहिए। इसके अन्तर्गत प्रत्येक विभाग का आय-व्यय का विवरण प्रस्तुत करना चाहिए जिससे पुस्तकालय के विभिन्न विभागों के कार्यों एवं सेवाओं का विश्लेषण बड़ी सरलता से किया जा सकता है।

(4) भविष्य में कठिनाइयों से बचने के लिए बजट में आय-व्यय के सत्य तथ्यों को प्रस्तुत किया जाना चाहिए।

(5) बजट निर्धारित नीति का पालन करने हेतु तैयार किया जाता है तथा यह बजट भावी अवधि से सम्बन्धित होता है। अतः पिछले वर्ष की आय एवं व्यय को ध्यान में रखकर ही बनाना चाहिए।

(6) बजट निर्धारित नीति का पालन करने हेतु तैयार किया जाता है, अतः बजट में दिखाए गए वित्त के स्त्रोत ठोस होने चाहिए जिनसे आय प्राप्त होने की पूर्ण सम्भावना हो।

(7) बजट अल्पकालीन एवं दीर्घकालीन अवधि का होता है।

(8) बजट में नम्यता होनी चाहिए जिससे भविष्य की आवश्यकताओं की पूर्ति की जा सके।

(9) बजट नियन्त्रण की दृष्टि से उसकी प्रक्रिया सरल होनी चाहिए।

(10) बजट के उद्देश्यों को प्रभावी ढंग से लागू किए जाने की क्षमता बजट का विशेष गुण माना जाता है।

अतएव बजट को एक श्रेष्ठ बजट का स्वरूप देने के लिए उसे लक्ष्यात्मक, समय पर, निश्चित अवधि, विभाजित आधार, तथ्यों पर आधारित, आय से सुदृढ़ स्त्रोतों और पुस्तकालय सेवाओं पर सकारात्मक प्रभाव के अनुसार होना चाहिए और यही एक अच्छे बजट के विशेषताएँ हैं।

बजट की तैयारी (Preparation of Budget)—आगामी वर्ष के आय और व्यय का पुस्तकालय बजट एक सम्भावित अनुमान है क्योंकि यह एक अनुमान होता है अतः परिवर्तित परिस्थितियों को ध्यान में रखते हुए इसकी तैयारी अथवा निर्धारण में विशेष सजगता रखने की आवश्यकता है। आगामी वित्तीय वर्ष के लिए बजट निर्धारण की प्रक्रिया को चालू वित्तीय वर्ष के मध्य से ही प्रारम्भ कर देना आवश्यक है। पुस्तकालयाध्यक्ष का यह दायित्व होता है कि वह पैतृक संस्था के अनुमोदित प्रपत्र पर भूतकाल के अनुभव के आधार पर बजट (आय-व्ययक) में वर्तमान माँग और आवश्यकताओं एवं भविष्य की आवश्यकताओं को वर्णित करे।

यदि विश्वविद्यालय पुस्तकालयाध्यक्ष को अगले वर्ष का निर्धारण करना हो तो उसके लिए एक समिति का गठन करना अनिवार्य है, जिसमें विभिन्न विषयों के विभागाध्यक्षों, अन्य वरिष्ठ कर्मचारियों को और ऐसे कुछ वरिष्ठ शिक्षकों को सम्मिलित करना चाहिए जिन्हें बजट निर्धारण का अनुभव हो। समिति में एक समन्वयक नियुक्त किया जाना चाहिए जो प्रत्येक विभागाध्यक्ष से बजट प्रस्तुत करने का आग्रह कर सके। जब समस्त विभागाध्यक्षों से उनके विभाग से सम्बन्धित बजट प्रस्ताव प्राप्त हो जाए तब विश्वविद्यालय पुस्तकालयाध्यक्ष की अध्यक्षता में बजट

कमेटी की बैठक होनी चाहिए। इस समिति में विभागों से प्राप्त प्रस्तावों पर परस्पर परिचिर्चा अथवा विचार विनिमय किया जाना चाहिए और उन्हें समेकित (Consolidate) करके पुस्तकालय समिति के समक्ष प्रस्तुत करने हेतु तैयार किया जाना चाहिए। यदि बजट प्रस्ताव पुस्तकालय समिति द्वारा अनुमोदित कर दिया जाता है तो प्रस्तावित बजट को पैतृक संस्था (विश्वविद्यालय) को उसकी अन्तिम स्वीकृति के लिए प्रस्तुत किया जाना चाहिए। पैतृक संस्था से स्वीकृत प्राप्त होने के पश्चात् पुस्तकालयाध्यक्ष विभिन्न मदों हेतु स्वीकृत धनराशि का व्यय आगामी वर्ष के अन्तर्गत पुस्तकालय की आवश्यकता के अनुसार विभिन्न मदों हेतु स्वीकृत धनराशि का व्यय आगामी वर्ष के अन्तर्गत पुस्तकालय की आवश्यकता के अनुसार विभिन्न मदों में व्यय करने हेतु अपने उत्तरदायित्व का निर्वाह करने में सक्षम हो सकता है।

बजट निर्माण की विधियाँ

शैक्षणिक पुस्तकालय भी विभिन्न संगठनों और संस्थाओं की तरह उनके लिए बनाए गए बजट द्वारा ही संचालित किए जाते हैं। पुस्तकालयाध्यक्ष पुस्तकालय प्राधिकरण के निर्देशों एवं निर्धारित बजट नीति के अनुसार बजट का निर्माण करते हैं। बजट तैयार करने के पश्चात् उसे पुस्तकालय समिति द्वारा पुनर्निरीक्षित और आवश्यकतानुसार संशेधित किया जाता है और उसे पुस्तकालय प्राधिकरण के समक्ष अनुमोदन हेतु प्रस्तुत किया जाता है।

पुस्तकालय बजट निर्माण की कई विधियाँ हैं, जिनमें से कुछ परम्परागत विधियाँ हैं और कुछ नवीन विधियाँ भी विकसित हुई हैं। ये सभी विधियाँ पुस्तकालयों में उनके प्रकार, महत्त्व और आवश्यकता के अनुसार प्रयोग में लाई जाती हैं।

निम्नांकित बिन्दुओं में बजट निर्माण की परम्परागत एवं आधुनिक विधियों का उल्लेख किया जा सकता है–

(1) मद आधारित रैखिक बजट (Line-Item Budget)

(2) एकमुश्त आधारित बजट (Lump Sum Budget)

(3) परिसूत्र आधारित बजट (Formula Budget)

(4) कार्यक्रम आधारित बजट (Programme Budget)

(5) निष्पादन बजट (Performance Budget)

(6) योजना कार्यक्रम बजट प्रणाली (Planning Programming Budget System: PPBS)

(7) शून्य आधारित बजट (Zero-Based Budget : ZBB)

(1) मद आधारित रैखिक बजट (Line-Item Budget)–यह बजट निर्माण की सबसे पुरानी एवं सरल विधि है। इसे लाइन प्रति लाइन बजट (Line-by-Line Budget) अथवा ऐतिहासिक (Historical) अथवा व्यय योग्य आधारित बजट (Object-of-Expenditure type Budget) भी कहा जाता है। इस प्रकार की बजट प्रणाली में व्यय की मदों को पंक्तिशः विस्तृत श्रेणियों, जैसे–पुस्तकों एवं सामयिकी प्रकाशनों, वेतन एवं पारिश्रमिक, फर्नीचर एवं उपकरण, भवन, साज-सज्जा एवं आकस्मिक व्यय आदि में विभक्त करने के साथ-साथ इन विस्तृत श्रेणियों को पुनः उप-विभागों में विभक्त किया जाता है। बजट निर्माण की इस विधि में पिछले वर्ष के प्रत्येक मद के व्यय के आधार पर वर्तमान व्यय का अनुमान लगाकर बजट तैयार किया जाता है। इसी आधार पर इसे ऐतिहासिक बजट भी कहा जाता है। इसकी प्रत्येक मद में पिछले वर्ष की अपेक्षा 5 से 10 प्रतिशत तक की वृद्धि यह मानकर कर दी जाती है कि वर्तमान कार्यक्रमों और सेवाओं के निष्पादन में कुछ अधिक धन व्यय हो सकता है। इस विधि की सबसे बड़ी विशेषता यह है कि इसे तैयार करने और समझने में ज्यादा कठिनाइयों का सामना नहीं करना पड़ता है।

इस विधि से स्पष्ट होता है कि बजट में जिन मदों में व्यय हेतु धन उपलब्ध कराया गया है वह उन्हीं मदों पर व्यय किया गया है अथवा नहीं। इस विधि में कुछ कमियाँ भी हैं। इसमें प्रदर्शित मदों में किसी भी प्रकार का कोई परिवर्तन नहीं किया जा सकता है। इस विधि से व्यय उसी प्रकार किया जाता है जिस प्रकार विगत वर्ष का कोई सुझाव देती है। यह बजट को दृढ़ एवं स्थिर बनाने हेतु तत्पर रहती है। इस प्रकार बजट की इस विधि में जो धन जिस मद में व्यय हेतु निर्धारित कर दिया जाता है उसे उसी मद में व्यय किया जा सकता है। अर्थात् वित्तीय नियम एक मद से दूसरे मद में व्यय को बदलने की अनुमति नहीं देते। मिसाल के लिए बजट में उपकरणों के क्रय हेतु निर्धारित धन यदि किसी कारण उपकरणों के क्रय पर व्यय नहीं हुआ है तो उसे अन्य महत्त्वपूर्ण मद में न्यायसंगत होते हुए भी व्यय नहीं किया जा सकता है। इस प्रकार इसमें प्रगतिशीलता की कमी एवं निष्पादन कार्यों के प्रति उत्तरदायी नहीं होता है।

(2) एकमुश्त आधारित बजट (Lump Sum Budget)–इस प्रकार के बजट में विश्वविद्यालय द्वारा अपने पुस्तकालय को प्रतिवर्ष एक निश्चित धनराशि उपलब्ध करा दी जाती है। यह निश्चित धनराशि किसी ठोस आधार एवं नीति के अन्तर्गत न होकर प्राधिकरण के अपने विचार के अनुमार निर्धारित की जाती है।

पुस्तकालयाध्यक्ष को इस धन को विभिन्न मदों के अन्तर्गत आवंटित करने और व्यय करने की स्वतन्त्रता प्रदान कर दी जाती है।

(3) परिसूत्र आधारित बजट (Formula Budget)–ऐसे बजट में संसाधनों का विभाजन, किसी विशिष्ट परिसूत्र (Formula) के आधार पर किया जाता है। इस कार्यक्रम के लिए आवश्यक डाटा छात्रों के पंजीकरण, शैक्षणिक कार्यक्रम, संकाओं की संख्या, पूर्व में उपलब्ध संग्रह तथा अन्य तथ्यों से प्राप्त किया जाता है। इस प्रकार इस विधि से पूर्व निर्धारित मानकों के आधार पर विभिन्न मदों के लिए धन का आवंटन किया जाता है। यह एक तकनीकी तथा गतिशील विधि प्रतीत होती है। इसमें समय की खपत कम होती है एवं इसे तैयार करने में विशेष कठिनाइयों का सामना नहीं करना पड़ता है।

(4) कार्यक्रम आधारित बजट (Programme Budget)–पुस्तकालय के विभिन्न क्रियाकलापों अथवा कार्यक्रमों (Programmes) के अनुसर बजट निर्मित करने का विचार एक नवीन विचार है। बजट निर्माण की इस विधि में मुख्य केन्द्र बिन्दु पुस्तकालय के क्रियाकलाप होते हैं एवं धनराशि का प्रावधान पुस्तकालय के कार्यक्रमों एवं सेवाओं के आधार पर निश्चित किया जाता है जिन्हें पुस्तकालय में आयेजित करने की योजना होती है जैसे किसी शैक्षणिक पुस्तकालय में रिप्रोग्राफिक सेवा दिए जाने की व्यवस्था करने का कार्यक्रम बनता है तो इस सेवा के आयोजन हेतु कर्मचारी, सामग्री, उपकरण (मशीन) तथा अन्य अतिरिक्त कार्यों हेतु जो व्यय अनुमानित किया जाएगा वह कार्यक्रम आधारित बजट कहलाएगा। ऐसा बजट कार्यक्रम (Programme) में आई लागत के आधार पर बनाया जाता है। इस प्रकार के बजट में प्रतिवर्ष यह निश्चित करना पड़ता है कि जो कार्यक्रम प्रारम्भ किया गया है क्या उसे निरन्तर जारी रखना है। इन सभी बातों पर ध्यान देने के बाद कार्यक्रम आधारित बजट का निर्माण किया जाना संभव है।

पुस्तकालय कार्यक्रम आधारित बजट निर्माण करने के लिए अपने कार्यों एवं क्रियाकलापों को अपनी संगठनात्मक संरचना के आधार पर विभिन्न वर्गों में बाँट लेते हैं, जैसे–प्रशासनिक सेवा, प्रक्रिया सेवाएँ, उपयोक्ता सेवाएँ आदि। इन सेवाओं से सम्बन्धित विभागों द्वारा निष्पादित किए जाने वाले कार्यों से सम्बन्धित तुलनात्मक आँकड़े वर्तमान तथा प्रस्तावित व्यय के सम्बन्ध में प्रस्तुत किए जाते हैं। इस प्रकार कार्यक्रम आधारित बजट (Programme Budget) में प्रत्येक विभाग के कार्यक्रमों के लिए वित्त और व्यय का प्रावधान किया जाता है। इस प्रकार बजट विधि में प्रत्येक विभाग की विभिन्न गतिविधियों के लिए धन का प्रावधान रहता है। यह विधि

विभिन्न विभागों के प्रभारियों को स्वयं की जरूरतों को मापने व अपने व्ययों की जाँच करने का मौका देती है।

(5) निष्पादन बजट (Performance Budget)–बजट निर्माण की यह विधि कार्यक्रम आधारित बजट विधि के समान ही है, केवल अन्तर यह होता है कि इसमें महत्त्व कार्यक्रम (Programme) की अपेक्षा कार्यों के निष्पादन पर स्थानान्तरित हो जाता है। इस विधि में पुस्तकालय की उपलब्धियों पर अधिकाधिक जोर दिया जाता है। व्यय क्रियाकलापों के निष्पादन पर आधारित होता है। जिसमें कर्मचारियों के कार्य करने की क्षमता पर अधिक जोर दिया जाता है। इसमें पुस्तकालय में किसी निश्चित समय में किए गए क्रियाकलापों से सम्बन्धित परिमाणात्मक तथ्यों के संग्रह की आवश्यकता होती है। निष्पादन को मापने तथा मानदण्ड स्थापित करने के लिए प्रबन्धन तकनीकों, यथा लागत लाभ मूल्य विश्लेषण का प्रयोग किया जाता है। जैसे–अधिग्रहीत, वर्गीकृत तथा सूचीकृत पुस्तकों की संख्या, समस्त प्रक्रियात्मक कार्य में लगने वाला समय आदि के आँकड़े, इन कार्यों के निष्पादन में जन-शक्ति तथा सामग्री को निर्धारित करने के लिए एकत्रित किए जाते हैं।

इस विधि के माध्यम से कार्यक्रमों के निष्पादन एवं संक्रियात्मक निपुणता को अत्यधिक महत्त्व दिया जाता है। यह गुणवत्ता की अपेक्षा परिणाम का माप करती है जिसे धन के रूप में मापन अत्यन्त कठिन कार्य होता है। वास्तविक रूप में पुस्तकालय जैसी संस्थाओं के लिए बजट का निर्धारण पुस्तकालय सेवाओं से उसके उपयोगकर्ताओं को कितनी सन्तुष्टि मिलती है पर आधारित होता है।

(6) योजना कार्यक्रम बजट प्रणाली (Planning Programming Budget System : PPBS)–बजट का यह एक बृहद रूप है। इसमें कार्यक्रम आधारित बजट (Programming Budget) तथा निष्पादन बजट (Performance Budget) दोनों की विशेषताओं को सम्मिलित किया गया है। इस विधि का केन्द्र बिन्दु नियोजन (Planning) पर आधारित होता है। यह विधि पुस्तकालय के उद्देश्य को लेकर आरम्भ होती है तथा कार्यक्रम एवं सेवाओं के क्रियान्वयन पर समाप्त होती है। यह विधि पुस्तकालय के नियोजित क्रियाकलापों, कार्यक्रमों एवं सेवाओं को एक परियोजना के रूप में क्रियान्वित करने तथा आवश्यक सामग्रियों को अन्तिम रूप में बजट के माध्यम से प्रस्तुत करने में सम्बन्ध स्थापित करती है।

(7) शून्य आधारित बजट (Zero-Based Budget : ZBB)—इस विधि का विकास पीटर फ्योंर द्वारा किया गया। योजना कार्यक्रम बजट प्रणाली (PPBS) से मिलती-जुलती तथा ऐतिहासिक बजट निर्माण से विपरीत यह विधि वर्तमान गतिविधियों तथा प्रत्येक वर्ष कार्यक्रम के प्रत्येक भाग को औचित्यपूर्ण सिद्ध करने की आवश्यकता पर बल देती है। अर्थात् इस विधि में वर्तमान सामयिक गतिविधियों पर अधिक ध्यान दिया जाता है। इस बजट विधि में प्रत्येक क्रियाकलाप का विस्तृत विवरण प्रस्तुत किया जाता है तथा उसके लिए वित्तीय व्यवस्था विगत वर्ष का संदर्भ दिए बिना प्रस्तुत की जाती है। पिछले वर्ष के व्यय से इसका कोई सम्बन्ध नहीं होता है।

उपरोक्त विवेचन से स्पष्ट होता है कि यह विधि प्रत्येक कार्यक्रम के लिए शून्य आधारित बजट को मान्यता देती है। शून्य आधारित बजट की विधि एक ऐसी बजट निर्माण प्रक्रिया में जिसमें प्रत्येक प्राधिकारी/पुस्तकालयाध्यक्ष से शून्य से आरम्भ कर समस्त बजट माँग का औचित्य सिद्ध करने की उपेक्षा की जाती है। पुस्तकालय के प्रत्येक कार्यक्रम तथा गतिविधि को स्पष्टतया विस्तार देकर और पूर्व का संदर्भ दिए बिना वित्तीय जरूरतों को तैयार किया जाता है।

शैक्षणिक पुस्तकालय हेतु आदर्श बजट का नमूना
(Model Budget for Academic Library)

		आय	
क्र. सं.	**आय के स्रोत**	**वास्तविक आय**	**अनुमानित आय**
1.	विश्वविद्यालय अनुदान आयोग द्वारा (UGC)	4,00,000	4,50,000
2.	राज्य सरकार	2,40,000	2,50,000
3.	पुस्तकालय शुल्क	40,000	50,000
4.	पंजीकरण शुल्क	15,000	20,000
5.	अर्थदंड आदि	2,000	3,000
6.	रद्दी विक्रय	5,000	7,000
7.	उपहार, भेंट आदि	10,000	15,000
8.	ब्याज आदि	5,000	5,000
	कुल योग	7,17,000	8,00,000

		व्यय	
क्र. सं.	व्यय के मद	वास्तविक आय	अनुमानित आय
1.	वेतन भते	3,50,000	4,00,000
2.	पुस्तकें	2,50,000	2,75,000
3.	पत्र-पत्रिकाएँ	25,00	30,00
4.	जिल्दबन्दी	10,000	10,000
5.	विद्युत आदि	10,000	10,000
6.	फर्नीचर एवं अन्य उपकरण (कम्प्यूटर आदि)	50,000	50,000
7.	टेलीफोन	5,000	6,000
8.	स्टेशनरी	10,000	10,000
9.	डाक व्यय	2,000	3,000
10.	अन्य व्यय	5,000	6,000
	कुल योग	7,17,000	8,00,000

शून्य आधारित बजट (ZBB) की तैयारी में निम्नलिखित चरण निहित हैं–

(i) पुस्तकालय की विभिन्न गतिविधियों एवं कार्यक्रमों को समूहित किया जाता है।

(ii) प्रत्येक कार्यक्रम के उद्देश्यों तथा गतिविधियों का परीक्षण एवं वैकल्पिक विधियों का मूल्यांकन किया जाता है।

(iii) कार्यक्रमों को उनके उद्देश्य के अनुसार 'निर्णय पैकेजों' की शृंखलाओं में समूहित किया जाता है।

(iv) निर्णय पैकेजों का क्रम निर्धारण किया जाता है।

(v) सम्पूर्ण बजट आवंटन से विच्छेदन बिन्दु अनुकूलन करते हैं।

उपरोक्त बिन्दुओं से स्पष्ट होता है कि शून्य आधारित बजट पुस्तकालय की योजनाओं को समुन्नत करने तथा अच्छे प्रबन्धन दल को विकसित करने में सहायता करता है।

भारत में तकरीबन सभी शैक्षणिक पुस्तकालयों में पुस्तकालय बजट की पारम्परिक मद आधारित रैखिक बजट (Line-Item Budget) विधि को ही अपनाया जाता है। पुस्तकालय की गतिविधियाँ एवं सेवाएँ सतत प्रकृति की होती हैं तथा भूतकाल के प्रसंग के बि[illegible] किसी त[illegible] अगामी क्रिय-कलापों को आगे [illegible]हीं

बढ़ाया जा सकता। नई विधियों में सुधारों को लागू कर सेवा की गुणवत्ता में वृद्धि लाया जा सकती है। अतः बजट की समस्त विधियों का उद्देश्पूर्ण ढंग से मूल्यांकन कर उनमें से किसी उचित विधि को पुस्तकालय के उद्देश्यपूर्ण ढंग से मूल्यांकन कर उनमें से किसी उचित विधि को पुस्कालय के उद्देश्य एवं लक्ष्यों की पूर्ति हेतु प्रयोग में लाया जा सकता है।

वित्तीय आकलन की विधियाँ

यदि किसी संगठन अथवा संस्था को अपने उद्देश्यों में सफल होना है तो उन्हें वित्त की पर्याप्त और निरन्तर उपलब्धता पर निर्भर रहना पड़ता है। शैक्षणिक पुस्तकालयों के सम्बन्ध में भी यह कथन सत्य है। उपयुक्त वित्त की व्यवस्था उसके उचित और प्रभावी आकलन पर निर्भर करती है। जिस प्रकार शासन, संस्था, संगठन, परिवार और व्यक्ति अपनी आवश्यकताओं और संसाधनों के लिए वित्तीय आकलन (Financial Estimation) तैयार करते हैं उसी प्रकार पुस्तकालयों को भी वित्तीय आकलन करना आवश्यक है। यह वित्तीय आकलन किस प्रकार करना है, अनुमान किस प्रकार लगाना है, किन आधारों पर करना है और एक शैक्षणिक पुस्तकालय को कितने वित्त अथवा धन की आवश्यकता है, यह सब उपयोगकर्ताओं की संख्या, अध्ययन सामग्री की मात्रा और गुणवत्ता आदि बातों पर निर्भर करती है।

वस्तुतः किसी भी शैक्षणिक पुस्तकालय में वित्तीय आकलन के लिए महत्त्वपूर्ण आधार उपयोगकर्ताओं की संख्या और उनके प्रकार, अध्ययन सामग्री एवं सूचना स्त्रोतों की प्रकृति और प्रकार, प्रदान की जाने वाली सेवाएँ और उनके उद्देश्य, पाठ्य-सामग्री के मूल्य में वृद्धि एवं आधुनिकतम क्रियाकलापों एवं सेवाओं में कम्प्यूटर के अनुप्रयोग आदि को ध्यान में रखा जाना आवश्यक है।

सामान्यतया पुस्तकालय वित्त के आकलन के लिए निम्नलिखित विधियों को अपनाया जा सकता है–

(1) प्रतिव्यक्ति दर विधि (Per Capita Method),

(2) समानुपातिक विधि (Proportional Method),

(3) विवरण विधि (Method of Details)

(1) प्रतिव्यक्ति दर विधि (Per Capita Method)–इस विधि में पुस्तकालय के प्रति पाठक पर प्रतिवर्ष व्यय होने वाली एक निश्चित धनराशि का निर्धारण किया जाता है जो पाठक को प्रदान की जाने वाली सेवाओं, पुस्तकालय के भविष्य के व्यय

तथा पाठ्य सामग्री के मूल्य को ध्यान में रखकर तैयार किया जाता है। इसके द्वारा व्यय की जाने वाली निश्चित धनराशि को लागत लेखा विधि से निर्धारण किया जाता है।

विश्वविद्यालय अनुदान आयोग की पुस्तकालय समिति ने सिफारिश की थी कि एक विश्वविद्यालय को 15 रु. प्रति छात्र और 200 रु. प्रति शिक्षक के अनुपात से पाठ्य सामग्री अर्जित करने के लिए पुस्तकालय को धनराशि प्रदान करनी चाहिए। कोठारी शिक्षा आयोग (1964-66) ने संस्तुति की थी कि, ''एक मानदण्ड के अनुसार विश्वविद्यालय को प्रति वर्ष 25 रु. प्रति छात्र तथा 300 रु. प्रति शिक्षक व्यय करने चाहिए।'' डॉ. रंगनाथन ने सुझाव दिया था कि विश्वविद्यालय एवं महाविद्यालय पुस्तकालय को प्रति व्यक्ति व्यय 20 रु. प्रति छात्र और 300 रु. प्रति शिक्षक करना चाहिए। विद्यालयों में पुस्तकालयों के लिए 10 रु. प्रति छात्र की दर से वित्त (धन) उपलब्ध करवाना चाहिए। वर्तमान में मुद्रा स्फीति और मुद्रा अवमूल्यन को ध्यान में रखते हुए प्रति व्यक्ति व्यय की दर में वृद्धि की जानी आवश्यक है।

(2) समानुपातिक विधि (Proportional Method)–समानुपातिक विधि के माध्यम से विश्वविद्यालय अपने नियमित बजट में से एक निश्चित अनुपात में धनराशि पुस्तकालय की आवश्यकता और उद्देश्यों की पूर्ति हेतु आवंटित करते हैं। केन्द्रीय सरकार द्वारा अनुपात की सीमा निर्धारित करने के लिए शिक्षा आयोगों और समितियों द्वारा कई मानदण्डों की सिफारिशत की गई है। विश्वविद्यालय शिक्षा आयोग (1948) ने संस्तुति की है कि विश्वविद्यालय बजट का 6.5 प्रतिशत पुस्तकालयों के लिए व्यय किया जाए। आयोग ने यह सुझाव भी दिया है कि, ''यह व्यय प्रत्येक विश्वविद्यालय पुस्तकालय के विकास की अवस्था पर निर्भर करते हुए 6.5 से 10 प्रतिशत तक हो सकता है।'' शिक्षा आयोग (1965) ने सुझाव दिया था कि विश्वविद्यालय के कुल बजट का 6.5 प्रतिशत से 10 प्रतिशत तक अथवा 25 रु. प्रति छात्र और 300 रु. प्रति शिक्षक तथा पुस्तकालय के लिए आवंटित विश्वविद्यालय जिनकी स्थापना हुए पाँच वर्ष से अधिक न हुए हों उनके पुस्तकालयों को पाठ्य सामग्री हेतु 3 लाख रुपये का अतिरिक्त अनुदान दिया जाना चाहिए। डॉ. के. एन. राज की अध्यक्षता में कर्नाटक राज्य विश्वविद्यालय समीक्षा समिति ने सन् 1980-81 में एक प्रतिवेदन राज्य सरकार को प्रस्तुत किया था जिसमें विश्वविद्यालय को अपने बजट का 20 प्रतिशत तक पुस्तकालय के लिए आवंटित करना चाहिए। व्यवाहारिक रूप में यदि देखा जाए तो भारत में अधिकांश विश्वविद्यालय अपने कुल बजट का 2 से 3 प्रतिशत तक ही पुस्तकालयों पर व्यय करते हैं।

(3) विवरण विधि (Methods of Details)—इसके अन्तर्गत पुस्तकालय के लिए वित्तीय आकलन करते समय पुस्तकालय के व्यय की सभी मदों को लेखाकृत किया जाता है। व्यय दो प्रकार के होते हैं—(i) आवर्ती या सामयिक व्यय और (ii) अनावर्ती या पूँजीगत व्यय। इसमें आवर्ती व्यय की सभी मदों पर होने वाले व्यय, जैसे—कर्मचारियों का वेतन, पाठ्य-सामग्री का क्रय, जिल्दबन्दी, बिजली, पानी, स्टेशनरी, टेलीफोन आदि पर होने वाले व्यय का पिछले वर्ष बजट को आधार मानकर अनुमान लगाया जाता है। कर्मचारियों के वेतन पर होने वाले व्यय का आकलन विश्वविद्यालय अनुदान आयोग (UGC) द्वारा गठित पुस्तकालय समिति द्वारा कर्मचारियों की संख्या को निर्धारित करने हेतु दिए गए कर्मचारी परिसूत्र (Staff Formula) तथा उसके स्वीकृत नवीनतम वेतनमानों के अनुसार किया जाता है।

अतएव विश्वविद्यालय एवं महाविद्यालय पुस्तकालयों के लिए विवरण विधि (Method of details) के अन्तर्गत वित्तीय आकलन हेतु यू.जी.सी द्वारा निर्धारित निम्नलिखित मानकों को उपयोग में लाया जा सकता है।

(i) कर्मचारियों हेतु यू. जी. सी. कर्मचारी परिसूत्र एवं उनके लिए नवीन स्वीकृत वेतनमान।

(ii) अध्ययन सामग्री पर व्यय के आकलन हेतु 15 रु. प्रति छात्र और 200 रु. प्रति शिक्षक।

(iii) पुस्तकों एवं अन्य अध्ययन सामग्री के कुल मूल्य का 5 प्रतिशत पुस्तकों के संग्रह एवं व्यवस्था के लिए।

(iv) नए विश्वविद्यालय पुस्तकालयों को प्रारम्भिक रूप में उनके संग्रह विकास हेतु यू. जी. सी. द्वारा निर्धारित नियमों को आकलन हेतु प्रयोग में लाया जा सकता है।

उपरोक्त तीनों बिन्दुओं से स्पष्ट होता है कि विवरण विधि ही अधिक प्रमाणिक एवं सर्वमान्य है। डॉ. रंगनाथन ने पुस्तकालय के वित्तीय आकलन के बारे में सुझाव दिया कि विश्वविद्यालय एवं महाविद्यालय छात्रों हेतु व्यय का आकलन प्रति व्यक्ति विधि (Per Capita Method) से किया जाना चाहिए तथा शिक्षक एवं शोध छात्रों हेतु व्यय का आकलन विवरण विधि (Method of Details) के आधार पर किया जाना चाहिए।

विश्वविद्यालय पुस्तकालय का वित्तिय प्रबन्ध

किसी पुस्तकालय को संचालित करने के लिए वित्त की व्यवस्था करना ही वित्त व्यवस्था होती है। जिन साधनों से वित्तव्यवस्था की जाती है उन्हें आय के स्रोत

या साधन कहते हैं। जिस प्रकार अनेक संस्थाएँ अलाभकारी होती हैं पुस्तकालय भी उनमें से एक है। पुस्तकालय द्वारा प्रदत्त सेवाएँ अति उपादेय तथा लाभदायक होते हुए भी इनसे प्रत्यक्ष रूप से वित्त की प्राप्ति नहीं होती है तथा उसकी सेवाओं का लाभ दिखता नहीं है तथा दीर्घकाल के पश्चात् अप्रत्यक्ष तौर पर प्राप्त होता है। इस प्रकार पुस्तकालयों हेतु वित्त के ठोस स्रोतों को निर्धारित करना अत्यन्त आवश्यक है।

विश्वविद्यालय पुस्तकालय के आय के स्रोत

विश्वविद्यालयों में उच्च शिक्षा के साथ-साथ अनुसंधान कार्य भी किया जाता है इसलिए पुस्तकालय को उसका हृदय माना जाता है। इसलिए अगर किसी विश्वविद्यालय को जीवित रखना है तो पुस्तकालय पर विशेष ध्यान दिया जाना चाहिए। इसी उद्देश्य से सरकार कई माध्यमों से विश्वविद्यालय पुस्तकालयों के लिए आय के रूप में वित्त की व्यवस्था करती है। इस प्रकार किसी विश्वविद्यालय पुस्तकालय के लिए वित्त के स्रोत निम्नांकित होते हैं–

सरकार–भारत में विश्वविद्यालयों का संचालन दो स्तर पर किया जाता है। जिसमें से कुछ राष्ट्रीय सरकार के अधीन होते हैं। जैसे–हमारे देश में बनारस हिन्दू विश्वविद्यालय तथा अलीगढ़ मुस्लिम विश्वविद्यालय इत्यादि। ऐसे केन्द्रीय विश्वविद्यालयों के लिए वित्त की व्यवस्था केन्द्रीय सरकार का दायित्व होता है। इसके अलावा देश के सभी राज्य में अनेक विश्वविद्यालय होते हैं जिनकी अर्थव्यवस्था प्रदेशीय सरकारें करती हैं। इसलिए विश्वविद्यालय पुस्तकालयों के लिए सबसे अधिक धन उपलब्ध कराने का स्रोत सरकारें होती हैं। विद्वानों के अनुसार जो वित्त सरकारों द्वारा विश्वविद्यालयों में उनके पुस्तकालयों के लिए उपलब्ध कराया जाता है। वह निम्न प्रकार का है।

कर्मचारियों के आय हेतु	50 प्रतिशत
पुस्तकालय भवन के लिए	50 प्रतिशत
पाठ्य-सामग्री के लिए	कुछ नहीं

यूजीसी–यह सिर्फ उच्च शिक्षा के विकास हेतु धन के प्रबन्धन के उद्देश्य से एक एजेन्सी के रूप में कार्य करता है। उच्च शिक्षा केवल महाविद्यालयों तथा विश्वविद्यालयों में ही प्रदान की जाती है। भारत सरकार ने इस संस्था की व्यवस्था महाविद्यालयों तथा विश्वविद्यालयों के विकास हेतु धन व्यय करने के लिए की है।

इसलिए किसी विश्वविद्यालय पुस्तकालय के लिए सर्वाधिक धन की व्यवस्था यूजीसी द्वारा ही की जाती है।

यूजीसी द्वारा सभी विश्वविद्यालय पुस्तकालयों के लिए धन की व्यवस्था निम्न प्रकार करती है।

कर्मचारियों के वेतन के लिए	50 प्रतिशत
पुस्तकालय भवन के लिए	50 प्रतिशत
पुस्तकों हेतु	100 प्रतिशत

उपहार/भेंट/दान—पुस्तकालय एक परोपकारी संस्था है जो एक प्रकार से जनकल्याण का भी कार्य करती है। अतः समाज में कुछ परोपकारी दानदाता भी होते हैं जो परोपकारी या जन कल्याण के केन्द्र पुस्तकालयों को अपना बहुमूल्य उपहार/भेंट या दान वित्त के तौर पर प्रदान कर देते हैं। इस दिशा में कारनेगी महोदय द्वारा दिए गये दान विशेष रूप से उल्लेखनीय हैं। अधिकांश कल्याण कोष या प्रतिष्ठान (Endowments) भी इस कार्य के लिए स्थापित किये गये हैं। समाज के अधिकांश प्रतिष्ठित धनी, उद्यमी व्यक्ति भी अपनी भावना के अधीन होकर कभी-कभी दान के रूप में एकमुश्त धनराशि दान कर देते हैं। पर यह कहना गलत नहीं है कि इस प्रकार के स्रोत विश्वविद्यालय पुस्तकालय के लिए अनेक वर्षों में एकाध बार ही सम्भव हो पाते हैं। अतएव पुस्तकालयों को ऐसे स्रोतों पर ज्यादा निर्भर नहीं रहना चाहिए।

पुस्तकालय अर्थदण्ड/सुरक्षाधन—विश्वविद्यालय के पुस्तकालय के अन्तर्गत कार्य व सुविधाओं का व्यस्थित संचालन करने, पुस्तकालय नियमों में सुरक्षा-धन जमा करने, अर्थदण्ड लगाने आदि की व्यवस्था की जाती है। उदाहरणार्थ, प्रत्येक पाठक से सुरक्षा-धन के रूप में कुछ धनराशि जमा कराई जाती है। पाठकों द्वारा पुस्तक निश्चित अवधि में वापस न करने के कारण उन पर हर दिन के हिसाब से अर्थदण्ड वसूल किया जाता है तथा यदि कोई उद्‌दण्ड पाठक पुस्तक को नुकसान पहुँचाते हैं तो ऐसे पाठकों पर कुछ अर्थदण्ड लगाया जाता है। ऐसे स्रोतों से आय बहुत कम मात्रा में होती है।

अन्य स्रोत—विश्वविद्यालय के पुस्तकालय में प्रतिदिन कई प्रकार के समाचार-पत्र आते हैं जिनकी बाद में रद्दी बेचने से आमदनी होती है। पुस्तकालय में स्थित किसी सेमीनार भवन या अन्य भवन को किराये पर उठाने से भी कुछ आमदनी प्राप्त होती है। अधिकांश विश्वविद्यालय पुस्तकालय किसी-किसी पत्रिका का प्रकाशन करते हैं उससे भी आमदनी होती है। इसके साथ ही

पुस्तकालय का धन बैंकों में जमा रहता है उसकी ब्याज से आमदनी होती है। यद्यपि इन स्रोतों से आय नाममात्र की होती है, लेकिन इसके कुछ स्रोतों से पर्याप्त आमदनी होती है।

बजट

किसी भी पुस्तकालय का सफलतापूर्वक संचालन तभी हो सकता है जब उसे नियमित धन की प्राप्ति होती हो। जिसकी व्यवस्था करना अति आवश्यक होता है। चूँकि किसी भी पुस्तकालय का आय एवं व्यय छोटा कार्य नहीं है। अतः आगामी वर्ष हेतु इसका पूर्व में ही प्रबन्ध करना पड़ता है। पुस्तकालय के इसी आय एवं व्यय के वार्षिक आकलन को ही हम पुस्तकालय बजट कहते हैं। अतः किसी भी पुस्तकालय में बजट उसके आगामी वर्ष में होने वाले आय एवं व्यय का आकलित लेखा है। विल्सन एवं टॉबर के शब्दों में बजट एक निश्चित समय के लिए पुस्तकालय की अनुमानित आय तथा व्यय का वित्तीय लेखा है।

पुस्तकालय बजट के निर्माण कुछ प्रमुख विधियां हैं। जिन आधारों पर ये बजट तैयार किए जाते हैं उन्हीं आधारों पर उनका नामकरण होता है। बजट के कुछ निम्नलिखित प्रकार है–

लाइन प्रति लाइन बजट–इसमें व्यय के मदों को बड़े-बड़े हिस्सों में विभाजित कर दिया जाता है, जैसे–पुस्तकें तथा पत्र-पत्रिकाएँ, वेतन एवं भत्ते, उपकरण एवं साज-सज्जा तथा अन्य व्यय आदि। इन मदों को जिन्हें पुनः अन्य उप-भागों में विभाजित किया जाता है। बजट निर्माण करने की यह सामान्य एवं परम्परागत विधि है जिसमें पिछले वर्ष के प्रत्येक मद के व्यय पर वर्तमान (आगामी) व्यय का आकलन लगाया जाता है एवं जिसमें हर मद में 5 प्रतिशत से 10 प्रतिशत तक की वृद्धि यह मानकर प्रदर्शित की जाती है कि भविष्य के प्रोग्राम उतने ही आवश्यक हैं जितने पिछले वर्ष थे। इस प्रकार निर्मित बजट के अन्तर्गत भविष्य हेतु किसी नई योजना को पेश नहीं किया जाता और न ही पुस्तकालय के क्रियाकलापों, गतिविधियों तथा सेवाओं का मूल्यांकन ही किया जाता है।

प्रोग्रामिंग बजट–इस विधि की सहायता से पुस्तकालय के खर्चों का मदों के आधार पर अनुमान नहीं लगाया जाता है बल्कि इसमें मुख्य केन्द्रबिन्दु पुस्तकालय के क्रियाकलाप (Programmes) होते हैं तथा खर्च के लिए धनराशि का आकलन प्रोग्राम अथवा पुस्तकालय सेवाओं के आधार पर तय किया जाता है। इस प्रकार के बजट निर्माण हेतु पुस्तकालय अपने प्रोग्रामों को विभिन्न वर्गों में विभाजित कर लेते

हैं जो पुस्तकालय की संगठनात्मक संरचना के आधार पर विभाजित किये जा सकते हैं, जैसे—प्रशासनिक, तकनीकी, पाठ की सेवाएँ इत्यादि। इस तरह प्रोग्रामिंग बजट में सभी विभागों के क्रियाकलापों के लिए धनराशि एवं उसके खर्च की व्यवस्था की जाती है।

परफोर्मेन्स बजट—इस बजट का निर्माण भी प्रोग्रामिंग बजट की भांति होता है। अन्तर मात्र इस बात का है कि इसमें कार्यक्रमों पर बल न देकर उपलब्धियों (परफोर्मेन्स) पर जोर दिया जाता है। इसमें व्यय करने का आधार पुस्तकालय के क्रियाकलापों को करने तथा कार्मिकों की कार्यक्षमता पर अधिक बल दिया जाता है। इस हेतु पुस्तकालय में किसी निर्धारित समय में पुस्तकालय के सभी क्रियाकलापों से सम्बधित परिमाणात्मक तथ्यों के संग्रह करने की जरूरत होती है एवं पुस्तकालय तथा उसके कर्मचारियों की उपलब्धियों को ज्ञात करने हेतु लागत-लाभ विश्लेषण एवं मूल्यांकन करने के स्थापित सिद्धान्त प्रयोग में लाये जाते हैं। ऐसे बजट में गुण की अपेक्षा परिमाण को ज्यादा महत्त्व दिया जाता है।

प्लानिंग-प्रोग्रामिंग बजट—इसका निर्माण उपरोक्त दोनों बजटों की विशेषताओं के आधार पर किया जाता है, जिसमें प्रमुख केन्द्रबिन्दु प्लानिंग (योजना) पर होता है। इस प्रकार का बजट पुस्तकालय के उद्देश्यों एवं लक्ष्यों को लेकर शुरू होता है तथा कार्यक्रमों तथा सेवाओं की स्थापना पर समाप्त होता है।

शून्य आधारित बजट—यह बजट वैचारिक दृष्टिकोण से योजना-कार्यक्रमों के बजट के समान ही होता है। इस प्रकार के बजट निर्माण में भूत (पिछले वर्ष) में क्या हुआ है? इस पर जोर नहीं दिया जाता है, बल्कि वर्तमान सामयिक गतिविधियों पर ज्यादा ध्यान दिया जाता है तथा हर कार्यक्रम अथवा क्रियाकलाप का विस्तृत विवरण प्रस्तुत किया जाता है। उसके लिए वित्तीय व्यवस्था पिछले वर्ष का सन्दर्भ दिये बिना प्रस्तुत की जाती है। अर्थात् यह कह सकते हैं कि धन की माँग हर वर्ष नये सिरे से की जाती है।

3

पुस्तकालय भौतिक संसाधन : प्रबन्ध

पुस्तकालय भवन

भवनों की आवश्यकता सभी पुस्तकालयों को होती है तथा पुस्तकालय की कार्य क्षमता उस भवन के ढांचे, सामग्री, सजावट तथा उसके स्थान के निर्धारण पर निर्भर करती है। पुस्तकालय प्रासाद-निर्माण को विगत कुछ सालों से महत्त्वपूर्ण मानते हुए उनके भवनों का निर्माण उसकी क्रियाओं तथा सेवाओं को ध्यान में रखकर किया जा रहा है। भवन निर्माण की तकनीक का हल पुस्तकालय विशेषज्ञ के जरिए ही हो सकता है। पुस्तकालयाध्यक्ष की दूरदर्शिता तथा वास्तुविद् की कला दोनों के सहयोग पर ही पुस्तकालय भवन का निर्माण करता है।

पुस्तकालय के कार्य रूप में विगत सालों में कई परिवर्तन हुए हैं। इन परिवर्तनों के कारण पुस्तकालय भवन निर्माण सम्बन्धी दृष्टिकोण में व्यापक परिवर्तन आ गया है। पुस्तकालय के लिए प्राचीन काल में एक हॉल पर्याप्त हो सकता था। किन्तु अब पुस्तकालय का कार्य अनेक विभागों में वितरित होता है। साथ ही, पुस्तकालयों के कार्य भी बढ़ गये हैं, अतएव पुस्तकालय भवन निर्माण सम्बन्धी कार्य और भी जटिल और तकनीकी होता जा रहा है। पुस्तकालय प्रासाद निर्माण जितना दूरदर्शितापूर्ण होगा उतना ही सफल पुस्तकालय संगठन होगा।

पुस्तकालयों के सार्वजनिक होने के कारण कई महत्त्वपूर्ण बातें। पुस्तकालय निर्माण से जुड़ी हैं। इसलिए उसे ऐसे स्थान पर स्थित होना चाहिए, जहाँ ज्यादा से ज्यादा लोग आकर्षित हो सकें। इसकी बनावट सादगीपूर्ण हो। पुस्तकालय का चतुर्दिक वातावरण अध्ययन की प्रवृत्ति को उत्साहित करे। भवन के चारों ओर काफी स्थान छूटा हो। भवन कलात्मक हो तथा स्थानीय जलवायु की आवश्यकताओं को ध्यान में रखकर बनाया गया हो, भवन में नवीनता हो। इन बातों के अलावा यह ध्यान में रखना होगा कि भवन-निर्माण देश की आर्थिक स्थिति को ध्यान में रखते हुए मितव्ययितापूर्वक किया जाए तथा निर्माण इस प्रकार हो कि उसमें बार-बार मरम्मत की आवश्यकता न पड़े और वह ज्यादा दिन तक टिकाऊ रह सके।

सन् 1930 में सर्वप्रथम अमरीका में पुस्तकालय प्रासाद के निर्माण के सवाल पर चिंतन किया गया। वहाँ पुस्तकालय द्वारा सेवाओं के निष्पादन में पुस्तकालय प्रासाद निर्माण की भूमिका को महत्त्वपूर्ण समझा गया तथा तब से पुस्तकालयों के जैसे-जैसे कार्य परिवर्तित और परिवर्द्धित होते गये, उसी के अनुरूप पुस्तकालय भवन का आकार बदलता गया। पहले पुस्तकालय पुस्तकों के संग्रहालय के रूप में दिखाई देता था परन्तु अब ऐसा लगता है कि यह नागरिकों के सेवार्थ खोले गये हैं। अब पुस्तकालयों में केवल पुस्तकों के संग्रह की ही व्यवस्था नहीं होती, बल्कि उनमें व्याख्यान कक्ष, संगोष्ठी कक्ष, भाषण कक्ष और उनके चारों ओर मैदान आदि भी पाये जाते हैं।

जब से माइक्रोफिल्म, माईक्रोकार्ड, ग्रामोफोन रिकॉर्ड, चल-चित्र आदि पुस्तकेत्तर सामग्री पुस्तकालयों में पाई जाने लगी है, तब से भवन में इन सामग्रियों के संग्रह के लिए धन भी उपलब्ध कराया जाने लगा है।

पुस्तकालय किस लक्ष्य की पूर्ति हेतु स्थापित किया जा रहा है इस बात की जानकारी भवन निर्माण से पहले ही होना जरूरी है। श्री **फसलर** का मानना है कि पुस्तकालय के कार्य तथा उनके अन्तर्संबंध निर्धारित करना तथा उनकी व्याख्या करना और उसके बाद ईंट, पत्थर, इस्पात और काँच के रूप में परिवर्तित करना जटिलतापूर्ण कार्य है, किन्तु यदि अच्छे परिणाम प्राप्त करना अभीष्ट हो तो ऐसा करना अनिवार्य है। पुस्तकालयाध्यक्ष को यह भली-भाँति निश्चित कर लेना चाहिए कि अगले दस वर्षों में पुस्तकालय के कौन-कौन से कार्य हो सकते हैं। पुस्तकालयाध्यक्ष का कार्य उन कार्यों के अनुरूप भवन निर्माण के लिए रूपरेखा वास्तुविद् को प्रदान करनी है।

भवन निर्माण के पूर्व विचारणीय बातें

पुस्तकालय भवन निर्माण की योजना बनाते समय प्रो. पी. एन. कौल के अनुसार निम्नलिखित बिंदुओं का ध्यान रखना चाहिए–

1. भवन सुरुचिपूर्ण होना चाहिए।
2. भवन बनाते समय इस बात का ध्यान रखना चाहिए कि भविष्य में होने वाले विकास के अनुरूप परिवर्द्धन की गुंजाइश रहे।
3. भौतिक सुविधाएँ पाठकों की संख्या तथा प्रकृति पर आधारित होनी चाहिए।
4. पुस्तकालय की रूपरेखा नवीनतम जानकारी तथा भविष्य में होने वाले आनुपातिक जरूरतों को भी ध्यान में रखना चाहिए।
5. भौतिक सुविधाएँ उपलब्ध कराते समय पुस्तकालय के कर्मचारियों की जरूरतों का भी ध्यान रखना चाहिए।
6. पुस्तकालय भवन की योजना इस प्रकार बनाई जानी चाहिए कि उसमें पुस्तकालय की संवर्द्धनशीलता के अनुसार परिवर्तन किये जा सकें।
7. भवन निर्माण पुस्तकालय के विधि कार्यों को ध्यान में रखकर किया जाये।
8. भवन का भौतिक ढाँचा पुस्तकालय के कार्यों के अनुरूप हो।
9. सेवाओं के संचालन और प्रशासन में मितव्ययता को ध्यान में रखते हुए भवन का निर्माण होना चाहिए।
10. विशेष अध्ययन प्रकोष्ठ पुस्तक के नजदीक होना चाहिए।

भवन के निर्माण की योजना को आसानी से बनाने के लिए पाठकों के स्तर का ज्ञान होना और निम्नलिखित विषयों से सम्बन्धित विवरण उपलब्ध होना चाहिए–

1. पुस्तकालय के प्रकार : पुस्तकालय विविध प्रकार के हो सकते हैं। वह पुस्तकालय के प्रकार पर निर्भर करता है कि वह किस स्तर के पाठकों को, किस प्रकार की सेवाएँ प्रदान करे। अतः पुस्तकालयों की आवश्यकताएँ उसके प्रकार के आधार पर ही ज्ञात की जा सकती हैं और इस प्रकार प्रासाद की रूपरेखा बनाते समय उन आवश्यकताओं के अनुरूप स्थान उपलब्ध कराया जाता है। उदाहरण के लिए जहाँ विभागीय पुस्तकालयों में बाल कक्ष की कोई आवश्यकता नहीं है वहीं सार्वजनिक पुस्तकालयों में ये बहुत जरूरी है। सार्वजनिक पुस्तकालय के पाठकों की रुचियाँ कई प्रकार की हो सकती हैं, जबकि एक शोध पुस्तकालय के पाठकों की रुचियाँ सीमित होती हैं।

2. पाठकों की संख्या : पुस्तकालय के भवन का निर्माण कराते वक्त यह अनुमान होना चाहिए कि प्रतिवर्ष कितने पाठक इसका उपयोग करेंगे। क्षेत्रीय लोगों के बौद्धिक स्तर और पुस्तकालय के संग्रह की उपयोगिता कितने लोगों के लिए होगी, इस बात के आंकलन के आधार पर पाठकों की संख्या की गणना की जा सकती है। इस प्रकार आंकलन क्षेत्र के साक्षर लोगों की संख्या के आधार पर भी लगाया जा सकता है। करीब 10 प्रतिशत लोग भारत में सार्वजनिक पुस्तकालयों का उपयोग करते हैं। यदि किसी क्षेत्र की शिक्षित जनसंख्या का 10 प्रतिशत हम ज्ञात कर लें, तो पाठकों की संख्या का सहज अनुमान लग जाता है और हम कल्पना कर पाते हैं कि कितने लोगों के लिए पुस्तकालय में सुविधा होनी चाहिए। एक शैक्षणिक पुस्तकालय में एक समय में संख्या के कुल छात्रों के 10 प्रतिशत से अधिक छात्र पुस्तकालय का उपयोग नहीं करते। अतएव ऐसी स्थिति में अध्ययन कक्ष में कुल छात्रों के 10 प्रतिशत के लिए बैठने का स्थान होना चाहिए और हर एक छात्र के लिए पुस्तक संग्रह में कुछ पुस्तकें होनी चाहिए। स्पष्ट है कि पुस्तक संग्रह के लिए तथा अध्ययन के लिए कितना-कितना स्थान जरूरी है इसको पाठकों की संख्या के आधार पर जाना जा सकता है।

3. पाठक वर्ग के विभिन्न स्तर : भवन के निर्माण की योजना को आसानी से बनाने के लिए पाठकों के स्तर का ज्ञान होना चाहिए। जहाँ सार्वजनिक पुस्तकालय में अध्ययन कक्ष के लिए बड़े-बड़े हाल आवश्यक होते हैं, वहीं शोध पुस्तकालय में छोटे-छोटे कक्षों की जरूरत होती है।

4. पुस्तकों तथा पत्र-पत्रिकाओं की संख्या : योजना बनाते वक्त यह आंकलन आवश्यक होता है कि पुस्तकालय को पाठकों की आवश्यकता की पूर्ति हेतु और कितने सभानों की जरूरत है या वह किस प्रकार के होंगे। उदाहरण के तौर पर एक दृश्य-श्रव्य पुस्तकालय का स्वरूप शैक्षिक पुस्तकालय के स्वरूप से भिन्न होता है।

5. वर्तमान वर्ष में खरीदने वाली पत्र-पत्रिकाओं की संख्या : योजना के अन्तर्गत यह भी ध्यान रखना चाहिए कि पुस्तकालय वर्तमान वर्ष में कितने सामानों को खरीदेगा। इस विवरण के आधार पर हम यह भी अनुमान लगा सकते हैं कि हर साल न्यूनतम कितने का साहित्य क्रय किया जायेगा। एक ओर जहाँ शोध पुस्तकालय में आने वाली पत्र-पत्रिकाओं की संख्या काफी ज्यादा होती है वहीं विद्यालय पुस्तकालय में कम संख्या में पत्र-पत्रिकाएं आती हैं।

6. अन्य पठन सामग्री की मात्रा : पुस्तकालय में विविध सामग्रियाँ जैसे—माइक्रोफिल्म, माइक्रोकार्ड, चलचित्र ग्रामोफोन रिकॉर्ड, इत्यादि और कौन-कौन-सी

सामग्री, कितनी मात्रा में संग्रहीत की जायेगी। इसका कयास करना भी आवश्यक होता है।

7. पाण्डुलिपियों की मात्रा : पाण्डुलिपियों को सुरक्षित रखने के लिए अधिक स्थान व सतर्कता की आवश्यकता होती है। अतएव जितनी अधिक पाण्डुलिपियाँ पुस्तकालय में होंगी, उसके लिए उतने ही अधिक स्थान की जरूरत होगी। पुस्तकालय भवन में वातानुकूलित कक्ष का होना पाण्डुलिपियों के परिरक्षण के लिए आवश्यक है।

8. वर्तमान वर्ष में खरीदने वाली सामग्री की मात्रा : प्रतिवर्ष कितनी नवीन सामग्री खरीदी जायेगी, इसका पूर्वानुमान आवश्यक है। नवीन साहित्य का वर्तमान युग में बहुत तीव्रता से प्रकाशन हो रहा है। इसलिए यह अनुमान लगा लेना और आवश्यक हो गया है कि इस युग में, जबकि श्री **राइडर** के अनुसार हर सोलह साल में शोध पुस्तकालय का संकलन दोगुना हो जाता है, यह अनुमान बहुत उपयोगी साबित होता है।

9. पुस्तकालय की सेवाएँ : भवन निर्माण की रूपरेखा तैयार करने से पहले प्रकृति और पुस्तकालय द्वारा दिये जा रहे सेवाओं के प्रकार की जानकारी आवश्यक है। दिल्ली सार्वजनिक पुस्तकालय अनेक पाठक वर्गों को कई प्रकार की सेवाएँ देता है और विभागों के लिए भवन निर्माण से पूर्व ही यह आंकलन कर लिया जाए कि पुस्तकालय किन-किन प्रकार की सेवाओं का संचालन करेगा।

10. स्थान, जलवायु तथा परिवेश : भवन निर्माण योजना पर पुस्तकालय के स्थान, जलवायु तथा परिवेश का बहुत प्रभाव पड़ता है। क्योंकि पुस्तकालय ऐसे स्थान पर होना चाहिए, जो पाठकों के लिए समीपस्थ हो, स्थान सुरम्य हो, भवन में सीलन एवं आर्द्रता न हो, धूप और ताप की समुचित व्यवस्था हो तथा निकट का माहौल बढ़िया हो।

पुस्तकालय के ज्यादा उपयोग की दृष्टि से ही स्थान का चयन होना चाहिए। भवन ऐसे स्थान पर होना चाहिए जहाँ प्रत्येक व्यक्ति सुगमतापूर्वक पहुँच सके। जहाँ तक हो सके सार्वजनिक पुस्तकालय ऐसे स्थान पर होना चाहिए, जहाँ नागरिक अपनी नित्य आवश्यकता की वस्तुएँ खरीदने जाते हों। पुस्तकालय का शहर से दूर तथा एकांत में होना ठीक नहीं होता है। डॉ. रंगनाथन के अनुसार वर्तमान युग में पुस्तकालय भवन के लिए शहर में ऐसा स्थान चुनना चाहिए, जो रेलवे स्टेशन अथवा ट्रामलाइनों से एक मील दूर हो, जिसके आधा मील के क्षेत्र में कोई रिक्शा स्टैण्ड न हो तथा सबसे निकटस्थ महाविद्यालय का छात्रावास कम से कम तीन मील दूरी पर

हो, ऐसा स्थान न चुनना अदूरदर्शिता पूर्ण निर्णय माना जायेगा। स्थान का चुनाव करते समय इस बात का भी ध्यान रखना चाहिए कि पुस्तकालय भवन का भविष्य में विस्तार किया जा सके। जमीन आयताकार हो, यदि जमीन पूर्व-पश्चिम की दिशा में अधिक लम्बी हो तो भारत जैसे उष्ण जलवायु वाले देश में पुस्तकालय का जलवायु उत्तम रहेगा। पुस्तकालय भवन यदि पूरब से पश्चिम दिशा में लंबाई लिए होगा तो सूरज की तेज धूप का असर पुस्तकालय पर नहीं पड़ेगा।

11. आर्थिक स्थिति : प्रारम्भ में पुस्तकालय को कितना धन प्राप्त हुआ तथा प्रतिवर्ष उसे अनुमानतः धनराशि कितना मिलती रहेगी, इसके आधार पर भवन-निर्माण की योजना बनायी जानी चाहिए।

12. पुस्तकालय में प्रवेश व्यवस्था-अबाध प्रवेश अथवा निषिद्ध प्रवेश प्रणाली : भवन की रूपरेखा तैयार करते वक्त ध्यान देने योग्य बिन्दु निम्नलिखित हैं। अबाध प्रवेश प्रणाली यदि अमल में लानी हो, तो पुस्तकालय भवन से आने और जाने के लिए केवल एक ही निश्चित एवं नियंत्रित यांत्रिक द्वार की व्यवस्था करनी होगी।

पुस्तकालय भवन : रूपेरखा

निम्न बिंदुओं पर भवन की रूपरेखा बनाते वक्त ध्यान देना चाहिए—

1. पाठकों की सुविधा, 2. भवन की आकर्षक बनावट, 3. भविष्य में परिवर्तन तथा परिवर्द्धन की सम्भावना। 4. आकर्षक-आंतरिक प्रकोष्ठ, 5. वायु, प्रकाश की पूरी व्यवस्था, 6. ताप और वातानुकूल की उत्तम व्यवस्था।

1. पाठकों की सुविधा : पाठकों की सुविधा का ध्यान पुस्तकालय के भवन की रूपरेखा तैयार करते समय देना चाहिए। इस दृष्टि से ही पुस्तकालय के लिए जगह का चुनाव करना चाहिए। नगर के जिस भाग की जनसंख्या अधिक हो, पुस्तकालय के लिए ऐसे स्थान का ही चुनाव करना चाहिए। यदि पुस्तकालय के लिए दूरस्थ स्थान चुना जायेगा तो पाठक सरलता एवं शीघ्रता से अपेक्षित संख्या में नहीं आ पायेंगे और तब पुस्तकालय का पूर्ण उपयोग भी नहीं हो पायेगा। घनी आबादी वाले नगरों में स्थान का चुनाव उपयुक्त सिद्धान्त के अनुसार कई बार सम्भव नहीं हो पाता, ऐसी स्थिति में यह स्मरण रखना चाहिए कि पाठकों तक पुस्तकालय की सेवा पहुँचाने के लिए आवागमन एवं सन्देश वाहन के साधनों की समुचित व्यवस्था हो, जिस स्थान पर पुस्तकालय हो, वहाँ पर कोलाहल नहीं होना चाहिए। यदि ऐसा स्थान चुनना पड़े जहाँ कोलाहल होता हो तो कक्ष की दीवारों का ध्वनि निरोधक बनाने की जरूरत पड़ेगी। कम विकसित तथा कम जन घनत्व वाले क्षेत्रों में पुस्तकालय

का निर्माण अनुपयुक्त होता है। इस सम्बन्ध में यह भी ध्यान रखना चाहिए कि चुने हुए स्थान का क्षेत्रफल काफी अधिक होना चाहिए ताकि भविष्य में इमारत की आवश्यकतानुसार वृद्धि की जा सके। इस दृष्टि से वर्गाकार अथवा तिकोनी भूमि कतई उपयुक्त नहीं होती। सड़क किनारे की आयाताकार भूमि ज्यादा उपयुक्त होती है। क्योंकि इस स्थान पर प्राकृतिक प्रकाश की प्रचुरता रहती है। पुस्तकालय भवन के उत्तर पूरब में कुछ स्थान खुला हुआ मिल जाने पर कमरों में प्राकृतिक प्रकाश एवं हवा पर्याप्त मात्रा में उपलब्ध होने लगती है।

2. भवन की आकर्षक बनावट : पुस्तकालय अपने उद्देश्य में तभी सफल हो सकता है जब वहाँ ज्यादा से ज्यादा पाठक आयें। बाह्य कक्ष आकर्षक एवं सुरुचिपूर्ण होने पर ही पाठक ज्यादा आयेंगे। यदि भवन निर्मित करते समय स्थानीय स्थापत्य कला का प्रयोग किया जाए तो भवन चित्ताकर्षक बन सकता है, परन्तु यह आवश्यक नहीं कि भवन को कृत्रिम साधनों जैसे पेंट और डेकोरेशन से सुन्दर बनाया जाए। कृत्रिम सुन्दरता को यथावत रखने के लिए प्रतिवर्ष काफी धनराशि की जरूरत पड़ सकती है। इस दृष्टि से पुस्तकालय का भवन सुन्दर किन्तु सादगीपूर्ण होना चाहिए।

3. भविष्य में परिवर्तन तथा परिवर्द्धन की संभावना : पुस्तकालय भवन के लिए अधिक जगह का चयन करना चाहिए और इसका निर्माण इस प्रकार हो, ताकि भविष्य में पुस्तकालय में होने वाले पाठकों की संख्या में वृद्धि, पाठ्य-सामग्री की मात्रा में वृद्धि, पुस्तकालय भवन के आकार में वृद्धि, नवीन विभाग की स्थापना के अनुरूप की जा सके। पुस्तकालयों में ज्यामितिक अनुपात से अध्ययन सामग्री बढ़ती है। अतएव पुस्तकालय भवन में लम्बाई तथा चौड़ाई दोनों ओर विकास की सम्भावना बनी रहनी चाहिए। इस दृष्टि से चारों ओर काफी क्षेत्र संभावित वृद्धि के लिए लान के लिए छोड़ा जाना चाहिए।

4. आकर्षक आंतरिक प्रकोष्ठ : आंतरिक प्रकोष्ठ में ही पुस्तकालय के विभागों तथा सेवाओं के संचालन की व्यवस्था की जाती है अतः इस कक्ष को आकर्षक होना चाहिए। आन्तरिक कक्ष इस प्रकार का होना चाहिए जो पाठक को मुख्य द्वार से प्रवेश करते ही आकृष्ट करे तथा विभिन्न कक्षों की स्थिति इस प्रकार होनी चाहिए कि सर्वाधिक लोकप्रिय कक्ष मुख्य द्वार के सन्निकट हो। कमरों का फर्श स्वतन्त्र होना चाहिए। कमरों की दीवारें सुन्दर तथा इस प्रकार की होनी चाहिए कि बोलने से गूँज न हो। पुस्तकालयों में ध्वनि नियंत्रण की पूरी गुंजाइश होनी चाहिए। इसके लिए यह अत्यावश्यक है कि कर्मचारियों के बैठने का नियत स्थान ऐसा हो, जहाँ से पाठकों की समस्त गतिविधियों पर सुगमता एवं कुशलताप्र्वक नियंत्रण रखा जा सके।

पुस्तकालय अत्यधिक पाठकों के होने पर ही अपने उद्देश्य में सफल हो सकता है। एक कमरे से दूसरे कमरे में पुस्तक ट्रॉली के आने-जाने की दृष्टि से कमरे के बीच में देहरी नहीं रहनी चाहिए। पुस्तकालय भवन की ऊँचाई एक अनुपात में ही होनी चाहिए। कमरों के अंदर संचार व्यवस्था का पर्याप्त प्रबन्ध होना चाहिए। कमरों की बिजली को नियन्त्रित करने के लिए प्रमुख स्विचबोर्ड होना चाहिए। आन्तरिक भाग की रूपरेखा बनाते समय उपयोगितावादी दृष्टिकोण रखना चाहिए।

5. वायु, प्रकाश की पूरी व्यवस्था : शुद्ध हवा के लिहाज से पुस्तकालय में पर्याप्त संख्या में खिड़कियाँ, दरवाजे तथा रोशनदान होने चाहिए। प्रत्येक कमरे में स्थानीय मौसम को ध्यान में रखते हुए समुचित संख्या में खिड़कियाँ तथा रोशनदानों की व्यवस्था की जानी चाहिए। भवन निर्माण कराते समय इस बात का ध्यान रखना चाहिए कि भवन में वायु का पर्याप्त आवागमन हो।

पुस्तकालय में पर्याप्त प्रकाश की व्यवस्था होनी चाहिए। व्यवस्था ऐसी होनी चाहिए, जिससे अधिकाधिक प्राकृतिक प्रकाश भवन के अन्दर पहुँचे। किन्तु सूर्य की किरणें पुस्तकों पर सीधी न पड़ें। प्राकृतिक के अतिरिक्त कृत्रिम साधनों का भी आवश्यकतानुसार प्रयोग किया जाना चाहिए। अध्ययन क्षेत्र में एक समान फैलाव वाले कृत्रिम-प्रकाश की ही व्यवस्था होनी चाहिए।

6. वातानुकूलन और ताप की उत्तम व्यवस्था : पुस्तकालय प्रासाद निर्माण के समय ऐसी व्यवस्था की जानी चाहिए, जिससे कि आधुनिक ताप नियन्त्रक यन्त्रों का प्रयोग कर पुस्तकालय के तापमान को पाठकों के अनुकूल बनाया जा सके। पुस्तकों को सुरक्षित रखने के लिए भी एक निश्चित तापमान की जरूरत होती है। 65° फा. से 75° फा. तापमान तथा 40° से 50° फा. आर्द्रता पुस्तक संग्रहगारों में होनी चाहिए, इससे कम तापमान अथवा आर्द्रता होने पर दीमक इत्यादि के प्रकोप की सम्भावना रहती है। विशिष्ट सामग्री एवं पाण्डुलिपि कक्ष पूर्णयता वातानुकूलित होना चाहिए। कुचार्ड ने वातानुकूलन का महत्त्व बताते हुए कहा है कि यह आर्द्रता, ताप, वायु वेग और वायु का दबाव, धूल, दुर्गन्ध, कीड़े-मकोड़े तथा विषाक्त गैस नामक आठ तत्त्वों से पुस्तकालय को सुरक्षित रखता है।

पुस्तकालय भवन निर्माण : आधार योजना

सार्वजनिक पुस्तकालय के सम्बन्ध में प्रायः शहर की शिक्षित जनसंख्या तथा शैक्षणिक पुस्तकालय के सम्बन्ध में छात्र-प्राध्यापकों की संख्या को पुस्तकालय भवन

निर्माण की योजना का आधार माना जाता है। इसके अतिरिक्त दूसरे निम्नांकित तत्त्व भी विचारणीय होते हैं–

1. प्रस्तावित क्षेत्र में पाठ्य-सामग्री का वितरण, क्या वे स्वयं सामग्री क्रय करने में समर्थ हैं?
2. पुस्तकों की अनुकूलतम संख्या।
3. अन्य पुस्तकालयों से मिलने वाली सहयोग की दिशाएँ तथा मात्रा।
4. पुस्तकालयों में संग्रह की प्रकृति। पुस्तकेत्तर सामग्री है अथवा नहीं।
5. पुस्तकालय के सन्निकट क्षेत्र में मनोरंजन के दूसरे साधन।
6. पुस्तकालय स्थापना वाले क्षेत्र में साक्षरता का प्रतिशत।
7. भवन निर्माण के लिए प्रस्तावित स्थान के चारों ओर रहने वालों का जीवन-स्तर।

विशिष्ट पुस्तकालय, भारतीय पुस्तकालय संघ तथा सूचना केंद्र के भारतीय संघ के द्वारा पुस्तकालय भवन निर्माण योजना पर व्यापक कार्य किया गया है। 11-13 फरवरी, 1980 को विज्ञान तथा प्रौद्योगिकी के लिए राष्ट्रीय सूचना प्रणाली (NISSAT) कार्यक्रम के तहत 'पुस्तकालय भवनों के आयोजन तथा आकार-प्रकार पर संगोष्ठी' भारत सरकार के विज्ञान व तकनीकी विभाग के सौजन्य से आयोजित कि गई, जिसमें विश्व के विशेषज्ञों की सहमति के आधार पर निष्कर्ष निकाले गये। श्री सोलैस (Saules) ने भी पुस्तकालय भवन में निर्माण सम्बन्धी महत्त्वपूर्ण सिद्धान्तों का प्रतिपादन किया है–

1. न्यूनतम कर्मचारियों द्वारा सम्पूर्ण परिवीक्षण किया जा सके, इस दृष्टि से सार्वजनिक उपयोग में आने वाले कक्षों का निर्माण किया जाना चाहिए।
2. पुस्तक संयोजन की जो भी विधि अपनायी जाये, लक्ष्य यह होना चाहिए, कि पाठक पुस्तकों का उपयोग सरलता से कर सकें तथा उनके निकट बैठकर उनका उपयोग कर सकें।
3. पुस्तकालय भवन का, पुस्तकालय द्वारा निष्पादित की जाने वाली क्रियाओं को ध्यान में रखकर आयोजन किया जाना चाहिए।
4. प्रत्येक पुस्तकालय भवन के निर्माण से पूर्व पुस्तकालय द्वारा निष्पादित किये जाने वाले कार्यों और पाठक समुदाय की आवश्यकताओं पर ध्यान केंद्रित करना चाहिए।
5. भवन निर्माण, भविष्य में पुस्तकालय निकट की संवृद्धि और विकास को दृष्टिगत रखते हुए कराना चाहिए।

6. व्यावहारिक कक्षों और अध्ययन कक्षों में कम-से-कम सज्जा होनी चाहिए।
7. पुस्तकालय भवन का निर्माण प्रशासनिक मितव्ययिता को दृष्टिगत रखकर करना चाहिए।
8. स्थापत्य को गौण मानकर भवन की समग्र उपयोगिता को ध्यान में रखना चाहिए।
9. बाहरी कक्ष पर विचार करने से पूर्व भवन की आन्तरिक संरचना पर चिंतन करना चाहिए।

पुस्तकालय भवन के निर्माण की दृष्टि से हेनरी फाकनर ने 10 सूत्र प्रस्तुत किये हैं, जो निम्नवत हैं–

1. **सुरक्षा :** पाठक व्यवहार को नियन्त्रित करने तथा पुस्तक, पत्रिकाएँ तथा समाचार पत्र की क्षति को रोकने की दृष्टि से।
2. **दिशा निर्देशक :** पुस्तकालय के समस्त कार्यों की पाठक वर्ग को जानकारी हो सके, इस दृष्टि से पुस्तकालय भवन में दिशा निर्देशात्मक होनी चाहिए।
3. **लोचपूर्ण :** भवन न्यास संरचना तथा सेवाओं के निष्पादन की दृष्टि से।
4. **सुविधाजनक :** पाठकों, कर्मचारियों और पुस्तकों के आवागमन की दृष्टि से।
5. **विविधता :** पाठक अपनी सुविधानुसार पठन सामग्री का चयन कर सकें तथा उन्हें अध्ययनार्थ पर्याप्त स्थान सुगम हो सके। इस दृष्टि से पुस्तकालय भवन में विविधता होनी चाहिए।
6. **सुसंगठित :** पाठकों और साहित्य के बीच समीपता की दृष्टि से।
7. **सुगमता :** पठन सामग्री का अधिकतम उपयोग सुनिश्चित करने की दृष्टि से।
8. **स्थिरता :** पुस्तकालय सामग्री के अधिरक्षण की दृष्टि से उपयुक्त वातावरण प्रदान करने हेतु।
9. **विकासशीलता :** न्यूनतम गतिरोध के बिना भविष्य में आवश्यकतानुसार भवन का विकास हो सकें।
10. **आसान पहुँच :** पुस्तकालय भवन इतना सुनियोजित हो कि न्यूनतम निर्देशों से ही पाठक वर्ग भवन के सभी भागों में पहुँच सकें।

पुस्तकालय भवन का निर्माण **श्री एनथॉनी थाम्पसन** के अनुसार तीन भागों में बांटकर करना चाहिए।

1. वार्तालाप प्रधान कक्ष : पत्र-पत्रिका व संदर्भ, संग्रहागार, अध्ययन कक्ष व अनुसंधानित्सु कक्ष।

2. शांति प्रधान कक्ष : पुस्तकालय के शेष भाग।

3. कोलाहल वाले क्षेत्र : आदान-प्रदान कक्ष, प्रवेश द्वार, निक्षेपालय, संगोष्ठी कक्ष, सन्दर्भ सहायक कक्ष, सूचीकार्ड कक्ष, कर्मचारी कक्ष, प्रदर्शन कक्ष।

इन सब के अतिरिक्त भवन में पर्याप्त रोशनदान व खिड़की, उचित प्रकाश व संवातन तथा पुस्तकों को सुरक्षित रखने की उचित व्यवस्था पुस्तकालय भवन में होनी चाहिए और भविष्य में संवर्द्धन की दृष्टि से पुस्तकालय में पर्याप्त संभावनाएँ भी होनी चाहिए। पुस्तकालय भवन निर्माण एवं आन्तरिक साज-सज्जा के सम्बन्ध में अनेक राष्ट्रीय अन्तर्राष्ट्रीय संगठनों ने मानक तय किये हैं। जिनमें भारतीय मानक संस्थान, अन्तर्राष्ट्रीय मानक संगठन, (ब्रिटिश मानक संस्थान, अमरीकी पुस्तकालय संघ, विश्वविद्यालय अनुदान आयोग भारत) प्रमुख हैं। ये निम्नलिखित मानक प्रमुख हैं–

1. IS : 2672-1966 पुस्तकालय प्रकाश के सम्बन्ध में व्यवहार संहिता।
2. IS : 1553-1676 विद्यालय पुस्तकालय भवन न्यास के बुनियादी तत्त्वों सम्बन्धी अनुशंसाएँ।
3. IS : 1829 (भाग-1, 1978) पुस्तकालय उपस्कर और आंतरिक तथा बाह्य सज्जा के सम्बन्ध में मानक।
4. IS : 1829 (भाग 2,1977) पुस्तकालय उपस्कर और सज्जा के सम्बन्ध में मानक।

इन बिन्दुओं में से कतिपय प्रमुख बातों को ध्यान में रखते हुए भारतीय मानक संस्थान ने अलग-अलग प्रकार के पुस्तकालय भवनों की योजना बनाने के लिए 'मार्गदर्शक संकेत पुस्तिका' प्रकाशित की है।

भवन निर्माण के सिद्धांतों के अनुसार पुस्तकालय को भारतीय मानक संस्थान द्वारा पांच प्रमुख वर्गों में बांटा गया है–

1. संस्थागत पुस्तकालय,
2. विशिष्ट पुस्तकालय,
3. डारमीटरी पुस्तकालय,
4. सार्वजनिक पुस्तकालय,
5. शैक्षणिक पुस्तकालय।

पुस्तकालय भवन में विभिन्न विभाग

पुस्तकालय भवन में सभी प्रकार के प्रयोगों को सही जगह मिलनी चाहिए जो विभागों की स्थिति, उपयोगिता और पाठकों की पाठ्य-सामग्री के प्रकार आदि तत्त्वों

पर निर्भर करता है। किस विभाग को कितना क्षेत्र आवंटित किया जाए, यह पुस्तकालय प्रकार तथा उसके द्वारा दी जाने वाली सेवाओं की प्रकृति पर निर्भर होता है। अग्रांकित परिप्रेक्ष्यों में पुस्तकालय के विभिन्न प्रभागों तथा भवनों में उनकी स्थिति पर प्रकाश डाला गया है–

पुस्तक निर्गम विभाग

सदस्यों को वांछित पुस्तक अतिशीघ्र देना तथा वापिस हो रही पुस्तकों को अतिशीघ्र ले लेना ही पुस्तक निर्गम प्रभाग का कार्य होता है। पुस्तकालय का मुख्य कार्य पुस्तकों का आदान-प्रदान करना है, अतएव इस विभाग की स्थिति मानव-शरीर में नाड़ी तंत्र की भाँति है।

अपनी सेवाएँ यह विभाग सुगमतापूर्वक प्रदान कर सके, इसके लिए जरूरी यह है कि संग्रहागार से यह विभाग जुड़ा हुआ हो इस विभाग से सम्बद्ध तीन उप विभाग होने चाहिए यथा–

1. सूची-केबिनेट,
2. संग्रहागार,
3. आदान-प्रदान पटल।

सूची केबिनेट : सूची कैबिनेट अध्ययन कक्ष एवं संग्रहागार के मध्य तथा निर्गम काउण्टर के नजदीक होनी चाहिए।

संग्रहागार : वह स्थान जहाँ पुस्तकें संग्रहीत होती हैं, संग्रहागार कहलाता है। जिसके प्रयोग में पुस्तकालय भवन का अधिकांश क्षेत्र आ जाता है। इसलिए पुस्तकालय भवन का यह महत्त्वपूर्ण जटिल अंग होता है। जटिल इसलिए है कि इसमें पुस्तकें तथा अन्य प्रकार की पाठ्य-सामग्री को किस ढंग से नियोजित करने की व्यवस्था होनी चाहिए। संग्रहागार के लिए पुस्तकालय भवन में कितनी जगह आवंटित की जाये इसके लिए पुस्तकों के मौलिक संग्रह तथा इसमें अनुमानित वार्षिक वृद्धि की कल्पना करते समय स्थापना वर्ष से दस वर्ष बाद कितनी पुस्तकें पुस्तकालय में होंगी इस आंकलन के आधार पर निर्णय लेना चाहिए। वार्षिक पुस्तक वृद्धि का अनुमान लगाने के लिए कुछ पुस्तकालय विशेषज्ञों ने कई विशेष तरीकों की खोज की है। अमेरिका के पुस्तकालय संघ के अनुसार आदर्श पुस्तकालय सेवा प्रदान करने के लिए किसी पुस्तकालय में डेढ से तीन पुस्तक प्रति व्यक्ति सुलभ होनी चाहिए। ब्रिटेन के राबर्ट समित का मानना है किसी स्थापित हो रहे पुस्तकालय में कम से कम 7200 पुस्तकों का होना आवश्यक है। छोटे पुस्तकालयों में भी

कम-से-कम 800। इसके बाद जनसंख्या के उपर्युक्त आधार पर संग्रह में वृद्धि की जानी चाहिए। उपन्यास तथा 3000 अन्य पुस्तक जिन पर न्यूनतम 3600 पौंड खर्च किये जायें पुस्तकालय में उपलब्ध होना चाहिए। भारतीय विश्वविद्यालय अनुदान आयोग के मतानुसार, शैक्षणिक पुस्तकालय में इतनी पुस्तकें प्रतिवर्ष क्रय की जानी चाहिए, जिनका मूल्य प्रति छात्र पच्चीस रुपये तथा प्रति शिक्षक तीन सौ रुपये अथवा प्रति छात्र बीस रुपये और प्रति शिक्षक तीन सौ रुपये के हिसाब से पुस्तक खरीदी जानी चाहिए। इन समितियों के कथनानुसार हमें यह पता लग सकता है कि पुस्तकालय में कितनी पुस्तकों की वार्षिक वृद्धि होगी। अपने प्रतिवेदन विश्वविद्यालय अनुदान आयोग ने विश्वविद्यालय तथा महाविद्यालय पुस्तकालयों में प्रारम्भिक पुस्तक संख्या का अनुमान भी लगाया है, जो निम्नवत है–

1. महाविद्यालय पुस्तकालय प्रारम्भिक पुस्तक संख्या पाँच हजार से पचास हजार।

2. विश्वविद्यालय पुस्तकालय प्रारम्भिक पुस्तक संख्या एक लाख से तीन लाख।

विद्यालयीय पुस्तकालय के सम्बन्ध में पाँच से दस पुस्तक प्रति छात्र तथा कम से कम तीन या चार हजार पुस्तकों का संग्रह आवश्यक है।

संग्रहागार के लिए कितने वर्ग फीट स्थान की आवश्यकता होगी इसका अनुमान लगाने के लिए अनुमानित संख्या में पन्द्रह से भाग देकर किया जा सकता है। क्योंकि अनुमानतः पन्द्रह पुस्तकें एक वर्गफीट स्थान घेरती हैं। इसके अतिरिक्त 300 पुस्तक प्रति आलमारी के हिसाब से भाग देकर भी कितना भू-भाग अपेक्षित होगा, इसके सम्बन्ध में अनुमान लगा सकते हैं। विश्वविद्यालय अनुदान आयोग ने संग्रहागार के क्षेत्रफल का निर्णय करने के लिए निम्नलिखित सूत्र पेश किया है–

1. संग्रहागार की लम्बाई–1.80 n + 3.15 n
   (यहाँ का आशय पुस्तक रैक के पंक्तियों की संख्या से है।)
2. संग्रहगार की चौड़ाई–
   3. मी. (पुस्तक रैक की लम्बाई 2 मीटर तथा चलने फिरने का स्थान 1 मीटर)
   5. मी. (दो पुस्तक रैक = 4 मी. तथा 1 मीटर चलने फिरने का स्थान)
   8. मी. (तीन पुस्तक रैक = 6 मी. तथा 2 मीटर चलने फिरने का लिए स्थान)
   10. मी. (चार पुस्तक रैक = 8 मी. तथा 2 मीटर चलने फिरने का स्थान)
3. ऊँचाई-फर्श से छत तक 2.25 मीटर।

संग्रहागार को इस दृष्टि से बनाना चाहिए कि आवश्यकता पड़ने पर उसे वातानुकूलित किया जा सके तथा इसे प्रमुख द्वार के पास ही होना चाहिए। संग्रहागार की सतह समतल तथा सतह निर्माण के लिए चुनी गई सामग्री ऐसी होनी चाहिए जिससे कि निर्माण के बाद उसे चूहे आदि नुकसान न पहुँचा सकें। विद्युत फिटिंग के लिए दीवार के अन्दर व्यवस्था होनी चाहिए, जिससे आग लगने का डर न रहे। दीवारों में अग्नि निरोधक उपकरण भी पुस्तकालय में उपयोग करना चाहिए। निर्मित की जाने वाली खिड़कियों की गहराई कम होने पर खिड़कियों के पास कुछ देर के लिए वितरण के लिए निकाली गई अथवा सदस्यों से वापिस लौटी हुई पुस्तकें रखी जा सकें। खिड़कियों की गहराई कम होने पर खिड़कियों के पास कुछ स्थान छोड़ना है, जिससे कि छोटी आलमारी रखकर अस्थाई रूप से पुस्तकें रखी जा सकें। एक आलमारी से दूसरी आलमारी तक या एक रैक से दूसरे रैक तक जाने-आने के लिए 1.35 मीटर की गैलरी आवश्यक होती है। आलमारी तथा रैक की गहराई 45 सेमी उचित मानी गई है। इस दृष्टि से प्रत्येक 1.80 मीटर जगह के बाद आलमारियों अथवा रैक की दूसरी कतार लगाई जा सकती है। इसमें यह ध्यान रखा जाना चाहिए कि खिड़कियों से आलमारियों की दूरी एक मीटर हो तथा द्वार एवं आलमारियों अथवा रैक की प्रथम कतार के बीच भी 1.35 मीटर स्थान छोड़ा जाये तथा इतना ही स्थान अन्तिभ पंक्ति तथा दीवार के बीच छोड़ा जाये।

भारतीय मानक संस्थान के अनुसार एक आलमारी अथवा रैक, जिसकी लम्बाई दो मीटर, ऊँचाई 2.20 मीटर तथा गहराई 0.45 मीटर हो, उसमें लगभग 700 से 750 पुस्तकों को रखा जा सकता है। 2.35 मीटर की ऊँचाई संग्रहागार में हर मंजिल की होनी चाहिए। मंजिल की इतनी ऊँचाई इसलिए है कि 2.20 मीटर ऊँचाई आलमारी रखने के बाद मार्गदर्शक पटिट्काओं के लिए 0.15 मीटर जगह छूट जाये।

आदान-प्रदान पटल : आदान-प्रदान पटल संग्रहागार के नजदीक होना चाहिए। मुक्त प्रवेश प्रणाली में पटल के निकट होने से पाठकों के लिए पुस्तक का चयन करने और पुस्तक निर्गमित करने का कार्य आसान हो जाता है। इसके अतिरिक्त संग्रहागार में उपस्थित पाठकों पर पुस्तकालय कर्मचारी नियंत्रण रख सकते हैं। निषिद्ध प्रवेश प्रणाली में पुस्तकालय का सूची कक्ष पास हो तो सुगमता होती है। पुस्तकालय में सूची देखकर पाठक आवश्यकता की पुस्तक प्राप्त करने के लिए व्यक्तिगत सहायता प्राप्त कर सकते हैं तथा चुनी हुई पुस्तक तुरन्त उपलब्ध कर सकते हैं। लेन-देन पटल का क्षेत्र डेढ़ वर्गमीटर तथा अधिक सदस्य संख्या होने पर आठ से अधिक वर्ग मीटर क्षेत्रफल पर्याप्त होता है।

पटल के पीछे छोटे-छोटे खाने वाली शेल्फ वापस की हुई पुस्तकों को रखने के लिए बनी होनी चाहिए। इसके अलावा आवश्यक पंजिका तथा सदस्यों द्वारा आरक्षित कराई गई पुस्तकें रखने के लिए भी पटल के निकट स्थान का प्रावधान होना चाहिए।

अध्ययन कक्ष

अध्ययन कक्ष की रचना आराम एवं सुविधा के दृष्टिकोण से होनी चाहिए क्योंकि इस लोकप्रिय विभाग से पाठक बैठ कर पठन-पाठन करते हैं। प्रकाश और वायु की पूर्ण व्यवस्था इस कक्ष में होनी चाहिए तथा कोशिश होनी चाहिए कि दिन में अधिक कृत्रिम प्रकाश का प्रयोग न करना पड़े और प्राकृतिक प्रकाश से ही काम चल जाये। पाठकों की संख्या के आधार पर अध्ययन कक्ष की लंबाई तथा चौड़ाई निर्भर करती है। अनुमानतया हर पाठक के लिए 25 वर्ग फीट की जरूरत होती है। सार्वजनिक पुस्तकालयों में काफी मात्रा में लोग अध्ययन कक्ष का प्रयोग करते हैं। इसलिए पुस्तकालय क्षेत्र की कुल जनसंख्या को आधार मानकर अध्ययन कक्ष में न्यूनतम कितने लोगों के बैठने की व्यवस्था की जाए, The Small Public Library Building नामक पुस्तक में इसके सम्बन्ध में प्रकाश डाला गया है।

अनुमानित जनसंख्या	बैठने की जनसंख्या प्रति हजार व्यक्ति
दस हजार से कम	चार से दस फीट प्रति हजार
दस हजार से ज्यादा लेकिन 24,000 से कम	चार से पाँच फीट
25,000 से ज्यादा लेकिन 49,000 से कम	तीन से चार फीट प्रति हजार व्यक्ति
50,000 से ज्यादा लेकिन 74,000 से कम	दो से तीन फीट प्रति हजार
75,000 से ज्यादा लेकिन 99,000 से कम	डेढ से दो फीट प्रति हजार व्यक्ति

लगभग 40 से 50 प्रतिशत पाठक शैक्षणिक पुस्तकालयों के अन्तर्गत अध्ययन कक्ष का लाभ उठाते हैं। श्री मैटकाफ के अनुसार प्रत्येक दस छात्रों में से तीन छात्रों के लिए पुस्तकालय के अध्ययन कक्ष में बैठने की सुविधा होनी चाहिए। लाईल तथा बुराचाई के अनुसार किसी शैक्षिक संस्था की छात्र संख्या की आधी से चौथाई संख्या

में छात्रों के बैठने के लिए जगह उपलब्ध होनी चाहिए। विश्वविद्यालय अनुदान आयोग पुस्तकालय समिति (भारत) के अनुमान के अनुसार प्रति सौ में से बीस छात्रों के हिसाब से तथा हर सौ अध्यापकों में दस के लिए बैठने की व्यवस्था अध्ययन कक्षा में होनी चाहिए। समिति ने भारतीय मानक संसाधन द्वारा तय मानक के आधर पर एक उपाय प्रस्तुत किया है, जो निम्नलिखित है–

अध्ययन मेजों की पंक्ति की संख्या = 10

अध्ययन मेज का आकार = 0.70

1. लम्बाई 1.5 (नियंत्रण क्षेत्र इसमें शामिल नहीं है।)

2. चौड़ाइ 5 मी.(2 मेज = 4 मीटर तथा आने जाने के लिए रास्ता 1 मी.) तथा 7.5 मी. (3 मेज = 6 मीटर तथा 1.5 मी. आने जाने का रास्ता) अथवा 10 मी.(4 मेज =8 मी. तथा 2 मीटर आने जाने का रास्ता)। अध्ययन कक्ष में पत्र-पत्रिकाओं को प्रदर्शनाधारों पर रखने की दृष्टि से पर्याप्त स्थान उपलब्ध होना चाहिए। जगह इस प्रकार छोड़ी जानी चाहिए कि उसमें जरूरत के मुताबिक प्रदर्शनाधार या मेजों का उपयोग किया जा सके। इनके दोनों ओर कुर्सियों के लिए भी जगह छोड़ी जानी चाहिए। पर्याप्त समाचार-पत्र स्टैण्ड की व्यवस्था समाचार पत्रों को प्रदर्शित करने के लिए होनी चाहिए।

बाल-विभाग

नन्हें-मुन्ने पाठकों के लिए आकर्षक तथा मनोरंजक विभाग होना चाहिए। इस विभाग में पुस्तकों के अलावा बालकों के मनोरंजन के लिए अन्य सामग्री रखी जाती है। कई पुस्तकालयों में बाल-विभाग से बाल पुस्तकालय भी सम्बद्ध रहते हैं। इसलिए इस विभाग के निर्माण की योजना बनाते समय ज्यादा सावधानी बरतनी पड़ती है।

बालकों को आने-जाने में कोई कठिनाई न हो, इस लिहाज से बाल-विभाग को सबसे निचली मंजिल पर होना चाहिए। बाल-विभाग से लगा हुआ प्रसाधन गृह-कक्ष होना चाहिए। यदि बाल-विभाग को प्रथम तल पर किसी कारणवश न रखा जा सके, तो मुख्य दरवाजे से सीढ़ियाँ आरम्भ कर उसके ठीक ऊपर बाल-विभाग स्थापित किया जा सकता है। बाल विभाग के अन्तर्गत पुस्तक रखने व पढ़ने के साथ, बाल गोष्ठियां, कहानी सुनाना तथा अन्य प्रोग्रामों हेतु स्थान देने आवश्यक हैं। बाल-विभाग में स्पष्टतः पाँच मुख्य कार्यों के लिए स्थान उपलब्ध होना चाहिए–

1. बाल गोष्ठी, कहानी सुनाने और अन्य कार्यक्रमों के आयोजन के लिए।

2. पुस्तकें संग्रह करने और बैठकर पढ़ने के लिए।
3. खेल-खिलौने प्रदर्शित करने और बालकों को खेलने का मौका प्रदान करने के लिए।
4. पत्र-पत्रिकाएँ प्रदर्शित करने और उन्हें प्रोत्साहित करने के लिए।
5. पुस्तकों और अन्य सामग्री के लेन-देन के लिए।

बाल विभाग का निर्माण इस प्रकार हो कि उसमें बालकों के बैठने की उचित व्यवस्था के साथ वह बालकों को अपनी तरफ आकर्षित भी करे।

पुस्तकें, खिलौने के लिए बाल-विभाग में समुचित जगह होनी चाहिए। 1.50 मीटर से 1.60 मीटर के बीच आलमारियों की ऊँचाई होनी चाहिए। अनुमानतः एक वर्ग फीट जगह में लगभग तीस से पैंतीस पुस्तकें संग्रह की जा सकती हैं। पुस्तकालय के बाल सदस्यों की संख्या का उचित आंकलन कर बाल-विभाग के लिए स्थान आवंटित किया जाना चाहिए। पुस्तकालय के प्रौढ़ पाठकों की आंकलित संख्या को आधार मानकर उसकी लगभग 20 प्रतिशत संख्या को बाल पाठकों की संख्या माना जा सकता है। उपर्युक्त अनुच्छेदों में प्रौढ़ जनसंख्या के सम्बन्ध में **गाल्विन** और **व्यूरिन** द्वारा प्रतिपादित नियम का उल्लेख किया गया है।

बालकों को पत्र-पत्रिकायें पढ़ने या अलबम देखने के लिए बाल-विभाग में वाचनालय की उचित व्यवस्था होनी चाहिए। मेज एवं कुर्सियाँ कमरे के बीचोंबीच होनी चाहिए। मेजों का आकार 75 सेमी. चौड़ा, 1.30 मीटर लम्बा एवं ऊँचाई 19 इंच होनी चाहिए। इस प्रकार की समुचित टेबलें प्रभाग में आ सकें, ऐसी व्यवस्था होनी चाहिए। बाल विभाग के मुख्य दरवाजे के निकट पुस्तकों के आदान-प्रदान की व्यवस्था होनी चाहिए।

सन्दर्भ विभाग

सन्दर्भ-कक्ष जिसमें पुस्तकें पत्र-पत्रिकाएँ आदि अनेक प्रकार की सामग्रियाँ रखी जाती हैं, को अध्ययन कक्ष के पास ही होना चाहिए। अतएव इस प्रभाग में इतना स्थान होना चाहिए, ताकि सुविधापूर्वक सभी सामग्री रखने के लिए फर्नीचर का प्रयोग किया जा सके।

प्रभाग का क्षेत्रफल सन्दर्भ सामग्री की मात्रा, पुस्तकालय की पाठक संख्या, सामग्री को संग्रहीत करने के लिए उपयोग में लाये गये फर्नीचर के प्रकार पर निर्भर करता है। फाइल रैक की आन्तरिक ऊँचाई 0.28 मीटर, चौड़ाई 0.38 मीटर तथा गहराई 0.64 मीटर होनी चाहिए। नई सामग्री जैसे विश्वकाश, कोश, मानचित्र

इत्यादि को रखने के लिए आधार मानचित्र विश्वकोश, आदि फर्नीचर की जरूरत होती है। यदि इस प्रभाग में श्रव्य-दृश्य सामग्री अथवा माइक्रोफिल्म, माइक्रोकार्ड, अभिलेख रखना हो तो उनके लिए यह व्यवस्था की जानी चाहिए और विभाग का नक्शा बनाते समय जरूरी समस्त साधनों के लिए जगह छोड़ी जानी चाहिए।

प्रशासकीय विभाग

प्रशासकीय विभाग के अन्तर्गत पुस्तकालयाध्यक्ष, सहायक पुस्तकालय कर्मचारियों के बैठने तथा पुस्तकालय समिति के कार्य संचालन के लिए कक्ष होना चाहिए। कुल मिलाकर निम्नांकित पाँच कक्ष इस प्रभाग के तहत होना जरूरी हैं:

पुस्तकालयध्यक्ष अनुभाग—इस कक्ष की ऐसी स्थिति हो जिससे पुस्तकालय के पाठक व कर्मचारी का पुस्तकालयाध्यक्ष के साथ नजदीकी सम्बन्ध बना रहे। सहायक पुस्तकालयाध्यक्ष का कक्ष पुस्तकालयाध्यक्ष के समीप रहना चाहिए। यदि पुस्तकालय बड़ा हो, तो दोनों में से एक कक्ष पाठक के समीप होना चाहिए तथा दूसरा कक्ष संग्रहागार एवं आदान-प्रदान पटल के केंद्र में रह सकता है। इस प्रकार नियंत्रण करने में आसानी होगी। पुस्तकालयाध्यक्ष का कक्ष तीस वर्ग मीटर क्षेत्रफल तथा सहायक पुस्तकालयाध्यक्ष के कक्ष का क्षेत्रफल 20 वर्गफीट सही है।

प्रशासकीय कक्ष : इस कक्ष में पुस्तकालय का समस्त अभिलेख रखने के लिए पर्याप्त स्थान होना चाहिए। पाँच वर्गमीटर जगह हर कर्मचारी को मिलनी चाहिए; पुस्तकालयाध्यक्ष के समीप कक्ष की स्थिति होनी चाहिए।

समिति कक्ष : समिति कक्ष, पुस्तकालयाध्यक्ष के कक्ष तथा पुस्तकालय के कार्यालय के समीप होना चाहिए। इस कक्ष के लिए तीन वर्गमीटर जगह छोड़ी जानी चाहिए।

तकनीकी कक्ष : यह कक्ष तकनीकी कार्य हेतु अलग होना चाहिए जिसमें प्रत्येक कर्मचारी के लिए कम से कम नौ मीटर की जगह आवश्यक है। यह कक्ष सहायक पुस्तकालयाध्यक्ष के कक्ष के निकट स्थित होना चाहिए।

ऊपरी कक्षों के अतिरिक्त चौकीदार कक्ष, भण्डार कक्ष, शौचालय और आगंतुक कक्ष, जलपान गृह इत्यादि के लिए भी जगह होनी चाहिए। शैक्षणिक पुस्तकालयों के शोध कक्ष में 6' 5 आकार के अध्ययन प्रकोष्ठ (cubicles) हेतु जगह होनी चाहिए। सार्वजनिक पुस्तकालय में जिल्दसाजी कक्ष, संगोष्ठी कक्ष, दुर्लभ पाठ्य-सामग्री कक्ष आदि का होना आवश्यक है।

अन्य विभाग

पुस्तकालय में प्रसार सेवा को संचालित करने के उद्देश्य से अन्य विभाग खोले जा सकते हैं। जैसे—पुस्तक प्रदर्शनी-कक्ष, भाषण-कक्ष, गोष्ठी-कक्ष, पुस्तकों की प्रर्दशनी के लिए प्रकाश-द्वार या प्रवेश-द्वार के पास कक्ष का समावेश, पुस्तकालय की रूपरेखा बनाते समय करनी चाहिए। इन कक्षों के अलावा निम्नांकित कक्ष भी जरूरी माने जा सकते हैं—

1. सभा-कक्ष,
2. लघु आकार अध्ययन-कक्ष,
3. अद्यतन वार्तालाप-कक्ष,
4. संगोष्ठी-कक्ष।

इन विभागों के लिए क्रमश : 15, 20, 40 वर्ग मीटर जगह पर्याप्त होगी। जरूरत के अनुसार इन मापों में बदलाव किया जा सकता है।

पुस्तकालय : प्रकाश व्यवस्था

कृत्रिम व नैसर्गिक प्रकाश की पूर्ण व्यवस्था पुस्तकालय भवन के अन्तर्गत होनी चाहिए जिससे पाठकों का अध्ययन, संग्रहगार से पुस्तकग्रंथ लाने ले जाने, पुस्तकालय के दैनिक कार्यों को सफलतापूर्वक किया जा सके। इसलिए प्रकाश व्यवस्था का प्रश्न पुस्तकालयाध्यक्षों और वास्तुविदों दोनों के लिए काफी महत्त्वपूर्ण है। पुस्तकालय भवन की रूपरेखा बनाते समय आधुनिक समय में प्रकाश व्यवस्था को महत्त्वपूर्ण स्थान दिया जाता है परन्तु इस विषय में पुस्तकालय प्रौद्योगिकी ने अब तक कोई उन्नति नहीं की है। फिर भी कुछ ऐसे सिद्धान्तों का प्रतिपादन वैज्ञानिकों ने अनुभव के आधार पर किया है, जिनसे प्रत्येक पुस्तकालय को प्रकाशमय बनाया जा सकता है।

फिर भी इस विषय पर तकनीकी ज्ञान व अत्यन्त चिन्तन से आवश्यकता है। विशेष रूप से इसलिए कि हर भवन में प्रकाश की मात्रा और उसका प्रकार निश्चित करना एक विशिष्टि और तकनीकी कार्य है। क्योंकि हर पुस्तकालय की प्रकाश सम्बन्धी सामान्य और विशिष्ट आवश्यकताएँ होती हैं। प्रकाश के सम्बन्ध में सबसे अधिक विवेकपू निर्णय इस बिन्दु पर करना पड़ता है कि भवन-विशेष में कहाँ-कहाँ और कितना प्राकृतिक एवं कृत्रिम प्रकाश निर्भर होगा। यह प्रश्न पुस्तकालय और वास्तुविद् के पारस्परिक चिन्तन और विवेक पर निर्भर करता है। वर्तमान परिस्थितियों में पुस्तकालयाध्यक्ष को वास्तुविद् के नाम पर अधिक अवलम्बित रहना पड़ता है, क्योंकि

पुस्तकालयाध्यक्ष भवन-प्रकाश योजना के सम्बन्ध में पुस्तकालय वैज्ञानिकों को अभी बहुत अनुकूल और विकसित ज्ञान प्राप्त नहीं हुआ है।

निम्नलिखित तथ्यों पर प्रकाश व्यवस्था की योजना तैयार करते समय अवश्य विचार करना चाहिए–

1. पुस्तकालय भवन के विभिन्न भागों में प्रकाश सम्बन्धी आवश्यकताएँ,
2. सौन्दर्य तत्त्व,
3. लागत,
4. प्रकाश की मात्रा और तेजी,
5. प्रकाश के प्रकार।

प्रकाश : मात्रा तथा तेजी

पुस्तकालय भवन में प्रकाश की समुचित व्यवस्था ऐसी होनी चाहिए कि प्रकाश न ही कम हो तथा न ही ज्यादा हो। समुचित मात्रा में प्रकाश से पाठकों को अध्ययन में और कार्यकर्ताओं को कार्य में सुविधा होगी। साथ ही पुस्तकालय में चोरी और असामाजिक कृत्य कुछ मात्रा में कम हो सकेंगे।

विशेषज्ञ पुस्तकालय में समुचित प्रकाश के मामले में एकमत नहीं हैं। इसका एक कारण यह है कि प्रकाश सम्बन्धी कुछ पाठकों की माँगें अलग-अलग होती हैं। कुछ पाठक अधिक प्रकाश में तो कुछ पाठक अपेक्षाकृत कम प्रकाश में अध्ययन करना पसन्द करते हैं। पुस्तक मुद्रण कला के विकास के साथ यह समस्या और भी जटिल हो गई है, क्योंकि आठ प्वाइंट फेस में मुद्रित पुस्तक को पढ़ने के लिए अधिक प्रकाश अपेक्षित होगा। कुछ वर्षों पूर्व अक्सफोर्ड यूनिवर्सिटी प्रेस ने आक्सफोर्ड इंग्लिश डिक्शनरी को जो बारह खण्डों में विशेष प्रक्रिया द्वारा अक्षरों को आठ प्वाइंट में मुद्रित किया जो अब पूर्व की तुलना में छः गुना छोटे हो गये हैं। यदि इस वैज्ञानिक युग में इस तरह की पुस्तकें बहुमूल्य हो गई हैं। तो प्रकाश का सवाल और भी कठिन हो जायेगा। भवन के सभी हिस्सों में बराबर प्रकाश वितरित हो, यह कोई जरूरी नहीं है। संग्रहागार, प्रशासन गृह की अध्ययन कक्ष सूची तथा तकनीकी कक्ष में ज्यादा प्रकाश पर्याप्त हो सकता है। प्रकाश के मापन के लिए मानक आकार की मोमबत्ती (Foot candle) द्वारा एक फुट के क्षेत्रफल में फैले प्रकाश को बेस माना जाता है। इसी प्रकार संग्रहागार के लिए दस से पन्द्रह मोमबत्तियों के बराबर (Foot candles) (प्रति फुट पर एक) तथा प्रसाधन कक्ष तथा गलियारे में दस मोमबत्तियों का प्रकाश पर्याप्त होगा।

प्रकाश की मात्रा के सम्बन्ध में बहुत अधिक मतभेद हैं। केण्ट राज्य विश्वविद्यालय पुस्तकालय में 100 मोमबत्तियों के बराबर प्रकाश की व्यवस्था की गई है, तथापि **बुरचर्ड** के मत में 12 से 15 मोमबत्तियों का प्रकाश पर्याप्त है। **क्रेहन** के मतानुसार कार्यालयों, अध्ययन तथा सन्दर्भ-कक्ष, सूची-कक्ष एवं संग्रहागार, संगोष्ठी और बैठक कक्ष के लिए पच्चीस मोमबत्तियों के बराबर, प्रसाधन-कक्ष, स्वागत-कक्ष, आदान-प्रदान कक्ष, में दस मोमबत्तियों के प्रकाश के समान एवं गलियारों में पाँच मोमबत्तियों के बराबर प्रकाश होना चाहिए। एक अन्य विद्वान का मानना है कि मानचित्र-कक्ष, अध्ययन-कक्ष, पत्रिका-कक्ष, पुस्तकालय एवं प्रलेखन के तकनीकी तथा कार्यालयीन विभागों में 50 मोमबत्तियों के प्रकाश के बराबर, प्रदर्शन-कक्ष तथा पुस्तक आदेश-कक्ष, सूचीकरण तथा पुस्तक आदेश के लिए तीस मोमबत्तियों के बराबर तथा संगोष्ठी-कक्ष में दस मोमबत्तियों के प्रकाश के बराबर प्रकाश आवश्यक है।

अब हम पुस्तकालय के अलग-अलग भागों में प्रकाश व्यवस्था के सामान्य सिद्धांतों की व्याख्या कर सकते हैं–

1. अध्ययन-कक्ष : अध्ययन-कक्ष के मध्य में प्रकाश होना चाहिए। तीन ओर से आवृत्त बत्तियाँ उपयुक्त होती हैं। किन्तु यह टेबल लैम्प की भाँति महँगे होते हैं।

2. संग्रहागार : संग्रहागार में कम से कम इतने प्रकाश की व्यवस्था होनी चाहिए जिससे पुस्तकों का अवलोकन किया जा सके। यहाँ ट्यूब लाइट का प्रतिदीप्त प्रकाश लाभदायक है। छतों पर हल्का रंग होना चाहिए। मुक्त प्रवेश प्रणाली में प्रकाश की मात्रा संग्रहगार में अधिक होनी चाहिए। विद्युत स्विच संग्रहागार के प्रत्येक क्षेत्र में होने चाहिए।

3. प्रकाश के प्रकार : प्रकाश के प्रकार से आशय यह है कि प्राकृतिक प्रकाश का विभाजन किस प्रकार हो तथा दोनों के पारस्परिक संयोजन से किस प्रकार उचित प्रकाश की व्यवस्था की जा सके। यह प्रमुख प्रश्न है कि पुस्तकालय भवन में प्रकाश का एकसार विभाजन किया जाए। मेजों तथा अन्य प्रतिबिम्बक सतहों से तेज रोशनी से कैसे बचाव किया जाए, ऐसे स्थान पर रोशनी पड़ने से छाया व चकाचौंध उत्पन्न हो जाती है। संग्रहागार में पुस्तकालय भवन के कई क्षेत्रों की भाँति जितना ज्यादा प्राकृतिक प्रकाश उपलब्ध हो सके, उतना ही अच्छा है। इसके लिए काँच जड़ित दीवारें, लम्बाकार खिड़कियाँ, सुविधाजनक होती हैं। आधुनिक लाभ यह है कि सूर्य की रोशनी एवं धूल इत्यादि से पुस्तकें बच जाती हैं। बारिश से सीलन इत्यादि की संभावना भी घट जाती है। बिना खिड़की वाले भवनों के निर्माण के पक्ष में पुस्तकालय वैज्ञानिक निम्नलिखित तर्क प्रस्तुत करते हैं–

1. खिड़कियों के कारण गर्मी के मौसम में पुस्तकालय भवन में अधिक गर्मी तथा शरद काल में ज्यादा ठण्ड का अनुभव होता है।
2. खिड़कियों के कारण संग्रहागार का काफी स्थान बेकार चला जाता है।
3. खिड़कियों के पटों और फ्रेम पर पेंट करवाने तथा काँच बदलवाने व बनवाने में काफी खर्च करना पड़ता है।
4. खिड़कियों से आने वाली रोशनी का विभाजन आसान होता है, केवल आस-पास के थोड़े से क्षेत्र में खिड़की द्वारा प्रकाश मिल जाता है।
5. सूर्य की किरणें खिड़की से आकर चकाचौंध उत्पन्न करती हैं।

प्राकृतिक प्रकाश के लिए संग्रहागार में कुछ खिड़कियों का होना उचित कहा जा सकता है। इससे संग्रहागार का सौन्दर्य भी बढ़ जाता है। खिड़कियाँ लम्बवत होनी चाहिए तथा ऐसी व्यवस्था होनी चाहिए कि उन्हें ग्लासयुक्त शटर के उपयोग द्वारा जरूरत के मुताबिक खोला और बन्द किया जा सके। खिड़कियों पर कपड़े के पर्दों के प्रयोग से सूर्य के प्रकाश की चकाचौंध से बचा जा सकता है।

स्पष्ट है कि खिड़कियों के प्रकाश के साथ कुछ कृत्रिम साधनों से प्रकाश की व्यवस्था की जानी चाहिए। कृत्रिम प्रकाश के साधनों में निःसन्देह ही विद्युत का स्थान सबसे ऊपर है। विद्युत के लिए बल्ब एवं ट्यूब का उपयोग किया जाता है। बल्बों का प्रयोग सौन्दर्य सम्बन्धी आवश्यकताओं को ट्यूब की तुलना में पूरा नहीं कर सकता। तथापि बल्बों का उपयोग सुगम तथा कम खर्चीला होता है। अन्तर केवल इतना है कि ट्यूब से मिलने वाला प्रकाश बल्ब के प्रकाश से लगभग ढाई गुना अधिक होता है।

4. सौन्दर्य तत्त्व : पुस्तकालय भवन की साज-सज्जा के समय इस बात को ध्यान में रखना चाहिए कि वह पाठकों को आकर्षित करे। उदाहरणार्थ छत, दीवार, फर्श आदि का रंग पुस्तकालय भवन के अनुकूल होना चाहिए। सफेद, हल्का गुलाबी या पीले रंग का प्रयोग उचित होगा। इन रंगों के उपयोग से भवन की सादगी और गरिमा में बढ़ोत्तरी होगी तथा प्रकाश खुलेगा भी। छत तथा दीवारों पर गहरे रंग का प्रयोग सर्वथा वर्जित होना चाहिए। भवन में विद्युत की फीटिंग दीवारों के अन्दर होना ही उचित है।

5. लागत : प्रकाश व्यवस्था करते वक्त लागत पक्ष पर ध्यान देना जरूरी होता है। वैज्ञानिकों का यह तर्क उचित है कि पुस्तकालय भवन की संरचना खिड़की विहीन होनी चाहिए। परन्तु यदि हम भारत की स्थिति को ध्यान में रखते हुए सोचें तो हम इस प्रकार के भवन-निर्माण के पक्ष में मत नहीं दे सकते। क्योंकि भारत में वातान्कूल यंत्रों का प्रबन्ध बहुत कम पुस्तकालय ही कर सकते हैं।

यहाँ हम कह सकते हैं कि प्रकाश की परेशानी से संबंधित कारण तीन प्रकार के हैं—

1. आँख : प्रत्येक पाठक में दृष्टि सम्बन्धी संवेदना-शक्ति एक जैसी नहीं होती है।

2. पाठ्य-सामग्री : पाठ्य-सामग्री छोटे तथा बड़े अक्षरों में कई तरह के कागजों पर मुद्रित होती है। यदि सामग्री चिकने कागज पर मुद्रित हुई, तो प्रकाश का प्रतिफलन बदलावपूर्ण होता है।

3. प्रकाश व्यवस्था : मानक का निर्धारण उपर्युक्त दोनों तथ्यों के आधार पर किया जा सकता है। अतः जोर इस बात पर दिया जाता है कि प्रकाश व्यवस्था पाठकों की कई तरह की दृष्टि-शक्तियों को और मुद्रित सामग्री की विभिन्नताओं को देखते हुए की जाए। तात्पर्य यह है कि पुस्तकालय के कई विभागों और क्षेत्रों में अनुकूलतम प्रकाश की मात्रा तय करना तथा अपेक्षित परिणाम में प्रकाश की व्यवस्था करना प्रकाश व्यवस्था के दो मुख्य पहलू हैं।

1. परावर्तित प्रकाश और नैसर्गिक प्रकाश का असमान वितरण : पास-पड़ोस के सभी पदार्थों से पुस्तकालय में प्रकाश का परावर्तन होता है। परावर्तित प्रकाश की मात्रा पदार्थ के रूप रंग पर निर्भर करती है। किसी रंग-विशेष से परावर्तित प्रकाश की मात्रा बदलती रहती है। इससे 10 से 85% परिवर्तन तक होते हैं। अतएव भवन की आन्तरिक सज्जा तथा दीवार और फर्नीचर में हल्के रंगों का प्रयोग करने से पुस्तकालय में प्रकाश की मात्रा अपने आप ही बढ़ जाती है। इस प्रकार वैषम्य की दृष्टि संवेदना के लिए जो प्रतिकूलता होती है, उसे दूर करने का प्रयास करना चाहिए।

2. नैसर्गिक प्रकाश : नैसर्गिक प्रकाश की मात्रा परिवर्तनशील होती है। दोपहर में यदि बाह्य क्षेत्र में 1,000 ल्यूमन प्रति वर्ग फुट प्रकाश हो तो भीतरी क्षेत्र में सम्भव है कि प्रकाश की मात्रा केवल 200 वर्ग फुट प्रति ल्यूमन ही होती है। सूर्य प्रकाश के निस्तेज होने की दशा में प्रकाश की मात्रा 50 ल्यूमन प्रति वर्ग फुट भी हो सकती है।

इसके अतिरिक्त पुस्तकालय के समस्त हिस्सों में प्राकृतिक प्रकाश बराबर नहीं हो सकता है। प्रकाश का वितरण चूँकि असमान होता है, अतएव चकाचौंध की संभावना भी ज्यादा रहती है। चकाचौंध न हो, इसके लिए यह प्रयास करना चाहिए कि प्रकाश खिड़की के ऊपरी भाग से आये तथा खिड़की के निम्न भाग में प्रकाश प्रतिरोधक पदार्थों से अक्रियाशील रखा जाए।

पुस्तकालय भवन : वातानुकूलन तथा ध्वनि नियंत्रण

वातानुकूलन और ध्वनि नियंत्रण के लिए पुस्तकालय भवन में विशिष्ट प्रयत्नों की आवश्यकता पड़ती है। वातानुकूल का प्रयोजन पुस्तकालय के सभी सामानों व उपेक्षाओं से बचाकर नुकसान होने से रोकना है। क्योंकि पुस्तकालय में आर्द्रता और ताप की मात्रा अधिक होने पर पुस्तक का कागज शुष्क होकर टूटने लगता है। ज्यादा नमी से दीमक, झींगुर आदि उत्पन्न होकर पुस्तक संग्रह को क्षतिग्रस्त कर देते हैं। ताप एवं आर्द्रता के नियंत्रण के लिए जरूरी है कि पुस्तकालय में वायु एवं प्रकाश पर पूर्ण नियंत्रण रखा जाए, ताकि पुस्तकालय भवनों में तापमान 650 से 700 तथा आर्द्रता 50 से 60 फीसदी रहे। वातानुकूल के लाभों पर प्रकाश डालते हुए **बुरचर्ड** ने कहा है कि वातानुकूलन पुस्तकालय का आठ तत्त्वों से सुरक्षा करता है। जो इस प्रकार हैं–

(1) शीत, (2) ताप, (3) वायुवेग, (4) वायु का प्रसार, (5) धूल, (6) कीड़े-मकोड़े, (7) दुर्गन्ध, (8) विषाक्त गैस। इसके अतिरिक्त वातानुकूलन से अध्ययन कक्ष में बैठकर अध्ययन करने वाले पाठकों को भी सुविधा होती है। ग्रीष्मकाल में पुस्तकालय में अध्ययन का वातावरण पुस्तकालय में नहीं होता क्योंकि खिड़कियों से हवा के गरम झोंके आते हैं तथा हवा शुष्क होती है। वातावरण में शुष्कता और घुटन बनी रहती है, तथा पाठकों को स्वच्छ हवा भी नहीं मिल पाती। गर्मी के मौसम में विशेष तौर पर खिड़कियाँ तथा दरवाजे बन्द रखने पड़ते हैं। अतएव वातानुकूलन द्वारा ही तापमान नियंत्रित किया जा सकता है। वातानुकूलन से शीत ऋतु में अध्ययन के लिए अच्छी स्थिति निर्मित होती है। वातानूकूलन के उपयोग से होने वाले फायदों को दृष्टिगत रखते हुए पुस्तकालय भवन के निर्माण के वक्त ही इसे लगाने के लिए जगह की व्यवस्था कर देनी चाहिए ताकि जरूरत के मुताबिक वातानुकूलन यंत्र का इस्तेमाल किया जा सके।

पुस्तकालय में वातानुकूलन करते समय यह स्मरण रखना चाहिए कि वातानुकूलन के लिए प्रयुक्त साधन के द्वारा 15 से 20 फुट प्रति मिनट हवा का वेग निरन्तर बना रहे। बेनेशियन पर्दे, निस्पंदक अथवा विद्युत यंत्र द्वारा तापानुकूलन किया जा सकता है। विद्युत यंत्र वातानुकूलन की सबसे अच्छी विधि है, किन्तु यंत्र खरीदने तथा उसको संस्थापित करने में खर्च काफी होता है। इन संसाधनों पर कालांतर में ज्यादा खर्च नहीं होता है।

ध्वनि नियंत्रण

दो प्रकार से पुस्तकालय भवन में शोरगुल होते हैं–

1. बाहरी ध्वनि : पुस्तकालय के गेट व काउण्टर पर पाठकों द्वारा की जा रही बातचीत से बाहरी ध्वनि होती है। जिसे नियन्त्रित करना आसान नहीं है। बाहरी ध्वनि ऐसे पुस्तकालयों में और ज्यादा होती है, जो नगर की किसी प्रमुख सड़क पर अवस्थित हों, क्योंकि ऐसे पुस्तकालय के निकट की सड़क से गुजरने वाले परिवहन के साधनों के आवागमन से पर्याप्त ध्वनि उत्पन्न होती है। भवन-निर्माण से पहले ही यदि इस बिन्दु पर विचार कर लिया जाए, तो भविष्य में इस प्रकार की कठिनाई पैदा न हो, परन्तु यदि पुस्तकालय बहुत पहले से ऐसे स्थान पर अवस्थित रहा हो और उसके स्थान में बदलाव सम्भव न हो, तो बाहरी ध्वनि नियंत्रित करने के लिए दीवारों को ध्वनि संशोषक (Sound proof) बनाया जा सकता है। बाहरी शोरगुल का प्रभाव इस साधन के द्वारा पुस्तकालय के आंतरिक भाग पर नहीं पड़ेगा। दीवारों को ध्वनि-शोषक बनाने के लिए थर्माकोल आदि साधन सुलभ है। इस प्रकार के साधन का उपयोग करने से शोरगुल निरोध के साथ पुस्तकालय भवन की आर्द्रता और ताप भी नियंत्रित हो जाते हैं। बाहरी शोरगुल को रोकने के लिए दीवारों में काष्ठ-फलकों का उपयोग भी किया जा सकता है।

2. आन्तरिक ध्वनि : फर्नीचरों के इधर-उधर करने या पाठकों के आपसी बातचीत से आन्तरिक कोलाहल उत्पन्न होता है। इस प्रकार के कोलाहल को खत्म करने के लिए पुस्तकालय फर्नीचर के आधार तलों में रबर के कुशन लगवा देने चाहिए। रबर की चटाई अथवा लिनोलियम अध्ययन-कक्ष में बिछा देना चाहिए। पाठकों के वार्तालाप को रोकने के लिए विभिन्न स्थानों पर “कृपया शान्त रहें” सूचना पट्टों पर लिखवाकर चिपका देना चाहिए।

पुस्तकालय फर्नीचर

पुस्तकों या अनेक प्रकार की पाठ्य-सामग्री का प्रदर्शन तथा पुस्तकालयों को सही तरीके से व्यवस्थित करने हेतु पुस्तकालयों में फर्नीचरों की जरूरत होती है। अगर फर्नीचर तथा जरूरत का साज-सामान न हो तो पुस्तकालय भवन और पाठ्य-सामग्रो उपयोग के लायक नहीं रह जाते हैं। यदि पुस्तकालय की जरूरतों को ध्यान में रखते हुए उपयोगी फर्नीचर बनाया जाये, तो इसमें कोई सन्देह नहीं है कि उससे पुस्तकालय की उपादेयता कई गुना बढ़ जायेगी तथा पुस्तकालय की

सेवाएँ काफी निपुण और प्रभावी हो जायेंगी। विगत वर्षों में पुस्तकालयों के प्रयोग में आने वाले फर्नीचर तथा अन्य साज-सामान के आकार-प्रकार, बनावट इत्यादि में बहुत ज्यादा परिवर्तन हुए हैं। इस संबंध में ब्रिटेन, अमेरिका में व्यापक पैमाने पर कार्य हुआ है।

आज पुस्तकालय फर्नीचर तथा साज-सामान को अधिक महत्त्व दिया जाने लगा है। यह निःसन्देह सत्य है कि सुरुचिपूर्ण तथा आरामदेय फर्नीचर पाठकों को पुस्तकालय में बैठने और पढ़ने के लिए उत्साहित करता है। डॉ. रंगनाथन के अनुसार पुस्तकालय के उपकरण, पुस्तकालय प्राधिकारियों एवं अधिकारियों की पुस्तकालय के विकास में रुचि को प्रदर्शित करते हैं।

पुस्तकालय फर्नीचर एवं उपकरण के लिए मानक का निर्धारण भारत में भारतीय मानक संस्थान तथा पुस्तकालय विशेषज्ञों द्वारा किया गया है। इन मानकों को स्मरण रखते हुए अनेक प्रकार के फर्नीचर बनवाये जा सकते हैं किन्तु फिर भी यह जरूरी है कि पुस्तकालय फर्नीचर एवं उपकरणों के सम्बन्ध में पुस्तकालयाध्यक्ष को समुचित जानकारी हो, ताकि वह अपने पुस्तकालय के लिए उपयोगी फर्नीचर खरीद अथवा निर्मित करा सके। किसी नये अथवा पुराने पुस्तकालय को संगठित करते समय पुस्तकालयाध्यक्ष को फर्नीचर खरीदना पड़ता है। उपयोगी तथा आवश्यकताओं के अनुरूप फर्नीचर का क्रय न हो पाने पर पुस्तकालय की सेवा क्षमता में फर्क के साथ ही उसके अन्दर के हिस्से की साज-सज्जा भी बेकार हो जाती है। अमेरिकी पुस्तकालय संघ द्वारा प्रकाशित Planning School Library Quarters : A Functional Approach के तहत पुस्तकालय की कार्य-प्रणाली की भीतरी संरचना–निर्गम डेस्क (Charging desk) या पुस्तकालय की टेबलों के नीचे घुटने टिकाने वाले भाग की सही ऊँचाई अथवा कुर्सी पर बैठने की भंगिमा से सम्बन्धित डिजाइन आदि पर निर्भर करती है।

पुस्तकालय का फर्नीचर सुन्दर, मजबूत, टिकाऊ, आरामदायक तथा लाभदायी होना चाहिए।

1. चूँकि पुस्तकालय फर्नीचर बार-बार नहीं खरीदा जाता इसलिए उसे टिकाऊ होना चाहिए। पुस्तकालय का प्रयोग पाठक भारी मात्रा में लम्बे समय तक करते हैं, अतएव फर्नीचर में भी गुण होना चाहिए, ताकि वह ज्यादा से ज्यादा समय तक पाठकों की सेवा कर सके। वर्तमान पुस्तकालयों में अधिकतर स्टील के फर्नीचर तथा उपकरण मजबूती के लिहाज से इस्तेमाल किए जाने लगे हैं। पुस्तकालय फर्नीचर में टिकाऊपन के सम्बन्ध में **गाल्विन** तथा **वेन्' व्यूरेन** ने कहा है कि यह ज्यादा अच्छा

है कि प्रारंभ में अच्छी प्रकार का फर्नीचर कम संख्या में लिया जाए तथा बाद में उनकी संख्या बढ़ाई जाए, बजाय इसके कि कम बजट को ध्यान में रखते हुए ऐसी घटिया सामग्री बार-बार ली जाये, जिसको कार्योपयोगी बनाये रखने के निमित्त ज्यादा धनराशि व्यय करना पड़े तथा बार-बार मरम्मत करवानी पड़े।

टिकाऊपन के साथ पुस्तकालय फर्नीचर में आकर्षित करने का गुण भी होना चाहिए। टिकाऊपन तथा सुरुचि का तालमेल स्टील अथवा सागौन से बनाये गये फर्नीचर में होता है। स्टील निर्मित फर्नीचर की अपेक्षा सागौन निर्मित फर्नीचर सस्ता होता है।

पुस्तकालय कार्यों के उपयुक्त फर्नीचर और उपकरण का निर्माण इस प्रकार हो जिससे उसके कार्य संचालन में सहायता मिल सके। पुस्तकालय में हर सामग्री की विशेष उपादेयता होती है। अतएव किसी फर्नीचर सम्बन्धी सामग्री का आकार तय करते समय या खरीदते समय यह ध्यान रखना चाहिए कि वह सामग्री इन उद्दश्यों की पूर्ति करेगी या नहीं, जिसकी पूर्ति के लिए उसे खरीदा जा रहा है। पुस्तकालय में कुर्सियों के दो या तीन भेद पाये जाते हैं। इसी प्रकार दूसरी कुछ फर्नीचर सामग्री के डिजाइन में विभेद पाया जाता है। इसका कारण यह है कि किसी वस्तु का एक ही नाम होते हुए भी उसके अलग-अलग प्रयोग पुस्तकालय में होते हैं तथा उपयोग की भिन्नता के आधार पर ही उनका स्वरूप तय होता है। उदाहरणार्थ अध्ययन कक्ष की कुसी, समिति कक्ष की कुर्सी, निर्गम डेस्क पर बैठने वाले कर्मचारी के लिए बनी कुर्सी तथा अन्य कर्मचारियों के लिए बनी कुर्सी में अन्तर पाया जाता है। विभिन्न प्रयोगों के लिए वांछित फर्नीचर के मानक भारतीय मानक संस्थान ने निर्धारित किये हैं उनके अनुसार पुस्तकालय फर्नीचर के प्रारूप तैयार किये जाने चाहिए। सामग्री खरीदने के पूर्व फर्नीचर निर्माताओं में निविदा मँगवाते समय उपयोगी सामग्री का पूर्ण विवरण देकर यदि सम्भव हो सके तो नमूना तैयार करवा लेना चाहिए और उसकी उपयोगिता को स्पष्ट रूप से अनुभव कर लेना चाहिए, पर ऐसा तभी सम्भव हो सकता है जबकि क्रय की जाने वाली सामग्री की मात्रा काफी हो।

2. सुन्दर एवं चित्ताकर्षक : पुस्तकालय के फर्नीचर में सुंदरता तथा चित्ताकर्षता भी होनी आवश्यक है। इसका आकार ऐसा हो जिससे पाठक आकर्षित हो और प्रयोग करते वक्त सुख का अनुभव करे। इस पक्ष पर **गाल्विन** तथा **वेन ब्यूरेन** से सुन्दर ढंग से प्रकाश डाला है। उनके अनुसार बहुधा विशेष तौर पर पुस्तकालयों में डिजाइन तथा शैली सम्बन्धी विशेषताओं की उपेक्षा की जाती है। फलस्वरूप चीजों की बनावट से निराशा होती है। वातावरण को अनुकूल तथा

हृदयग्राही बनाए जाने की आवश्यकता है। ऐसा तभी किया जा सकता है जब भवन-निर्माण की वास्तुकला सम्बन्धी धारणा और पुस्तकालय की अलग-अलग सामग्रियों के सह सम्बन्ध के बारे में सतर्कतापूर्वक विचार किया जाये।

3. सामग्री का निर्माण मानकों के अनुसार हो : किस प्रकार का फर्नीचर और उपकरण किस प्रकार के पुस्तकालय के लिए लाभदायक होता है। यह सालों तक विभिन्न प्रकार के सामानों के प्रयोग के अनुभव से प्राप्त होता है। भारतीय मानक संस्थान का सुझाव विभिन्न प्रकार के पुस्तकालयों की जरूरतों के लिए लाभदायी होगा। भारतीय मानक संस्थान ने विभिन्न प्रकार के पुस्तकालयों की जरूरत को दृष्टिगत रखते हुए पुस्तकालय फर्नीचर के सम्बन्ध में मानक तय किये हैं। फिलहाल लकड़ी से बनाये जाने वाले फर्नीचर के सम्बन्ध में संस्थान ने पुस्तिका प्रकाशित की है (ISI: 1829 Pt. I. 1961)। दूसरे भाग में स्टील द्वारा निर्मित फर्नीचर के सम्बन्ध में मानक तय किये जायेंगे। इस पुस्तिका में मात्र कुछ विशेष वस्तुओं के सम्बन्ध में ही मानक दिये गये हैं। वास्तव में देखा जाये तो निर्गम, सूचीपत्रक केबीनेट, काऊण्टर, पुस्तक रैक आदि में प्रयुक्त होने वाली वस्तुओं के सम्बन्ध में भी मानक तय किये जा सकते हैं, तथापि टेबल, कुर्सी, जैसी दूसरी सामग्रियों का निर्माण, पुस्तकालय में उपलब्ध स्थान, पुस्तकालय की पुस्तक संख्या, अध्ययन सामग्री का प्रकार इत्यादि तत्त्वों पर निर्भर करता है। प्रसिद्ध विद्वान फागों ने भी इस दृष्टिकोण का समर्थन किया है।

पुस्तकालय फर्नीचर और उपकरण की आवश्यकता

पुस्तकालय फर्नीचर एवं उपकरणों की आवश्यकता निम्नांकित कारणों से होती है–

1. पुस्तकालय वातावरण अनुकूल बनाने के लिए–पुस्तकालय में फर्नीचर एवं उपकरणों के प्रयोग से पुस्तकालय का वातावरण सुंदर हो जाता है। वातानुकूलन, मेजों, सुविधाजनक कुर्सियों, आदि फर्नीचर के उपयोग से अध्ययन करने वालों को पुस्तकालय में पढ़ने की सुविधा होती है। फर्नीचर की एकरूपता के कारण पुस्तकालय में आकर्षण होता है।

2. पाठकों का समय बचाने एवं उच्च स्तरीय सेवा प्रदान करने के लिए– कई प्रकार के उपयोगी फर्नीचर तथा उपकरणों के उपयोग से पुस्तकालय की कार्य पद्धति में सुगमता आ जाती है और सेवाएँ त्वरित एवं उच्च स्तरीय हो जाती हैं।

3. प्रशासन में सरलता, मितव्ययिता एवं एकरूपता लाने के लिए : जैसे कि उपर्युक्त परिप्रेक्ष्य में बताया गया है, पुस्तकालय में उपकरणों तथा फर्नीचर के उपयोग से पुस्तकालय की कार्य पद्धति सरल हो जाती है। प्रशासन में परिणामतः सुगमता आ जाती है। इसके अलावा प्रशासन में उपयोगी उपकरणों के उपयोग से मितव्ययिता आ जाती है तथा कर्मचारियों का समय बचता है।

4. पुस्तकालय सामग्री के अनुकूलतम उपयोग के लिए : पुस्तकालयों में प्रयुक्त उपकरण का प्रयोग करने से पुस्तकालय कार्य पद्धति आसान हो जाती है, अतः ज्यादातर पाठक कम समय में संतुष्टि प्राप्त कर सकते हैं। पुस्तक वाहन के द्वारा पुस्तकें एक स्थान से दूसरे स्थान तक सुगमतापूर्वक और कम समय में लाई जा सकती हैं तथा उपस्कर के प्रयोग द्वारा पुस्तक निर्गमन, सूचीकरण इत्यादि अनेक कार्यों को सुविधाजनक और अत्यधिक सुगम बनाया जा सकता है।

5. पुस्तकालय सामग्री की वैज्ञानिक ढंग से व्यवस्था के लिए : पुस्तकालय में पढ़ने के लिए कई प्रकार की सामग्री सुलभ रहती है। इस सामग्री को व्यवस्थित रूप में पाठकों के समक्ष प्रस्तुत करना होता है। सामग्री को व्यवस्थित ढंग से रखने के लिए फर्नीचर एवं उपस्कर की जरूरत पड़ती है। इसके अलावा वातानुकूलन, टंकण, फोटोकापिंग, आदि कई कार्यों के लिए भी उपकरणों की जरूरत पड़ती है। बड़े पुस्तकालय वाहन के द्वारा एक स्थान से दूसरे स्थान तक पुस्तकें पहुँचायी जाती हैं। अतः यह स्पष्ट है कि पुस्तकालय सेवा को वैज्ञानिक ढंग से उपयोगी फर्नीचर, उपस्कर तथा उपकरणों के प्रयोग द्वारा संचालित किया जा सकता है एवं पुस्तकालय सामग्री वैज्ञानिक ढंग से नियोजित की जा सकती है। पर्याप्त और उपयोगी उपकरणों और फर्नीचर सामग्री के उपयोग द्वारा पुस्तकालय में संचित सामग्री ज्यादा समय तक प्रयोग में लाई जा सकती है और इसके और बिगड़ने और टूटने-फूटने का खतरा नहीं रह जाता। इसके अतिरिक्त सुरुचिपूर्ण ढंग से सामग्री प्रदर्शित की जा सकती है।

पुस्तकालय फर्नीचर तथा उपकरण : क्रयपूर्व विचार योग्य बातें

पुस्तकालय फर्नीचर तथा उपकरण क्रय करने से पहले निम्नलिखित बातों का विशेष रूप से स्मरण रखना चाहिए—

1. पुस्तकालय सदस्यों का वर्गीकरण—पुस्तकालय फर्नीचर और उपकरण पुस्तकालय के सदस्यों की प्रकृति पर निर्भर करते हैं। सार्वजनिक पुस्तकालय और वाचनालय एवं विश्वविद्यालय पुस्तकालय के पाठकों की प्रकृति में अंतर होता है। इसलिए दोनों पुस्तकालयों में प्रयुक्त फर्नीचर तथा उपस्करों की प्रकृति अलग होती है।

2. पुस्तकालय की आर्थिक स्थिति : पुस्तकालय की आर्थिक स्थिति को उपकरण या फर्नीचर खरीदने से पूर्व ध्यान में रखना चाहिए। जिन पुस्तकालयों में पर्याप्त धनराशि उपलब्ध न हो, उनमें पुस्तकालयाध्यक्ष को अपने विवेक से मितव्ययिता-पूर्वक अत्यन्त जरूरी सामग्री खरीदनी चाहिए।

3. पुस्तकालय में संचित सामग्री का रूप : पुस्तकालय में संचित सामग्री के आधार पर यह निर्धारित होता है कि किस प्रकार के फर्नीचर तथा उपकरण खरीदे जाएँ। सामान्य विद्यालय पुस्तकालय में पुस्तक एवं पत्र-पत्रिकाएँ ही संग्रह की जाती हैं, किन्तु विश्वविद्यालय, शोध तथा सार्वजनिक पुस्तकालयों में दृश्य-श्रव्य सामग्री, मानचित्र जैसी विशिष्ट सामग्री भी होती है।

4. पुस्तकालय के प्रकार : पुस्तकालय में फर्नीचर का निर्माण पुस्तकालय के प्रकार के आधार पर कराया जाना चाहिए। उदाहरणार्थ किसी शोध पुस्तकालय में प्रयुक्त उपस्करों का प्रकार किसी बाल पुस्तकालय में उपयोग में लाये जाने वाले फर्नीचर एवं उपस्करों से अलग होगा।

5. पुस्तकालय सेवाओं की प्रकृति : पुस्तकालय की सेवाओं की प्रकृति के आधार पर उपकरण तथा फर्नीचर खरीदने चाहिए। आबोध प्रवेश-प्रणाली का अनुसरण करने वाले पुस्तकालय में खुली आलमारी उपयोगी होगी, जबकि अप्रवेश प्रणाली का अनुसरण करने वाले पुस्तकालय में ताला लगाने की सुविधा वाली आलमारियाँ उचित होंगी।

6. पुस्तकालय का स्तर : पुस्तकालय के स्तर का फर्नीचर एवं उपस्कर के प्रकार पर व्यापक प्रभाव पड़ता है। विद्यालय पुस्तकालय एवं विश्वविद्यालय पुस्तकालय में प्रयुक्त फर्नीचर एवं उपकरण अनिवार्य रूप से भिन्न होंगे तथा विश्वविद्यालय में प्रयुक्त उपस्कर तथा फर्नीचर ज्यादा उच्च्य स्तरीय होगा।

7. पुस्तकालय कर्मचारियों की कुशलता : पुस्तकालय में आधुनिक उपकरण खरीदते समय यह स्मरण रखना चाहिए कि पुस्तकालय के वर्तमान कर्मचारी उनका प्रयोग करने में सक्षम हैं या नहीं। इस बिन्दु पर विचार न करने पर या तो संचय अनुपयोगी पड़ी रहेगी या उपयोगहीन हो जायेगी।

फर्नीचर और उपकरण : विभिन्न रूप

पुस्तक रैक

लकड़ी या स्टील के रैकों का पुस्तकालय के अंतर्गत मुख्य स्थान है। आज के समय में अधिक प्रयोग किया जाने वाला रैक स्टील का होता है। स्टील मजबूत होती

है तथा उसमें आग लगने का डर नहीं होता। इसके अलावा पुस्तकालय में पुस्तक रैक स्टील के होने पर कीड़े-मकोड़ों का डर कम रहता है। लेखक के मन में संग्रहागार में लकड़ी के रैकों का ही प्रयोग करना उचित है। क्योंकि लकड़ी में नमी सोखने की विशेषता होने के कारण पुस्तकें ज्यादा समय तक सुरक्षित रहती हैं। नमी का प्रतिकूल प्रभाव न हो तथा दीमक इत्यादि न लगे, इसके लिए पक्की इमारती लकड़ी के पुस्तक रैक बनवाये जाने चाहिए एवं साहित्य की विशेष सुरक्षा के लिए कीटनाशक छिड़काव करवाते रहना चाहिए। स्टील निर्मित रैंकों में नमी सोखने की क्षमता न होने के कारण किताबें नमी से प्रभावित होकर क्षरित होने लगती हैं। लकड़ी की आलमारी के प्रत्येक इकाई (Unit) की ऊँचाई 2.20 मी., चौड़ाई 2.00 मी. तथा गहराई 0.45 मी. होनी चाहिए। रैक पर दोनों ओर पुस्तकें रखी जा सकती हैं। इसमें समायोज्य दराज होते हैं। प्रत्येक दराज पर दराज संदर्शिकाएँ होती हैं।

कुछ पुस्तक की आलमारियाँ ऐसी होती हैं जिन पर एक ही ओर पुस्तकें रखी जा सकती हैं। इन्हें दीवार के सहारे लगाया जाता है, जिनका उपयोग छोटे पुस्तकलायों हेतु होता है। पुस्तक आलमारी का दराज इस प्रकार समायोजित होनी चाहिए कि उनका समय-समय पर छोटे, मध्यम अथवा बड़े आकार की पुस्तकें संचय करने के लिए प्रयोग में लाई जा सकें। शेल्फ 3.5 फीट चौड़े तथा 7 फीट ऊँचे होने चाहिए। 8 इंच की सामान्य गहराई बीच की दराज की होनी चाहिए।

कुछ पुस्तकालयों में पुस्तकों को रखने के लिए रैक अभी भी उपयोग में लाई जाती हैं। आलमारियों का उपयोग किया जाना पुस्तकालय विज्ञान के सिद्धान्तों के प्रतिकूल है। आलमारी का प्रामाणित माप निम्नलिखित है–

ऊँचाई	-	2 मीटर
चौड़ाई	..	0.9 मीटर
गहराई	-	0.3 मीटर
खानों की ऊँचाई	-	0.25 मीटर

विशेष रूप से जर्मनी के द्वारा पुस्तकालयों में स्टील तथा लकड़ी मिश्रित आलमारियों का सफल प्रयोग किया गया। इन आलमारियों में समायोजन के पर्याप्त खाने होते हैं। लकड़ी की बनी हुई आलमारी स्टील से सुन्दर होने के कारण अभी भी कई पुस्तकालयों में प्रयुक्त की जाती हैं, किन्तु यह अक्षरशः सत्य है कि स्टील का फर्नीचर अपेक्षाकृत ज्यादा टिकाऊ होता है तथा कम स्थान घेरता है। स्टील का फर्नीचर कम स्थान रखने वाले पुस्तकालयों के लिए ज्यादा उपयुक्त होता है। इसके अलावा लकड़ी से निर्मित फर्नीचर वजनी होता है जिससे जगह बदलने में असुविधा

होती है। लकड़ी हमारे देश में सदा ही उपलब्ध नहीं रहती। उचित यह है कि लकड़ी और स्टील के संयोजन से पुस्तक संग्रह के लिए आलमारियाँ निर्मित कराये जायें। लकड़ी का प्रयोग विशेष तौर से प्लाईवुड की आलमारी को पीछे से सहारा देने के लिए किया जा सकता है।

एक तरफ पुस्तक रखने की व्यवस्था वाली की तथा दो तरफ पुस्तकें रखने की व्यवस्था वाली आलमारियां दो तरह की होती हैं। एक तरफ पुस्तक रखने की व्यवस्था वाली रैक एक तरफ दीवार से सटाकर लगाई जाती हैं एवं दोनों तरफ पुस्तक की व्यवस्था रखने वाली आलमारियाँ संग्रहागार में लगायी जाती हैं। वर्तमान पुस्तकालयों में दोनों ही प्रकार वाली आलमारियाँ तैयार की जाती हैं। इसका लाभ यह होता है कि बहुत कम जगह में ज्यादा पुस्तकें रखी जा सकती हैं और ऐसी स्थिति में पाठकों को बैठकर पढ़ने के लिए अथवा आने जाने के लिए काफी स्थान बचा रहता है।

पत्रिका प्रदर्शन रैक

पत्रिकाओं के नवीन अंक, नव वर्ष अंक तथा बीते साल के अंकों का प्रदर्शन करने के लिए पुस्तकालयों में आलमारियों की जरूरत होती है। अजिल्द अंकों को प्रदर्शित करने के लिए भी कई तरह के रैक होते हैं।

दो प्रकार की आलमारियां विशेष रूप से प्रचलित हैं। प्रथम प्रकार की आलमारी में खाने या तो स्थिर होते हैं अथवा कब्जेदार होते हैं। इस प्रकार की आलमारी का सबसे बड़ा लाभ यह है कि पत्रिका के नये अंक बाहर की ओर तथा पुराने अंक अन्दर की ओर रखे जा सकते हैं। यदि पाठक पुराने अंकों को देखने की जरूरत महसूस करें तो वे फलक को ऊपर उठाकर उन्हें देख सकते हैं। इसका दूसरा लाभ यह है कि इस पर प्रदर्शित पत्रिका का पूर्ण आवरण पढ़ा जा सकता है। यह आलमारी दीवार के सहारे रखी जा सकती है क्योंकि यह एक ही ओर खुलती है। पांच खानों वाले इस आलमारी की ऊँचाई सामान्यतः 66 इंच, चौड़ाई 48 इंच एवं गहराई 22 इंच होती है। लगभग 35 पत्रिकाएँ इस पर प्रदर्शित की जा सकती हैं। विगत पत्रिकाओं के लगभग 300 अंक पीछे की ओर रखे जा सकते हैं। दूसरे प्रकार के आलमारी में छह बड़ी पट्टियाँ लगी होती हैं यह इस प्रकार लगाई जाती हैं कि पत्रिकाओं के आवरण का ऊपरी भाग ही दिखाई दे सके। प्लास्टिक स्प्रिंग का प्रयोग पत्रिकाओं को सीधा रखने के लिए किया जाता है। पिछली पत्रिकाओं के अजिल्द अंकों को रैक में रखा जा सकता है। दूसरे दो प्रकार के रैक जो मुख्य रूप में प्रचलित हैं, इस प्रकार हैं—

1. सीढ़ीनुमा रैक,

2. समायोज्य दराज सहित आलमारी की भाँति।

पत्रिका प्रदर्शन तथा संचय रैक का नाम

1. चार खाने-चौड़ाई 35 इंच, गहराई 13 इंच, ऊँचाई 42 इंच।
2. लम्बाई 48 इंच, ऊँचाई 7 1/2 इंच, गहराई 15 इंच। दो खानों की ऊँचाई 14 1/2 इंच, 13 इंच एवं शेष दो की 12 इंच।
3. ऊँचाई 5 फीट 4 इंच, लम्बाई 4 फीट 8 इंच, गहराई 6 आधानों से युक्त। केवल अद्यतन सामयिकों के लिए उपयोगी।
4. 6 फीट ऊँचाई, 4 फीट लम्बाई, 1 फीट 2 1/ 2 इंच गहराई, 4 कब्जे युक्त ढलवाँ 2 खाने, 4 स्थिर समस्तरीय नवीन खाने एवं पिछले अंकों के संग्रह के लिए।

समाचार-पत्र रैक तथा समाचार पत्राधार

दैनिक तथा साप्ताहिक समाचार-पत्रों का प्रदर्शन करने के लिए अनेक प्रकार के रैकों का प्रयोग किया जाता है। विशेष रूप सें निम्नलिखित प्रकार के रैकों अथवा प्रदर्शनाधार समाचार-पत्रों को प्रदर्शित करने के लिए प्रयोग में लाये जाते हैं–

1. वाचनालय में पाठकों को पढ़ने के लिए समाचार-पत्र दो तरह से प्रदर्शित किये जाते हैं–

(क) टेबल की तरह का समाचार-पत्र प्रदर्शनाधार बनवाया जाता है। इसके दोनों ओर ढलवाँ फलक होते हैं। एक फलक पर एक समय में एक समाचार-पत्र प्रदर्शित किया जा सकता है एवं एक ही पाठक उसका एक समय में प्रयोग कर सकता है।

(ख) वाचनालय की टेबल पर लोहे अथवा स्टील के धारक की सहायता से समाचार पत्र का प्रदर्शन किया जाय, ऐसी स्थिति में समाचार-पत्रों को टेबलों पर रखकर उसे धारक से कस दिया जाता है।

2. इस प्रकार की आलमारी में समाचार-पत्रों को प्रदर्शित करने के लिए स्टील के अथवा लोहे के धारकों का प्रयोग किया जाता है।
3. इस प्रकार की आलमारी में समाचार-पत्रों को प्रदर्शित करने के लिए कई खाने होते हैं। इन खानों में समाचार पत्रों को तह लगाकर रखा जाता है। खाने ऊपर की ओर से ढलवाँ होते हैं।

मेज

मेजों की आवश्यकता पुस्तकालय के अध्ययन कक्ष में अनिवार्य होती है। अतः यहाँ अध्ययन-कक्ष में प्रयोग टेबलों पर प्रकाश डाला जाता है–

भारतीय मानक संस्थान ने टेबल के सम्बन्ध में मानक तय किये हैं। संस्थान की जरूरत के मुताबिक अध्ययन-कक्ष में प्रयोगार्थ चुनी हुई मेज का आकार 2 मीटर 7 मीटर अर्थात् 6 फुट 6 इंच × 2 फुट × 3 इंच होना चाहिए। मेज का आकार पाठकों को एक कतार में बैठाने की दृष्टि से संस्थान द्वारा तय किया जाता है। मेज के एक ओर सभी पाठकों के बैठने से अध्ययन करते समय विघ्न नहीं पड़ता।

मेजों के अन्य मानक आकार संस्थान ने निम्न तरह से निर्धारित किये हैं–

60 × 100 से. मी.– 1 पाठक के पढ़ने के लिए

60 × 170 से. मी.– 2 पाठक के पढ़ने के लिए

60 × 240 से. मी.– 3 पाठक के पढ़ने के लिए

उक्त मेजों के सम्बन्ध में मानक तय करते समय यह ध्यान में रखा गया है, कि मेज के एक तरफ ही बैठकर अध्ययन पाठन कर सकें। टेबल के दोनों ओर पाठकों के बैठने की व्यवस्था करनी हो तो निम्न मानकों के अनुसार मेजें निर्मित करनी चाहिए–

1 मी. × 1 मी.– (दो पाठकों के लिए–दोनों पाठक आमने सामने बैठेंगे)

1 मी. × 1.5 मी.– चार पाठकों के पठन-पाठन के लिए

1 मी. × 2.25 मी.– छः पाठकों के पठन-पाठन के लिए

1 मी. × 3 मी.– आठ पाठकों के पठन-पाठन के लिए

ऊँचाई–टेबलों की तय ऊँचाई 0.75 मीटर है, किन्तु कुछ टेबल 28 इंच ऊँचाई वाले भी हाने चाहिए, जिससे कि छोटे कद वाले पाठकों को समस्या न हो।

गोल मेज

अमेरिकी पुस्तकालय संघ का मानना है कि उचित आकार, अनुमानों तथा व्यवस्था के अनुरूप कमरे में 1 से 4 गोल मेजों को स्थान दिया जाए। गोलमेजों से सुन्दरता बढ़ती है। यदि बहुत बड़ा कमरा न हो तो अक्सर एक गोलमेज से काम चल सकता है, दो से अधिक मेजें अनुपयोगी होंगी।

देखने में गोलमेज सुन्दर होती है। चार व्यक्तियों के उपयोग के लिए 4 फीट की गोलाकार पहिये युक्त मेज उपयोगी होगी। गोलमेज का अध्ययन कक्ष में प्रयोग ज्यादा स्थान उपलब्ध होने की दशा में किया जाता है।

कुर्सी

विभागों की आवश्यकता के अनुसार ही पुस्तकालयों में कुर्सियों का निर्माण कराया जाता है। सारे पुस्तकालय के लिए एक ही प्रकार की कुर्सी उपयुक्त नहीं होती। उदाहरण के तौर पर बाल विभाग की कुर्सियाँ अपेक्षाकृत छोटी होती हैं। इसी प्रकार अध्ययन कक्ष में रखी जाने वाली कुर्सियाँ, स्वच्छन्द पुस्तकावलोकन विभाग या पुस्तक निर्गम विभाग में रखी कुर्सियाँ विविध प्रकार की होती हैं।

पुस्तकालय फर्नीचर जैसा कि ऊपर स्पष्ट किया जा चुका है, आरामदेय, हल्का और देखने में आकर्षक होना चाहिए। यह बात पुस्तकालय के लिए कुर्सियों के लिए विशेष तौर पर लागू होती है। कुर्सियों के पायों में रबर के गुटकों का प्रयोग किया जाना चाहिए ताकि उनके स्थान परिवर्तन के समय आवाज न हो। आमतौर पर यह माना जाता है कि कुर्सी पर बैठने का स्थान जमीन से 18 इंच ऊँचा होना चाहिए। कुर्सी के विषय में भारतीय मानक संस्थान द्वारा विवरण निम्नलिखित प्रकार से प्रमाणित किया जाता है–

1. बैठने की सीट की जमीन से ऊँचाई 45 से. मी. होनी चाहिए।
2. सीट की चौड़ाई 43 से.मी. रहनी चाहिए एवं वह सामने से 5 से.मी. अधिक चौडी़ होनी चाहिए।
3. कुर्सी की भुजाएँ सीट से 20 से.मी. ऊँची रहनी चाहिए और सीट के सामने के किनारे से 75 मि.मी. ऊँची होनी चाहिए।
4. पीछे का हिस्सा झुका होना चाहिए, किन्तु भुजा से उसकी ऊँचाई 18 मि.मी. से ज्यादा नहीं रहनी चाहिए।
5. कुर्सी में आवाज निरोधक गुटके पायों में लगे होने चाहिए।
6. कुर्सी की सीट कुशनदार अथवा केन से बुनी हुई होनी चाहिए।

निर्गम विभाग के लिए बनवाई जाने वाली कुर्सी सतह से 760 मि.मी. ऊँची होनी चाहिए। इसमें भुजाओं की जरूरत नहीं होती है।

कुर्सी में पायदान जमीन से 300 मि.मी. की ऊँचाई पर रहने चाहिए।

निर्गम-काउण्टर

पुस्तकालय के प्रवेश द्वार पर स्थित यह काउण्टर पुस्तकें निर्गमित करने के लिए होता है। यह एक विशेष प्रकार का गोलाकार सीधा अथवा अंग्रेजी के 'एल' अक्षर के समान बना होता है। काउण्टरों को बार-बार बदला नहीं जा सकता क्योंकि इनके निर्माण करने में काफी व्यय करना पड़ता है। इस दृष्टि से काउण्टर नये बनाते

समय दूरदर्शितापूर्वक निर्णय लेना चाहिए। निर्गम काउण्टर के निम्नांकित चार कार्य हैं—1. आगत पुस्तकों को वापस लेना, 2. पुस्तकों का आरक्षण करना, 3. नये पाठकों का निबंधीकरण, 4. पुस्तकें निर्गत करना।

काउण्टर में अन्दर की तरफ कुछ खाने बने होने चाहिए ताकि वापस की गई पुस्तकों को संचयागार में भेजने तक रखा जा सके। काउण्टर पर निर्गमित पुस्तकों के पत्रकों को पेंटिंगों में व्यवस्थित करने के लिए जगह होनी चाहिए। लगभग 4.0 इंच तक काउण्टर की ऊँचाई होनी चाहिए। पटल की चौड़ाई आम तौर पर 26 से 28 इंच तक रखी जाती है। कार्यकर्ता काफी समय तक सुविधापूर्वक कार्य कर सके, इसके लिए यह जरूरी है कि काउण्टर के बीच में पायदान लगे हों। जैसा कि ऊपर बताया जा चुका है, कई प्रकार के डिजाइन के अनुसार काउण्टर का निर्माण जरूरी होता है। भारतीय मानक संस्थान के अंग्रेजी के 'एल' अथवा 'यू' आकृति ने आयताकार काउण्टर, जिसमें केवल एक दरवाजा हो, बनाये जाने का सुझाव दिया है। डिजाइन कोई भी हो, उचित यह है कि तीन-तीन फीट की इकाइयों को जोड़ कर बनाया जाए। इकाइयों को बोल्ट द्वारा जोड़ा जा सकता है। इस प्रकार का काउण्टर एक स्थान से अन्यत्र ले जाया जा सकता है तथा जरूरत के मुताबिक उसमें वृद्धि की जा सकती है।

निर्गम ट्रे

निर्गम ट्रे के अन्तर्गत पाठक को पुस्तक प्रदान करने के पश्चात् उससे पुस्तकालय कार्ड के साथ पुस्तक विशेष के कार्ड को संलग्न कर दोनों को एक साथ व्यवस्थित कर उसमें रखा जाता है। इस ट्रे में एक से तीन खाने तक हो सकते हैं। इन्हें पुस्तक वापसी की निर्धारित तिथि के हिसाब से रखा जाता है। दो खाने वाले निर्गम ट्रे का माप इस प्रकार है :

चौड़ाई—0.16 मीटर
लम्बाई—0.8 मीटर
ऊँचाई—0.13 मीटर

सूची केबिनेट तथा सेल्फ सूची केबिनेट

इसके अन्तर्गत पुस्तक सूची कार्ड विषयवार एवं अकारादिक्रम से नियोजित किये जाते हैं। इनको बनवाते या क्रय करते समय विशेष सावधानी बरतनी चाहिए क्योंकि इनका आधार विशेष प्रकार का होता है। विशेषतया केबिनेट को पक्की सागौन की लकड़ी अथवा स्टील की बनी हुई होना चाहिए। व्यवस्था इस प्रकार की

होनी चाहिए कि दराजें आसानी से बंद की जा सकें। दराजों को ऊपर से रोकने के लिए पीतल के गुटके का प्रयोग करना चाहिए। यह उचित है कि एक ही केबिनेट में सैकड़ों दराज होने के स्थान पर ऐसे केबिनेट बनाये जाएँ जिसमें भविष्य में विस्तार किया जा सके। भारतीय मानक संस्थान के अनुसार एक केबिनेट में 24 दराज होने चाहिए। दराजों की आवश्यकता अनुसार केबिनेट बनाये जा सकते हैं। एक केबिनेट में लगभग 100 से 1200 सूची कार्ड रखने की व्यवस्था होती है। पुस्तकालय में वर्तमान पुस्तक संख्या तथा आगामी पाँच वर्षों में पुस्तक संख्या में बढ़ोत्तरी की अंकलित संख्या लेकर निम्नांकित फार्मूले के आधार पर यह नियम बनाया जा सकता है कि पुस्तकालय में कितने सूची केबिनेट खरीदे जायें–

सूत्र–प्रत्येक पुस्तक के चार सूची कार्ड बनाये जाते हैं।

प्रत्येक मंजूषा 1200 सूची कार्ड (औसत मोटाई के)

अतः कुल पुस्तक संख्या 4/1200

केबिनेटों की अनुमानित संख्या

पत्रक केबिनेट की ऊंचाई जमीन से दो फुट होनी चाहिए। जमीन से केबिनेट के ऊपरी हिस्से की ऊँचाई पाँच फुट होनी चाहिए। इस प्रकार के केबिनेट में छः ट्रे लम्बाई में तथा पाँच ट्रे चौड़ाई से दी जा सकती हैं। हर दराज का उचित आकार गहराई 0.35 मी., चौड़ाई 0.13 मीटर एवं ऊँचाई 0.95 मीटर होती है। कार्डों को सही प्रकार से व्यवस्थित रखने के लिए लोहे की दराजों को खोलते व बन्द करते वक्त दराज में व्यवस्थित पत्रकों का वर्गाकार आकार इत्यादि दर्शाने के लिए एक धार, दराज को गिरने से रोकने हेतु पीतल का गुटका और कार्डों के अन्त में एक लकड़ी अवरोधक रहना चाहिए।

पुस्तक प्रदर्शक रैक

पुस्तक प्रदर्शक रैक का प्रयोग विशेष रुचि की नई पुस्तकों के प्रदर्शन के लिए किया जाता है। रैक कई प्रकार के हो सकते हैं। पहले प्रकार में रैक के पुस्तक-प्रदर्शन के साथ सूचना इत्यादि के प्रदर्शन के लिए नोटिस बोर्ड की भी व्यवस्था होती है। पुस्तकों का प्रदर्शन इसके दोनों ओर किया जा सकता है। ऊपर की तरफ केन्द्र में फलक से संयुक्त बोर्ड पर सूचनाएँ या नवीन पुस्तकों के आवरण लगाये जा सकते हैं। पुस्तक फलक ढलवाँ होनी चाहिए दूसरे प्रकार की आलमारी में सूचनाएँ या पुस्तकों की सूचियाँ प्रदर्शित करने के लिए बुलेटिन बोर्ड की व्यवस्था नहीं होती। स्टैण्ड की आवश्यकता तीसरे प्रकार की आलमारी में नहीं होती

है। इसे मेज पर प्रदर्शित करना पड़ता है। इसमें केवल एक खाना होता है। इनके अलावा पुस्तकों का प्रदर्शन करने हेतु पुस्तक प्रदर्शनाधार का प्रयोग भी हो सकता है। यह लोहे के बने हुए होते हैं तथा कई आकारों में बनाये जाने का उपयोग भी किया जा सकता है। एक समय में एक ही पुस्तक प्रदर्शनाधार पर दिखाई जा सकती है। यदि पुस्तकों का प्रदर्शन मेज पर करना है तो उसका माप निम्नवत होना चाहिए–

लम्बाई–1 मीटर
चौड़ाई–0.7 मीटर
ऊँचाई–0.85 मीटर

पाठकों के अवलोकनार्थ पुस्तकों को तिरक्षा करके रखना चाहिए। फटी-पुरानी किन्तु बहुमूल्य हस्तलिखित पाण्डुलिपियाँ एवं दुर्लभ विशिष्ट कृतियों को पुस्तकालय का गौरव समझा जाता है और इन्हें प्रदर्शित करने के लिए लकड़ी की प्रदर्शन मंजूषाओं का उपयोग किया जाता है। प्रदर्शित पुस्तकों को सहज रूप से देखेने योग्य बनाने के लिए मंजूषाओं के ऊपर का भाग कांच जड़ित रहता है। एक केबिनेट में एक या अधिक पुस्तकें रखने की व्यवस्था हो सकती है।

विश्वकोश तथा शब्दकोश आधार

विश्वकोशों तथा शब्दकोशों को पुस्तकालय में प्रदर्शित करने के लिए विशेष स्टैण्ड बनावाए जाते हैं क्योंकि ये कोश सामान्य पुस्तकों की अपेक्षा बड़े आकार के होते हैं। स्टैण्ड में फोलियो, रॉयल फोलियो (20" × 12 1/2"), डिमाई फोलियो (17 1/2" × 11 1/2"), क्राउन फोलियो (15" × 10"), आकार की एवं इससे बड़ी पुस्तकें रखने की सुविधा रहनी चाहिए। इसकी ऊँचाई जरूरत के मुताबिक 3 से 5 फुट, गहराई 2 1/2 फुट हो सकती है। खानों के बीच में 4 इंच की दूरी रहनी चाहिए। स्टैण्ड की ऊपरी सतह ढलवाँ होनी चाहिए। जिससे एटलस स्टैण्ड में संग्रहीत कोई अन्य वृहदाकार पुस्तक उस पर रखकर प्रयोग में लाई जा सके।

निम्नलिखित विवरण के आधार पर इंग्लैण्ड के पुस्तकालय फर्नीचर व्यापारी शब्दकोश तथा विश्वकोश स्टैण्ड का निर्माण करते हैं–

1. 39 इंच × 3 इंच × 19 1/2 × 6 खाने
2. 38 इंच ऊँचाई, गहराई 18 इंच, चौड़ाई 41 इंच (शब्दकोश एवं विश्वकोश तथा एटलस के लिए खाना, 1 कोश के लिए तथा 3 एटलस या फोलियो साइज की पुस्तकों के लिए)।

3. 3 फीट 3 1/2 इंच ऊँचाई × 2 फीट 6 इंच चौड़ाई × 1 फीट 6 इंच गहराई (एटलस एवं फोलियो साइज पुस्तकों के लिए)।
4. 3 फीट 5 इंच ऊँचाई × 1 फीट 9 इंच लम्बाई × 1 फीट 4 इंच गहराई (कोशों के लिए)।

एटलस स्टैण्ड

विश्वकोशों और शब्दकोशों से यह लम्बाई व चौड़ाई की नजर से कहीं बड़ा होता है। इसलिए इन्हें रखने के लिये विशेष प्रकार के स्टैण्ड बनाये जाते हैं। जरूरत के मुताबिक एटलस स्टैण्ड की ऊँचाई तीन से पाँच फुट, गहराई 2 1/2 फुट उचित है। दो खानों के बीच में चार इंच का अन्तर रहना चाहिए। स्टैण्ड के ऊपर की सतह ढलवाँ होनी चाहिए जिससे उस पर रखकर एटलस का प्रयोग किया जा सके।

सामान्यतः इंग्लैण्ड में विश्वकोश तथा शब्दकोशों के लिए बनाये गये स्टैण्ड में एक या दो खाने एटलस के लिए बना दिये जाते हैं या उनकी लंबाई तथा चौड़ाई इस प्रकार की रहती है कि उनमें बड़े आकार की हर प्रकार की पुस्तकें रखी जा सकें।

पुस्तक वाहन (ट्रॉली)

पुस्तक वाहन की जरूरत, काउण्टर पर आवश्यक पुस्तकें पहुंचाना, संग्रहागार में वापिस पुस्तकों को पहुंचाना, तकनीकी प्रक्रियाओं के बाद पुस्तकों को वापस संग्रहागार में लाने के लिए होता है। इसके माध्यम से पुस्तकालय भवन के क्षेत्र में पुस्तकों का सरलतापूर्वक आवागमन किया जा सकता है। इससे कर्मचारियों तथा पाठकों के समय व परिश्रम की बचत होती है। बड़े पुस्तकालयों में पुस्तक वाहन की जरूरत निःसन्देह बहुत ज्यादा होती है।

निम्नलिखित विवरणों की आवश्यकतानुसार पुस्तक वाहन का निर्माण किया जाता है–

1. 36 इंच लम्बाई × 36 इंच ऊँचाई × 17 इंच चौड़ाई, 4 इंच गोलाईदार पहियों के लिए।
2. 36 इंच ऊँचाई × 37 इंच चौड़ाई × 18 इंच गहराई।
3. 36 इंच लम्बाई × 16 3/4 इंच ऊँचाई।
4. 42 इंच × 42 इंच × 18 इंच ऊँचाई, लम्बाई और चौड़ाई।
5. 39 इंच × 36 इंच × 16 3/4 इंच।

6. चौड़ाई 41 इंच, गहराई 18 इंच, ऊँचाई 46 इंच, दो खानों के बीच की दूरी 9 1/2 इंच (4 खाने)।
7. चौड़ाई 17 इंच, ऊँचाई 36 इंच, लम्बाई 36 इंच ऊपरी खाने की फर्श ढलवाँ होती है।

लघु पुस्तिका पैम्पलैट प्रदर्शन आलमारी

लघु पुस्तिका प्रदर्शन आलमारी कई सामयिक विषयों पर शासन तथा विशिष्ट प्रतिष्ठानों द्वारा विशेष अवसर पर प्रकाशित उपयोगी लघु पुस्तिकाएं प्रदर्शन के लिए लाभदायी होती है। विशेष प्रकार की आलमारी का लघु पुस्तिकाओं में प्रदर्शन के लिए प्रयोग होता है।

ट्रे

पुस्तकालय के विभिन्न तकनीकी विभागों में एक प्रकार की ट्रे का प्रयोग किया जाता है, जो मुख्य रूप सें निम्नलिखित कार्यों में इस्तेमाल होती है–1. सामाजिक कार्ड रखने के लिए; 2. आरक्षण कार्ड रखने के लिए; 3. जिल्दबन्दी कार्ड रखने के लिए; 4. सुझाव कार्ड रखने के लिए; 5. पुस्तक चयन कार्ड रखने के लिए; 6. पुस्तक आदेश कार्ड रखने के लिए; व 7. स्थायी आदेश कार्ड रखने के लिए।

ट्रे का आकार गहराई 0.85 मीटर, चौड़ाई, ऊँचाई 0.95 मीटर होती है एवं इसमें 5 इंच × 3 इंच आकार के कार्ड व्यवस्थित किए जा सकते हैं। सलाह पत्रक ट्रे में अलग-अलग पाठकों द्वारा पुस्तकें मंगवाने के लिए दिये हुए सलाह पत्र, जो सलाह के लिए 5 इंच × 3 इंच आकार के होने चाहिए, भरकर पुस्तकालय में दिये जाते हैं। इन सलाहों पर शुरुआती कार्यवाही करने के लिए सलाह पत्रक ट्रे में विषयवार नियोजित कर लिये जाते हैं एवं इनके आधार पर पुस्तक चयन समिति को स्वीकृति के लिए सूची भेज दी जाती है।

4

पुस्तकालय मानव संसाधन : प्रबन्ध

पुस्तकालय में मानव संसाधन प्रबंध का क्या उद्देश्य है या इसकी वर्तमान समय में क्या आवश्यकता है इसे समझने के लिये हमें यह स्मरण रखना होगा कि किसी भी शैक्षणिक पुस्तकालय में पुस्तकें ही प्रमुख उपागम होती हैं। लेकिन पुस्तकालय के कार्यों को निष्पादित करने हेतु एक अन्य संसाधन की भी जरूरत होती है जिसे मानव संसाधन (Human Resources) कहते हैं। मानव संसाधन के बिना पुस्तकालय मात्र एक भण्डार गृह ही रह जाता है।

मानव संसाधन का आशय है पुस्तकालय में अलग-अलग कार्यों को करने हेतु कार्मिक तथा उनके द्वारा किया जाने वाला कार्य पुस्तकालय के लिए कोई भी कर्मचारी उसका एक अनिवार्य अंग होता है कर्मचारियों का पुस्तकालय के कार्यों में महत्तम सहयोग प्राप्त करने तथा कर्मचारियों के हितों की रक्षा करने के लिए उनका प्रबन्ध किया जाना जरूरी है जिसे मानव संसाधन प्रबन्ध कहते हैं। दूसरे शब्दों में हम कह सकते हैं कि मानव संसाधन प्रबन्ध, एक ऐसी कला है जो कर्मचारियों की रुचि, मानसिक मनोवृत्ति, कार्य की क्षमता आदि के आधार पर तय होती है। आज पुस्तकालयों में मानव संसाधन प्रबन्ध का काफी महत्त्व है।

कार्मिक प्रबन्धन की आवश्यकता एवं उद्देश्य

कार्मिक प्रबन्धन एक ऐसा विश्लेषणात्मक क्रियाकलाप है जो किसी संस्था को जो अपना लक्ष्य प्राप्त करना चाहती है, के मानव संसाधनों को उनके चयन, कार्य विभाजन उपयोग एवं विकास करके गतिशील बनाने के लिए निर्देशित करता है। मानव संसाधनों की आवश्यकता के उचित ज्ञान के लिए कार्मिक प्रबन्धन आवश्यक है। कार्मिक प्रबन्धन के प्रमुख उद्देश्य निम्नवत हैं–

1. कार्मिक प्रबन्धन सम्बन्धी उपयोगी योजनाओं के लिए।
2. कार्मिक प्रबन्धन के उत्तम एवं प्रभावी उपयोग के लिए।
3. कर्मचारियों के पूर्ण विकास एवं सन्तुष्टि के लिए।
4. वर्तमान एवं भविष्य की कर्मचारियों सम्बन्धी आवश्यकता के ज्ञान के लिए।
5. पुस्तकालय के लिए अत्यन्त उपयोगी, योग्य, प्रशिक्षित एवं अनुभवी व्यक्तियों के चयन एवं नियुक्ति के लिए।

इस प्रबन्धन का प्रमुख लक्ष्य पुस्तकालय के लक्ष्यों की प्राप्ति के लिए सर्वाधिक उपयोगी व्यक्तियों अथवा कर्मचारियों की उपलब्धता एवं विकास सुनिश्चित करना है। कर्मचारियों के समय प्रबन्धन के लिए विभिन्न गतिविधियों का संचालन किया जाता है, जैसे–भर्ती योजना बनाना, आवश्यकता के अनुरूप अभ्यर्थियों का चयन करना, उनको उचित कार्यों में लगाना, प्रशिक्षण देना एवं उनका विकास करना आदि। पुस्तकालय के हितों के लिए कार्य करने वाले कर्मचारियों की संतुष्टि भी महत्त्वपूर्ण होती है। कर्मचारियों को यह ज्ञात होना चाहिए कि पुस्तकालय को उनकी योग्यता एवं क्षमता की पहचान है एवं अवसर आने पर उन्हें महत्त्वपूर्ण जिम्मेदारी सौंपी जा सकती है। इस प्रकार कार्मिक प्रबन्धन द्वारा उपयुक्त कार्य, संस्कृति एवं अधिकतम कर्मचारी योगदान सुनिचित किया जा सकता है।

शैक्षणिक पुस्तकालयों में कार्मिक प्रबंधन करते समय उनकी रुचि, योग्यता तथा क्षमता का विशेष ध्यान रखा जाता है। पुस्तकालयों में कर्मचारियों का महत्त्व सर्वाधिक होता है क्योंकि पुस्तकालय में कर्मचारियों की निष्ठा, कर्मठता तथा कर्तव्य परायणता पुस्तकालय सेवा के पाठकों के अनुकूल, लोकप्रिय एवं उत्तम बनाती है। यदि किसी पुस्तकालय में सर्वोत्तम एवं सर्वाधिक उपादेय सामग्री उपलब्ध हो किन्तु उसके कर्मचारी अशिष्ट, आयोग्य, अकर्मण्य तथा निष्ठाहीन हैं तो ऐसी स्थिति में वह पुस्तकालय अपने पाठकों को हितकारी सेवा प्रदान करने में सफल नहीं हो सकता है।

कार्मिक प्रबन्धन की विशेषताएँ

एक शैक्षणिक पुस्तकालय में कार्मिक प्रबंधन की विशेष भूमिका होती है। इसकी प्रमुख विशेषताओं को नीचे स्पष्ट किया जा रहा है–

1. कार्य विश्लेषण (Job Analysis)–पुस्तकालय में कार्य-विश्लेषण करने के लिए प्रत्येक कर्मचारी के लिए नियत कार्य का पहले विश्लेषण किया जाता है जिसमें सम्पूर्ण कार्य को कई इकाइयों (Units) में बाँट दिया जाता है जो एक अच्छे कर्मचारी प्रबन्धन के लिए अति आवश्यक होता है। उन्हीं इकाइयों के अनुसार पुस्तकालय में कर्मचारियों को कार्य प्रदान करके अधिक से अधिक कार्य लिया जा सकता है। इकाइयों में कार्यों को वर्गीकृत करके उचित ढंग से तथा उत्तम रूप से सुचारू रूप से सम्पन्न किया जा सकता है अतः कर्मचारी प्रबन्धन के लिए कर्मचारियों के कार्यों का विश्लेषण करना अति आवश्यक एवं उद्ध व्यावसायिक है।

2. वर्ग विश्लेषण (Class Analysis)–कर्मचारियों के कार्यों का विश्लेषण करने एवं इकाइयों में विभाजित करने के पश्चात् पृथक्-पृथक् कार्यों के लिए एक विस्तृत सारणी बना लेना चाहिए तथा उस चार्ट में विभिन्न पदों के व्यक्तियों को क्या-क्या कार्य करने हैं उन्हें वर्गों में विभक्त कर लेना चाहिए। जिस प्रकार सरकारी प्रतिष्ठानों, कार्यालयों आदि में वर्गों में कर्मचारियों को विभक्त किया जाता है, जैसे–श्रेणी प्रथम, द्वितीय, तृतीय एवं चतुर्थ या व्यावसायिक एवं अर्ध व्यावसायिक।

3. पद योग्यता (Qualifications)–कर्मचारियों के लिये उनके पदों हेतु योग्यताओं का निर्धारण किया जाता है। पद-योग्यता में कर्मचारियों की शैक्षिक योग्यता, व्यावसायिक योग्यता तथा तकनीकी योग्यता के साथ-साथ उसकी व्यक्तिगत योग्यताएँ भी सम्मिलित होनी चाहिए। अतः कर्मचारी प्रबन्धन के अन्तर्गत यह आवश्यक है कि ऐसे व्यक्तियों का पदों पर चयन किया जाना चाहिए जो उक्त पद के लिए हर प्रकार से उपयुक्त हों।

4. कर्मचारियों का चयन (Selection)–पुस्तकालयों में कर्मचारियों का चयन करने से पहले उन सभी बातों पर विचार कर लेना चाहिए जो चयन से पहले आवश्यक हैं अर्थात् पद क्या है? उसकी निर्धारित योग्यता क्या है? तथा उक्त पद के लिए क्या-क्या कार्य निर्धारित हैं जो उस पद पर नियुक्त कर्मचारी को करने हैं? चयन हेतु चयन समिति का गठन करना आवश्यक है। कर्मचारियों के चयन एवं नियुक्ति में पुस्तकालयाध्यक्ष का भी परामर्श, सुझाव एवं सहायता लेनी आवश्यक है। ऐसा प्रसास होना चाहिए कि पुस्तकालय में योग्य, शिक्षित, कर्मठ, लगनशील आदि सभी गुणों से युक्त कर्मचारियों का ही चयन किया जा सके। इसके लिए श्रेष्ठ कर्मचारी नीति (Best Person :l Policy) अपनानी चाहिए।

कार्मिक प्रबन्धन के सिद्धान्त

पुस्तकालय में कर्मचारियों की सुचारु व्यवस्था के लिए जिन सिद्धान्तों का अनुप्रयोग किया जाता है उन्हें कार्मिक प्रबन्धन के सिद्धान्त कहते हैं। इन्हें किसी भी पुस्तकालय में लागू करके उनमें कार्यरत कर्मचारियों से अधिक से अधिक काम लेकर पाठकों की उत्तम सेवा की जा सकती है। यहाँ कार्मिक प्रबंधन के प्रमुख सिद्धान्तों पर प्रकाश निक्षेप किया जा रहा है।

1. व्यक्तिगत विकास का सिद्धान्त (Principle of Personal Development)—कर्मचारी प्रबन्ध की सफलता का आधार व्यक्ति विशेष की संतुष्टि है। किसी भी कर्मचारी की संतुष्टि हेतु उसकी इच्छाओं का पूर्ण होना आवश्यक है। इसके साथ ही प्रत्येक व्यक्ति को उसकी योग्यता के अनुसार विकास के अवसर मिलने चाहिए।

2. वैज्ञानिक चयन का सिद्धान्त (Principle of Scientific Selection)—पुस्तकालय में कर्मचारियों का चयन वैज्ञानिक आधारों पर होना चाहिए जिससे उपयुक्त व्यक्ति का ही चयन किया जा सके। रुचि परीक्षण में भी वैज्ञानिक विधियों का प्रयोग करना चाहिए।

3. उचित पुरुस्कार का सिद्धान्त (Principle of Fair Reward)—कर्मचारियों को अपने कार्यों का उचित परुस्कार मिलना आवश्यक है। अन्यथा वे असन्तुष्ट रहेंगे। उचित पुरूस्कार के अभाव में कर्मचारियों से उत्तम एवम् उचित कार्य कराना असम्भव होता है यदि उन्हें उनके कार्य का उचित पारितोषिक मिलता रहता है, तो वे अपने कार्य के प्रति सजग रहकर रुचि लेते हैं।

4. प्रेरणा का सिद्धान्त (Principle of Motivation)—प्रेरणा सफलता का राजमार्ग माना जाता है। यह वह शक्ति है जो कर्मचारियों में कार्य के प्रति रुचि उत्पन्न करने में सहायक होती है। तरह-तरह के प्रलोभन देकर कर्मचारियों में प्रेरणा पैदा की जा सकती है।

5. सहभागिता का सिद्धान्त (Principle of Co-partnership)—कर्मचारियों से सम्बन्धित निर्णय लेते समय कर्मचारियों के प्रतिनिधियों को साथी के रूप में सम्मिलित करना अत्यन्त आवश्यक है। कर्मचारियों से भी सुझाव आमन्त्रित किये जाने चाहिए तथा उन्हें निर्णय में सहभागी बनाना चाहिए।

6. सहयोग का सिद्धान्त (Principle of Cooperation)—सहयोग का सिद्धान्त पारस्परिक व्यवहार की कुशलता पर निर्भर करता है। पुस्तकालय में अनेक

कर्मचारी होते हैं जो विभिन्न स्तर पर वेतनमान, योग्यताधारी होते हैं। यदि उनमें सहयोग की भावना नहीं हुई, तो पुस्तकालय का उद्देश्य पूर्ण नहीं हो सकेगा। अतः कर्मचारियों में सहयोग की भावना का होना अत्यन्त आवश्यक है।

7. संचार का सिद्धान्त (Principle of Communication)—कार्मिक प्रबन्धन का मुख्य पहलू संचार व्यवस्था भी है। आदेशों तथा निर्देशों को सही रूप में यथा स्थान पहुँचाना पर्याप्त संचार व्यवस्था पर ही निर्भर करता है।

8. राष्ट्रीय कल्याण का सिद्धान्त (Principle of National Welfare)—शिक्षा एवं प्रशिक्षण के माध्यम से कर्मचारियों को इस बात से अवश्य अवगत कराना चाहिए कि राष्ट्रीय समृद्धि ही सर्वोपरि होती है, इसी से सभी का हित होता है। अतः सभी कर्मचारियों में राष्ट्रीय कल्याण की भावना आवश्यक होनी चाहिए और उसी के अनुसार उन्हें कार्य करना चाहिए।

कर्मचारियों का विभाजन

पुस्तकालय कर्मचारी मुख्यतः प्रशिक्षित तथा अप्रशिक्षित दो प्रकार के होते हैं।

प्रशिक्षित कर्मचारी का मतलब उन व्यक्तियों से है जो एक साल के अन्दर ही प्रशिक्षण प्राप्त कर पुस्तकालय विज्ञान में उपाधि प्राप्त कर चुके हों, ऐसे प्रशिक्षित/स्नातक कर्मचारियों को तकनीकी कार्य सौंपा जाता है। कुछ कर्मचारी ऐसे होते हैं, जिन्हें पुस्तकालय विज्ञान का प्रारम्भिक प्रमाण-पत्र प्राप्त होता है तथा ऐसे कर्मचारी तकनीकी कार्यों में प्रशिक्षित कर्मचारियों को मदद देते हैं तथा पुस्तकालय की दिनचर्या में भाग लेते हैं। इन्हें सुविधा के लिए अर्धप्रशिक्षित कर्मचारी माना जाता है। इन्हें प्रशिक्षित कर्मचारियों के वर्ग में ही सम्मिलित कर लिया जाता है। अप्रशिक्षित कर्मचारी वे होते हैं, जो प्रशासनिक कार्यों में पुस्तकालयाध्यक्ष और अन्य तकनीकी कर्मचारियों को सहयोग देते हैं। लिपिक वर्गीय कर्मचारी, दफ्तरी, चौकीदार, भृत्य इसी श्रेणी में आते हैं।

पुस्तकालयाध्यक्ष

पुस्तकालय के संगठन एवं संचालन के लिए पुस्तकालयाध्यक्ष मुख्य रूप से जिम्मेदार होता है। पुस्तकालय कर्मचारियों की क्रियाओं का वह पर्यवेक्षण करता है तथा पाठकों का मार्गदर्शन करता है। जहाँ तक सम्भव हो बाल, महिला, प्रौढ़ आदि वर्गों को आकर्षित करने के उद्देश्य से विशेष साहित्य संग्रहीत करे। संक्षेप में कहा

जा सकता है कि पुस्तकालयाध्यक्ष पाठकों का स्वस्थ विचारधारा निर्मित करने का मौका प्रदान करता है।

अधिकारीगण अथवा पुस्तकालय समिति के प्रति जिम्मेदारी—संचालक मंडल अथवा पुस्तकालय समिति निश्चित की गई नीतियों और प्रयोजनों को पूरा करने के लिए योजना का निर्माण पुस्तकालयाध्यक्ष करता है तथा उस पर अमल करता है। पुस्तकालय समिति का पदेन सचिव पुस्तकालयाध्यक्ष ही होता है। एक सफल पुस्तकालयाध्यक्ष पुस्तकालय समिति को पुस्तकालय के सफल संचालन, प्रशासन तथा स्पष्ट नीति-निर्धारण का परामर्श और सहयोग देता है। वह पुस्तकालय समिति अथवा पुस्तकालय अधिकारीगण के प्रति अग्रलिखित कर्तव्यों का पालन करता है—

1. राज्य तथा राष्ट्रीय स्तर पर आयोजित पुस्तकालय सम्मेलनों अथवा गोष्ठियों में पुस्तकालय समिति अथवा प्राधिकारियों का प्रतिनिधित्व करना।
2. पुस्तकालय का वार्षिक आय-व्यय तैयार करना तथा उसे समिति अथवा अधिकारियों को प्रस्तुत करना।
3. पुस्तकालय के भविष्य में विकास हेतु, योजनाएँ तैयार करना तथा उन्हें पुस्तकालय की गतिविधियों के परिप्रेक्ष्य में समिति अथवा अधिकारियों के सम्मुख प्रस्तुत करना।
4. पुस्तकों का चयन करना अथवा खरीदना।
5. तकनीकी परामर्शदाता के रूप में प्रशासन और नीति-निर्धारण में सहयोग देना। कर्मचारियों की नियुक्ति, संगठन आदि कार्य करना।
6. पुस्तकालय की सम्पत्ति की सुरक्षा के लिए प्रबन्ध करना।
7. पुस्तकालय के कर्मचारियों की माँगों तथा उनकी पदोन्नति आदि के सम्बन्ध में निर्णय हेतु प्रतिवेदन प्रस्तुत करना।
8. नीतियों तथा कार्यक्रमों का क्रियान्वयन करना।
9. पुस्तकालय समिति अथवा अधिकारीगण की तरफ से जनता से सम्पर्क करना।
10. समिति की बैठकों में पदेन सचिव की हैसियत से भाग लेना।
11. वार्षिक संग्रह-परिक्षण करना तथा समिति को उसका प्रतिवेदन प्रस्तुत करना।

इस तरह पुस्तकालयाध्यक्ष समिति अथवा अधिकारियों को पुस्तकालय की मुख्य गतिविधियों व प्रगति से अवगत कराता है तथा उन्हें व्यावहारिक एवं उचित निर्णय लेने के लिए प्रेरित करता है। सारतः समिति अथवा अधिकारीगण की तरफ से पुस्तकालय का संचालन पुस्तकालयाध्यक्ष ही करता है।

अधीनस्थ कर्मचारियों के प्रति जिम्मेदारी—पुस्तकालय के अंतर्गत पुस्तकालयाध्यक्ष की सहायता के लिए कई कर्मचारी होते हैं। पुस्तकालयाध्यक्ष कर्मचारियों की नियुक्ति में सलाह देने से लेकर उनके लिए कार्य निर्धारित करने, उनसे कार्य लेने, उनके कार्य का मूल्यांकन करने तक सब बातों के लिए जिम्मेदार होता है। वह पुस्तकालय के कर्मचारियों का कार्य-विभाजन और आवंटन करता है तथा यह ध्यान में रखता है कि कौन-सा कर्मचारी किस कार्य को ज्यादा कुशलता से कर सकता है। वह अपने अधीनस्थ कर्मचारियों को उत्साहित करता है तथा उन्हें आवश्यक प्रेरणा प्रदान करता है। पुस्तकालयाध्यक्ष अधीनस्थों की कार्य की पद्धति तथा कार्य के निर्धारण में सलाह लेता है। वह अपने अधीनस्थों के संगठन का प्रतिनिधित्व करता है, वह पुस्तकालय का सर्वाधिक कुशल तकनीकी कर्मचारी होता है। उसे अपने कर्मचारियों पर नियन्त्रण रखना व अधीनस्थों को निर्देश देना पड़ता है। यह प्रशासनिक कार्य सफलतापूर्वक किये जाने पर ही पुस्तकालय अपने कार्यों से पाठकों की सेवा कर सकता है। निम्न बातों को प्रशासनिक कुशलता में शामिल किया जाता है—

1. व्यवहार कुशलता।
2. अनुशासनिक व्यवस्था।
3. आदेशों की स्पष्टता एवं कुशलता।
4. नियंत्रण स्थापित करने की क्षमता।
5. अधीनस्थों की सम्पूर्ण योग्यता का लाभ उठाने की कला।
6. अधीनस्थों में उत्पन्न होने वाले असन्तोष को दूर करने की योग्यता, कार्य के सम्पादन में मदद का सहयोग प्राप्त करने की कला आदि।

पुस्तकालयाध्यक्ष के अन्दर इन प्रशासनिक कुशलताओं के अतिरिक्त अपने अधीनस्थों की क्षमता को समझने और विकसित करने की योग्यता, सामाजिक संवेदनशीलता, निष्पक्षता तथा सामुदायिक भावना (team spirit) से काम लेने की क्षमता भी होनी चाहिए। पुस्तकालयाध्यक्ष इस प्रकार अपने अधीनस्थ कर्मचारियों के प्रति अपनी जिम्मेदारी को निभा सकता है।

पुस्तकालयाध्यक्ष का पद : जरूरी योग्यता

संचालन और पुस्तकालय संगठन हेतु प्रमुख रूप से उत्तरदायित्व पुस्तकालयाध्यक्ष का है, अतएव उसे एक योग्य, सुशिक्षित एवं प्रशिक्षित व्यक्ति होना चाहिए। उसे

तकनीकी प्रक्रियाओं यथा–वर्गीकरण सूचीकरण, आदि प्रक्रियाओं का पर्याप्त तथा व्यावहारिक ज्ञान होना चाहिए। भारत में पुस्तकालयाध्यक्षों के लिए तीन प्रकार के प्रशिक्षण कार्यक्रम उपलब्ध हैं, यथा–

(क) पुस्तकालय विज्ञान में प्रारम्भिक प्रमाण-पत्र,

(ख) पुस्तकालय विज्ञान में स्नातक उपाधि,

(ग) पुस्तकालय विज्ञान में स्नातकोत्तर उपाधि।

पुस्तकालय के स्तर के आधार पर पुस्तकालयाध्यक्ष की तकनीकी योग्यता पर विचार होना चाहिए। जैसे विद्यालय पुस्तकालय अथवा किसी कस्बे के छोटे सार्वजनिक पुस्तकालय के लिए प्रारम्भिक प्रमाण-पत्र प्राप्त पुस्तकालयाध्यक्ष ही काफी है। किन्तु विश्वविद्यालय में स्नातकोत्तर उपाधि प्राप्त व्यक्ति अथवा ठोस अनुभव सहित पुस्तकालय विज्ञान में स्नातक उपाधि प्राप्त व्यक्ति ही उपयुक्त हो सकते हैं। भारत सरकार को पुस्तकालयाध्यक्ष की योग्यता के सम्बन्ध में पुस्तकालय सलाहकार समिति, विश्वविद्यालय अनुदान आयोग की पुस्तकालय समिति अपनी अनुशंसाएँ दे चुकी हैं। पुस्तकालयाध्यक्ष को अपने पाठकों की रुचियों एवं उनके सामाजिक एवं सांस्कृतिक पर्यावरण की पूर्ण जानकारी होनी चाहिए जैसा कि डॉ. रंगनाथ ने कहा है, यदि पुस्तकालयाध्यक्ष को सफलता अर्जित करनी है तो उसमें मनोवैज्ञानिक प्रवृत्ति होनी चाहिए, पुस्तकालयाध्यक्ष का यह कर्तव्य है कि हर प्रकार के पाठकों की सेवा करे, न केवल उनकी, जो जल्दी ही तुष्ट हो जाते हों। हकीकत में समस्याग्रस्त पाठकों का सेवा करने वाला ही सफल पुस्तकालयाध्यक्ष होता है।

पुस्तकालयाध्यक्ष और अन्य विविध कर्मचारियों की नियुक्ति

पुस्तकालय के संगठन और संचालन के लिए पुस्तकालयाध्यक्ष उत्तरदायी होता है। अतएव उसकी नियुक्ति करते समय इस बात का खासतौर पर ध्यान रखना चाहिए कि वह व्यक्ति, जिसको पुस्तकालयाध्यक्ष पद पर चुनने का विचार किया जा रहा है, अपनी योग्यताओं और अनुभव की दृष्टि से इस योग्य है या नहीं।

तकनीकी कर्मचारी यथा–सहायक पुस्तकालयाध्यक्ष, क्लासीफायर, कैटेलागर, संदर्भ सहायक का पद भरते समय पुस्तकालय के स्तर के अनुसार तकनीकी योग्यता प्राप्त कर्मचारी का चुनाव किया जाना चाहिए। दूसरे कर्मचारियों की नियुक्ति उनकी पुस्तकालय के लिए अनुकूलता को परख कर करना चाहिए।

कर्मचारियों की आवश्यकता

सही तरह से पुस्तकालय को चलाने के लिए कई प्रकार के कर्मचारियों की आवश्यकता पड़ती है। किसी पुस्तकालय में कुल कितने कर्मचारी हों, यह निर्धारित करने के लिए विभिन्न पुस्तकालय विद्वानों तथा समितियों ने कई सिद्धान्त प्रतिपादित किये हैं। अमरीकी पुस्तकालय संघ द्वारा सार्वजनिक पुस्तकालयों के युद्धोत्तर आयोजन के लिए नियुक्त समिति ने इस सम्बन्ध में निम्न सिद्धान्त प्रतिपादित किया है–

पुस्तकालय के स्तर के आधार पर कर्मचारी इतने होने चाहिए कि जब तक–जनता के लिए पुस्तकालय खुला रहे तब तक वे सतत् सेवा प्रदान कर सकें। पुस्तकालय के लिए सामग्री संग्रह करने, संगठित करने तथा उसे पाठकों को प्रस्तुत करने की प्रक्रियात्मक कार्यों को कर सकें। किसी पुस्तकालय अथवा पुस्तकालय प्रणाली के लिए कितने कर्मचारी हों, यह इस बात पर आधारित होता है कि पुस्तकालय किस प्रकार की सेवाएँ प्रदान करता है, पुस्तकालय क्षेत्र का आकार तथा उसकी जनसंख्या क्या है, पुस्तकालय के आर्थिक स्रोत क्या हैं तथा विशेष रूप से विभागों की संख्या, शाखाओं तथा खण्डों की संख्या, दैनिक पुस्तक निर्गम संख्या तथा सन्दर्भ सेवा से लाभ उठाने वाले पाठकों की संख्या क्या है, पुस्तकालय भवन का निर्माण कैसा है, पुस्तकालय कितने घण्टे खुलता है आदि। तकनीकी कर्मचारियों को जब तक पुस्तकालय खुला रहे तब तक उपस्थित रहना चाहिए।

कर्मचारियों की संख्या पुस्तकालय के अन्तर्गत उसकी सेवा की उत्कृष्ट और जटिलता पर भी निर्भर करती है। इस नजरिए से पुस्तकालय संघ द्वारा नियुक्त उक्त समिति ने कोई विशेष विचार नहीं किया। पुस्तकालय सार्वजनिक संस्था होती है, अतएव पुस्तकालय के पाठकों की रुचियों को भी आधार मानना चाहिए। उदाहरण के तौर पर किसी पुस्तकालय के निकटवर्ती क्षेत्रों की जनसंख्या कम, ज्यादा या प्रबुद्ध हो सकती है, किन्तु अन्य किसी पुस्तकालय के निकटवर्ती क्षेत्रों को जनसंख्या अधिक, किन्तु अशिक्षित। पुस्तकालय कर्मचारियों की दोनों ही स्थितियों में चुनौती का सामना करना पड़ेगा। प्रबुद्ध जनसंख्या वाले क्षेत्र के नागरिक पुस्तकालय से अच्छी और परिष्कृत सेवा चाहेंगे और दूसरे क्षेत्र के लोगों को शिक्षित करने के लिए पुस्तकालय को विभिन्न मूल कार्यों से हटकर प्रसार प्रविधियों का उपयोग करना पड़ेगा। जिसमें अधिक सूझबूझ के साथ कार्य करना जरूरी होगा और उसके लिए अधिक कर्मचारियों की आवश्यकता भी होगी।

कर्मचारियों की संख्या तय करने के लिए एक सूत्र का निर्माण, कई प्रकार के तथ्यों पर विचार के बाद किया गया। इस सूत्र के आधार पर किसी भी पुस्तकालय

के लिए कर्मचारियों की संख्या निर्धारित की जा सकती है। सूत्र रूप में अपना सिद्धान्त प्रकट करने के लिए उन्होंने निम्न वर्णाक्षरों का प्रयोग सूचकों के रूप में किया है, जिनकी व्याख्या निम्नलिखित हैं–

(1) प्रतिवर्ष मुख्य द्वार खुले रहने के घण्टे, (पुस्तकालय मुख्य द्वार तथा आदान-प्रदान कक्ष के द्वार को बराबर महत्त्व दिया जाये),
(2) प्रतिदिन पुस्तकालय खुलने के घण्टे,
(3) वर्तमान वर्ष में क्रय की जाने वाली पत्रिकाओं की संख्या,
(4) प्रतिदिन पाठकों की संख्या,
(5) प्रतिवर्ष पुस्तकालय में नवीन पुस्तकों के पंजीकरण की संख्या,
(6) वार्षिक बजट रुपयों में,
(7) प्रलेखित पत्रिकाओं की संख्या।

चुनाव प्रक्रिया

पुस्तकालय के अन्तर्गत कर्मचारियों का चयन करने के लिए वर्तमान समय में विभिन्न प्रकार की प्रक्रियाएं होती है, जिन्हें निम्नलिखित चरण में पूरा किया जाता है। ये प्रक्रियाएँ सर्वमान्य तथा प्रचलित हैं तथापि इनका प्रयोग विभिन्न दशाओं के आधार पर किया जाता है–

वास्तविक अन्तर्वीक्षा

आवेदनकर्ता का साक्षात्कार कई परीक्षणों को पूरा करने के पश्चात् होता है जिसमें उनकी बौद्धिक सचेतता, मानसिक सन्तुलन, भौतिक क्षमता, व्यक्तित्त्व का आकर्षण इत्यादि की जानकारी आसानी से हो जाती है और इस प्रकार अभ्यर्थी के पूर्ण व्यक्तित्त्व की जाँच-पड़ताल साक्षात्कार के द्वारा की जाती है। आजकल के साक्षात्कार बोर्ड में कई लोगों का समूह होता है तथा प्रत्येक सदस्य विभिन्न विषयों पर जानकारी प्राप्त करते हैं।

आवेदन-पत्र व उसकी जाँच

अभ्यर्थी के बारे में संपूर्ण जानकारी प्राप्त करने के लिए प्रारम्भिक अंतर्वीक्षा में पास व्यक्तियों से आवेदन-पत्र भरवाये जाते हैं। आवेदन-पत्र प्रार्थी द्वारा ही स्वयं भरा होना चाहिए, जिससे उसके सम्बन्ध में सामान्य निर्णय लिया जा सके कि अमुक व्यक्ति कार्य के लिए उचित पात्र रहेगा अथवा नहीं। आवेदन-पत्रों की प्राप्ति के

उपरान्त सभी आवेदन-पत्रों को छाँट लिया जाता है जो कार्य विशेष के लिए हर तरह से उपयुक्त हों।

चयनित आवेदन-पत्रों के अभ्यर्थियों के लिए बुलावा पत्र (Call Letters) उपस्थित होने का दिनांक और समय का उल्लेख करके भेजे जाते हैं।

परीक्षण

चयन प्रक्रिया में एक महत्त्वपूर्ण कार्य परीक्षण भी है। जो व्यक्ति की योग्यता इत्यादि ज्ञात करने के लिए किया जाता है। आवेदकों की योग्यता तथा उनका बौद्धिक स्तर मालूम करने के लिए बहुत पहले से ही परीक्षण प्रणाली का चलन चला आ रहा है, इससे यह मालूम होता है कि आवेदकों में कार्य विशेष की कुशलता के साथ करने की पात्रता है या नहीं। परीक्षण कई तरीकों से संपादित किये जाते हैं।

प्राथमिक साक्षात्कार

वर्तमान समय में बेरोजगारी एक भयंकर समस्या है अतएव एक पद के लिए असंख्य व्यक्ति उम्मीदवार हो सकते हैं। प्राथमिक अंतर्वीक्षा की वजह अभ्यर्थियों की भारी संख्या होती है। कर्मचारियों के चयन का यह प्रथम चरण होता है। इस प्रकार के साक्षात्कार में व्यक्ति की कार्य की प्रकृति, काम करने का समय, कार्य की शर्तें एवं दशाएँ समझ कर उसकी स्वीकृति जाती है तथा उसी समय उससे उसकी शैक्षिक योग्यता, कौशल, अनुभव, कार्य करने की रुचि आदि संबंधी जानकारी प्राप्त की जाती है। यदि प्रारम्भिक साक्षात्कार में ऐसा अनुभव हो कि वह व्यक्ति पुस्तकालय में उक्त पद के लिए लाभदायक सिद्ध होगा तो उसे भरने के लिए आवेदन-पत्र दे दिया जाता है। प्रारम्भिक अन्तर्वीक्षा में अयोग्य व्यक्तियों को छाँटकर उन्हें आवेदन-पत्र नहीं दिया जाता है।

शरीर की जाँच

समस्त जाँच प्रक्रिया पूरी होने के पश्चात् अभ्यर्थी की शारीरिक क्षमता की जानकारी प्राप्त करने के लिए उसकी शारीरिक जाँच भी होती है। इससे यह भी देखा जाता है कि कोई छूत की बीमारी टीबी अथवा एड्स इत्यादि तो नहीं है। ऐसा कर्मचारी पुस्तकालय के लिए लाभदायक भी नहीं रहेगा और साथ ही अन्य कर्मचारियों में भी रोग फैला सकता है। इसलिए यह देखना भी जरूरी है कि अभ्यर्थी शारीरिक रूप से स्वस्थ है या नहीं।

कार्य पर नियुक्ति

सभी परीक्षणों में पास होने के पश्चात् अभ्यर्थी को कार्य का दायित्व सौंपा जाता है। कार्य पर नियुक्ति के लिए उसे नियुक्ति-पत्र सौंपा जाता है जिसके प्रत्युत्तर में अभ्यर्थी पुस्तकालय में अपनी नियुक्ति होने का प्रतिवेदन देकर प्रारम्भ कर देता है।

पुस्तकालय कर्मचारी प्रशिक्षण

सभी संगठनों की क्रियाओं को सफलतापूर्वक संचालन व सम्पादन करने के लिए एक खास प्रकार की व्यवहारिक व सैद्धान्तिक ज्ञान, कौशल और योग्यता की आवश्यकता होती है। प्रशिक्षण के द्वारा कर्मचारियों को सौंपे जाने वाले कार्य की प्रकृति का ज्ञान हो जाता है, और वे कार्य को आसानी से कर पाने में सक्षम हो जाते हैं। प्रशिक्षण को इस दृष्टि से, किसी कार्य को विशिष्ट तरीके से करने की एक शिक्षण विधि माना जा सकता है। प्रशिक्षण को यदि हम परिभाषित करना चाहें तो कह सकते हैं कि प्रशिक्षण एक ऐसी क्रिया है, जिसके द्वारा विशिष्ट कार्यों के सम्पादन के लिए कर्मचारियों की अभिवृत्तियों, निपुणताओं एवं योग्यताओं में अभिवृद्धि की जाती है अथवा प्रशिक्षण किसी विशेष कार्य को करने हेतु एक कर्मचारी के ज्ञान एवं कौशल में अभिवृद्धि करने की एक क्रिया है।

कहा जा सकता है कि प्रशिक्षण शब्द का अर्थ विधिवत् शिक्षा-प्राप्ति या अधिगम तक ही सीमित रखा गया है। शिक्षा प्राप्ति या अधिगम पूर्ण अनुभव के परिणामस्वरूप व्यवहार में परिवर्तन को बतलाता है। यह अधिगम या शिक्षा प्राप्ति साभिप्राय, अर्थात् अभिप्राय सहित या अभिप्राय रहित हो सकती है। साभिप्राय, अधिगम या शिक्षा प्राप्ति को ही प्रशिक्षण कहा गया है। व्यवहार में, जब हम किसी व्यक्ति के व्यवहार में बदलाव लाने के लिए कुछ कार्य करते हैं, तो यह कहा जाता है कि हम उसे प्रशिक्षित कर रहे हैं। इस प्रकार किसी विशिष्ट कार्य को विशिष्ट ढंग से सम्पन्न करने की कला, ज्ञान एवं कौशल का साभिप्राय शिक्षण ही प्रशिक्षण कहलाता है।

प्रशिक्षण उद्देश्य

कर्मचारियों की योग्यता, कौशल तथा ज्ञान में प्रशिक्षण प्रक्रिया के द्वारा बढ़ोत्तरी होती है। प्रशिक्षण से कर्मचारियों को न केवल तकनीकी जानकारी प्राप्त होती है अपितु, उनके व्यक्तित्त्व का भी विकास होता है।

प्रशिक्षण का प्रमुख उद्देश्य संगठन के सभी स्तरों पर वांछनीय ज्ञान, कौशल एवं अभिवृत्तियों के विकास हेतु अवसर प्रदान कर योग्य कर्मचारियों का निर्माण करना तथा संगठन के लक्ष्यों की प्राप्ति में मदद देना है।

प्रशिक्षण प्राप्ति

कर्मचारियों की व्यक्तिगत कार्यक्षमता व विकास में बढ़ोत्तरी करने के निमित्त प्रशिक्षण की जरूरत होती है। वैज्ञानिक एवं तकनीकी प्रगति की कार्य-प्रणालियों एवं संचालन विधियों में अनेक परिवर्तन किये हैं। इस प्रगति से परिचित होने के लिए प्रशिक्षण ही एकमात्र उपाय है। पुराने कर्मचारियों को नये तकनीकी ज्ञान से परिचित कराना एवं नये कर्मचारियों को कार्य-सम्पादन हेतु ज्ञान, योग्यता एवं कौशल प्रदान करना प्रशिक्षण द्वारा ही सम्भव है। कर्मचारी प्रशिक्षण की आवश्यकता के मुख्य आधार संक्षेप में निम्नांकित हैं–

1. कर्मचारियों में मनोबल के विकास हेतु–प्रशिक्षण कर्मचारियों को कार्य सम्पादन के लिए आवश्यक कौशल एवं प्रवीणता प्रदान करता है। यह कुशल कर्मचारियों के कार्य को सुगम बनाता है तथा उनकी आत्मसन्तुष्टि जैसी मानवीय आवश्यकताओं की पूर्ति में मदद प्रदान करता है। प्रशिक्षण के द्वारा कर्मचारियों में कार्य के प्रति आस्था एवं निष्ठा की भावना उत्पन्न होती है एवं अपनत्व जाग्रत होता है।

2. कर्मचारियों की गतिशीलता में विस्तार करने के लिए–प्रशिक्षण के माध्यम से कर्मचारियों में व्यक्तिगत गुण विकसित होते हैं तथा वे कार्य को बखूबी अजाम देते हैं। प्रशिक्षण के द्वारा कर्मचारियों की पदोन्नति के द्वार खुलते हैं। पुस्तकालय के विभिन्न विभागों में उन्हें स्थानान्तरित किया जा सकता है।

3. पर्यवेक्षण तथा निर्देशन में कमी लाने हेतु–अपने कार्यों का पर्यवेक्षण करने तथा स्वविवेक से कार्य करने में प्रशिक्षित कर्मचारी स्वयं ही सक्षम होते हैं। अतएव उनके कार्यों का निरीक्षण करने के लिए पर्यवेक्षकों एवं निर्देशकों की आवश्यकता नहीं रहती। जिस देश के अन्तर्गत पुस्तकालय विज्ञान में प्रशिक्षण की सुविधा है उनमें पुस्तकालयों की स्थिति में सुधार हुआ है तथा पर्यवेक्षकों और निदेशकों की जरूरत भी घटी है। पूर्व स्थिति में पुस्तकालयों में अप्रशिक्षित कार्यकर्ता कार्य करते थे तथा उनके कार्यों का अप्रशिक्षित व्यक्ति ही पर्यवेक्षण करते थे। पर्यवेक्षण एवं निर्देशन संबंधी योग्यताओं का विकास प्रशिक्षण के द्वारा ही हुआ है।

अतएव कर्मचारी स्वतन्त्रतापूर्वक अपना कार्य करने लगे हैं। कर्मचारियों की पर्यवेक्षकों पर निर्भरता समाप्त होने लगी है।

4. संगठनात्मक स्थिरता तथा लचीलेपन में बढ़ोत्तरी करने के लिए—प्रशिक्षण के द्वारा अनुकूलन क्षमता और संगठनात्मक स्थिरता में बढ़ोत्तरी होती है। भविष्य के लिए पर्याप्त संख्या में प्रशिक्षित कर्मचारियों की उपलब्धि को सम्भव बनाता है।

5. कर्मचारियों की कार्यकुशलता की वृद्धि हेतु—जैसा कि स्पष्ट किया जा चुका है कि प्रशिक्षण के द्वारा कर्मचारियों को खास कार्य के सम्पादन के लिए विशेष नियमों का ज्ञान प्राप्त होता है। उनकी कार्यकुशलता में यह ज्ञान एवं कौशल वृद्धि करता है। कार्यकुशलता में वृद्धि के परिणामस्वरूप संगठन की सर्वांगीण कार्यकुशलता में वृद्धि होती है।

अंततः प्रशिक्षण के द्वारा कार्य प्रणालियों में सुधार आता है, मानवीय एवं भौतिक साधनों के दुरुपयोग में कमी होती है। नवीन कार्यविधियों का प्रयोग सम्भव होता है, कार्यक्षमता तथा मनोबल बढ़ता है, पर्यवेक्षण तथा निर्देशन में कमी होती है, कर्मचारियों की अनुपस्थिति में कमी होती है, कर्मचारियों की कठिनाइयाँ दूर होती हैं तथा कर्मचारी अपने कार्य को अधिक कुशलता से कर पाते हैं। प्रशिक्षण की आवश्यकता इन तथ्यों के प्रकाश में सिद्ध हो जाती है।

प्रशिक्षण : विभिन्न स्तर

विभिन्न स्तर के कर्मचारियों हेतु प्रशिक्षण कई प्रकार से होता है। जो इस प्रकार हैं—

व्यावसायिक प्रशिक्षण—अप्रशिक्षित व्यक्तियों को पुस्तकालय विज्ञान के क्षेत्रों से अवगत कराने तथा पुस्तकालय की कार्यविधि का व्यावहारिक ज्ञान कराने के लिए प्रशिक्षण दिया जाता है। पुस्तकालय विज्ञान में यह प्रशिक्षण स्नातक उपाधि पाठ्यक्रम द्वारा दिया जाता है।

अर्द्धव्यावसायिक प्रशिक्षण—पुस्तकालय विज्ञान के प्रमुख क्षेत्रों से परिचित होने के लिए यह प्रशिक्षण दिया जाता है। यह प्रशिक्षण पुस्तकालय विज्ञान में आरम्भिक प्रमाण-पत्र के द्वारा दिया जाता है। इस प्रशिक्षण पाठ्यक्रम को पूर्ण कराने के पश्चात् प्रशिक्षित व्यक्ति अर्द्धव्यावसायिक कहलाता है।

व्यावसायिक व्यक्तियों हेतु प्रशिक्षण—व्यावसायिक व्यक्तियों को पुस्तकालय विज्ञान के व्यापक स्वरूप से परिचित कराने तथा पुस्तकालय कार्य-पद्धतियों का तुलनात्मक अध्ययन कराने की दृष्टि से पुस्तकालय विज्ञान में स्नातकोत्तर पाठ्यक्रम

चलाये जाते हैं। मास्टर ऑफ लाइब्रेरी एण्ड इन्फार्मेशन सांइस की उपाधि इस प्रशिक्षण को पूर्ण करने के बाद मिलती है।

अन्य प्रशिक्षण–उक्त प्रशिक्षणों के अलावा, कम्प्यूटर संचालन, प्रलेखन आदि में निपुणौ बनाने हेतु अन्य प्रशिक्षण दिये जाते हैं। भारत में प्रलेखन प्रशिक्षण दिल्ली और बंगलोर में तथा कम्प्यूटर संचालन सम्बन्धी पाठ्यक्रम जादवपुर विश्वविद्यालय में उपलब्ध है।

पुस्तकालय प्रशिक्षण के विभिन्न उद्देश्य

पुस्तकालय प्रशिक्षण के विभिन्न प्रयोजन प्रमुख रूप से तीन प्रकार के होते हैं–

1. पुस्तकालय विज्ञान में प्रथम उपाधि हेतु तैयार करना।
2. संगोष्ठी, सेमीनार, संक्षिप्त पाठ्यक्रमों के द्वारा पुस्तकालय विज्ञान की समस्याओं एवं उपलब्धियों के प्रति सजग करना।
3. पुस्तकालय विज्ञान में स्नातकोत्तर उपाधि हेतु तैयार करना।

इन उद्देश्यों की प्राप्ति के लिए पुस्तकालय प्रशिक्षण कार्यक्रमों से यह उम्मीद की जाती है कि उनके द्वारा प्रशिक्षणार्थी को निम्नलिखित लाभ होंगे–

1. पुस्तकालय की कार्यपद्धति के सम्बन्ध में व्यावहारिक एवं सैद्धान्तिक ज्ञान प्राप्त होना।
2. अपने देश में पुस्तकालय विज्ञान द्वारा अर्जित उपलब्धियों के सम्बन्ध में समीक्षात्मक दृष्टि का विकास करना।
3. पुस्तकालयाध्यक्ष नामक व्यवसाय के प्रति जागृति उत्पन्न होना।
4. अपने राष्ट्र में पुस्तकालयों एवं पुस्तकालय सेवाओं के विकास एवं विस्तार तथा पुस्तकालय सेवाओं के प्रतिमानों के सम्बन्ध में जानकारी होना।
5. पुस्तकालय विज्ञान के क्षेत्रों में इतने देशों में हुए अनुसन्धानों तथा उपलब्धियों से परिचित होना।
6. क्षेत्रीय, प्रान्तीय, राष्ट्रीय तथा अन्तर्राष्ट्रीय स्तर पर पुस्तकालय सहयोग हेतु अवसर का निर्माण करना।

पुस्तकालय प्रशिक्षण के प्रमुख भाग

पुस्तकालय प्रशिक्षण से की गई इन आशाओं को पूर्ण करने के उद्देश्य से पुस्तकालय प्रशिक्षण के मुख्य अंग अग्रलिखित होने चाहिए–

1. पुस्तक वर्गीकरण—पुस्तकालय विज्ञान में विभिन्न पुस्तकें अपने-अपने समूह में वर्गीकृत की जाती हैं।

2. पुस्तकालय वर्गीकरण—पुस्तकालय विज्ञान का प्रमुख प्रयोजन अध्ययन सामग्री उपलब्ध कराना व ज्ञान को व्यवस्थित करना है। सूचीकरण का उद्देश्य पुस्तकालय में पुस्तक की स्थिति दर्शाना है। यदि पाठक को पुस्तक का शीर्षक, लेखक का नाम, सह लेखक का नाम, सम्पादक का नाम, पुस्तक का विषय, पुस्तक माला का नाम, आदि कुछ भी ऐसा विवरण ज्ञात है, जिसके द्वारा पुस्तक ढूँढ़ी जा सकती हो, तो सूचीकरण के द्वारा पुस्तक प्राप्त करने की समस्या हल की जा सकती है। इसलिए पुस्तक वर्गीकरण को दिया जाने वाला दर्जा पुस्तकालय प्रशिक्षण कार्यक्रम में सूचीकरण को भी मिलना चाहिए।

3. पुस्तकालय विज्ञान का दर्शनात्मक पक्ष—इसके अन्तर्गत ज्ञान के प्रसार में पुस्तकालयों का योगदान तथा शिक्षा के प्रसार के लिए चलाये जा रहे राष्ट्रीय कार्यक्रमों के सम्बन्ध में जानकारी प्रदान करना तथा पुस्तकालयाध्यक्षों को व्यावसायिक आचरण संहिता से परिचित कराना आता है।

पुस्तकालय संगठन एवं प्रबन्ध—निम्न पक्षों की जानकारी पुस्तकालय संगठन और प्रबन्ध में अवश्य करानी चाहिए।

1. बजट तैयार करना तथा लेखा कार्य करना।
2. जनसम्पर्क।
3. पुस्तकालय सांख्यिकी तथा प्रतिवेदन तैयार करना।
4. पुस्तक चयन तथा अध्ययन सामग्री को उपयोगार्थ तैयार करना।
5. भवन, प्रकाश, वातानुकूल-फर्नीचर तथा उपकरण।
6. पुस्तकालय आयोजन के सिद्धान्त तथा पद्धतियाँ, जिनके आधार पर क्षेत्र-विशेष में पुस्तकालय सेवाओं को संगठित किया जा सके।
7. कार्मिक सम्बन्ध का ज्ञान।
8. पुस्तकालय प्राधिकरण के कार्य व उसकी संरचना।
9. कार्य-अध्ययन पद्धतियाँ।
10. पद्धति-विश्लेषण।
11. प्रचार प्रविधियाँ तथा प्रसार सेवाएँ।
12. पुस्तकालय सहयोग।
13. पुस्तकालय प्रबन्ध के सिद्धान्त।

14. रिप्रोग्राफी प्रतिलिपिकरण।
15. पुस्तकालय प्रौद्योगिकी—जिसमें विद्युत उपकरणों, कम्प्यूटर आदि का प्रयोग सम्मिलित है।
16. पठन सामग्री के संरक्षण की विधियाँ।
17. सेवा-वर्गीय प्रबन्ध।
18. तकनीकी सेवाएँ, पाठकों के लिए सेवाएँ तथा प्रशासकीय सेवाएँ।
19. आपरेशनल शोध।
20. सन्दर्भ सेवा।

अभिप्रेरणा

पुस्तकालय एक ऐसी सार्वजनिक संस्था है जिसमें अनेक कर्मचारी विभिन्न कार्य निष्पादित करते हैं। प्रबन्धन की दृष्टि से पुस्तकालय में भी कर्मचारियों में अभिप्रेरणा की मानसिकता का भाव होना अत्यन्त आवश्यक होता है। क्योंकि अभिप्रेरणा से पुस्तकालय के कर्मचारियों में कार्य निष्पादन करने की इच्छा एवं तत्परता को जाग्रत एवं उत्प्रेरित किया जाता है जिससे कर्मचारी भावुक होकर कार्य करने की प्रेरणा प्राप्त की अपना कार्य करने की अधिक से अधिक क्षमता तक कार्य निष्पादित करते हैं। इस प्रकार अभिप्रेरणा जहाँ उनमें उत्साह का सृजन करती है वही पुस्तकालय के उद्देश्यों को सफल बनाने में विशेष सहयोगी होती है।

अभिप्रेरणा शब्द प्रेरणा से बना है जहाँ प्रेरणा का अभिप्राय किसी काम को करने के लिए प्रेरित करने की इच्छा अथवा स्फुरण की भावना से होता है। किसी भी कार्य करने वाले व्यक्ति अथवा कर्मचारी को कार्य निष्पादन के लिए प्रेरित करना ही अभिप्रेरणा कहलाता है। अतः अभिप्रेरणा पुस्तकालय की ऐसी प्रक्रिया है जो पुस्तकालय के कर्मचारियों में स्वतः ही कार्य करने की भावना जाग्रत करती है। अतः अभिप्रेरणा कर्मचारी में प्रधान रूप से कार्य करती है।

परिभाषाएँ—अभिप्रेरणा की कुछ परिभाषाओं का उल्लेख नीचे किया जा रहा है—

1. जूसियस के अनुसार अभिप्रेरणा एक व्यक्ति को अथवा स्वयं को वान्छित प्रक्रिया करने के प्रति प्रेरित करना होती है।

2. शार्टन का मानना है कि अभिप्रेरणा एक निश्चित दिशा में अग्रसर होने अथवा किसी निश्चित लक्ष्य को प्राप्त करने की उत्कृष्ट इच्छा को कहते हैं।

3. वारा का मत है कि अभिप्रेरणा से कोई भी व्यक्ति कार्य करने को अभिप्रेरित हो जाता है।

पुस्तकालयों में अभिप्रेरणा की भूमिका

अभिप्रेरणा की विभिन्न परिभाषाओं को देखने से ज्ञात होता है कि अभिप्रेरणा की अनेक विशेषताएँ हैं जिससे पुस्तकालयों की उपयोगिता बढ़ाने में अभिप्रेरणा एक महत्वपूर्ण भूमिका का निर्वाह करती है।

1. अभिप्रेरणा कर्मचारियों को प्रेरित करती है—कार्मिकों को प्रेरित करने में अभिप्रेरणा का विशेष महत्त्व होता है। पुस्तकालयों में उनके उद्देश्यों की प्राप्ति के लिए अनेक उपाय किए जाते हैं लेकिन उद्देश्यों की पूर्ति तभी सम्भव हो सकती है जब पुस्तकालय में कार्यरत कर्मचारियों को अधिक से अधिक कार्य करने के लिए उत्साहित किया जा सके और यह कार्य अभिप्रेरणा से ही प्रेरित एवम् प्रोत्साहित होकर किया जा सकता है। अतः अभिप्रेरणा पुस्तकालय के उद्देश्य प्राप्ति में अत्यन्त महत्त्वपूर्ण कार्य करती है।

2. अभिप्रेरणा सहयोग के साथ काम करने के लिए प्रेरित करती है—यह मानवीय सहयोग वृत्ति को बढ़ावा देती है। पुस्तकालयों में उसके उद्देश्यों को प्राप्त करने के लिए कर्मचारियों का सहयोग एवं समन्वय के साथ कार्य करना अति आवश्यक होता है जिससे यदि कर्मचारी सन्तुष्ट हैं तो वे अत्यन्त मनोयोग एवं उत्साह के साथ कार्य करके पुस्तकालय सेवाओं में प्रगति एवं उत्तमता लाते हैं। इस प्रकार अभिप्रेरण के अभाव में सहयोग के साथ कार्य अभिप्रेरणा से ही प्रेरित एवम् प्रोत्साहित होकर किया जा सकता है। अतः अभिप्रेरणा पुस्तकालय के उद्देश्य प्राप्ति में अत्यन्त महत्त्वपूर्ण भूमिका निभाती है।

3. अभिप्रेरणा सहयोग के साथ काम करने के लिए प्रेरित करती है—पुस्तकालय में उसके उद्देश्यों को प्राप्त करने के लिए कर्मचारी का सहयोग एवं समन्वय के साथ कार्य करना अति आवश्यक होता है परन्तु यदि ऐसा नहीं है तो कर्मचारी असंतुष्ट होते हैं तथा पुस्तकालय के कार्यों पर निषेधात्मक प्रकाश पड़ता है। इस प्रकार अभिप्रेरणा के अभाव में सहयोग के साथ काम करना भी असम्भव है। कर्मचारियों की विभिन्न आवश्यकताओं की पूर्ति के साधन अभिप्रेरणा से ही सम्भव होते हैं।

4. अभिप्रेरणा कार्य करने की शक्ति होती है—अभिप्रेरणा कार्य कराने की वह शक्ति होती है जिसका प्रभाव सकारात्मक तथा निषेधात्मक दोनों रूपों में पड़ता

है। ऋणात्मक अभिप्रेरणा के लिए भय, प्रताड़ना एवं दबाव आदि कार्यों का सहारा लिया जाता है, जबकि धनात्मक अभिप्रेरणा में प्रशंसा एवं सराहना का सहारा लिया जाता है। अतः अभिप्रेरणा के द्वारा पुस्तकालय में कार्यरत कर्मचारियों को कार्य करने के लिए गति प्राप्त होती है। इस प्रकार अभिप्रेरणा पुस्तकालयों में एक शक्ति के रूप में होती है।

5. अभिप्रेरणा से कर्मचारियों की मानसिकता में बदलाव आता है—अभिप्रेरणा से पुस्तकालय के कर्मचारियों की मानसिकता में परिवर्तन होता है जिससे वे कार्य को उत्तम एवं श्रेष्ठतर ढंग से करने के लिए प्रेरित होते हैं। उन्हें सम्भावित प्रलोभन के आधार पर कार्य करने की प्रेरणा प्राप्त होती है चाहे वह मुद्रा के रूप में हो अथवा पद एवं प्रतिष्ठा के रूप में। अतः अभिप्रेरणा कर्मचारियों की कार्य के लिए मानसिकता में बदलाव लाती है।

6. कर्मचारियों की कार्यक्षमता में वृद्धि करती है—इसका धनात्मक प्रभाव कार्मिकों की कार्यक्षमता में वृद्धि करता है। इस प्रकार अधिक रुचि के साथ कार्य करने पर कार्य में सुधार भी होता है। इस प्रकार कहा जा सकता है कि अभिप्रेरणा कर्मचारियों के कार्य करने की क्षमता में वृद्धि करती है।

7. अभिप्रेरणा व्यवहारों का निर्देशन, नियन्त्रण तथा स्पष्टीकरण है—अभिप्रेरणा द्वारा न केवल कर्मचारियों के व्यवहारों का निर्देशन व नियंत्रण किया जाता है, अपितु यह स्पष्टीकरण का भी एक प्रमुख साधन है। धनात्मक अभिप्रेरणा से कर्मचारी और अधिक रुचि के साथ कार्य निष्पादित करते हैं जिससे पुस्तकालय के कर्मचारियों एवं प्रबन्धन के मध्य आपस में मधुर सम्बन्ध पनपते हैं, शोध एवं अनुसन्धान को प्रोत्साहन प्राप्त होता है तथा मानवीय व्यवहार अधिक सुदृढ़ होते हैं। इस प्रकार अभिप्रेरणा ऐसी प्रक्रिया है जिसमें प्रेरणाओं, उद्वेगों, इच्छाओं, महत्त्वाकांक्षाओं, प्रयत्नों एवं आवश्यकताओं के माध्यम से मानव-व्यवहार का निर्देशन, नियन्त्रण एवं स्पष्टीकरण किया जाता है।

8. अभिप्रेरणा एक अनन्त प्रक्रिया है—अभिप्रेरणा के माध्यम से पुस्तकालय का कर्मचारी कार्य करने की ओर उन्मुख होता है तथा निष्क्रियता एवं उदासीनता को छोड़कर अधिक कार्य करने के लिए प्रेरित होता है। समय, स्थान, व्यवहार आदि परिस्थितियाँ मिलकर अभिप्रेरणा सम्बन्धी अनुकूल वातावरण पुस्तकालय में तैयार करते हैं। इस प्रकार कार्य के प्रति अनुकूल वातावरण तैयार करने तथा अनूकूल दशाओं में कार्य करने के लिए कर्मचारियों को प्रेरित करना अभिप्रेरणा द्वारा ही सम्भव हो पाता है। अभिप्रेरणा एक सतत गतिशील प्रक्रिया है जो सदैव कर्मचारियों को वैचाग्कि संतुष्टि प्रदान करती है।

कार्य सन्तुष्टि

अन्य व्यावसायिक प्रतिष्ठानों की तरह पुस्तकालय के भी सभी कर्मचारियों में संतुष्टि नहीं होती ऐसी स्थिति में समस्या अनिवार्य होती है कि इसका प्रमुख कारण क्या है। कार्यरत कर्मचारियों की अनेक इच्छाएँ एवं आकांक्षाएँ होती हैं। संस्था के प्रबन्धक कर्मचारियों की इन इच्छाओं की पूर्ति कर उन्हें कार्य करने के लिए प्रेरित करते हैं तथा इच्छाओं की पूर्ति होने से कर्मचारियों को कार्य के प्रति सन्तोष प्राप्त होता है। कर्मचारियों द्वारा प्राप्त इसी सन्तोष को कार्य-सन्तुष्टि अथवा कार्य-तुष्टि कहते हैं।

कार्य सन्तुष्टि को प्रभावित करने वाले घटक

यदि प्रबन्धकों द्वारा कर्मचारियों की इच्छापूर्ति पर ध्यान दिया जाये तो उनके कार्यक्षमता में अधिकाधिक वृद्धि होती है तथा ठीक इसके विपरीत कर्मचारियों की इच्छाओं का दमन होने पर उनमें निराशा एवं अवसाद उत्पन्न होता है जिससे संस्था का चलता हुआ कार्य शिथिल पड़ जाता है इसीलिए संस्था के प्रबन्धक कर्मचारियों की इच्छाओं की पूर्ति करने का भरसक प्रयत्न करते हैं।

कई घटक कार्य सन्तुष्टि को प्रभावित करते हैं। कुछ घटक ऐसे होते हैं जो कार्य की प्रकृति तथा कार्य में ही पाये जाते हैं, जैसे—कार्य के प्रति समाज में प्रतिष्ठा, कार्य के लिए अपेक्षित योग्यता, कुशलता, चतुराई, कार्य का अनुकूल वातावरण, शरीर के लिए आरामदायक भौगोलिक वातावरण आदि। ये सभी घटक प्रायः एक-दूसरे से सम्बन्धित होते हैं किन्तु इन्हें सांख्यिकीय विधियों के प्रयोग द्वारा एक-दूसरे से पृथक् किया जा सकता है। इन घटकों का महत्त्व परिस्थितियों के अनुसार परिवर्तित होता रहता है। नीचे कुछ प्रमुख कार्य सन्तुष्टि को प्रभावित करने वाले कारकों का वर्णन किया गया है—

(अ) नियन्त्रिक घटक—किसी संस्था के प्रबन्धन का संस्था के कर्मचारियों की कार्य-सन्तुष्टि को प्रभावित करने में योगदान होता है। एक प्रबन्धन अपने अधीनस्थ कर्मचारियों को कम वेतन देकर भी अपने कुशल एवं मृदुल स्वभाव के कारण सन्तुष्ट रख सकता है किन्तु दूसरा प्रबन्धन उच्च वेतन आदि देकर भी बुरे व्यवहार के कारण अच्छे कर्मचारी प्राप्त करने में असमर्थ रहता है। प्रबन्धक द्वारा किये गये यह प्रयास ही नियन्त्रक घटक कहलाते हैं, इन घटकों के अन्तर्गत कर्मचारियों को अच्छा वेतन, लाभ सुरक्षा, उन्नति के अवसर, कार्य की दशाएँ, उत्तरदायित्वों का निर्धारण तथा कर्मचारियों के साथ सहयोग प्रदान करना आदि आते हैं।

(ब) अन्तर्निहित घटक—यह कार्य सन्तुष्टि को प्रभावित करने वाला प्रमुख घटक है। जो कार्य की प्रकृति तथा कार्य में ही अन्तर्निहित होते हैं जैसे—कार्य के प्रति समाज में प्रतिष्ठा, कार्य के लिए अपेक्षित योग्यता, कुशलता चतुराई, तथा कार्य सम्पादन के लिए आरामदायक एवं भौतिक वातावरण आदि।

(स) व्यक्तिगत घटक—प्रबन्ध के क्षेत्र से सम्बन्धित कार्य-सन्तुष्टि के लिए व्यक्तिगत घटक भी अत्यन्त महत्त्वपूर्ण होते हैं क्योंकि व्यक्तिगत घटकों के आधार पर योजना बनाने और उसे लागू करने का कार्य अधिक सफलतापूर्वक किया जा सकता है। कुछ प्रमुख व्यक्तिगत घटक कर्मचारियों में पाये जाते हैं—

1. आयु (Age)—कार्य सन्तुष्टि से कर्मचारी की आयु का विशेष सम्बन्ध है कुछ कार्यों में आयु के साथ कार्य सन्तुष्टि में वृद्धि होती है। कुछ कार्य ऐसे भी होते हैं जिनमें आयु का कार्य सन्तुष्टि पर कोई प्रभाव नहीं पड़ता है। अधिक आयु वाले लिपिक वर्ग के कर्मचारियों में कार्य के प्रति अधिक सन्तुष्टि पायी जाती है किन्तु वित्त-सम्बन्धी एवं स्तर की दृष्टि से उनमें कम सन्तुष्टि पायी जाती है।

2. लिंग (Sex)—विभिन्न अध्ययनों से यह ज्ञात हुआ है कि महिलाएँ पुरुषों की अपेक्षा अपने कार्य से अधिक सन्तुष्ट पायी जाती हैं। एक अध्ययन से प्राप्त हुआ कि 635 कर्मचारियों में से 55% पुरुषों को तथा 35% महिलाओं को अपने कार्य के प्रति असन्तुष्ट पाया गया।

3. आश्रितों (Dependents) की संख्या—परिवार में कर्मचारी के ऊपर यदि आश्रितों की संख्या अधिक है तो ऐसे कर्मचारी में कार्य के प्रति सन्तोष कम होता है। इसका आशय यह है कि परिवार का लालन-पानल करने के लिए जितने अधिक धन की आवश्यकता होती है उतना ही कार्य पर सन्तुष्टि कम रहती है।

4. कार्य-समय (JobPeriod)—कई अध्ययनों से पता चला है कि ज्यों-ज्यों किसी कर्मचारी का सेवाकाल बढ़ता जाता है त्यों-त्यों कार्य के प्रति उसकी रुचि और सन्तुष्टि कम होती जाती है। कार्य को प्रारम्भ करते समय कार्य-सन्तुष्टि अधिक रहती है तथा धीरे-धीरे कार्य सन्तुष्टि कम होने लगती है।

5. बुद्धि (Intelligence)—इस बात पर कार्य-सन्तुष्टि एवं बुद्धि का संबंध निर्भर करता है कि दिये गये काम के लिए कितनी अधिक योग्यता की आवश्यकता है। यदि किसी योग्य व्यक्ति को अपनी योग्यता प्रदर्शित करने का मौका मिलता है तो निश्चित रूप से वह कार्य से सन्तुष्ट होगा। कुशल व्यक्ति को अकुशल कार्य पर लगा देने से वह ऊब जाता है इसलिए वह कार्य निष्पादित न करके बेगार समझने लगता है।

6. शिक्षा (Education)—कई विद्वान कार्य सन्तुष्टि तथा शिक्षा के बारे में एकमत नहीं है। कई अध्ययनों में पाया गया है कि अनपढ़ व्यक्ति अपने कार्यों से अधिक सन्तुष्ट रहते हैं जबकि अन्य अध्ययनों से ज्ञात हुआ है कि शिक्षा और कार्य सन्तुष्टि में कोई सम्बन्ध नहीं है। शिक्षा के साथ यदि रुचि के अनुसार कार्य करने तथा अपनी शिक्षा का प्रदर्शन करने के अवसर मिलते हैं अथवा शिक्षा के कारण कार्यकारी समाज में सम्मान बढ़ता है तो इससे कार्य सन्तुष्टि में वृद्धि होती है।

कई भिन्न-भिन्न धारणायें कर्मचारियों के व्यक्तित्व एवं कार्य सन्तुष्टि के सम्बन्ध में मिलती हैं। किन्तु यह निश्चित है कि व्यक्तित्व से कार्य सन्तुष्टि प्रभावित होती है। एक अध्ययन से ज्ञात हुआ है कि 25 उन्मादी व्यक्तियों में से 16 अपने कार्य से असन्तुष्ट थे जबकि 25 सन्तोषी व्यक्तियों में से 3 व्यक्ति ही अपने कार्य से असन्तुष्ट थे। मनुष्य का कार्य के प्रति सन्तोष दैनिक जीवन के अन्य सन्तोष से भी प्रभावित होता है। यदि समाज में किसी व्यक्ति का व्यक्तित्व गिरा हुआ है तो वह कार्य पर भी सन्तोष अनुभव नहीं कर सकता क्योंकि वह अपने जीवन से ही ऊब जाता है। कार्य तथा बाह्य वातावरण से सामंजस्य न होने से कार्य के प्रति असन्तोष में वृद्धि होती है।

कार्य विश्लेषण

पुस्तकालय में किये जाने वाले प्रत्येक कार्य का भली-भाँति विश्लेषण करना कार्य-विश्लेषण के अंतर्गत आता है। पुस्तकालय में कर्मचारियों का दिशानिर्देश पुस्तकालयाध्यक्ष करता है वह पुस्तकालय का उच्च अधिकारी होता है। पुस्तकालय अध्यक्ष का अनेक कर्त्तव्यों में से एक महत्त्वपूर्ण एवं कठिन कार्य पुस्तकालय के लिए नियुक्त किये जाने वाले कर्मचारियों की संख्या एवं उनके विभिन्न प्रकारों को पदों के अनुसार निर्धारित करना होता है तथा इसका उद्देश्य पुस्तकालय में यह जानना होता है कि विभिन्न कर्त्तव्यों एवं उत्तरदायित्वों का संस्था में सर्वोत्तम ढंग से कौन निर्वाह कर सकता है। इसलिए कर्मचारियों के चयन के मानक स्तर पूर्व में ही निश्चित करने आवश्यक होते हैं जिससे अभ्यर्थियों की तुलना की जा सके।

वस्तुतः कार्य विश्लेषण द्वारा संस्था में यह ज्ञात किया जाता है कि क्या कार्य करना है, उस कार्य को करने के लिए उत्तम विधि क्या है तथा यह भी निर्धारण किया जाता है कि किसी संस्था में एक कर्मचारी को अपने कार्य को सन्तोषजनक ढंग से

सम्पन्न करने के योग्य बनाने में क्या-क्या योग्यताओं की आवश्यकता होती है। इस प्रकार कार्य विश्लेषण में एक कार्य विशेष को करने की प्रक्रिया तथा उत्तरदायित्व से सम्बन्धित सूचना का संग्रह करना तथा उसका विश्लेषण करना होता है। इसका अर्थ यह हुआ कि कार्य विश्लेषण एक विधि होती है जिसके द्वारा प्रत्येक कार्य सम्बन्धित तथ्यों का व्यवस्थित रूप से अध्ययन किया जाता है। इस अध्ययन में कर्मचारियों द्वारा सम्पन्न कार्य, उनके उत्तरदायित्व एवं प्रक्रियाएँ तथा उनकी माँगों से सम्बन्धित बातें सम्मिलित होती हैं।

उद्देश्य

कर्मचारियों का कार्य विश्लेषण पुस्तकालयों में कई प्रयोजनों से होता है, परन्तु इसका प्रमुख कार्य पुस्तकालय में कर्मचारियों की उपलब्धता कराना है। कार्य विश्लेषण के कुछ सिद्धान्तों में कर्मचारियों का निर्धारण करना, कार्य उपलब्धि का मूल्यांकन करना और कर्मचारियों के प्रशिक्षण की आवश्यकताओं को ज्ञात करना होता है। कभी-कभी कार्य विश्लेषण कर्मचारियों में उत्तरदायित्वों का निर्धारित करने, हिसाब-किताब रखने की कला में निपुण होने तथा अधिकार स्थापित करने में उपयोग किया जाता है। यह पुस्तकालय में पुस्तकालय सेवा के मानक स्थापित करने में मार्गदर्शन भी देता है।

लाभ

संस्थाओं, संगठनों तथा उद्योगों की तरह पुस्तकालयों में कार्य-विश्लेषण कर्मचारियों के रूप में मानव शक्ति का प्रबन्ध करने के लिए मूल आधार होता है। कार्य विश्लेषण के पुस्तकालय में निम्नलिखित लाभ हैं--

1. कार्य विश्लेषण पुस्तकालय में कार्यरत कर्मचारियों की आवश्यकताओं को ठोस रूप में परिभाषित करता है।

2. प्रत्येक कार्य में निहित उसके कर्त्तव्यों एवं उत्तरदायित्वों की विशेष रूप से व्याख्या करता है।

3. इस प्रकार यह पुस्तकालय की व्यवस्था एवं योजना में सहायता एवं सहयोग प्रदान करता है।

4. यह प्रत्येक प्रकार के पुस्कालयों में उपलब्ध कार्यों के अवसरों का निर्धारण करने में सहायता करता है तथा प्रत्येक प्रकार के कार्य के लिए आवश्यक कर्मचारियों के विभिन्न प्रकारों और उनकी प्रकृति का निरूपण करता है।

5. पुस्तकालय में कार्यरत प्रत्येक प्रकार के उचित एवं उपयुक्त कर्मचारी को शिक्षण एवं प्रशिक्षण की सुविधाएँ करने में मार्ग-दर्शन उपलब्ध करता है।

6. यह पुस्तकालय में नियुक्त प्रत्येक कर्मचारियों की योग्यता के अनुसार उनके वेतन नियत करने के लिए विशिष्ट आधार प्रदान करता है क्योंकि यह प्रत्येक प्रकार के कार्य में मानसिक, भौतिक, सुविधाएँ, योग्यताएँ, प्रयासों तथा जोखिम को महत्त्व प्रदान करता है।

7. कार्य विश्लेषण के माध्यम से नवीनतम एवं आधुनिकतम प्रविधियों के उपयोग हेतु विशेष प्रोत्साहन मिलता है। जैसे कि समय एवं गति अध्ययन आदि जो पुस्तकालय कर्मचारियों की कार्य करने की क्षमता में वृद्धि करने में एक उपकरण का कार्य करता है।

प्रक्रिया

मूल रूप से कार्य-विश्लेषण की प्रक्रिया पुस्तकालय के कार्यों से सम्बन्धित डाटा संकलन में ही होता है। कार्य विश्लेषण की कई विधियों द्वारा डाटा संकलन का कार्य किया जाता है। डेटा संकलन की चार विधियाँ—प्रश्नावली, लिखित वार्तालाप, निरीक्षण एवं साक्षात्कार होती हैं।

पुस्तकालय के कार्य विश्लेषण को पूर्णतया समझने के लिए डेटा संकलन की उपर्युक्त चार विधियों में से केवल एक विधि उपयोग में लाई जा सकती है अथवा विभिन्न प्रकार के संयोग कर विधियाँ प्रयोग की जा सकती हैं। बहुधा विभिन्न विधियों के संयोग के माध्यम से डेटा संकलन करने में वरीयता प्रदान की जाती है क्योंकि मात्र एक विधि कार्य से सम्बन्धित डेटाओं का संकलन पूर्णरूप से सही रूप में नहीं कर सकती है।

कार्य विश्लेषण में डेटा विस्तृत विश्वसनीय, सटीक तथा यथार्थ होना चाहिए तथा इनमें पुस्तकालय के विशिष्ट क्रियाकलाप, कर्मचारियों के कर्त्तव्य एवं उत्तरदायित्व, उनके कार्य एवं सेवा शर्तें तथा भौतिक माँगों से सम्बन्धित डेटा होनी चाहिए। कर्मचारियों से सम्बन्धित डेटा कर्मचारियों, उनके पर्यवेक्षकों तथा व्यावसायिक कार्य विश्लेषण-कर्ताओं से प्राप्त किये जा सकते हैं तथा विधियों एवं प्रक्रियाओं से सम्बन्धित डेटा कर्मचारियों द्वारा उपरोक्त चार विधियों से संकलित किया जा सकता है।

कार्य-मूल्यांकन

पुस्तकालय में कर्मचारियों के किसी एक कार्य विशेष का अन्य कर्मचारियों के कार्य अथवा प्रमापित कार्य से तुलना करना कार्य मूल्यांकन कहा जाता है। इस

प्रकार कार्य-मूल्यांकन का अर्थ कार्य की कोई निश्चित की हुई दर होती है। इसके द्वारा पुस्तकालयों में कार्यरत प्रत्येक कर्मचारी के कार्य करने का मूल्य ज्ञात किया जाता है अर्थात् किये गये कार्य के मूल्य का अंकन किया जाता है। किसी भी कार्य का अध्ययन तथा मूल्यांकन तभी सार्थक कहा जा सकता है जब उसे तुलनात्मक दृष्टि से देखा जाए अर्थात् कार्य मूल्यांकन वह प्रविधि है जिससे पुस्तकालय में एक कार्य की तुलना अन्य कार्यों से की जाती है तथा प्रत्येक कार्य कर्मचारियों से क्या अपेक्षा करता है, के अनुसार उनका वर्गीकरण किया जाता है। इस प्रकार कार्य-मूल्यांकन पुस्तकालयों में कार्यों के वर्गीकरण से सम्बन्धित क्रिया होती है। इसमें कार्यों को प्रायः कार्य के लिए अपेक्षित योग्यता के अनुसार वर्गीकृत किया जाता है। निम्नलिखित चरणों में पुस्तकालय के किसी भी कर्मचारी का कार्य मूल्यांकन किया जाता है–

1. पुस्तकालय के सभी कार्यों में निहित आवश्यक तत्त्वों एवं कारकों का निर्धारण करना।

2. एक कार्य की तुलना दूसरे कार्य से करने में इन तत्वों अथवा कारकों का उपयोंग करना।

3. पुस्तकालय में किये जाने वाले कार्यों का सापेक्षिक मूल्य ज्ञात करना।

4. अन्त में प्रत्येक कार्य का मुद्रा अथवा वेतन के रूप में मूल्य निर्धारित एवं निश्चित करना।

कार्य मूल्यांकन की विधियाँ

कर्मचारियों के कार्यों का मूल्यांकन करने की निम्नलिखित विधियां हैं–

1. कार्य स्तरीकरण अथवा समूहीकरण (Grouping Method)–कार्य मूल्यांकन की इस विधि में पुस्तकालय के सम्स्त कार्यों को एक क्रम में व्यवस्थित किया जाता है। सर्वप्रथम सर्वोच्च तथा निम्नतम कार्यों को चुना जाता है तथा पदानुक्रम के अनुसार एक क्रम में रखा जाता है तथा कार्यों के समूहों में विभाजित किया जाता है। इस विधि में कार्यों की विशिष्ट विशेषताएँ जो एक समूह के लिए अथवा सभी कार्यों के लिए आवश्यक होती है उन पर विचार किया जाता है। इसलिए यह विधि किसी भी एक कर्मचारी के बारे में कोई उपयोगी तथा तथात्मक सूचना उपलब्ध नहीं कराती है। इस विधि में पदानुक्रम के हिसाब से कर्मचारियों में कई वेतन-वर्गों का निर्माण हो जाता है। यह विधि छोटे-छोटे पुस्तकालयों में कर्मचारियों के कार्यों का मूल्यांकन करने के लिए उपयोगी हो सकती है।

2. कार्य वर्गीकरण अथवा चैकलिस्ट विधि (Job Classification or Check List Method)— यह एक परम्परागत विधि है, जो कि कर्मचारियों के कार्यों के मूल्यांकन हेतु अपनायी जाती है। इस विधि के द्वारा कर्मचारियों के वर्गों के वेतन निर्धारित किये जाते हैं। इस विधि के अन्तर्गत पुस्तकालय की सम्पूर्ण कार्य संरचना को दो या तीन वर्गों में विभाजित किया जा सकता है, जैसे—वर्ग प्रथम, द्वितीय, तृतीय एवं चतुर्थ। यह विधि सरकारी कार्यालयों में अपनाई जाती है। कर्मचारियों की संरचना में वर्ग प्रथम का स्तर सर्वोच्च होता है जबकि वर्ग चतुर्थ को निम्नतम स्तर का माना जाता है। वर्ग द्वितीय के कार्य माध्यमिक स्तर के होते हैं इस वर्ग में कार्यरत कर्मचारी वर्ग प्रथम की अपेक्षा कनिष्ठ अधिकारी कहे जाते हैं। जो कर्मचारी उपर्युक्त वर्ग प्रथम तथा वर्ग-द्वितीय की श्रेणी में नहीं आते हैं। वे तृतीय वर्ग श्रेणी में सम्मिलित किये जाते हैं तथा इनका स्तर लिपिकीय वर्ग का होता है। यह श्रेणी वर्गीकरण किये जाने वाले कार्यों के प्रकार एवं कार्यों में निहित उत्तरदायित्वों पर निर्भर करती है। कर्मचारी की योग्यता, अनुभव तथा सामान्य ज्ञान पर कार्य आधारित होता है। प्रायः कार्य मूल्यांकन की पद्धतियाँ वैज्ञानिक सिद्धान्तों पर आधारित नहीं होती हैं।

3. कारकों की तुलना विधि (Method of Comparison of Factors)—इसके अंतर्गत कुछ प्रमुख कार्यों का चयन किया जाता है, जो उन कार्यों के विशिष्ट रूपों में निरूपति करते हैं। प्रमुख कार्यों की विशेषताओं के रूप में बहुधा मुख्य पाँच कारकों को निर्धारित किया जाता है, बाद में तथ्यों के अनुसार प्रमुख कार्यों का स्थान निर्धारित किया जाता है। प्रमुख कार्यों के लिए प्रत्येक कार्य की पारिश्रमिक की दर को पाँच तथ्यों (कारकों) में विभक्त कर दिया जाता है। एक बार प्रमुख तथ्यों को श्रेणीबद्ध तथ्य और तथ्य धनराशि प्रदान कर दिये जाने के बाद अन्य सभी कार्यों को कारक प्रति कारक तुलना की जा सकती है। यह विधि वर्गीकरण विधि से अधिक यथार्थ है क्योंकि यह आन्तरिक कार्य तथ्यों पर ध्यान कन्द्रित करती है न कि व्यापक कार्य पर। इस विधि में यह माना जाता है कि प्रत्येक कार्य में कुछ पूर्वाकांक्षाएँ तथा शर्तें होती हैं। अतएव हरेक कार्य का वेतन इन कारकों पर निर्भर करता है।

4. बिन्दु विधि (Point Method)—इस विधि में प्रत्येक कार्य से सम्बन्धित कारकों को खोजा जाता है तथा प्रत्येक कारक को एक बिन्दु प्रदान किया जाता है। इन बिन्दुओं का योग क्रमबन्धित किये जाने वाले कार्यों के सापेक्षित महत्त्व को एक अभिसूचक अंक प्रदान करेगा। यह विधि भी एक कार्य के विभिन्न लक्षणों पर विचार

करती है। कार्य का सावधानीपूर्वक विश्लेषण तथा विशेष विवरण के बिना बिन्दु पद्धति का प्रयोग सम्भव नहीं हो सकता है।

5. योग्यता मूल्यांकन विधि (Merit Rating Method)—इसके अंतर्गत एक कर्मचारी के प्रत्येक कार्य की आवश्यकताओं के सन्दर्भ में कार्य की उपलब्धि का मूल्यांकन किया जाता है। दूसरे शब्दों में एक कर्मचारी की वास्तविक उपलब्धि पर विचार किया जाता है जबकि कर्मचारी की पदोन्नति के लिए उसकी मेरिट को आंकलित किया जाता है। तीन प्रकार के कारक होते हैं, जिनसे कर्मचारियों की योग्यता व मूल्यांकन का निर्धारण किया जाता है।

कार्य निष्पादन मूल्यांकन

पुस्तकालय में कार्य करने वाले कर्मचारियों के माध्यम से किये गये कार्यो का मूल्यांकन करना पुस्तकालय व्यवस्था का एक आवश्यक एवं महत्त्वपूर्ण अंग माना जाता है तथा पुस्तकालय के हितों की दृष्टि से कर्मचारियों द्वारा किये गये कार्यों का मूल्यांकन करना अति आवश्यक होता है जिसे योग्यता अंकन अथवा निष्पादन मूल्यांकन भी कहते हैं कर्मचारियों की योग्यता का अंकन कर्मचारी तथा पुस्तकालय दोनों ही दृष्टियों से किया जाना आवश्यक होता है। समय-समय पर पुस्तकालय में कार्यरत कर्मचारियों की योग्यता का सापेक्ष मूल्यांकन किया जाना अत्यन्त आवश्यक है। इससे पुस्तकालय अधिकारियों को कर्मचारियों की कार्यकुशलता तथा योग्यता के बारे में जानकारी मिलती है तथा उनका वेतन निर्धारण करने, पदोन्नति करने एवं स्थानान्तरण आदि करने में सहायता एवं सुविधा मिलती है। पुस्तकालय में कार्यरत कर्मचारियों के सुनियोजित विकास की नीति को अपनाने में भी यह सहायक सिद्ध होता है। कर्मचारियों की दृष्टि से भी यह उपयोगी होता है। इससे वे जान जाते हैं कि तुलनात्मक रूप में उनकी योग्यता क्या है, उनमें क्या कमियाँ हैं तथा किस दिशा में सुधार की आवश्यकता है?

प्रथम विश्व युद्ध से ही कर्मचारी कार्य निष्पादन मूल्यांकन का प्रादुर्भाव माना जाता है। अमेरिका की सेना में अफ़सरों के मूल्यांकन के लिए यह प्रारम्भ किया गया था। उद्योगों में इसका प्रयोग 1920 ई. से प्रारम्भ हुआ। प्रारम्भ में इसे योग्यता मूल्यांकन के नाम से जाना जाता रहा है लेकिन 1950 के बाद इस नवीन निष्पादन मूल्यांकन के नाम से जाना जाता रहा है लेकिन 1950 के बाद यह विकास पर अधिक ध्यान देता है तथा तकनीकी कर्मचारियों के मूल्यांकन से सम्बन्धित होता

है इसके अतिरिक्त इसे सेवीवर्गीय मूल्यांकन, सेवीवर्गीय समीक्षा, सेवा अंकन, कर्मचारी अंकन, कर्मचारी योग्यता अंकन, आदि नामों से भी जाना जाता है। शब्द कुछ भी हों पर अर्थ में इनके कोई खास अन्तर नहीं है। इन सभी शब्दों का अर्थ कर्मचारियों द्वारा किये गये कार्य एवं उनकी योग्यता का मूल्यांकन करना ही होता है। इसके कुछ निम्नलिखित बिन्दु इस प्रकार है–

1. कर्मचारी का योग्यता के मूल्यांकन की वह प्रक्रिया है जिसके द्वारा कर्मचारी का मूल्यांकन कार्य आवश्यकताओं के अनुरूप और उसके कार्य निष्पादन से है।

2. कर्मचारी की योग्यता निर्धारण कार्य की अपेक्षाओं की भाषा में कार्य पर कर्मचारी के मूल्यांकन की प्रक्रिया है।

3. किसी व्यक्ति को अपने कार्य पर रहते हुए उसकी सापेक्षित सेवाओं का मूल्यांकन ही योग्यता मूल्यांकन है।

उपरोक्त तीनों बिन्दुओं से स्पष्ट होता है कि पुस्तकालय में कार्य निष्पादन मूल्यांकन का तात्पर्य वास्तव में किसी योग्य एवं निष्पक्ष व्यक्ति द्वारा कर्मचारियों द्वारा किये गये कार्य की क्रमबद्ध जाँच करने से तथा योग्यता के अनुसार कर्मचारियों को क्रम से रखने या श्रेणीबद्ध करने से है। इसके लिए सभी कर्मचारियों के कार्य का तुलनात्मक अध्ययन आवश्यक होता है। विकसित राष्ट्रों में निष्पादन कार्य मूल्यांकन पर विशेष जोर दिया जाता है।

उपयोगिता एवं महत्त्व

कर्मचारियों के कार्यों का मूल्यांकन करना एक जटिल कार्य है। इस कार्य को सरल बनाने में कार्य निष्पादन मूल्यांकन का विशिष्ट योगदान है। इसकी उपयोगिता एवं उद्देश्य बहुमुखी होता है। योग्यता अंकन द्वारा कर्मचारियों को उनकी योग्यता के आधार पर उचित वेतनमान पारिश्रमिक के रूप में मिल सकता है जिसके कार्य करने के प्रति उसकी रुचि बढ़ती है। कार्य के प्रति रुचि अधिक बढ़ने से कर्मचारियों की कार्य-क्षमता का अधिक से अधिक उपयोग किया जा सकता है तथा कर्मचारियों को उसकी योग्यता के अनुसार काम पर लगाने के लिए यह मूल्यांकन अत्यन्त सहायक होता है। कार्य मूल्यांकन कार्यक्रम से कर्मचारियों को भी उनकी योग्यता, कौशल, दक्षता तथा क्षमता का ज्ञान होता है। इस प्रकार कार्य मूल्यांकन एक प्रकार से ज्ञान-अभिवृद्धि के लिए साधन का कार्य करता है।

अन्य संस्थाओं एवं संगठनों की तरह पुस्तकालयों में भी कर्मचारियों की योग्यता का अंकन अथवा कार्य निष्पादन मूल्यांकन कई उद्देश्यों से किया जाता है।

इसके परिणामों का उपयोग भी कई प्रकार से किया जा सकता है। उपयोगिता के आधार पर इसकी कुछ निम्नलिखित विशेषताएं बतलायी जा सकती हैं–

1. योग्यता अंकन कर्मचारियों के चयन एवं प्रशिक्षण में अत्यधिक उपयोगी सिद्ध होता है। पुस्तकालय में योग्य कर्मचारियों का चयन किया जा सकता है एवं उनके प्रशिक्षण को उचित व्यवस्था करना संभव है।

2. चयनित व्यक्तियों को उनकी योग्यता एवं दक्षता के आधार पर उपयुक्त स्थान पर नियुक्त करने में सहायक होता है। बाद में यह जानने के लिए भी कि लोगों का उनकी दक्षता एवं योग्यता के अनुसार ही कार्य प्रदान किया गया है। इसका उचित उपयोग किया जा सकता है।

3. यह कर्मचारियों के पदानुक्रम एवं वेतन में वृद्धि करने के लिए एक क्रमबद्ध तथा वैज्ञानिक आधार पस्तुत करता है। वैज्ञानिक ढंग से कार्य मूल्यांकन के लिए इसका उपयोग अत्यन्त आवश्यक है।

4. कर्मचारियों की पदोन्नति, उनके स्थान्तरण तथा अन्य कोई विशेष सुविधा प्रदान करने के लिए भी इसका उपयोग पुस्तकालय में किया जा सकता है। इसके माध्यम से पदोन्नति, उसके स्थानान्तरण तथा अन्य कोई विशेष सुविधा प्रदान करने के लिए भी इसका उपयोग पुस्तकालय में किया जा सकता है। इसके माध्यम से स्थानान्तरण आदि करने पर कर्मचारियों में कार्य के प्रति असन्तोष नहीं हो पाता तथा विवाद के बढ़ने का अवसर भी कम रहता है।

5. कर्मचारियों के अनुशासन सम्बन्धी अभिलेखन रखने में भी यह सहायता प्रदान करता है जो भविष्य में कोई भी कार्यवाही करने के पूर्व प्रयोग में लाये जा सकते हैं।

6. कर्मचारियों में प्रतियोगिता की भावना जाग्रत करना इसका प्रमुख कार्य है। यदि पुस्तकालय का एक कर्मचारी यह देखता है कि योग्यता अंकन के फलस्वरूप किसी दूसरे कर्मचारी को कुछ अतिरिक्त सुविधाएँ प्रदान की गई हैं तो वह भी इस ओर अपने प्रयास प्रारम्भ कर देता है जिससे कर्मचारियों के साथ-साथ पुस्तकालय को भी लाभ मिलता है।

7. यह पुस्तकालय के कर्मचारियों में सन्तोष की भावना जाग्रत करता है तथा उनके मनोबल को ऊँचा उठाने में सहायक होता है।

8. कर्मचारियों के विकास में यह काफी मदद करता है। यदि पुस्तकालय का कोई भी कर्मचारी अपने कार्य मूल्यांकन के आधार पर उचित सलाह लेकर उनकी कमियों को दर करने का प्रयास करता है या अपने गुणों को और अधिक विकसित

करने का प्रयास करता है तो निश्चय ही उसका विकास, प्रगति एवं उन्नति तीव्रगति से होती है तथा उसकी कार्यकुशलता में भी वृद्धि होती है।

9. पुस्तकालय में कार्मिक विभाग द्वारा कर्मचारियों के चयन में उनकी कार्यकुशलता जाँचने का मापदण्ड प्रस्तुत करता है। इस प्रकार प्राप्त अनुभव से चयन की पद्धति में आवश्यक परिवर्तन करने में सरलता होती है।

5

संसाधन सहभागिता

पुस्तकालय में संग्रहित साहित्य तथा पुस्तकालय सेवाओं में परस्पर सहयोग पुस्तकालय संसाधन सहभागिता कहलाती है। संसाधन सहभागिता के अंतर्गत संग्रहीत प्रलेखनीय सामग्री जैसे—पत्रिकायें, प्रतिवेदन, पेटेंट पुस्तकें, मानक, शोध पत्र और प्रलेखनीय पाठ्य-सामग्री जैसे—श्रव्य-दृश्य, माइक्रोफार्म मशीन, पाठ्य-सामग्री का उपयोग आवश्यकता के समय आपस में कर सकते हैं। कार्य एवं सेवाओं में पुस्तकालय सहभागिता का प्रयोग कर सकते हैं। पुस्तकालय में संसाधनों की सहभागिता को पुस्तकालय सहयोग के नाम से भी जाना जाता है।

शीघ्रता से प्रकाशित हो रहे वर्तमान साहित्य का संग्रहण आज पुस्तकालयों के लिए असंभव हो गया है। पुस्तकालय सहयोग की सहायता से कम से कम धन में ज्यादा से ज्यादा पुस्तकालय सेवायें प्रदान की जा सकती हैं।

पुस्तकालय सहभागिता पर पुस्तकालय सहयोग को **इंसाइक्लोपीडिया ऑफ लाइब्रेरी एण्ड इन्फोर्मेशन साइंस** ने इस प्रकार परिभाषित किया है—

"पुस्तकालय सहयोग एक ऐसा कार्यक्रम है जिसमें पुस्तकालय एक-दूसरे के कार्यों को साझेदारी में चलाते हैं। इस सहभागिता के लक्ष्य है। (अ) सभी पुस्तकालयों में उपलब्ध सामग्री तथा सेवाओं से एक-दूसरे के पाठकों को लाभ पहुंचाना, (ब) कम खर्च में उत्तम सेवा, अधिक सेवा उपलब्ध कराते हुये बजट का सदुपयोग करना। इस

उद्देश्यों को पूरा करते समय यह भी दृष्टिगत रखना चाहिए कि सदस्य पुस्तकालयों के व्यैक्तिक लक्ष्यों को होई हानि न पहुंचे।"

निम्नलिखित चार्ट के माध्यम से पुस्तकालय सहयोग या संसाधनों की सहभागिता को समझाया जा सकता है–

पुस्तकालय संसाधन

कर्मचारी	सामग्री	कार्य	सेवायें
अनुभव	पुस्तकें	अधिग्रहण	आदान-प्रदान
सुविज्ञता	पैटेन्ट्स	प्रक्रिया	सन्दर्भ
	श्रव्य-दृश्य सामग्री	संग्रहण	प्रलेखन
			रिप्रोग्राफी
			अनुवाद

पुस्तकालय उपकरण सहभागिता

निम्नांकित कारणों की पूर्ति हेतु पुस्तकालय में उपकरणों की सहभागिता की जरूरत समझी गई–

समय व श्रम की बचत

पुस्तकालय कर्मचारियों के समय एवं श्रम दोनों की वचत पुस्तकालय सहयोग के माध्यम से की जा सकती है। जैसे पुस्तकालय में पुस्तकें क्रय करने के पश्चात् उनका वर्गीकरण एवं सूचीकरण कार्य करना पड़ता है। अगर यह दोनों कार्य एक ही स्थान पर किया जाए तो समय एवं श्रम दोनों की बचत होती है।

द्वितीय और तृतीय सूत्र की मांग

डॉ. एस. आर. रंगनाथन द्वारा प्रतिपादित पुस्तकालय विज्ञान के द्वितीय एवं तृतीय सूत्र की मांग है कि प्रत्येक पाठक को उसकी पुस्तक मिलनी चाहिए साथ ही प्रत्येक पुस्तक को भी उसका पाठक मिलना चाहिए। पुस्तकालय सहयोग की सहायता से पुस्तकालय विज्ञान के इन दोनों सूत्रों की मांग को आसानी से पूरा किया जा सकता है।

पुस्तकालयों की अपूर्णता

जब से साहित्य प्रकाशन में अचानक तेजी आई है तब से प्रत्येक पुस्तकालय के लिये यह सम्भव नहीं रह गया है कि वह प्रकाशित पूरे साहित्य को पुस्तकालय में क्रय कर सकें। साहित्य को क्रय करने हेतु वित्त की आवश्यकता होती है। इस तरह अपने आप में विश्व का कोई भी पुस्तकालय पूर्ण नहीं हो सकता है। विश्व में प्रतिवर्ष लगभग 5 लाख पुस्तकें और 1 लाख पत्र-पत्रिकाओं का प्रकाशन हो रहा है जिन्हें किसी भी पुस्तकालय में मंगवाना सम्भव नहीं है।

पाठकों की मांग

वर्तमान समय में पुस्तकालय में पाठक विभिन्न प्रकार के होते हैं तथा उनकी आवश्यकता भी अलग-अलग होती है। अतः पाठकों की मांग या आवश्यकता को पूरा करने हेतु पुस्तकालय सहयोग की आवश्यकता पड़ती है।

समिति वित्त

पुस्तकालयों के पास अधिकांशतः आय के स्रोत सीमित होते हैं और वह पुस्कालय इन सीमित स्रोतों में विश्व में प्रकाशित पूरे साहित्य को नहीं खरीद सकता है। ऐसी स्थिति में पुस्तकालय सहयोग को अपनाकर सीमित वित्त में उत्तम सेवायें प्रदान की जा सकती हैं।

बढ़ती कीमतें

वर्तमान समय में प्रकाशित साहित्य का मूल्य प्रतिवर्ष 10 से 20 प्रतिशत तक बढ़ जाता है जबकि पुस्तकालय का बजट मात्र कुछ प्रतिशत ही बढ़ता है। ऐसी स्थिति में नई पाठ्य-सामग्री का क्रय किया जाना पुस्तकालयों के लिये कठिन हो जाता है। पुस्तकालय सहयोग को इस स्थिति से बचने हेतु अपनाया जा सकता है।

पुस्तकालय सेवा क्षेत्र

पुस्तकालय मदद के द्वारा कई तरह की सेवाओं को निम्नांकित क्षेत्रों में विकसित किया जा सकता है।

सहकारी प्राविधिक प्रक्रिया

एकत्रित की गई हर पुस्तकालयों में किताबों का विभक्तिकरण किया जाता है, परन्तु इन किताबों का विभक्तिकरण एवं सूचीकरण एक ही जगह पर करते हैं

तो मितव्ययिता होती है। इसलिये देश के राष्ट्रीय केन्द्रीय पुस्तकालय का यह कर्त्तव्य है कि देश में प्रकाशित होने वाली सब पुस्तकों को प्राविधिक कार्य (वर्गीकरण एवं सूचीकरण) प्रकाशन से पूर्व ही कर दिया जाना चाहिए। डॉ. एस. आर. रंगनाथन के अनुसार इस प्रकार कार्य करने से इस कार्य पर लगने वाले वार्षिक खर्च में 79 प्रतिशत की बचत की जा सकती है। इस प्रकार के कार्य को प्रारंभ करने का सुझाव 1937 में डॉ. एस. आर. रंगनाथन ने दिया था, वावजूद इसके इस दिशा में कोई उल्लेखनीय प्रगति नहीं हो पाई। सहकारी प्राविधिक कार्य को प्रभावशाली बनाने के लिये निम्नलिखित कार्य आवश्यक हैः

(i) डॉ. एस. आर. रंगनाथन के अनुसार प्रादेशिक भाषाओं में प्रकाशित ग्रन्थों की राष्ट्रीय ग्रन्थ सूची प्रान्तीय भाषाओं में भी प्रकाशित होनी चाहिए।

(ii) राष्ट्रीय ग्रन्थ सूची का प्रकाशन नियमित होना चाहिए।

(iii) डिलेवरी ऑफ बुक्स एक्ट, 1954 में दण्ड का प्रावधान न होने से प्रकाशक अपने प्रकाशनों की प्रतियां नियमित रूप से निर्धारित पुस्तकालयों को नहीं भेजते हैं।

(iv) अमेरिका बुक प्रोक्योरमेन्ट सेन्टर द्वारा प्रकाशित होने वाली मासिक ग्रन्थ सूची के समान भारत का राष्ट्रीय पुस्तकालय अपने लिये क्रय किये जाने वाले विदेशी प्रकाशकों की भाषानुसार सूची प्रतिमाह प्रकाशित करे और वहाँ विश्वविद्यालय और प्रमुख उद्योग पुस्तकालयों के बिना मुख्य तथा अन्य संस्थानों को नाम मात्र के मूल्य पर बेचने की व्यवस्था करे।

(v) प्रादेशिक केन्द्रीय पुस्तकालय प्रदेश की भाषाओं में प्रकाशित ग्रन्थों के यूनिट कार्ड प्रकाशित कर विक्रय की व्यवस्था करे।

अधिग्रहण

पुस्तकालयों को देश एवं विदेश के प्रकाशकों से पुस्तकें, पत्रिकायें आदि अन्य सामग्री मंगवानी होती है। अधिग्रहण प्रक्रिया में पुस्तक चयन, क्रयादेश, रिमाइण्डर, बिलों का पास करना आदि कार्यों को करना पड़ता है। इन पूरी गतिविधियों को सहकारी अधिग्रहण की सहायता से पूरा किया जा सकता है। सहकारी अधिग्रहण के लिए अधिकतर पुस्तकालय दो पद्धतियों को अपनाते हैं जो अग्रलिखित हैं।

(i) सहकारी अधिग्रहण

(ii) केन्द्रीय अधिग्रहण

(i) सहकारी अधिग्रहण—कुछ पुस्तकालय विषय पाठ्य-सामग्री एवं देश के आधार पर एक साथ मिलकर पाठ्य-सामग्री का अधिग्रहण करते हैं। इसी प्रकार महाविद्यालय, विश्वविद्यालय और सार्वजनिक पुस्तकालय आपस में मिलकर विदेशी प्रकाशनों का सहकारी अधिग्रहण कर सकते हैं। इस प्रकार विदेशी प्रकाशनों को बिना किसी परेशानी से प्राप्त किया जा सकता है। इस प्रकार पुस्तकालयों द्वारा सहकारी अधिग्रहण को अपना कर अधिग्रहण के कार्य में लगने वाले समय, श्रम एवं धन की बचत की जा सकती है।

(ii) केन्द्रीय अधिग्रहण—जहाँ पर अनेक शाखाओं के पुस्तकालय होते हैं वहाँ इन समस्त पुस्तकालयों के लिये आवश्यक पाठ्य-सामग्री का अधिग्रहण केन्द्रीय पुस्तकालय में किया जाता है। इस प्रकार केन्द्रीय पुस्तकालयों में अधिग्रहण करने से क्रय नीति और प्रक्रिया में एकरूपता बनी रहती है और पुस्तकों के रूप में खर्च कम होता है।

सन्दर्भ सेवा और प्रलेखन कार्य में सहयोग

इस सेवा में विषयों की सीमा कोई निश्चित नहीं है, विशेषतः विश्वविद्यालय पुस्तकालयों में जहाँ विभिन्न विषयों पर निरन्तर शोध कार्य चलते रहते हैं, वहाँ उनके प्रकार के सामान्य और विशिष्ट सन्दर्भ प्रश्न पूछे जाते हैं। इन प्रश्नों का सन्तोषजनक जबाव देने के लिये विभिन्न सहायक ग्रन्थों का अध्ययन या अवलोकन और अनेक प्रकार की वाङ्मय सूचियों का निर्माण करना पड़ता है। उस पुस्तकालय के सहयोग की अपेक्षा करते हैं जहाँ सन्दर्भ ग्रन्थों का अच्छा और उद्यतन संग्रह है तथा विद्वान सन्दर्भ पुस्तकालयाध्यक्ष विद्यमान रहते हैं। ज्ञान विज्ञान के विस्तार और उनके वाहन ग्रन्थों की भरमार होने से आज कोई भी पुस्कालय सन्दर्भ और प्रलेखन सेवाओं में अपने को पूर्ण सक्षम नहीं समझ सकता है।

अतः विश्वविद्यालय और विशिष्ट पुस्तकालयों में ज्ञान के आदान-प्रदान की धारा सदा बहती रहनी चाहिए। इसके लिये आवश्यक सहायक साहित्य के सर्जन में उनका पूर्ण सहयोग अपेक्षित है। इस प्रकार का दृढ़ संगठन स्थानीय, प्रादेशिक, राष्ट्रीय और अन्तर्राष्ट्रीय स्तर पर हो। भारत के सन्दर्भ में इसका प्रमुख उदाहरण महाविद्यालय और उद्योग धन्धों से सम्बन्धित अनेक स्थानीय संस्थायें हैं। सहकारिता के कार्य को तत्काल करने के लिए सूचना प्रसारण के उपलब्ध आधुनिक उपकरणों और पत्रों जैसे—टेकेक्स, सिरीकस क्लोस, टेलीविजन, सेटेलाइट कम्यूनिकेशन आदि से पूरा लाभ उठाया जाना चाहिए। साथ ही अवगत होने के लिये संस्थाओं

में काम करने वाले विद्वानों और वैज्ञानिकों से बराबर सम्पर्क बनाये रखा जाना चाहिए।

चित्रात्मक विकास में मदद

विविध वजहों से आज के दौर में लिखित और अंकित उपस्कर के अलावा सूक्ष्म चित्र के रूप में पाठ्य उपकरणों का विकास आज गहन रूप से किया जा रहा है। मुद्रित साहित्य में वृद्धि होती जा रही है। परिणामस्वरूप पुस्तकालय में उसके संयोजन और रख-रखाव हेतु स्थान के अभाव का सामना करना पड़ता है। दूसरी बात अनेक प्रकार की अध्ययन सामग्रियों को भावी उपयोग हेतु सुरक्षित रखा जाता है जिसे कागज के रूप में लम्बे समय तक नहीं रखा जा सकता है। अतः सूक्ष्म चित्र के रूप में उनकी प्रतियां तैयार की जाती हैं। इसी प्रकार शोध के सन्दर्भ में अन्य पुस्तकालयों द्वारा समय-समय पर अनेक दुर्लभ ग्रन्थों की मांग की जाती है। सुरक्षा की दृष्टि से इन पुस्तकों को भेजना संभव नहीं होता है। इसके लिये सूक्ष्म चित्र का निर्माण आवश्यक है। इनके भेजने में डाक खर्च बहुत कम होता है।

संघ सूची

संघ सूची में एक से ज्यादा लाइब्रेरियों में मौजूद बुकों को सूची की संज्ञा दी जाती है। यह सूची विषय, भाषा और पाठ्य-सामग्री के प्रकार से अलग-अलग अथवा मिश्रित रूप से संकलित और प्रकाशित की जा सकती है। पुस्तकों की संघ सूची तैयार करने का कार्य काफी परिश्रम और व्यय वाला होने के कारण डॉ. एस. आर. रंगनाथन ने सामयिक प्रकाशनों की संघ सूची प्रकाशित करने का सुझाव दिया। संघ सूची सामान्यतया केन्द्रीय पुस्तकालय जैसे प्रादेशिक और राष्ट्रीय वैज्ञानिक प्रलेखन केन्द्र, भारतीय सामाजिक विज्ञान शोध समिति के प्रलेखन केन्द्र, भारतीय विश्वविद्यालय आदि संस्थाओं के द्वारा सामाजिक प्रकाशनों की संघ सूची का निर्माण किया जाता है।

इस सूची समूह से विभिन्न फायदे हैं इससे तुरन्त यह पता लगाया जा सकता है कि अभिष्ट पुस्तक किस लाइब्रेरी में उपस्थित है। इनमें नवीन पुस्तकों के चयन तथा विषयगत वाङ्मय सूची के निर्माण में सहायता मिलती है। संघ सूची के कुछ महत्त्वपूर्ण उदाहरण निम्नांकित हैं:

(i) *ब्रिटिश नेशनल कैटलॉग ऑफ पिरियोडिकल*

इस संघ सूची का प्रकाशन ब्रिटिश लाइब्रेरी, लन्दन द्वारा 1955-58 में चार खण्डों में किया गया तथा 1960 में इस संघ सूची का संशोधन किया गया। इसमें

इंग्लैण्ड के 45 पुस्तकालयों की करीब डेढ़ लाख पत्रिकाओं के आख्यों को शामिल किया गया है।

(ii) *नेशनल यूनियन कैटलॉग ऑफ साइंटिफिक सीरियल्स इन इण्डिया*

इस संघ सूची का प्रकाशन भारतीय राष्ट्रीय वैज्ञानिक प्रलेखन केन्द्र, नई दिल्ली द्वारा 1988 में चार खण्डों में किया गया। इसमें 800 पुस्तकालयों की करीब 35000 विज्ञान और तकनीकी पत्रिकाओं के आख्यों को शामिल किया गया है जिन्हें वर्णानानुक्रम में व्यवस्थित किया गया है।

(iii) *यूनियन लिस्ट ऑफ सीरियल्स इन लाइब्रेरिज ऑफ दी यूनाइटेड स्टेट्स एण्ड कनाडा*

इस संघ सूची का प्रकाशन 1950 में विल्सन कम्पनी द्वारा न्यूयॉर्क में किया गया। इस संघ सूची का तीसरा संस्करण 1965 में प्रकाशित हुआ जिसमें 925 अमेरिकन पुस्तकालय और 35 कनाडियन पुस्तकालयों की करीब 3 लाख पत्रिकाओं के आख्यों को शामिल किया गया है।

अन्तर-पुस्तकालय आदान

पुस्तकालय में संग्रहीत पाठ्य-सामग्री का पुस्तकालयों के बीच अन्तर-पुस्तकालय आदान पद्धति काफी पुरानी है। पुस्तकालय विज्ञान के द्वितीय एवं तृतीय सूत्र के अभिप्रायों को क्रियान्वित करने के लिये अनेक उपायों में अन्तर-पुस्तकालय आदान एक प्रमुख उपाय है। अन्तर-पुस्तकालय आदान द्वारा प्रत्येक पाठक को अभीष्ट पुस्तक और प्रत्येक पुस्तक को योग्य पाठक मिल जाता है। इसके लिए उसे अन्तर-पुस्तकालय आदान पद्धति को अपनाना आवश्यक है।

अतः इस कार्य को करने के लिए राष्ट्रीय स्तर पर एक नीति बनानी चाहिए जिससे देश व अन्तर्राष्ट्रीय स्तर पर पुस्तकों का आदान-प्रदान सम्भव हो सके। यह पद्धति एक शहर में स्थित पुस्तकालयों के मध्य अधिक उपयोगी हो सकती है। भारत में अभी भी इसी पद्धति की क्रियान्वित की व्यवस्था नहीं है। राष्ट्रीय केन्द्रीय पुस्तकालय कुछ सीमा तक अन्तर्राष्ट्रीय स्तर पर इस कार्य में देश-विदेश के पुस्तकालयों को सहयोग प्रदान करता है।

इस प्रोग्राम को सुचारू रूप से कार्यान्वियत करने के लिए एक कोड का निर्माण करना चाहिए। इस कोड का निम्नांकित उद्देश्य होना चाहिए।

(i) लोन की अवधि।

(ii) पुस्तकें भेजने का तरीका।

(iii) लोन पर अदेय प्रलेखों की कोटि।
(iv) लोन पर देय प्रलेखों की कोटि।
(v) मानक आवेदन पत्र।
(vi) लोन पर पुस्तकें पढ़ने का स्थान।
(vii) पुस्तकें मंगाने तथा वापिस भेजने में आने वाले खर्च को वहन कौन करे।

व्यावसायिक ज्ञानियों का विनिमय

पुस्तकालय विशेषज्ञों और कर्मचारियों के आपसी विनिमय तथा सहयोगिक प्रशिक्षण कार्यक्रम भी सहयोग का एक महत्त्वपूर्ण साधन है। इसमें कर्मचारियों को सीखने व अनुभव के सुअवसर मिलते हैं तथा विकासशील राष्ट्रों के कर्मचारी विकसित राष्ट्रों द्वारा प्रयोग की जाने वाली नवीनतम पद्धतियों, उपकरणों की कार्य विधि तथा ज्ञान प्राप्त कर सकते हैं। नये और अविकसित पुस्तकालयों के विशिष्ट कार्यों को विकसित करके वहाँ के कर्मचारियों को सम्बद्ध नवीनव उपाय एवं प्राविधियों के प्रायोगिक ज्ञान से अवगत करते हुये अन्य विकसित पुस्तकालयों में कार्यरत विशेषज्ञों का विनिमय किया जाना चाहिए, जिससे नये और अविकसित पुस्तकालयों को उच्च श्रेणी का बनाया जा सकता है। अन्तर्राष्ट्रीय स्तर पर इस प्रकार के सहयोग हेतु निम्नलिखित कार्यक्रम चलाये जा रहे हैं:

(i) भारत और इंग्लैण्ड के मध्य इंटर्शीप योजना।
(ii) भारत और अमेरिका के मध्य PL480

सहकारी संग्रह

सबसे पहले हार्वर्ड के प्रेसीडेन्ट इलियट ने इस संग्रह का विचार प्रस्तुत किया और प्रथम सहकारी संग्रह केन्द्र न्यू इंग्लैण्ड डिपोजिटरी लाइब्रेरी के रूप में स्थापित किया। पुस्तकालय में बढ़ती हुई पाठ्य-सामग्री से स्थान की समस्या होती जा रही है। इस कारण पुस्तकालय में अनुपयोगी पुस्तकों को नियमित रूप से हटाते हैं। ऐसी पुस्तकों के लिये शहर में निक्षेप पुस्तकालयों की स्थापना की जाती है और प्रत्येक को इन पुस्तकालयों में भेज दिया जाता है। जहाँ संघ सूची उपलब्ध रहती है तथा संग्रहीत पुस्तकें सदस्य द्वारा आवश्यकतानुसार मंगायी जा सकती हैं। इसके अतिरिक्त सहकारी संग्रह द्वारा पुस्तकालय की अनुपयोगी पुस्तकों, पत्र-पत्रिकाओं की अतिरिक्त प्रतियों की सूची समय-समय पर प्रकाशित कर और पारस्परिक आदान के आधार

पर अन्य पुस्तकालयों को प्रेषित करें। इस प्रकार प्रत्येक पुस्तकालय ऐसी पुस्तकों की सूचियां तैयार कर केन्द्र को भेजता है।

सहयोग की इस भावना के अन्तर्गत निम्नलिखित केन्द्र कार्य कर रहे हैं:

(i) हैम्पशायर इन्टर लाइब्रेरी सेन्टर।
(ii) मिड वेस्ट इन्टर लाइब्रेरी सेन्टर।
(iii) इन्टर लाइब्रेरी रिसोर्स सेन्टर, नई दिल्ली।
(iv) सेन्टर फॉर रिसर्च लाइब्रेरी, शिकागो।
(v) न्यू इंग्लैण्ड डिपोजिट सेन्टर इत्यादि।

नेटवर्क

पुस्तकालय नेटवर्क पुस्तकालय सहयोग का एक उत्तम साधन है। पुस्तकालयों में कम्प्यूटर के आगमन से पहले भी पुस्तकालयों में नेटवर्क स्थापित करने की विचारधारा सामने आई थी। पुस्तकालय नेटवर्क के माध्यम से पुस्तकालयों को आपस में जोड़ा जा सकता है तथा उनमें संग्रहीत सामग्री का उपयोग एक स्थान पर बैठकर भी आसानी से किया जा सकता है। निम्नांकित दो हिस्सों में नेटवर्क वर्गीकरण किया जा सकता है–(i) एक स्थानक नेटवर्क। (ii) व्यापक क्षेत्र नेटवर्क

(i) एक स्थानक नेटवर्क–किसी एक भवन या आसपास के भवनों में रखे कम्प्यूटरों के बीच डेटा सम्प्रेषण व्यवस्था को एक स्थानक नेटवर्क कहा जाता है।

(ii) व्यापक क्षेत्र नेटवर्क–व्यापक क्षेत्र नेटवर्क में कोई एक नगर एक राष्ट्र अथवा विभिन्न राष्ट्रों में कम्प्यूटर एक दूसरे से संबंधित होते हैं।

उपकरणों की सहभागिता

आज पुस्तकालयों में अनेक प्रकार के यन्त्रों का प्रयोग हो रहा है जैसे–कम्प्यूटर छायाकृति यन्त्रों का प्रयोग अत्यधिक किया जा रहा है।

नेटवर्क विकास

इसके विकास के निम्नांकित प्रकार हैं–

(i) मेश नेटवर्क (Mesh Network)
(ii) बस नेटवर्क (Bus Network)
(iii) स्टार नेटवर्क (Star Network)
(iv) रिंग नेटवर्क (Ring Network).

(i) मेश नेटवर्क—मेश नेटवर्क में उपभोक्ता नोड आपस में एक दूसरे से इस प्रकार जुड़े हुए होते हैं कि वह एक नोड में दूसरी नोड तक सूचना भेजने में तीसरा नोड भी बीज में आ जाता है। इस प्रकार के नेटवर्क में बीच की नोड खराब होने की स्थिति में सूचना का संचार नहीं किया जा सकता।

(ii) बस नेटवर्क—बस नेटवर्क में अनेक उपभोक्ता नोड अपने केन्द्रीय नोड से एक केन्द्रीय संचार राजपथ से जुड़े होते हैं। इस राजपथ को बस कहा जाता है। इसी कारण से इस नेटवर्क का नाम बस नेटवर्क रखा गया है।

(iii) स्टार नेटवर्क—स्टार नेटवर्क में केन्द्रीय कम्प्यूटर प्रणाली पूरे उपयोगकर्ताओं को सेवा प्रदान करता है। केन्द्रीय कम्प्यूटर को सेन्ट्रल बोर्ड और सदस्य कम्प्यूटरों को उपभोक्ता नोड कहा जाता है।

(iv) रिंग नेटवर्क—रिंग नेटवर्क में पूरे नोड इस प्रकार व्यवस्थित होते हैं कि वह एक मुद्रिका के समान प्रतीत होती है। इस प्रकार के नेटवर्क में कोई भी नोड खराब होने पर सूचना का प्रसारण आगे नहीं हो पाता है।

नेटवर्क के कार्य

नेटवर्क आज के समय में निम्नांकित कार्य कर रहे हैं।

(1) इंफ्लिबनेट—इंफ्लिबनेट भारत का एक विशाल राष्ट्रीय पुस्तकालय नेटवर्क है। इसका मुख्य उद्देश्य विश्वविद्यालयों, अनुसंधानों और विकास संगठनों के पुस्तकालय और सूचना केन्द्रों के संसाधनों, सुविधाओं और सेवाओं का केन्द्रीयकरण और सहभागिता की सहायता से अधिकाधिक उपयोग करने को प्रोत्साहित करना है।

(2) डेलनेट—डेलनेट का पूरा नाम डेल्डी लाइब्रेरीज नेटवर्क है जिसका मुख्य उद्देश्य दिल्ली में स्थित पुस्तकालयों के मध्य नेटवर्क स्थापित करना है।

(3) केलिबनेट—केलिबनेट का पूरा नाम कलकत्ता लाइब्रेरीज नेटवर्क है। जिसका मुख्य उद्देश्य कलकत्ता में स्थित पुस्तकालयों के मध्य नेटवर्क स्थापित करना है। इस कार्य को सफल बनाने के लिये कम्प्यूटर मैंटेनेंस कॉर्पोरेशन मैत्रीव के नाम से सॉफ्टवेयर विकसित किया गया है।

(4) निकनेट—इस नेटवर्क का पूरा नाम नेशनल इन्फॉमेटिक्स सेन्टर नेटवर्क है। इस नेटवर्क की स्थापना 1977 में हुई तथा इसके निम्नलिखित महत्त्वपूर्ण उद्देश्य हैं—

(i) इस केन्द्र द्वारा कम्प्यूटर के उपयोग को बढ़ाने हेतु दिल्ली पुस्तकालयों और सूचना केन्द्रों को टर्मिनल से जोड़ना।

(ii) प्रबन्धकीय सूचना तन्त्र को विकसित करना।

(iii) शासकीय विभागों को कम्प्यूटरीकृत करना।

(iv) इसकी स्थापना शासकीय विभागों में हार्डवेयर चयन और सॉफ्वेयर विकसित करने हेतु किया गया।

(v) कम्प्यूटर आधारित उन्नत विधियों को तैयार करना।

(vi) कम्प्यूटर आधारित डेटा प्रबन्ध विधियों के अनुसरण को प्रोत्साहित करना।

6

पुस्तक चयन एवं अधिग्रहण

पुस्तकालय एक शैक्षिक संस्थान है, जो विद्यालय, महाविद्यालय, विश्वविद्यालय आदि के एक अभिन्न अंग के रूप में कार्य करता है। पुस्तकालय में विभिन्न प्रकार की ज्ञानवर्द्धक पुस्तकें, समाचार पत्र-पत्रिकायें आदि उपलब्ध होती हैं जिनको पढ़कर पाठक अपने ज्ञान में वृद्धि करता है। वर्तमान समय में इनके पाठकों की संख्या निरन्तर बढ़ रही है। पाठकों की संख्या बढ़ने से पुस्तक की संख्या में भी वृद्धि करना अनिवार्य हो गया है। परन्तु ये संभव तब हो सकता है, जब पुस्तकों का चुनाव हो। इसके लिए पुस्तकालय में सिर्फ वही पुस्तक रखनी चाहिए, जो पाठकों के लिए उपयोगी हो। किसी भी पुस्तकालय का संगठन (Organization of Library) एवं प्रशासन (Administration) चाहे कितना भी सुदृढ़ हो, भवन चाहे कितना ही आकर्षित क्यों न हो, किन्तु वहाँ उत्तम एवं उपयोगी पाठ्य-सामग्री का अभाव हो तो सब कुछ बेकार है। वास्तविकता तो यह है कि बिना पाठ्य-सामग्री के पुस्तकालय की कल्पना भी नहीं की जा सकती है।

छपाई कला का आविष्कार होने से पुस्तक प्रकाशनों में अत्यधिक वृद्धि हुई है। पुस्तक व्यवसायी इतना साहित्य प्रकाशित कर रहा है कि किसी भी पुस्तकालय के लिये सभी प्रकाशित साहित्य को क्रय करना असम्भव है क्योंकि पुस्तकालय बजट तो सीमित होता है ऐसी स्थिति में पुस्तकों का चयन महत्त्वपूर्ण हो जाता है।

पाठ्य-सामग्री का चयन

पुस्तक चयन से अभिप्राय है, अपने सीमित साधनों को देखते हुए पाठकों की जरूरतों की पूर्ति के लिये बहुत-सी उपलब्ध पाठ्य-सामग्री में से उपयोगी पुस्तकों का चयन करना है ताकि पुस्तकालय के संग्रह में वृद्धि होती रहे। पुस्तक चयन एक कला है आसान कार्य नहीं है बल्कि एक जटिल कार्य है। इसके लिये पाठ्य-सामग्री की उपलब्धि का सम्पूर्ण ज्ञान, पाठकों की रुचि एवं मांग और उपलब्ध साधनों के विषय में जानकारी आवश्यक है।

उद्देश्य

पाठ्य-सामग्री के चुनाव के प्रमुख प्रयोजन निम्नलिखित हैं–

1. पुस्तक संग्रह को पाठकों के पाठ्य विषय एवं अध्ययन रुचि को ध्यान में रखकर संतुलित रखा जाना चाहिए।
2. पाठ्य-सामग्री को अन्तिम रूप से क्रय करने से पहले पुस्तकाध्यक्ष द्वारा उसका मूल्यांकन किया जाना चाहिए।
3. पाठकों हेतु उचित पाठ्य-सामग्री का चयन किया जाना चाहिए।
4. पुस्तकालयों में पाठ्य-सामग्री का चयन करते समय पाठकों की अभिरुचि को ध्यान में रख जाना चाहिए।
5. सामान्य ज्ञान, सन्दर्भ ग्रन्थ और मनोरंजन हेतु आवश्यक पाठ्य-साम्रगी का चयन किया जाना चाहिए।

आवश्यकता

निम्नलिखित कारणों से पुस्तकालयों में पाठ्य-सामग्री चुनाव की जरूरत महसूस होती है–

1. अनेक पुस्तकें अप्राप्त (Out of Print) हो जाती हैं। अतः उनको क्रय करने का प्रयास व्यर्थ ही सिद्ध होता है।
2. विभिन्न भाषाओं में साहित्य का प्रकाशन होना।
3. पाठकों की मांग की पूर्ति हेतु।
4. मुद्रण आविष्कार से पाठ्य-सामग्री के प्रशासन में आई अचानक तेजी।
5. पुस्तकालयों के पास सीमित वित्तीय साधन।
6. पुस्तकालयों के उद्देश्यों एवं प्रकार के अनुसार साहित्य का चयन करना।
7. प्रकाशित सभी प्रकार के साहित्य पुस्तकालय के लिये उपयोगी नहीं होते हैं।

प्रमुख सिद्धान्त

मुद्रण आविष्कार के पश्चात् साहित्य के प्रकाशन में अचानक तीव्रता आई और पुस्तकालय के वित्तीय साधन सीमित ही रहे ऐसी स्थिति में यह समस्या पैदा हुई कि किस साहित्य को पुस्तकालय में क्रय किया जाये और किसको नहीं। इस समस्या के समाधान हेतु पाठ्य-सामग्री चुनाव के लिए प्रतिपादित सिद्धान्तों को दिया जा रहा है :

एफ. के. डब्ल्यू. डूरी के अनुसार : "पुस्तक चयन का उद्देश्य उपयुक्त पुस्तक, उपयुक्त पाठक को, उपयुक्त समय पर प्राप्त करना।" इन्होंने 1730 में पुस्तक चयन के सिद्धान्तों का प्रतिपादन किया जो अग्रलिखित हैं :

1. पुस्तक का चयन करते समय पुस्तकालय बजट का ध्यान अवश्य रखा जाना चाहिए।
2. उन पुस्तकों की अनावश्यक प्रतियां हटा देनी चाहिए जिनका वर्तमान एवं भविष्य में कोई महत्त्व नहीं है।
3. नई पुस्तकें खरीदने के स्थान पर उत्तम पुस्तकों का चयन किया जाना चाहिए।
4. पुस्तक चयन करते समय सकारात्मक विचार रखे जाने चाहिए।
5. प्रामाणिक, गल्प साहित्य के प्रति असहिष्णुता नहीं बरतनी चाहिए।
6. बहुखण्डीय पुस्तकों के सभी खण्डों को खरीदना आवश्यक नहीं है।
7. सभी पुस्तकों के सम्बन्ध में निर्णय करने के लिये उपयुक्त स्तरों को प्रस्थापित करना चाहिए।
8. सिद्धान्त को चतुराईपूर्वक लागू करना चाहिए।
9. किसी भी विषय पर सर्वश्रेष्ठ पुस्तकों को प्राप्त करने का लक्ष्य निर्धारित करना चाहिए।
10. प्रतिष्ठित तथा प्रमाणिक पुस्तकों को आकर्षक संस्करणों में सदैव संग्रहीत करना चाहिए।
11. स्थानीय इतिहास से सम्बन्धित साहित्य का संग्रह किया जाना चाहिए।
12. उन पुस्तकों का चयन किया जाना चाहिए जो आकार-प्रकार के साथ-साथ विषय-वस्तु में पुस्तकालय उद्देश्य के अनुरूप हो।
13. वास्तविक पाठकों के अलावा भविष्य के पाठकों की आवश्यकता को भी ध्यान में रखा जाना चाहिए।

14. पुस्तक का सही मूल्यांकन करने के लिये सही मानक बनाने चाहिए।
15. ऐसी पुस्तकों का चयन अवश्य करना चाहिए जिनकी विशेषज्ञों एवं समुदाय के नेताओं ने मांग की हो।

एस. आर. रंगनाथन

डॉ. एस. आर. रंगनाथन ने अपने पाठ्य-सामग्री के सिद्धान्तों में पुस्तकालय विज्ञान के प्रथम तीन सूत्रों को शामिल किया है :

प्रथम सूत्र : पुस्तकें उपयोग के लिये हैं : इस सूत्र के अनुसार पुस्तकालय में उन्हीं पाठ्य-सामग्रियों का चयन कियां जाना चाहिए जिनका उपयोग हो सके अथवा होने ही संभावना हो। जिस पाठ्य-सामग्री के उपयोग होने की संभावना न हो उसका चयन नहीं किया जाना चाहिए।

द्वितीय सूत्र : पुस्तकें आवश्यकता के अनुरूप हों : इस सूत्र के अनुसार पुस्तकालय में पाठ्य-सामग्रियों का चयन करने से पूर्व पाठकों की जरूरतों को जान लेना चाहिए। पुस्तकालय में चयन पाठकों की आवश्यकता के अनुरूप ही होना चाहिए जिससे हर पाठक को अपनी रुचि का साहित्य प्राप्त हो सके।

तृतीय सूत्र : प्रत्येक पाठ्य-सामग्री को उसका पाठक मिले : इस सूत्र के अनुसार पुस्तकालय में उन्हीं पाठ्य सामग्रियों का चयन किया जाना चाहिए जिनके पाठक पुस्तकालयों में उपलब्ध हों। यदि ऐसा पाठक मिलने की सम्भावना न हो तो ऐसी पुस्तकों का चयन नहीं किया जाना चाहिए।

मेलविल ड्यूई

मेलविल ड्यूई ने पुस्तक चयन के अपने सिद्धान्त में कहा है कि कम कीमत पर ज्यादा लोगों को सर्वोत्तम अध्ययन (The Best Reading for the Largest Number at the Least Cost) उपलब्ध करवाना है। इस सिद्धान्त के अनुसार सीमित वित्तीय साधनों में अधिक से अधिक पाठकों को अच्छी पुस्तकें उपलब्ध करवाना है। मेलविल ड्यूई ने पुस्तक चयन के अपने सिद्धान्त में अग्रलिखित तीन बातों पर जोर दिया–

1. कम से कम कीमत 2. सर्वोत्तम अध्ययन सुविधा 3. अधिक से अधिक व्यक्ति।

अर्थात् कम से कम कीमत में अधिक से अधिक पाठकों को सर्वोत्तम अध्ययन सुविधा प्रदान करना है।

डब्ल्यू. सी. बी. सेयर्स

डब्ल्यू. सी. बी. सेयर्स ने पुस्तकालयों में पुस्तक चयन के सम्बन्ध में कहा है कि : "पुस्तकाल्याध्यक्ष के कार्यों में से पुस्तक चयन एक जटिल और जिम्मेदारीपूर्ण कार्य है। चयन अवलोकन एवं सतत् प्रयास से ही इसमें सफलता मिल सकती है।"

एल. आर. मैकाल्विन

पाठ्य-सामग्री चयन की मांग एवं पूर्ति का सिद्धान्त 1925 ई. में मेकाल्विन ने दिया। उसने कहा कि पुस्तकें अपने में कुछ नहीं हैं इनकी महत्ता सफेद कागज जिस पर यह छपी हुई हैं, से ज्यादा नहीं जब तक कि ये मांग द्वारा सेवा योग्य नहीं होतीं। पुस्तक चयन जितनी ज्यादा मांग पर निर्भर होगा उतना ही ये उपयोगी होगा। इस सिद्धान्त के अनुसार उसी पुस्तक का चयन किया जाना चाहिए जिसकी मांग हो। पुस्तक चयन कोई आसान कार्य नहीं बल्कि एक जटिल कार्य है। इसके लिये संस्था जिससे पुस्तकालय जुड़ा हुआ है, के उद्देश्यों को, उपलब्ध साधनों से और पाठकों की आवश्यकताओं को ध्यान में रखते हुऐ पाठ्य-सामग्री का चयन करना पड़ता है।

प्रमुख स्रोत

पुस्तक चयन के स्रोत को अग्रलिखित दो भागों में विभक्त किया जा सकता है–पुस्तकीय सामग्री, अपुस्तकीय सामग्री। इनका वृहद विवेचन निम्न प्रकार है–

पुस्तकीय सामग्री

कतिपय प्रमुख प्रकाशनों की सहायता से विविध विषयों की पुस्तक का चुनाव किया जा सकता है। इन प्रकाशनों में लेखक, आख्या, विषय, संस्करण, प्रकाशक, मूल्य, प्रकाशन वर्ष इत्यादि से सम्बन्धित सूचना होती है। इस प्रकार ग्रन्थात्मक सूचना प्रदान करने वाले प्रकाशनों को पुस्तक चयन के स्रोत कहते हैं। चयन स्रोतों के बिना पुस्तकाध्यक्ष की स्थिति ठीक उसी प्रकार कही जा सकती है, जिस प्रकार ट्रेन का बिना पटरी होना।

पाठ्य-सामग्री चुनाव हेतु अग्रलिखित स्रोतों को अपनाया जाना परम जरूरी है–

(1) विदेशी ग्रन्थों के लिये सामग्री–विदेशी प्रकाशनों के चयन हेतु अग्रलिखित सामग्रियों का उपयोग किया जाता है:

1. Aslib Book List, Monthly, London, Aslib

2. Book Review Digest Monthly, New York, Wilson
3. Publisher's Trade List Annual, New York, Bowker
4. Readers Guide and Bookman's Annuak a Guide to Literature, New York, Bowker
5. Subject Guide to Books in Print Annual, New York, Bowker
6. British Books in Print Annual : The Reference Catalogue of Current Literature (Formerly Know as Reference Catalogue of Current Literature) London, Whitaker
7. Dickinson (AD) : World's Best Book, 1953
8. Graham (Bessie) : Bookman's Manual Ed. 6, 1948
9. Sonenschein (WS) : The Best Books 6 V.
10. Book Seller, 1858 - Weekly, London, J. Whitaker
11. British Book in Print, 1967- Annual, London, Whitaker
12. British National Bibliography, 1950 Weekly- London, British Library Bibliography Service Division
13. Cumulative Book List, 1924 Quarterly, London, Whitakier
14. Publishers Weekly, 1872 - New York, R.R. Bowker
15. Amercian Book Publishing Record, 1961 - Monthly, New York, R. R. Bowker
16. Book in Print, 1948 - Annual, New York, R. R. Bowker
17. Cumulative Book Index, 1889, Monthly New York, H. W. Wilson
18. The National Union Catalogue, 1948, Monthly, Washington, Library of Congress

(2) भारतीय पुस्तकों के लिए उपकरण—भारतीय प्रकाशनों के चयन हेतु निम्नलिखित उपकरणों का उपयोग किया जाता है:

1. Indian Press Index, with Book Review Supplements, 1968
2. Indian Books by H. D. Sharma, 1971
3. Indian Books Industry, Federation of Indian Publishers and Booksellers
4. Bibliography of Scientific Publications of South and South East Asia, New Delhi, UNESCO
5. Cumulative Book Index : World list of Scientific Book in English Language, New York, Wilson

6. राष्ट्रीय ग्रन्थ सूची, 1958 – वार्षिक, लखनऊ, हिन्दी विभाग, उत्तर प्रदेश
7. हिन्दी ग्रन्थ सूची, पटना, सिन्हा लाइब्रेरी, 1952
8. हिन्दी में उच्चतर साहित्य, राजबली पाण्डेय द्वारा सम्पादित, वाराणसी, नागरी प्रचारिणी सभा, 1957
9. वृहद् हिन्दी ग्रन्थ सूची, यशपाल महाजन तथा कृष्ण महाजन द्वारा सम्पादित, दिल्ली, भारतीय ग्रन्थ निकेतन।
10. BEPI : A Bibliography of English Publications in India, 1976, Annual Delhi DKY Trust
11. Books of India : Supplement to Index India, 1976, Annual, Jaipur, Rajasthan University.
12. Recent Indian Books, 1975, Quarterly, New Delhi, FPBAI
13. Indian National Bibliography, 1958, Monthly, Calcutta, Central Reference Library
14. Indian Books in Print, 1970, Comp. By Sher Singh & Others, Delhi, Indian Bureau of Bibliography
15. Indian Books 1969, Annal Varanasi, Indian Bibliography Centre
16. National Bibliography of Indian Literature, 1910-1953, New Delhi, Sahitya Akademy, 1962
17. Impex Catalogue: A Reference Catalogue of Indian Books in English Language.
18. Indian Book Reporter, Gurgaon, Prabhu Book Service
19. Social Sciences Publications, a Bibliography of Works Published in India, New Delhi, UNESCO.

अपुस्तकीय पाठ्य-सामग्री

अग्रलिखित प्रकार की सामग्रियों में पुस्तकीय पाठ्य-सामग्री को सम्मिलित किया गया है–

1. पिक्चर (Picture)
2. सी. डी. रोम (CD-Rom)
3. कारटोग्राफिक सामग्री (Cartographic Materials)
4. माइक्रोफार्म (Microforms)

5. एटलस (Atlas)

6. ग्लोब (Globe)

अग्रलिखित उपकरणों का प्रयोग उपर्युक्त सामग्री के चुनाव के लिए किया जाता है।

1. Video Source Book Syosset, National Videco Clearing House, 1979, Annual
2. Audio-Video Market Place : A Multi Media Guide, New York, R. R. Bowker, 1969 Annual
3. Film File Minneopolis, Media Referral Service, 1980, Annual
4. Instructional Innovator, 1956
5. Limbacher J. L. Feature Film on 8 mm, 16 mm and Video tap Ed. 8, New York, R. R. Bowker, 1985
6. Library Technology Reports, Chicago, American Library Association
7. Library Journal, R. R. Bowker, 1976
8. School Library Journal, R.R. Bowker, 1954
9. Video Times, Publication International, 1984
10. Wilson Library Bulletin, H. W. Wilson, 1914
11. Film Library Quarterly, Film Library Information Council, 1967

पुस्तक-चयन की विधि

पुस्तकालयों के लिये पुस्तक चयन एक महत्त्वपूर्ण प्रक्रिया है। प्राचीन समय में पुस्तक चयन का कार्य पुस्तकालय कर्मचारियों के द्वारा न करवाकर अन्य व्यक्तियों द्वारा करवाया जाता था लेकिन जैसे-जैसे पुस्तक चयन के कार्य में कठिनाइयों को महसूस किया जाने लगा वैसे-वैसे इस कार्य को पुस्तकालय विशेषज्ञों द्वारा किया जाने लगा। जब से मुद्रण कला का आविष्कार हुआ तब से तो पुस्तक चयन का कार्य बहुत अधिक महत्त्वपूर्ण हो गया। इसका कारण यह है कि पुस्तकालय वित्त तो सीमित है एवं साहित्य अधिक मात्रा में प्रकाशित हो रहा है।

पुस्तकालय के लिए किताबों के चुनाव में ज्ञात उपकरणों का प्रयोग करना चाहिए। पुस्तकों का चयन करते समय पुस्तकालय के प्रकार, उनके पाठक एवं

उनकी आवश्यकता का ध्यान रखा जाना चाहिए। पुस्तकालयों में नवीन पुस्तकों के चयन के साथ-साथ प्राचीन एवं सन्दर्भ ग्रन्थों का भी चयन करना चाहिए। पुस्तकों का चयन करने के पश्चात् उनके लिये पुस्तक चयन पत्रक का निर्माण किया जाना चाहिए। पुस्तक पत्रक तैयार करने के पश्चात् पुस्तक आदेश देने से पूर्व पुस्तकालय की वित्तीय स्थिति एवं अन्य परिस्थितियों को देखते हुए पुस्तक चयन के सम्बन्ध में अन्तिम निर्णय लेना चाहिए।

अधिग्रहण विभाग

पुस्तकालय में पुस्तकों की अवाप्ति का कार्य अधिग्रहण करता है। इस विभाग के माध्यम से पुस्तक अवारित हेतु निम्नलिखित प्रक्रियाएं पूरी की जाती हैं–

1. पुस्तक आदेशन
2. प्रदाय
3. परिग्रहण कार्य

पुस्तक आदेशन

पुस्तकालयों में अपनी जरूरत के अनुसार एवं अपने वित्तीय साधनों के आधार पर पुस्तक चुनाव का कार्य करने के उपरान्त आदेशन का कार्य किया जाता है। पुस्तकालय में निम्नलिखित तीन प्रकार से पुस्तकें प्राप्त की जाती हैंः

1. दान स्वरूप प्राप्त पुस्तकें– पुस्तकालयों की जरूरत के अनुसार प्रकाशकों द्वारा पुस्तकालय को विभिन्न प्रकार की पुस्तकें दान स्वरूप प्राप्त होती हैं। मनप प्रक्रिया से पुस्तकालय संस्थान को काफी लाभ मिलता है।

2. बदले में मिलने वाली पुस्तकें– पुस्तकालय के अन्तर्गत पड़ी प्राचीन एवं पुरानी पुस्तकों को बदलने पर दूसरी नवीन पुस्तकें प्रकाशकों द्वारा प्राप्त हो जाती है।

3. क्रय की गई पुस्तकें–अधिकतर पुस्तकालय अपनी वित्तीय स्थिति के अनुसार ही पुस्तकें खरीदते हैं। अधिकांशतः पुस्तकालयों में पुस्तकें वर्ष में एक ही बार क्रय की जाती हैं लेकिन पाठकों की आवश्यकता की पूर्ति हेतु समय-समय पर पुस्तकें क्रय की जानी चाहिए।

पुस्तकालयों में पुस्तक चयन के पश्चात् पुस्तक आदेश का कार्य शुरू होता है। इस कार्य के प्रारम्भ करने से पूर्व पुस्तक आपूर्ति हेतु सम्भरक (Supplier) की नियुक्ति की जाती है। पुस्तकालयों में सम्भरक की नियुक्ति हेतु निम्नलिखित दो विधियों को अपनाया जाता हैः

1. मूल्य सूची—वर्ष के प्रारम्भ में पुस्तकालय प्रभारी या पुस्तकलयाध्यक्ष द्वारा स्थानीय एवं शहरी पुस्तक विक्रेताओं से मूल्य सूची मंगाई जाती है एवं उनका तुलनात्मक अध्ययन किया जाता है और जिस पुस्तक विक्रेता की मूल्य सूची पुस्तकालय के लिये उपयुक्त हो उसी को सम्भरक की नियुक्ति प्रदान की जाती है।

2. निविदा पद्धति—अधिकांशतः पुस्तकालयों में पुस्तकों के क्रय हेतु निविदा पद्धति को अपनाया जाता है। पुस्तक क्रय हेतु स्थानीय एवं अन्य पुस्तक विक्रेताओं से पुस्तकों की आपूर्ति हेतु निविदायें आमंत्रित की जाती हैं। निविदा का प्रारूप अग्र प्रकार का होता है :

पुस्कालय का नाम

क्रमांक............ दिनांक..........

सेवा में ....

....

....

प्रिय महोदय,

हम अपने पुस्तकालय के लिए वर्ष......... में पुस्तक आपूर्ति हेतु आप की निविदा आमन्त्रित करते हैं। कृपया निम्नलिखित मदों की दरें पूर्ण विवरण के साथ भेजें।

भारतीय पुस्तकें	**प्रकाशन मूल्य पर छूट का प्रतिशत**
अंग्रेजी	
संस्कृत	
हिन्दी	
सामान्य पुस्तकें	
गल्प साहित्य	
सन्दर्भ ग्रन्थ	
पाठ्य पुस्तकें	

विदेशी पुस्तकें **रूपान्तरित दर**

पौण्ड

शिलिंग

डालर

अन्य प्रचलित मुद्रा

पुस्तक आपूर्ति हेतु पुस्तक विक्रेता अपनी शर्तें स्पष्ट रूप से अंकित करें। आपकी सील बन्द निविदायें पुस्तकालय में दिनांक..........प्राप्त हो जानी चाहिए।

भवदीय

पुस्तकालयाध्यक्ष

निविदायें प्राप्त होने के पश्चात् पुस्तकालय पुस्तक क्रम सीमित के समक्ष निविदायें खोली जाती हैं तथा छूट प्रतिशत के आधार पर उनका तुलनात्मक अध्ययन किया जाता है और ज्यादा छूट प्रतिशत वाली पुस्तकें विक्रेता को पुस्तक आदेश दे दिया जाता है।

पुस्तक आदेश की दोनों विधियों के अपने-अपने लाभ एवं हानियां हैं लेकिन अधिकांशतः पुस्तकालयों में पुस्तक क्रय हेतु निविदा पद्धति को अपनाया जाता है। पुस्तक सम्भरक (Supplier) की नियुक्ति के पश्चात् पुस्तक विक्रेता को पुस्तक आदेश दे दिया जाता है। पुस्तकालय के माध्यम से दिये जाने वाले आदेश-पत्र की रूपरेखा अग्र प्रकार की है।

पुस्तकालय का नाम

क्रमांक...... दिनांक........

प्रिय महोदय, आपके पत्र क्रमांक......दिनांक...... के प्रति उत्तर में निवेदन है कि संलग्न सूची की पुस्तकों को निम्न शर्तों तथा दशाओं पर........ की अवधि के अन्दर पुस्तकालय में प्रदाय करने की व्यवस्था करें। निर्धारित दिनाँक के बाद आदेश निरस्त माने जाते हैं–

1. बीजक (Bill) की तीन प्रतियां भेजी जायें।
2. यदि पुस्तकें निर्धारित अवधि तक नहीं भेजी गईं तो आदेश निरस्त समझा जाये।

3. जो भी पुस्तकें भेजें उन्हें भली-भांति जांच कर भेंजे। कमी पाई जाने पर वापिस का खर्चा आपका होगा।
4. विदेशी प्रकाशन का मूल्य मूल मुद्रा में ही अंकित किया जाये और बाद में भारतीय मुद्रा में अंकित किया जाये।
5. हमारा आदेश क्रमांक एवं दिनांक बीजक (Bill) पर लिखना न भूलें।
6. पुस्तकें आदेश पत्रक के अनुसार ही भेजी जानी चाहिए।
7. प्रत्येक पुस्तक की एक ही प्रति भेजें जब तक एक से अधिक प्रतियों की संख्या अंकित न हो।
8. प्रत्येक पुस्तक का प्रकाशकीय मूल्य ही मांगा जायेगा।
9. प्रत्येक पुस्तक का नवीन संस्करण (New Edition) भेजें तथा जहाँ तक सम्भव हो पुस्तकालय संस्करण ही भेजे जायें।
10. पुस्तकालय में पुस्तकें भेजने में होने वाला व्यय भार आपका होगा।
11. वी.पी.पी. (VPP) द्वारा भेजी गई पुस्तकें स्वीकार नहीं की जायेंगी।
12. यदि पार्सल क्षतिग्रस्त हुआ तो उसकी जिम्मेदारी आपकी होगी।
13. प्रत्येक पुस्तक पर पुस्तकालय द्वारा स्वीकृत दर के अनुसार छूट दी जानी चाहिए।

आपका विश्वासपात्र

(पुस्तकालयाध्यक्ष)

प्रदाय

पुस्तक विक्रेता के पुस्तक आदेश के पश्चात् जब वह पुस्तकालय में आती हैं तो उनका आदेश पत्रक से मिलान किया जाता है। आपूर्ति में निम्नलिखित विसंगतियां हो सकती हैं:

पुस्तक सम्बन्धी गलतियाँ

1. पुस्तक निदर्श प्रति (Specimen Copy) है।
2. पुस्तक की आख्या, आदेशित पुस्तक की आख्या से भिन्न है।
3. आदेशित लेखक से भिन्न लेखक की पुस्तक है।
4. संस्करण पुराना है, जबकि पुस्तक का नया संस्करण बिक्री हेतु उपलब्ध है।
5. पुस्तकालय संस्करण के स्थान पर पत्रावरणबद्ध संस्करण (Paper Back Edition) भेजा गया है।

6. पुस्तक का मुद्रण दोषपूर्ण है, कई पृष्ठ मुद्रित नहीं हैं, मुद्रण आंखों पर जोर डालता है, स्याही फैली हुई है, अध्ययन सुविधाजनक नहीं है।
7. पुस्तक में पृष्ठ पूर्ण नहीं हैं, जिल्द टूटी हुई है, पृष्ठ फटे हुए हैं।
8. आवश्यक सहायक सामग्री पुस्तक के साथ नहीं है।
9. पुस्तक सीली अथवा भीगी हुई है अथवा पूर्व में प्रयुक्त की जा चुकी है।

बीजक सम्बन्धी त्रुटियाँ

1. बीजक में अंकित पुस्तकों के लेखक अथवा आख्या गलत लिख दिए गए हैं।
2. पुस्तकालय का नाम गलत लिख दिया गया है।
3. अनेक पुस्तकों के मूल्य प्रकाशित मूल्यों से अधिक चार्ज किए गए हैं तथा इस सम्बन्ध में कोई पुष्टि-पत्र भी बीजक के साथ संलग्न नहीं किया गया है।
4. पुस्तकालय संस्करण के स्थान पर पत्रावरणबद्ध संस्करण भेजा गया है और मूल्य पुस्तकालय संस्करण का चार्ज किया गया है।
5. बीजक में मूल्यों का योग गलत है, विदेशी मुद्रा की रूपान्तरित दर मान्य दर नहीं है, छूट की दर पुस्तकालय द्वारा स्वीकृत दर नहीं है।

परिग्रहण पंजिका

पुस्तकालय में पुस्तक प्राप्त होने के पश्चात् उनका मिलान और परीक्षण किया जाता है और तत्पश्चात् परिग्रहण कार्य किया जाता है। खरीदी गई पुस्तकों से संबंधित जानकारी एक आलेख में स्थायी रूप से लिख ली जाती है। इस स्थायी अभिलेख को परिग्रहरण पंजिका कहा जाता है। इस परिग्रहण पंजिका में विभिन्न खाने होते हैं जिनका संक्षिप्त विवरण इस प्रकार है–

(1) परिग्रहण की तिथि–इस खाने में पुस्तक प्राप्ति के दिनाँक को लिख दिया जाता है जिससे पुस्तकों की कालक्रम सारणी की जानकारी होती है जैसे–

= 10/10/2001

(2) परिग्रहण संख्या–इस खाने में ग्रन्थ के अंक को लिख दिया जाता है जिससे पुस्तकालय में संग्रहीत साहित्य की वास्ततिक स्थिति का पता चलता है जैसे–

5046

(3) लेखक का नाम–इस खाने में लेखक के नाम को अंकित किया जाता है। लेखक के नाम को सूचीकरण (Cataloguing) के नाम के अनुसार अंकित किया जाता है जैसे–

RANGANATHAN (SR)
SOOD (SP) AND GUPTA (PK)
SOOD (SP and Others)
SHARMA (S K), Ed)

(4) आख्या (Title)–इस खाने में पुस्तक के आख्या को नियमानुसार अंकित किया जाता है अर्थात् A, An, The जैसे शब्दों को अलग दिया जाता है और आख्या के प्रथम अक्षर को बड़े अक्षरों में अंकित किया जाता है जैसे–

Library Cataloguing

(5) भाषा–परिग्रहण पंजिका के इस खाने में ग्रन्थ की भाषा को अंकित किया जाता है अर्थात् ग्रन्थ किस भाषा में लिखा गया है जैसे–

Hindi

(6) संस्करण–इस खाने में ग्रन्थ के संस्करण से सम्बन्धित सूचना को अंकित किया जाता है। यहाँ ग्रन्थ के संस्करण की सूचना को भी नियमानुसार अंकित किया जाता है जैसे–

Ed 4

Rew Ed 4

(7) खण्ड संख्या–इस खाने में ग्रन्थ की खण्ड संख्या को अंकित किया जाता है। यह सूचना मात्र बहुखण्डीय ग्रन्थों के लिये ही दी जाती है जैसे–

V2

(8) प्रकाशन वर्ष–इस खाने में पुस्तक के प्रकाशन वर्ष को अंकित किया जाता है। यहाँ यह ध्यान रहे कि ग्रन्थ में अंकित वर्ष को ही अंकित किया जाये जैसे–

2002

(9) प्रकाशन का नाम एवं स्थान–इसमें प्रकाशन के नाम और उसके पते को भी अंकित किया जाता है जैसे–

Jaipur, University Book House

(10) पृष्ठ संख्या–इस खाने में ग्रन्थ की पृष्ठ संख्या को नियमानसुार लिखा जाता है जैसे–

Xiv, 320 P.

(11) स्रोत (Source) :–इस खाने में उस सूचना को अंकित किया जाता है जिस स्रोत से पुस्तकें प्राप्त होती हैं जैसे–

Goyal Book Distributor

(12) बीजक संख्या एवं दिनांक–परिग्रहरण पंजिका के इस खाने में बीजक संख्या एवं दिनांक को अंकित किया जाता है जैसे–

1234/10/10/2001 1234/10/10/2001

(13) पुस्तक का वास्तविक मूल्य–इस खाने में पुस्तक पर मुद्रित मूल्य को अंकित किया जाता है अर्थात् पुस्तक के वास्तविक मूल्य को अंकित किया जाता है जैसे–

250/-

(14) छूट के बाद मूल्य–इस कालम में छूट प्रारित के पश्चात् शेष बचने वाले मूल्य को लिखा जाता है जैसे–

230/-

(15) बोधांक–इस खाने में पुस्तक के बोधांक को अंकित किया जाता है जैसे–

2:51M3 Nq2

(16) प्रत्याहरण संख्या व तिथि–पुस्तकालय में पुस्तक खो जाने, कटी-फटी हो जाने पर उन्हें पुस्तकालय से निष्कासित कर दिया जाता है। इस सूचना को एक अन्य प्रत्याहरण पंजिका में अंकिता किया जाता है। उससे सम्बन्धित सूचना एवं दिनांक को इसमें अंकित किया जाता है।

(17) विशेष–परिग्रहण पंजिका में बने खानों में दी जाने वाली सूचना के अतिरिक्त पुस्तक से सम्बन्धित अन्य कोई विशिष्ट आवश्यक सूचना होती है उसे इस खाने में अंकित किया जाता है।

परिग्रहण पंजिका की आवश्यकता एवं महत्त्व

1. प्रामाणिक एवं स्थायी लेखाः यह पुस्तकालय में सुलभ पाठ्य-सामग्री का प्रामाणिक एवं स्थायी लेखा है। लेखा परीक्षण (Audit) करते समय इसी को अधिकृत अभिलेख माना जाता है।

2. पुस्तकालय सम्पत्ति घोषित करने के लिए : इसके द्वारा संख्या प्रदान कर तथा उस संख्या के सामने पुस्तक का समस्त वर्णन लिखा जाता है। अंकित कर पुस्तक को विधिवत् रूप से पुस्तकालय की सम्पत्ति घोषित किया जाता है। अतः

पुस्तक को विधिवत् रूप से पुस्तकालय की सम्पत्ति घोषित करने के लिए इसकी आवश्यकता होती है।

3. पुस्तक विशेष का तिथिक्रम निश्चित करना : पुस्तकालय में संग्रहीत पुस्तकों के मध्य किसी विशिष्ट पुस्तक के तिथिक्रम को निश्चित करने के लिए इसकी आवश्यकता होती है।

4. पुस्तक का पुस्तकालय में उपलब्ध न होने पर पुस्तक के पूर्ण विवरण की जानकारी : यही एक अभिलेख है जिसके माध्यम से पुस्तक के सम्पूर्ण वाङ्मयी (Bibliographical) विवरण की जानकारी प्राप्त हो सकती है। पुस्तक के पुस्तकालय में अनुपलब्ध होने की दशा में पुस्तक के पूर्ण वाङ्मयी वर्णन की जानकारी प्राप्त करने के लिए इसकी आवश्यकता पड़ती है।

5. पुस्तक प्राप्ति से निष्कासन तक के विवरणार्थ : परिग्रहण पंजिका ही एक ऐसा अभिलेख है, जिससे पुस्तक की प्राप्ति से उसके निष्कासन तक की जानकारी प्राप्त होती है तथा इस पंजिका द्वारा ही पुस्तक के सम्बन्ध में ज्यादा जानकारी प्राप्त होती है।

6. भण्डार सम्पादन के लिए: निधान सूची के उपलब्ध न होने पर भण्डार सम्पादन की जरूत पड़ती है।

7. पुस्तकालय संग्रह की वृद्धि की जानकारी : पुस्तकालय में किस वर्ष या किसी अमुक तिथि तक कितनी पुस्तकें थीं अथवा किसी विशेष वर्ष तथा विशिष्ट तिथि को कितनी पुस्तकें पुस्तकालय में खरीदी गईं अथवा उपहार स्वरूप प्राप्त हुईं, की तैथिक क्रम में जानकारी इसके द्वारा प्रदान की जाती है। अतः पुस्तकालय में संग्रहीत पाठ्य-सामग्री की वृद्धि की जानकारी के लिए इसकी जरूरत पड़ती है।

7

पुस्तकों का भौतिक सत्यापन

शैक्षिक क्षेत्र में पुस्तकों का काफी महत्त्व है। पुस्तकालय पुस्तक संग्रह के प्रमुख केंद्र होते हैं। यहाँ पर विभिन्न प्रकार की पुस्तकों को सुव्यवस्थित ढंग से रखा जाता है। भौतिक सत्यापन से अभिप्राय है--पुस्तकों का बेहतर मुद्रण, संरक्षण और संग्रहण। प्राचीन काल में जब मुद्रण कला अथवा छापे खाने का अविष्कार नहीं हुआ था, उस समय पुस्तकों को हाथ से लिखा जाता था। उनकी प्रतियां तैयार करने तथा संरक्षित करने में ज्यादा परिश्रम और समय की आवश्यकता होती थी। वर्तमान समय में मुद्रण कला के आविष्कार तथा अनेक इलैक्ट्रॉनिक साधनों के आविष्कार के परिणाम-स्वरूप पुस्तकों का लिखना, संग्रहण करना अति सुविधाजनक हो गया है। इसी दौरान से साहित्य के प्रकाशन में इतनी तेजी आ गई और समय एवं श्रम दोनों ही कम लगने लगा और साथ ही प्रकाशन के कार्यों में व्यय भी बहुत कम आने लगा। साहित्य की तीव्रता के साथ ही पुस्तकालयों की अवधारणा में भी परिवर्तन हो गया। पहले बन्द प्रवेश प्रणाली को अपनाया जाता था जबकि वर्तमान समय में पुस्तकालयों में मुक्त प्रवेश प्रणाली को अपनाया जाता है जिसमें पाठक पुस्तकालय में जाकर अपनी आवश्यकता की सामग्री को प्राप्त कर सकता है। पुस्तकालयों में विभिन्न प्रकार के पाठक आते हैं, कुछ पाठक ऐसे भी होते हैं जो पुस्तकों को चुरा कर ले जाते हैं। इस तथ्य का वर्ष में एक बार या दो बार पुस्तकालयों में संग्रहीत साहित्य को

भौतिक सत्यापन कर पुस्तकालय की वास्तविक स्थिति का पता लगाया जा सकता है। भारतीय पुस्तकालयों में पुस्तकालयों की अवधारणा में परिवर्तन हो जाने पर भी प्राचीन अवधारणा को अपनाया जाता है और उनका भौतिक सत्यापन किया जाता है जबकि यूरोपीयन पुस्तकालयों में भौतिक सत्यापन को अनिवार्य नहीं माना गया। इसका कारण यह है कि जब पुस्तकालयों में संग्रहीत साहित्य का उपयोग आम पाठक करेंगे तो उनमें से कुछ न कुछ तो गुम होगा ही।

इस प्रकार पुस्तकालयों में प्रतिवर्ष भौतिक सत्यापन का कार्य कर पुस्तकालयों में संग्रहीत वास्तविक साहित्य का पता लगाया जा सकता है।

प्रमुख कारण

निम्नलिखित कारणों से पुस्तकालयों के भौतिक संरक्षण की आवश्यकता अनुभव की जाती है–

1. भौतिक सत्यापन की मदद से पुस्तकों के उपयोग की जानकारी प्राप्त हो जाती है। जो पुस्तकें पुरानी हो जाती हैं उनको पाठकों में अत्यन्त उपयोगी समझा जाता है।
2. भौतिक सत्यापन से पूर्व निधानी परिशोधन किया जाता है जिसमें पुस्तकें सही स्थान पर आ जाती हैं।
3. यदि कभी पुस्तकालयों में पुस्तक गुम हो जाती तो भौतिक सत्यापन की सहायता से चोरी या गुम हुई पुस्तकों की संख्या ज्ञात की जा सकती है।
4. पुस्तकालय में संग्रहीत साहित्य का उपयोग विभिन्न प्रकार के पाठकों द्वारा किया जाता है। कुछ पाठक ऐसे होते हैं जो पुस्तकों को नष्ट कर देते हैं या फिर चोरी करके लें जाते हैं। भौतिक सत्यापन की सहायता से पुस्तकालय में संग्रहीत साहित्य की वास्तविक स्थिति का पता लगाया जा सकता है।
5. पुस्तकालय में कार्यरत कर्मचारियों को अपने कर्त्तव्य के प्रति अधिक जागरूक बनाने और उनकी कार्यक्षमता बढ़ाने के लिये भौतिक सत्यापन को आवश्यक समझा जाता है।

प्रमुख उद्देश्य

कतिपय महत्त्वपूर्ण उद्देश्यों की प्राप्ति हेतु भौतिक सत्यापन की आवश्यकता होती है। ये महत्त्वपूर्ण उद्देश्य निम्नवत हैं–

1. वर्ष भर में पुस्तकालय से खोयी हुई पुस्तकों की जानकारी करने के लिए।
2. संग्रह के विभिन्न वर्गों की दशा का ज्ञान प्राप्त करने के लिये।
3. पुस्तकालय से गुम हुई पुस्तकों, यदि वे उपयोगी हों तो उन्हें तुरन्त पुस्तकालय में लाने के लिए।
4. पुस्तकालय में परिग्रहण पंजिका (Accession Register) में अंकित कुछ पुस्तकों में से कितनी पुस्तकें पुस्तकालय में सुलभ हैं।
5. भौतिक सत्यापन की सहायता से पुस्तकालय में संग्रहीत साहित्य की यथार्थ स्थिति का पता लगाने के लिए।

लाभ

पुस्तकालयों में भौतिक सत्यापन की प्रक्रिया को अपनाने से फायदे हैं :

1. भौतिक सत्यापन करने से पुस्तकालय कर्मचारी को पुस्तकों की जानकारी हो जाती है।
2. भौतिक सत्यापन की सहायता से गुम हुई एवं नष्ट हुई पुस्तकों की जानकारी प्राप्त हो जाती है।
3. संग्रह कक्ष की पूर्ण सफाई हो जाती है।
4. समस्त संग्रह कक्ष का निरीक्षण हो जाता है।
5. वर्गीकरण एवं सूचीकरण में विद्यमान त्रुटि जो भौतिक सत्यापन के समय सामने आ जाती है।
6. भौतिक सत्यापन की सहायता से नष्ट हुई पुस्तकों को संग्रह कक्ष से हटाया जा सकता है।
7. परिग्रहण पंजिका में लिखी पुस्तकों की उपलब्धता या अनुपलब्धता की जानकारी प्राप्त हो जाती है।
8. अनुचित जगह पर रखी गई पुस्तकों को सही स्थान पर रखा जा सकता है।
9. भौतिक सत्यापन की सहायता से पुस्तकालय सूची को अद्यतन तथा विश्वसनीय बनाया जा सकता है।
10. इसकी सहायता से पुस्तकालय में संग्रह की यथार्थ स्थिति का पता लगाया जा सकता है।
11. खोयी हुई उपयोगी पुस्तकों की जानकारी प्राप्त कर उनकी नवीन प्रतियां पुस्तकालय में लाकर रखी जा सकती हैं।

12. भौतिक सत्यापन पुस्तकालय कर्मचारियों की कार्यक्षमता में बढ़ोतरी करता है।
13. भौतिक सत्यापन की सहायता से प्रसिद्ध पुस्तकों की जानकारी प्राप्त की जा सकती है।
14. इसकी सहायता से पुस्तकालय में अपनायी जाने वाली स्वतन्त्र प्रवेश पद्धति को चालू रखने या बन्द करने का निर्णय लिया जा सकता है।
15. भौतिक सत्यापन की रिपोर्ट देखने से भविष्य में पुस्तकों की सुरक्षा के लिए विचार-विमर्श किया जा सकता है।
16. भौतिक सत्यापन की सहायता से निधानी परिशोधन का कार्य भी हो जाता है।

प्रमुख दोष

भौतिक सत्यापन से जहाँ विविध लाभ प्राप्त होते हैं वहीं उसके कुछ दोष भी विद्यमान हैं–

1. भौतिक सत्यापन द्वारा मात्र खोई हुई पुस्तकों की जानकारी प्राप्त होती है, पुस्तक तो प्राप्त नहीं की जा सकती। अतः यह व्यर्थ का ही कार्य सिद्ध होता है।
2. भौतिक सत्यापन की कोई भी विधि पूर्ण रूप से दोषमुक्त नहीं है। अतः वह कार्य चाहे कितनी ही सावधानीपूर्वक किया जाए उसमें त्रुटियां रह जाने की सम्भावना रहती है।
3. भौतिक सत्यापन हेतु निर्गमित पुस्तकों को वापस मंगवाया जाता है जिससे पाठक के अध्ययन में तो व्यवधान होता ही है, पुस्तकालय की नियमित सेवाएं भी प्रभावित होती हैं।
4. पुस्तकों का निष्कासन, भौतिक संग्रह की सफाई आदि जैसे कार्य समय-समय पर स्वतः ही नियमित रूप से हो सकते हैं। इनके लिये भौतिक सत्यापन ही अनिवार्यता नहीं है।
5. विशाल पुस्तकालयों में भौतिक सत्यापन कठिन तथा श्रमसाध्य कार्य है जिसमें पर्याप्त धन तथा समय की हानि होती है।
6. इस सत्यापन से पाठक पुस्तकालय सेवा से वंचित रहता है क्योंकि सामान्यतः इस कार्य हेतु पुस्तकालय द्वारा प्रदान की जाने वाली सेवाएं स्थगित रखी जाती हैं अर्थात् पुस्तकालय बन्द रखे जाते हैं।

प्रमुख प्रणालियाँ

नवीन आविष्कारों एवं समय परिवर्तन के साथ-साथ भौतिक सत्यापन की विधियां भी परिवर्तित हुई। वर्तमान समय में भौतिक सत्यापन हेतु अपनायी जाने वाली कतिपय नवीन प्रविधियों का विवरण निम्नवत है–

1. पुस्तक गणना द्वारा

भौतिक सत्यापन के लिए अपनायी जाने वाली विधियों में यह सबसे प्राचीन विधि है। इसके तहत पुस्तकों की संख्या गिनकर पुस्तकालय में उनका संग्रह किया जाता है। इसके बाद आदान-प्रदान की गई पुस्तकों और जिल्दबन्दी हेतु गई पुस्तकों को भी गिन लिया जाता है। इन तीनों प्रकार की पुस्तकों की संख्या में पिछली साल तक गुम हुई पुस्तकों की संख्या को भी जोड़ दिया जाता है। इसके पश्चात् इन पुस्तकों की संख्या को परिग्रहण पंजिका में अंकित कुल पुस्तकों की संख्या में से घटा दिया जाता है। इस प्रकार पुस्तकालय में संग्रहीत साहित्य की वास्तविक स्थिति का पता चल जाता है और वर्ष में गुम हुई पुस्तकों की संख्या शीध्रता एवं आसानी से प्राप्त हो जाती है।

इस भौतिक सत्यापन की विधि को इस प्रकार समझाया जा सकता है :

पुस्तकालय का नाम

सन् 2001-2002
पुस्तकालय में परिग्रहण पंजिका में अंकित पुस्तकों की संख्या = 6750
पुस्तक संग्रह में रखी पुस्तकों की संख्या = 5550
आदान-प्रदान की गई पुस्तकों की संख्या = 200
जिल्बबन्दी विभाग में रखी गई पुस्तकों की संख्या = 850
पुस्तकालय में संग्रहीत कुल संख्या में से संग्रह कक्ष,
आदान-प्रदान एवं जिल्दबन्दी विभाग की संख्या को
घटा दिया जाता है =150
परिणाम : पुस्तकालय में सन् 2001-2002 में 150 पुस्तकें गुम हुईं।

यह भौतिक सत्यापन की विधि पुरानी होने के कारण वैज्ञानिक आधार पर आधारित नहीं है। इस विधि में गुण तो बहुत कम हैं लेकिन दोष अधिक पाये जाते हैं जो विभागी क्षेत्र हैं।

विशेषताएं

भौतिक सत्यापन की इस विधि में निम्नलिखित विशेषताएं पायी जाती हैं–

1. भौतिक सत्यापन की विधि बहुत ही सरल है एवं इससे किसी विशेष प्रकार की सामग्री की आवश्यकता नहीं पड़ती है।
2. इस विधि द्वारा पुस्तकों की गिनती का कार्य शीघ्रता से किया जा सकता है।

दोष–

इस प्रणाली में निम्नलिखित दोष विद्यमान हैं–

1. इस प्रणाली से भौतिक सत्यापन करने से भौतिक सत्यापन के लक्ष्यों की पूर्ति नहीं हो पाती क्योंकि गुम हुई पुस्तकों के विषय में लेखक, आख्या आदि की कोई सूचना प्राप्त नहीं हो पाती है।
2. इस प्रणाली की सहायता से केवल रखी हुई पुस्तकों की संख्या को ही ज्ञात किया जा सकता है उनके बारे में ग्रन्थपरक सूचना को ज्ञात नहीं किया जा सकता है।
3. इस प्रणाली की सहायता से यह ज्ञात नहीं हो पाता है कि कौन-कौन-सी पुस्तकें गुम हुई हैं। अतः उनका पुस्तकालय संग्रह से प्रत्याहरण नहीं कर सकते हैं।
4. इस प्रणाली की सहायता से भौतिक सत्यापन का कार्य करने से गुम हुई पुस्तकों का मूल्य ज्ञात नहीं हो पाता है।
5. भौतिक सत्यापन की इस विधि की सहायता से प्रसिद्ध पुस्तकों की जानकारी भी प्राप्त नहीं हो पाती है।
6. इस प्रणाली की सहायता से भौतिक सत्यापन का कार्य करने से पुस्तकालय सेवाओं की आवश्यकता नहीं रहती है।
7. देखने में यह विधि जितनी आसान लगती है उतनी आसान नहीं है क्योंकि बड़े पुस्तकालयों में इस विधि को अपनाने से बड़ी त्रुटियां रहने की सम्भावना रह जाती है।

2. परिग्रहण पंजिका की सहायता से

पुस्तकालयों में पुस्तकों का चुनाव करने के पश्चात् उन्हें पुस्तकालय में मंगवाया जाता है। इसके पश्चात् जब पुस्तकें पुस्तकालय में आ जाती हैं तो सर्वप्रथम उनको

परिग्रहण पंजिका में लिखा जाता है। इस विधि में इसी परिग्रहण पंजिका को भौतिक सत्यापन हेतु काम में लिया जाता है। इस विधि में दो कर्मचारियों की जरूरत पड़ती है। एक पुस्तकालय कर्मचारी के पास परिग्रहण पंजिका होती है और दूसरा कर्मचारी निधानियों पर रखी पुस्तकों के परिग्रहण अंकों को बोलता रहता है। परिग्रहण पंजिका वाला कर्मचारी परिग्रहण पंजिका में सही का निशान लगा देता है। इसके बाद पुस्तकालय के अन्य विभागों में रखी पुस्तकों का मिलान भी परिग्रहण पंजिका से कर लिया जाता है। अतः उन परिग्रहण संख्या की सूची बना ली जाती है जिन पर सही का निशान नहीं लगा होता है। इस विधि के माध्यम से पुस्तकों के बारे में यह ज्ञात हो जाता है कि कौन-सी पुस्तक इस समय खोई हुई है अथवा गुम है।

विशेषताएं

भौतिक सत्यापन की इस विधि में निम्नलिखित विशेषताएं पायी जाती हैं :

1. इस विधि में भौतिक सत्यापन हेतु कोई विशेष उपकरणों की आवश्यकता नहीं पड़ती है।
2. इस विधि से खोई हुई पुस्तकों का मूल्य ज्ञात हो सकता है।
3. इसकी सहायता से यह भी ज्ञात किया जा सकता है कि पुस्तक कितने समय पश्चात् गुम हुई है।
4. इस विधि से खोई पुस्तकों की जानकारी प्राप्त कर उन्हें परिग्रहण पंजिका से निष्कासित किया जा सकता है।
5. इस विधि से पुस्तकालय में संग्रहीत साहित्य का भौतिक सत्यापन करने में आर्थिक कर्मचारियों की आवश्यकता नहीं होती।
6. इस विधि की सड़ायता से गुम हुई पुस्तकों की ग्रन्थपरक सूचना आसानी से प्राप्त हो जाती है।
7. इस विधि की सहायता से लोकप्रिय पुस्तकों की जानकारी प्राप्त हो जाती है।

दोष

परिग्रहण पंजिका विधि के अन्तर्गत उपरोक्त विशेषताओं के बावजूद अनेक दोष भी पाये जाते हैं जिसका वर्णन निम्नवत है–

1. इस विधि में केवल दो कर्मचारी ही भौतिक सत्यापन का कार्य कर सकते हैं, जिसके परिणामस्वरूप समय बहुत अधिक लगता है।

2. परिग्रहण पंजिका पुस्तकालय का स्थायी लेखा है जो इस विधि की सहायता से नष्ट हो जाता है।
3. कई बार गलत परिग्रहण संख्या पर चिह्न लगने से भौतिक सत्यापन का कार्य दोषपूर्ण हो जाता है।
4. परिग्रहण पंजिका जल्दी ही नष्ट हो जाती है जिससे उसे पुनः तैयार करने की आवश्यकता महसूस होती है जो बहुत ही कठिन कार्य है।
5. इस विधि द्वारा भौतिक सत्यापन का कार्य करते समय पुस्तकालय सेवाओं को बन्द रखा जाता है।
6. इस विधि के माध्यम से समय और परिश्रम अधिक खर्च होता है।
7. पुस्तकालय में पुस्तकें परिग्रहण अंकों के आधार पर व्यवस्थित न होकर विषयानुसार व्यवस्थित रहती हैं जिससे बार-बार परिग्रहण पंजिका को पलटना पड़ता है जिससे परिग्रहण पंजिका जल्दी ही नष्ट हो जाती है।

3. अधिग्रहण संख्याओं का अंकन

यह विधि पुस्तक संग्रह की आधुनिक विधि है। इसके माध्यम से कम गलतियां होती हैं। यह विधि परिग्रहण पंजिका की सहायता से भौतिक सत्यापन की विधि का सुधरा हुआ एक रूप है क्योंकि परिग्रहण पंजिका पुस्तकालय का स्थायी लेखा-जोखा है उसे नष्ट होने से बचाने के लिये इस विधि का आविष्कार किया गया। इस विधि में दो से अधिक कर्मचारी एक साथ कार्य कर सकते हैं।

भौतिक सत्यापन की इस विधि में एक कर्मचारी परिग्रहण संख्या बोलता है एवं दूसरा कर्मचारी पग्रिहण संख्या वाली पंजिका में सही का निशान लगाता है। इस कार्य को एक साथ कई टीमें बनाकर करवाया जा सकता है। पुस्तकालय संग्रह के साथ अन्य विभागों में रखी पुस्तकों का सत्यापन कर लिया जाता है और अन्त में उन पुस्तकों की सूची तैयार कर ली जाती है जो गुम हो गई हों। इस विधि में अपनाये जाने वाले प्रारूप को इस प्रकार समझाया जा सकता है :

पुस्तकालय का नाम

सत्र 2001-2002

10011021104110611081

10021022104210621082

10031023104310631083

1004102410441064108

1005102510451065108

1006102610461066108

1007102710471067108

1008102810481068108

1009102910491069108

1110103010501070109

1011103110511071109

1012103210521072109

1013103310531073109

1014103410541074109

1015103510551075109

1016103610561076109

1017103710571077109

1018103810581078109

1019103910591079109

1020104010601080110

विशेषतायें

परिग्रहण अंकन विधि की निम्नलिखित विशेषतायें हैं–

1. इसकी सहायता से गुम हुई पुस्तकों का मूल्य ज्ञात किया जा सकता है।
2. इस विधि की मदद से खोयी हुई पुस्तकों के समय को ज्ञात किया जा सकता है।
3. इस विधि की सहायता से गुम हुई पुस्तकों की ग्रन्थपरक सूचना को शीघ्रता से प्राप्त किया जा सकता है।
4. पुस्तकालय में खोई पुस्तकों को परिग्रहण पंजिका से निष्कासित किया जा सकता है।
5. इस विधि के प्रयोग से पुस्तकालय की स्थायी लेखा परिग्रहण पंजिका को नष्ट होने से बचाया जा सकता है।

दोष

इस भौतिक सत्यापन की विधि में निम्नलिखित अवगुण विद्यमान हैं–

1. इस विधि में अलग से परिग्रहण संख्यायें लिखनी पड़ती हैं जिसमें समय ज्यादा लगता है।
2. इस विधि की सहायता से भौतिक सत्यापन का कार्य करते वक्त पुस्तकालय सेवाओं को बन्द रखना पड़ता है।
3. कई बार सहायक द्वारा गलत अंक बोलने पर गलत अंक पर सही का निशान लग जाता है।
4. यह विधि भी परिग्रहण पंजिका के समान श्रम एवं समय साध्य है क्योंकि इसमें भी बार-बार पृष्ठों को पलटना पड़ता है।
5. इस पंजिका में ग्रन्थ की परिग्रहण संख्या के अतिरिक्त अन्य सूचनायें नहीं होती जिससे कई बार भौतिक सत्यापन में त्रुटियां रह जाती हैं।
6. इस विधि में केवल परिग्रहण संख्या का ही मिलान किया जा सकता है।

4. पृष्ठों पर परिग्रहण संख्या का अंकन

इस विधि में पुस्तकों की गिनती में 1 से 1000 तक की संख्या को सांकेतिक रूप में लिखा जाता है उदाहरण के लिए—अगर पुस्तकालय में 20 हजार पुस्तकें हों तो 20 पृष्ठों पर परिग्रहण संख्या अंकित की जायेगी।

इस विधि में भौतिक सत्यापन हेतु कम से कम दो पुस्तकालय कर्मचारियों की आवश्यकता पड़ती है। एक पृष्ठ पर अंकित परिग्रहण संख्या पर निशान लगाता है तथा दूसरा कर्मचारी निधानी पर रखी पुस्तकों की परिग्रहण संख्या बोलता है। संग्रह कक्ष का भौतिक सत्यापन करने के पश्चात् पुस्तकालय के अन्य विभागों में रखी पुस्तकों का भी भौतिक सत्यापन कर लिया जाता है। इसके पश्चात् उन पुस्तकों की सूची तैयार कर ली जाती है जिन पर निशान नहीं लग पाये हैं। इन गुम हुई पुस्तकों की संख्या एवं मूल्य ज्ञात कर मुख्य परिग्रहण पंजिका से निष्कासित कर दिया जाता है।

इस भौतिक सत्यापन की विधि में अपनाया जाने वाला पृष्ठों का प्रारूप अग्र प्रकार का होता है :

विशेषतायें

भौतिक सत्यापन की इस विधि को अपनाने से निम्नलिखित लाभ होते हैं:

1. इसकी सहायता से पुस्तकालयों से गुम हुई पुस्तकों की संख्या ज्ञात कर उन्हें परिग्रहण पंजिका से निष्कासित कर दिया जाता है।

2. इस विधि में ज्यादा पुस्तकालय कर्मचारियों की आवश्यकता नहीं होती है।
3. इसकी सहायता से खोई हुई पुस्तकों का मूल्य आसानी से ज्ञात किया जा सकता है ।
4. इस विधि की सहायता से पुस्तकालय में गुम हुई पुस्तकों की संख्या शीघ्रता से प्राप्त की जा सकती है एवं साथ ही उनकी ग्रन्थपरक सूचना भी प्राप्त की जा सकती है।

हानियाँ

भौतिक सत्यापन की इस विधि को अपनाने से जहाँ कुछ लाभ प्राप्त होते हैं वहीं इसकी कुछ हानियां भी हैं जो निम्नवत हैं–

1. इन पृष्ठों पर परिग्रहण संख्या के अलावा अन्य कोई सूचना नहीं होती है जिससे गलती होने की सम्भावना अधिक रहती है।
2. यह विधि भी समय एवं श्रम साध्य है।
3. इस विधि की सहायता से भौतिक सत्यापन का कार्य करते समय पुस्तकालय सेवाओं को बन्द करना पड़ता है।

5. निधानी सूची के माध्यम से भौतिक सत्यापन

यह भौतिक सत्यापन की सर्वाधिक सरल एवं उपयोगी विधि है। पुस्तकालयों में पुस्तकों के सूचीकरण के समय प्रत्येक पुस्तक की प्रत्येक प्रति एवं प्रत्येक खण्ड के लिये एक अतिरिक्त प्रविष्टि, जिसे निधानी प्रविष्टि कहते हैं, का निर्माण किया जाता है। निधानी प्रविष्टि में निम्नलिखित सूचनायें अंकित की जाती हैं :

क्रमांक

लेखक का नाम

आख्या

परिग्रहण संख्या

निधानी सूची में इन प्रविष्टियों का व्यवस्थापन वर्गीकरण पद्धति (Classification Scheme) के अनुसार किया जाता है। प्रविष्टियां ट्रे में रखी रहती हैं। इस विधि में दो या दो से अधिक कर्मचारी सत्यापन के कार्य में भाग ले सकते हैं। दो-दो कर्मचारियों के समूह का निर्माण किया जाता है तथा भण्डार कक्ष का एक निश्चित अंश प्रत्येक समूह के लिए निर्धारित कर उस अंश से सम्बन्धित निधानी पत्रक ट्रे

उनको दे दी जाती है। कर्मचारी समूह निर्धारित अंश की निधानी पर सम्बन्धित ट्रे ले जाता है जहाँ एक कर्मचारी निधानी पर विद्यमान पुस्तक का बोधांक और आवश्यकतानुसार अन्य विवरण तथा परिग्रहण संख्या, लेखक, आख्या आदि बोलता है। दूसरा कर्मचारी जिसके पास वर्गीकरण पद्धति में व्यवस्थित पत्रक (Cards) से मिलान कर इस पत्रक को ट्रे में आगे सरकाता जाता है। यदि बीच में कोई ऐसा पत्रक आ जाता है जिससे सम्बन्धित पुस्तक निधानी पर उपलब्ध नहीं है तो उस पत्रक को या तो अलग निकाल कर रख दिया जाता है अथवा वहीं खड़ा कर दिया जाता है। यदि उन खड़े पत्रकों से सम्बन्धित पुस्तक निधानी पर बाद में मिल जाती है तो पत्रक को यथास्थान व्यवस्थित कर दिया जाता है। इस विधि को अपनाते समय यदि कोई ऐसी पुस्तक आ जाती है जिसका सूची निधानी में वर्णन नहीं है तो उसका पुस्तकों को हटाकर बाद में सही स्थान पर उसे व्यवस्थित कर लिया जाता है। इस प्रकार निधानियों पर उपलब्ध समस्त पुस्तकों का सत्यापन कर लिया जाता है। तत्पश्चात् निधानी सूची में खड़े सभी पत्रकों को अलग ट्रे में व्यवस्थित कर लिया जाता है तथा उनका मिलान अन्य विभागों में विद्यमान पुस्तकों, निर्गमित पुस्तकों तथा जिल्दबन्दी के लिए भेजी गई पुस्तकों से किया जाता है। जो पुस्तकें अब भी नहीं मिलतीं उनके पत्रकों को अलग रख दिया जाता है तथा शेष पत्रकों को निधानी सूची में व्यवस्थित कर दिया जाता है। अन्त में शेष बच रहे उन पत्रकों की सहायता से जिनसे सम्बन्धित पुस्तक पुस्तकालय में प्राप्त नहीं हुई है, सूची निर्मित कर ली जाती है तथा उनका मूल्य ज्ञात कर सूची को स्वीकृति हेतु पुस्तकालय समिति अथवा प्रशासनिक अधिकारी के समक्ष प्रस्तुत कर दिया जाता है। अनुमति प्राप्त होने पर पुस्तकों के निष्कासन की कार्यवाही की जाती है।

विशेषताएं

1. निधानी परिशोधन (Shelf Rectification) का कार्य भी साथ ही हो जाता है।
2. पुस्तकालय के किसी भी अभिलेख यथा परिग्रहण पंजिका, निधानी सूची आदि पर कोई चिह्न अंकित नहीं करना पड़ता। अतः वे अत्यन्त स्वच्छ एवं टिकाऊ रहती हैं।
3. यह भण्डार सत्यापन की सबसे सरल एवं उपयोगी विधि है। इसके द्वारा कार्य शीघ्रता से सम्पन्न होता है जिससे कर्मचारियों के समय की बचत तो होती ही है पाठकों को भी पुस्तकालय सेवाएं पुनः शीघ्र ही सुलभ हो जाती हैं।

4. विशाल पुस्तकालयों में अनेक कर्मचारी एक साथ काम करके भौतिक सत्यापन के कार्य को शीघ्र ही सम्पन्न कर सकते हैं।

हानियाँ

1. इस कार्य हेतु पुस्तकालय सेवाएं करनी पड़ती हैं।
2. इसको रखने के लिए सूची की भांति ही केबिनेट की आवश्यकता होती है तथा इनको रखने के लिए अधिक स्थान की आवश्यकता होती है।
3. यह श्रम, समय एवं व्यय साध्य विधि है।
4. भौतिक सत्यापन के लिए एक अलग अभिलेख अर्थात् निधानी सूची की आवश्यकता होती है जिसका निर्माण अत्यन्त व्यय साध्य कार्य है।
5. कर्मचारियों द्वारा कार्य को शीघ्र सम्पन्न करने की इच्छा से बोधांक (Call Number) तथा परिग्रहण संख्या (Accession Number) बोलने तथा सुनने अथवा गलत निधानी पत्रक खिसक जाने की सम्भावना रहती है।

6. छोटे खाली पेज पर अधिग्रहण संख्या का अंकन

इस विधि में भौतिक सत्यापन हेतु काम में लिये जाने वाले पत्रकों की साइज 2/1/2×2/1/2 सेमी की होती है। इस विधि में दो या दो से ज्यादा पुस्तकालय कर्मचारी हिस्सा ले सकते हैं। भौतिक सत्यापन की इस विधि में पत्रक एवं पुस्तकों को टेबल पर रख दिया जाता है और पुस्तकालय कर्मचारी पत्रकों पर पुस्तकों की परिग्रहण संख्या को अंकित कर देता है और उन्हें पुस्तक में ही लगा देता है। इसके पश्चात् पुस्तकालय का वरिष्ठ अधिकारी उन पत्रकों की जांच कर पुस्तकों को पुनः निधानियों पर भिजवा देता है और पत्रकों को एक जगह इकट्ठा कर लेता है। यह प्रक्रिया संग्रह कक्ष एवं अन्य कक्षों में अपनाई जाती है। इसके पश्चात् इन पत्रकों को क्रमानुसार व्यवस्थित कर लिया जाता है। जिन परिग्रहण संख्या वाले पत्रक नहीं मिलते हैं उनकी सूची तैयार कर ली जाती है और उन्हें परिग्रहण पंजिका से हटा दिया जाता है।

विशेषताएं

भौतिक सत्यापन की इस विधि में पायी जानी वाली प्रमुख विशेषताएं निम्नलिखित हैं–

1. इस विधि में परिग्रहण पंजिका में किसी प्रकार की सूचना अंकित नहीं करनी पड़ती है।

2. इस विधि में बार-बार परिग्रहण संख्याओं के आधार पर पृष्ठों को खोजने की आवश्यकता नहीं रहती है।
3. इस विधि को अपनाने में भौतिक सत्यापन के कार्य में गलती रहने की सम्भावना नहीं रहती है क्योंकि पत्रकों पर पुस्तकों की परिग्रहण संख्याओं को अंकित करने के पश्चात् वरिष्ठ पुस्तकालय अधिकारी द्वारा उसकी जांच की जाती है।

दोष

इस विधि में निम्नलिखित दोष विद्यमान हैं–

1. इस विधि में पहले तो पुस्तकालय कर्मचारी परिग्रहण संख्या अंकित करता है उसके बाद वरिष्ठ पुस्तकालय अधिकारी उसकी जांच करता है जिसमें समय बहुत अधिक लगता है।
2. पत्रकों पर परिग्रहण संख्या अंकित करने के पश्चात् उन्हें क्रमानुसार व्यवस्थित करना पड़ता है।
3. इस विधि की सहायता से भौतिक सत्यापन करना बहुत ही श्रम साध्य कार्य है।
4. इस विधि में प्रत्येक पुस्तक के लिये अलग से पत्रक का निर्माण किया जाता है जिसमें खर्चा बहुत अधिक होता है।
5. इस विधि को अपनाने पर पुस्तकालय सेवाओं को बन्द रखना पड़ता है।

7. कम्प्यूटर की मदद से पुस्तक क्रमांक का अंकन

भौतिक सत्यापन की यह अत्याधुनिक विधि है इसमें कम्प्यूटर की मदद से सभी उपलब्ध पुस्तक क्रमांक को अंकित कर लिया जाता है। इसके पश्चात् पुस्तकालय में उपलब्ध पुस्तकों की परिग्रहण संख्या चाहे किसी भी क्रम में हो को भी लिख दिया जाता है। इसी प्रकार तकनीकी विभाग में रखी पुस्तकों, जिल्दबन्दी विभाग में रखी पुस्तकों, अन्तर-पुस्तकालय आदान-प्रदान पर निर्गमित पुस्तकों तथा पुस्तकालय के पाठकों को निर्गमित पुस्तकों की परिग्रहण संख्या को भी लिख दिया जाता है। इसके पश्चात् कम्प्यूटर की सहायता से इन दोनों फाइलों के परिग्रहण क्रमांकों का मिलान करवाया जाता है। परिणामस्वरूप मुख्य परिग्रहण फाइल में जिन क्रमांकों का मिलान नहीं हो पाता है उनकी सूची तैयार कर ली जाती है। इस प्रकार

कम्प्यूटर को सहायता से भौतिक सत्यापन का कार्य शीघ्रता एवं शुद्धता के साथ किया जा सकता है।

रंगनाथन द्वारा प्रतिपादित भौतिक सत्यापन विधि

रंगनाथन द्वारा प्रदत इस पुस्तक प्रविधि को भौतिक सत्यापन हेतु पुस्तकालयों की सेवाओं को सक्रिय रखते हुए भी अपनाया जा सकता है। अधिकांशतः पुस्तकालयों में मुक्त प्रवेश प्रणाली को अपनाया जाता है जिसमें पाठक पुस्तकालय के संग्रह कक्ष में जाकर अपनी जरूरत की पुस्तक को प्राप्त कर सकता है। कई बार पाठक पुस्तक को निधानी से उठाकर दूसरी निधानी पर रख देता है जिस कारण दूसरा पाठक उसका उपयोग नहीं कर पाता है। उदाहरण के तौर पर एक पाठक पुस्तकालय विज्ञान की पुस्तक को पास रखी भौतिक विज्ञान की निधानी में रख देता है। इस कारण पुस्तकालय विज्ञान का विद्यार्थी उस पुस्तक का उपयोग नहीं कर पाता है ऐसी स्थिति से बचने हेतु डॉ. एस. आर. रंगनाथन ने निधानी परिशोधन विधि का आविष्कार किया जिससे समय-समय पर पुस्तकालय कर्मचारी निधानियों की जांच करते रहें और गलत स्थान पर रखी पुस्तकों को सही स्थान पर रखकर पाठकों की परेशानी का समाधान करते रहें।

यह विधि भौतिक सत्यापन एवं निधानी परिशोधन की उत्तम विधि है। इसमें बिना पुस्तकालय सेवायें बन्द किये भौतिक सत्यापन का कार्य किया जा सकता है। यह विधि अति उत्तम है लेकिन व्यावहारिक सिद्ध नहीं हो पाती है।

पुस्तकों का प्रत्याहरण

पुस्तकों के प्रत्याहरण से तात्पर्य उस प्रक्रिया से है जिसके द्वारा पुस्तकालय में जीर्ण-शीर्ण एवं गुम हुई पुस्तकों को पुस्तकालय संग्रह से अलग किया जाता है। यहाँ पर प्रत्याहरण को निम्नलिखित दो भागों में विभाजित किया जा रहा है :

1. जीर्ण-शीर्ण ग्रन्थों को अलग हटाना

पुस्तकालय कर्मियों का यह दायित्व हो जाता है कि वह पुस्तकालय सूची का निरीक्षण करें तथा जीर्ण-शीर्ण अवस्था वाली पुस्तकों को पुस्तकालय संग्रह से अलग कर दें। फटी-टूटी पुस्तकों से तात्पर्य उन पुस्तकों से है जिन्हें जिल्दबन्दी के बाद भी उपयोगी नहीं बनाया जा सकता है। इन पुस्तकों को निधानी से हटाने क बाद सूची केबिनेट में से इनकी मुख्य प्रविष्टि एवं सहायक प्रविष्टियों के पत्रक भी निकाल दिये जाने चाहिए। प्रत्याहरण पुस्तकों की सूची बना ली जाती है।

2. खोयी हुई पुस्तकों का प्रत्याहरण

वैसे तो अधिकांशतः पुस्तकालयों में पुस्तकालय की वर्तमान अवधारणा को अपनाते हुये भौतिक सत्यापन का कार्य नहीं किया जाता है लेकिन भारतीय पुस्तकालयों में पुस्तकालय की पुरानी अवधारणा को अपनाते हुये अब भी भौतिक सत्यापन का कार्य किया जाता है। भौतिक सत्यापन की विधि से यह ज्ञात हो जाता है कि कौन-कौन-सी पुस्तकें गुम हो गई हैं। गुम हुई पुस्तकों की सूची बना ली जाती है और उन्हें मुख्य परिग्रहण पंजिका से अलग कर दिया जाता है तथा परिग्रहण पंजिका में पुस्तकालय की मोहर लगाकर विभाग के प्रमुख के हस्ताक्षर करवा लिए जाते हैं।

इस प्रकार निधानी का निरीक्षण कर जीर्ण-शीर्ण पुस्तकों एवं भौतिक सत्यापन की सहायता से गुम हुई पुस्तकों को मुख्य परिग्रहण पंजिका से अलग कर सकते हैं।

8

पुस्तक वर्गीकरण एवं प्रस्तुतीकरण

पुस्तक वर्गीकरण

विश्व के समस्त पुस्तकालयों का वर्गीकरण करना बहुत ही मुश्किल कार्य है इसे सम्भव बनाने के लिए पुस्तकालय में पुस्तक तथा अन्य पाठन सामग्री का किसी प्रामाणिक व अनुभूत वर्गीकरण पद्धति से वर्गीकृत करना पड़ेगा।

पुस्तक वर्गीकरण की व्याख्या अनेक विद्धानों ने इस प्रकार की है–

मार्गरिट मॉन के कथानानुसार ''पुस्तक वर्गीकरण कुछ सुधारों सहित ज्ञान का वर्गीकरण है।''

डब्ल्यू. एस. मेरिल के मतानुसार ''पुस्तक वर्गीकरण पुस्तकों को सही स्थान पर रखने की एक कला है अथवा मानव जीवन के विभिन्न दृष्टिकोणों को समान या पारस्परिक सम्बन्ध के अनुसार समूहों में बाँटना है।''

डॉ. रंगनाथन के अनुसार ''पुस्तकों के विशिष्ट विषय के नाम को अधिमान्य कृत्रिम भाषा में, अनुवाद करना ही पुस्तकालय वर्गीकरण है। इनके साथ ही पुस्तकालय वर्गीकरण एक ही विशिष्ट विषय पर असंख्य पुस्तकों का पृथक्करण भी है, जो कुछ क्रमिक संख्याओं द्वारा किया जाता है।''

आवश्यकता

पुस्तकालयों के अन्तर्गत अध्ययनकर्ताओं हेतु पुस्तक संग्रह होता है। अतएव उनका यह संग्रह इस प्रकार व्यवस्थित होना चाहिए जिससे पुस्तकालय-सेवा मुस्तैदी से और प्रभावकारी तरीके से हो सके।

किसी भी पुस्तकालय को सफल या असफल बनाने में पुस्तक वर्गीकरण एक महत्त्वपूर्ण अंग है। इसके कुछ उपयोग तो बिल्कुल स्पष्ट हैं। वर्गीकरण अध्ययन-सामग्री को विषयों के अनुसार आलमारियों के खाने में और सूची में व्यवस्थित कर देता है जिससे पुस्तकालय और पाठकों को पुस्तकें प्राप्त करने में आसानी होती है। इसके अलावा इसके और भी उपयोग हैं। पुस्तकालयाध्यक्ष अपने संग्रह की सफलता और असफलता का ज्ञान बहुत शीघ्र प्राप्त कर सकता है, यदि पुस्तकें भली-भाँति वर्गीकृत हों। अतएव किसी संग्रह को सफल बनाने हेतु इससे सुरक्षित और आसान कोई उपाय नहीं है। इसके अलावा वर्गीकरण द्वारा एक दूसरे से सम्बन्धित पुस्तकें यथास्थान् क्रमशः आ जाती हैं। गलत तरीके से वर्गीकृत पुस्तकालय गोदाम के समान होता है तथा वर्गीकरण की कमी उत्तम संग्रह को भी बेकार बना देती है। पूर्ण रीति से और वैज्ञानिक ढंग से किया हुआ वर्गीकरण केवल पुस्तकों के संग्रह को ही नहीं दिखलाता, बल्कि उस संग्रह में उत्तम पुस्तकों को भी बतलाता है। संक्षेप में, वर्गीकरण पुस्तकों का पता लगाने, नई पुस्तकें चुनने और अनुपयोगी पुस्तकों को छाँटने की शुरुआती चाभी है। इसलिए पुस्तकालय में पुस्तक वर्गीकरण की काफी जरूरत है और इसका बहुत महत्त्व है।

प्रमुख लाभ

'वर्गीकरण पुस्तकालय-विज्ञान की आधारशिला है' इस कथन की पुष्टि वैज्ञानिक पुस्तक वर्गीकरण से होती है। वैज्ञानिक विधि से 'पुस्तक वर्गीकरण' इसलिए आवश्यक है, क्योंकि–

1. इसके तहत आलमारियों के खानों और संग्रह बही-खाता के माध्यम से पूरे संग्रह की जाँच करने में भी सहायता मिलती है।
2. इसके सहारे पुस्तकों के लेन-देन के विषय में हिसाब रखना आसान होता है। इससे कई प्रकार के आँकड़े तैयार करने में मदद मिलती है। इस प्रकार अपने संग्रह के विभिन्न उपविभागों की स्थिति का सही पता लगता रहता है, और माँग प्रस्तुत की जा सकती है।

3. इस प्रकार पुस्तक वर्गीकरण को पुस्तकालय कर्मचारियों और उपयोगकर्ताओं के समय की बचत होती है।
4. कई प्रकार की सन्दर्भ पुस्तक सूचियाँ, सूचीकरण आदि में और शोध कार्य में भी इससे सफलता मिलती है।
5. यह पुस्तकों का चुनाव करने, संग्रह से पुस्तक वापस निकालने तथा छाँटने आदि में सहायक होता है।
6. यह पुस्तकों को ऐसे क्रमिक रूप से व्यवस्थित कर देता है जिससे उपयोगकर्ताओं और पुस्तकालय कर्मचारियों को पाठन सामग्री का आदान-प्रदान करने हेतु सही ढंग से रखने में सुविधा होती है।
7. इस सूची के माध्यम से उपयोगकर्ताओं के लिए पुस्तकों के प्रतिपाद्य विषय का विश्लेषण किया जाता है और उनको शीघ्रतापूर्वक सूची से पुस्तक की ओर जाने का हवाला देता है। साथ ही साथ यह एक ऐसा साधन है जिससे संग्रह को अच्छे ढंग से प्रदर्शित किया जा सकता है।
8. इससे सुसंगठित समूहों में पुस्तकों को आसानी से समावेश किया जा सकता तथा यह एक सरल साधन है जिसके तहत पुस्तकों को अपने नियत स्थानों पर वापस रखने में भी सुविधा होती है।
9. किसी विशेष उद्देश्य से अगर मुख्य संग्रह में से कुछ अनिवार्य पुस्तकों को वापस लेना हो या प्रदर्शित करना हो तो इससे सुविधा होती है। इसकी सहायता से पुस्तकालयाध्यक्ष अपने केन्द्रीय पुस्तकालय से शाखा पुस्तकालयों तथा आदान-प्रदान विभाग एवं वितरण केन्द्रों को वांछित पुस्तकें आसानी-पूर्वक प्रदान कर सकता है।

इसीलिए 'पुस्तक वर्गीकरण' को पुस्तकालय-विज्ञान की प्रमुख शाखा माना गया है और बहुत अंश तक पुस्तकालय की सार्थकता इसी पर निर्भर करती है।

चूँकि 'पुस्तकालय-वर्गीकरण' का सर्वप्रथम लक्ष्य ऐसा उपाय करना है जिससे पुस्तकों का उपयोग सब प्रकार से भली-भाँति सुविधापूर्वक किया जा सके। अतएव इसके लिए एक वैज्ञानिक 'पुस्तक वर्गीकरण पद्धति' होनी चाहिए।

प्रमुख उद्देश्य

पुस्तक वर्गीकरण के प्रमुख उद्देश्य निम्नलिखित हैं–

1. पुस्तकों के चयन में सहायक हो।

2. पुस्तकों को ऐसे क्रम में व्यवस्थित करना जिससे उन पुस्तकों के लेन-देन में सुविधा हो।
3. पुस्तकों के संग्रह को प्रदर्शित करने में सुविधा हो।
4. पुस्तकों के संग्रह के सत्यापन में सुविधा हो सके।
5. प्रयोग करने के पश्चात् पुस्तकों को आसानीपूर्वक यथास्थान पर रखा जा सके।
6. विभिन्न प्रकार के आकड़ों को तैयार करने में सहायक हो।
7. विभिन्न प्रकार की सूचियाँ और वाङ्मय सूचियाँ आसानी से बनाई जा सकें।

वर्गीकरण के साधन

वर्गकार के पास पुस्तकों के वर्गीकरण करने के लिए निम्नलिखित साधन का होना आवश्यक है–

1. एक अच्छा गजेटियर।
2. एक उत्तम एटलस अनुक्रमणिका सहित।
3. दिनों का शब्दकोश।
4. एक ताजे संस्करण का राष्ट्रीय गजेटियर।
5. एक अच्छा जीवनी कोश।
6. कालक्रम सारणी।
7. विशेष विषयों के पारिभाषिक कोश।
8. सामान्य पारिभाषिक कोश।
9. राष्ट्रीय बिब्लियोग्राफी के पुराने और नये अंक।
10. भाषा और साहित्य का मान्यताप्राप्त इतिहास।
11. वर्गीकरण सम्बन्धी संहिताएँ और नियमावली, ये सब वर्गकार के साधन हैं। इनकी सहायता से सही वर्गीकरण आसानी से किया जा सकता है।

पुस्तक-वर्गीकरण की प्रणाली

पुस्तकालय में पुस्तकों और अन्य पाठन-सामग्री के वर्गीकरण के लिए वैज्ञानिक विधि से निर्मित और छपी हुई मान्यताप्राप्त और प्रामाणिक प्रणाली को 'पुस्तक वर्गीकरण पद्धति' या प्रणाली कहते हैं।

पुस्तक वर्गीकरण की आवश्यकता

पुस्तकालय विज्ञान का मानना है कि पुस्तकालय में पुस्तकों को विषय के आधार पर रखना चाहिए और इनका क्रम भी प्रामाणिक और अनुभूत हो। हर विषय से सम्बन्धित उसके उपविषयों की अध्ययन-सामाग्री भी उसी के साथ व्यवस्थित हो। विषयों का यह क्रम प्रयोगकर्ताओं के लिए मददगार हो। अतएव हर पुस्तकालय में एक प्रामाणिक पुस्तकालय वर्गीकरण प्रणाली का होना जरूरी है।

विषयानुसार पुस्तक वर्गीकरण के लिए इस प्रणाली का प्रयोग होता है। वर्गीकरण प्रणाली के निर्माता को वर्गीकरण-पद्धतिकार कहते हैं और उस प्रणाली के तहत वर्गीकरण करने वाले व्यक्ति को वर्गकार कहते हैं।

पुस्तक-वर्गीकरण पद्धति के महत्त्वपूर्ण अवयव

पुस्तक-वर्गीकरण पद्धति का संक्षिप्त परिचय निम्न प्रकार से है–

1. सारणी–जब किसी वर्गीकृत पद्धति में विषयों का विस्तार और उनका क्रम ज्ञान-क्षेत्र का वर्गीकरण तय कर लिया जाता है तो उसको स्थायी रूप देने के लिए लिख लिया जाता है। उसे वर्गीकरण की सारणी कहते हैं। यह विषयों की वैज्ञानिक क्रम से बनी हुई एक सूची-सी होती है। अंकन के द्वारा इसके क्रम को यान्त्रिक बना दिया जाता है।

ड्यूई महोदय की वर्गीकरण पद्धति में विषयों का क्रम और उनका प्रथम विस्तार निम्नलिखित रूप में किया गया है और उसके क्रम को अंकन (Notation) के द्वारा यांत्रिक बना दिया गया है–

000	सामान्य कृतियाँ
100	दर्शन
200	धर्म
300	सामाजिक विज्ञान
400	भाषा
500	शुद्ध विज्ञान
600	शिल्प विज्ञान
700	कलाएँ
800	साहित्य
900	इतिहास

2. सामान्य वर्ग—जैसा कि इसके नाम से स्पष्ट है कि यह वर्ग सामान्य कृतियों के लिए होता है। इसके अन्तर्गत उन पुस्तकों को रखा जाता है जो ज्ञान को सामान्य रूप में आत्मसात् करती हैं, जैसे—विश्वकोश, ज्ञानकोश, समाचार-पत्र, पत्रिकाएँ आदि। अर्थात् ऐसी पाठन-सामग्री जिसको सारणी में किसी भी मुख्य शीर्षक के तहत रखना सम्भव नहीं है, उसे इस सामान्य वर्ग में रखा जाता है। पुस्तक-वर्गीकरण के लिए यह एक जरूरी वर्ग है और इससे व्यवस्था में काफी सुविधा मिलती है। इस सामान्य वर्ग को भी एक वर्ग ही मानना चाहिए, क्योंकि वह सब सामग्री जो इसके तहत रखी जाती है, ज्ञान-क्षेत्र के अन्तर्गत ही आती है।

ड्यूई महोदय की पुस्तक-वर्गीकरण पद्धति (जिसका परिचय आगे दिया जाएगा) में सामान्य वर्ग निम्नलिखित रूप में रखे गए हैं—

000 सामान्य कृतियाँ
010 वाङ्मय सूची विज्ञान
020 पुस्तकालय-विज्ञान
030 सामान्य विश्वकोश
040 सामान्य संग्रहीत निबन्ध
050 सामान्य पत्रिकाएँ
060 सामान्य सभा समितियाँ
070 समाचार-पत्र, पत्रकारिता
080 संग्रहीत कृतियाँ
090 पुस्तकीय दुष्प्राप्यताएँ

3. रूप वर्ग—यह वर्ग प्रमुख रूप से उपन्यास, निबन्ध, नाटक, पद्य आदि जैसी कृतियों के लिए है। यहाँ पर वे सब पुस्तकें रखी जाती हैं, जिनका महत्त्व उनके उस रूप में रहता है, जिसमें वह लिखी जाती हैं न कि उनमें प्रतिपादित विषय का। वे विषय के दृष्टिकोण से नहीं, अपितु अपने रूप के दृष्टिकोण से पढ़ी जाती हैं। ये वर्गों के विभाग होते हैं। सारणी के कुछ विभागों में साहित्य समीक्षा समेत समस्त रूपों की पुस्तकों को जगह दी जाती है। विभिन्न वर्गीकरण पद्धतियों में इस वर्ग का स्थान-निर्धारण, पद्धतियों के आविष्कार, अपने तरीके से करते हैं।

ड्यूई महोदय ने अपनी वर्गीकरण पद्धति में साहित्य में अग्रलिखित रूप वर्ग बनाया है—

1. काव्य
2. नाटक

3. कथा साहित्य
4. निबन्ध
5. पत्र साहित्य
6. वक्तृता
7. हास्य, व्यंग्य
8. विविध

और इसी क्रम से अक्सर सभी साहित्य का विभाजन किया है। जैसे—

821 काव्य
822 नाटक
823 कथा साहित्य
824 निबन्ध
825 पत्र साहित्य
826 वक्तृता
827 हास्य, व्यंग्य
828 विविध

4. अंकन—पुस्तकों का अंकन या नोटेशन संकेतसूचक एक लड़ी होती है, जो कि किसी वर्ग या उसके विभाग, अनुभाग या उपविभाग के स्थान पर आती है और उसका प्रतिनिधित्व करती है। इससे वर्गीकृत पुस्तकों को व्यवस्थित करने में सुविधा होती है।

पुस्तकों का व्यावहारिक वर्गीकरण करने हेतु यह अति आवश्यक होता है। यदि अंकन न हो तो पुस्तकों पर व्यावहारिक रूप में वर्गीकरण पद्धति को लागू नहीं किया जा सकता। चूँकि वर्गीकरण पुस्तकालय-विज्ञान की आधारशिला है, अतः यह कहा जा सकता है कि ये अंकन-व्यावहारिक पुस्तक-वर्गीकरण के आधार हैं।

संक्षिप्त में अंकन की उपयोगिता निम्नलिखित हैं—

1. यह वर्गीकरण के पदों (टर्म्स) के स्थान पर आता है और इस अंकन से पदों का हवाला देने में सुविधा होती है जैसे—150 मनोविज्ञान।
2. यह सारणी की क्रम-व्यवस्था और उसमें सभी का स्थान व परस्पर सम्बन्ध भी बताता है। सारणी में यदि केवल विषयों के नाममात्र लिखे रहें तो उनसे उनके विषयों का परस्पर सम्बन्ध स्थिर और प्रकट नहीं हो सकता। उदाहरणार्थ, दशमलव-वर्गीकरण में केवल मनोविज्ञान, लिखने से सारणी में कोई सम्बन्ध प्रकट नहीं होता, किन्तु जब इसका अंकन 150 आता है तो वह प्रकट करता है कि वर्ग 100 का यह पाँचवाँ विभाग है।

3. यह अनुक्रमणिका के उपयोग को सम्भव बनाता है। अनुक्रमणिका के साथ जो प्रतीक लगाये जाते हैं उन्हीं के द्वारा सारणी में विषयों के स्थान का हवाला जल्दी से मिल सकता है।
4. इससे पुस्तकालय में क्रम-व्यवस्था और पथ-प्रदर्शन में काफी मदद मिलती है।
5. पुस्तक के हर भाग में संक्षिप्त अंकन लिखने से आसानी होती है। पुस्तकों की पीठ पर, वर्गीकरण में, पुस्तकों के लेबल पर और लेन-देन के कार्डों पर संक्षिप्त अंकन लिखने से आलमारियों में पुस्तकों को व्यवस्थित करने में और लेन-देन का लेखा रखने में काफी आसानी होती है।
6. यह याद रखने की आदत का विकास करता है।
7. यह पुस्तक-सूची के कार्य को भी सुबोध बनाता है और यह पाठकों को प्रविष्टियों से पुस्तकों तक जाने का शीघ्र हवाला देता है।

इस तरह अंकन सारणी का एक आवश्यक अंग है। यह एक ऐसे यंत्र के समान है, जिसके बिना पुस्तक-वर्गीकरण कार्य नहीं हो सकता। यहाँ यह भी जानना जरूरी है कि सारणी के बिना अंकन बेकार होता है, जैसे केवल 150 का कोई अर्थ नहीं है जब तक कि उसके साथ 'मनोविज्ञान' पद न हो।

अंकन का वर्गीकरण—अंकन का निर्माण सभी प्रकार से हो सकता है जैसे गिनती, अक्षर या अन्य कोई ऐसा चिह्न जो सारणी के पदों का नेतृत्व कर सके। इनमें से दो तरह के अंकन प्रसिद्ध हैं—

1. मिश्रित—वह अंकन जो दो या दो से ज्यादा प्रकार के संकेतों से मिलकर बनता है। डॉ. रंगनाथन महोदय ने अपनी वर्गीकरण-पद्धति में अक्षरों और अंकों के मिश्रित अंकनों का प्रयोग किया है। जैसे—VI विश्व का इतिहास।

2. शुद्ध—यह अंकन एक प्रकार के संकेत से बना होता है। केवल अंकों के अंकन का प्रयोग ड्यूई महोदय ने अपनी वर्गीकरण-पद्धति में इस तरह किया है—

300 समाजशास्त्र

310 सांख्यिकी

320 राजनीति-विज्ञान

330 अर्थशास्त्र, आदि।

अच्छे अंकन के प्रमुख गुण—सारणी में विषय के लिए जो अंकन हों उनमें निम्नलिखित गुण होने चाहिए—

1. वह क्रम को स्वतः तथा स्पष्टतया प्रस्तुत कर सके।

2. वह यथासंभव आसान व संक्षिप्त हो।
3. वह बोलने, लिखने और याद करने में आसान हो।
4. वह लोचदार हो जिससे आवश्यक क्रम को भंग किये बिना उसमें समावेश किया जा सके।

इन गुणों के आधार पर विवेचना करते हुए रिचर्डसन तथा विलस जैसे विद्वानों ने मिश्रित अंकन को उपयोगी बताया है, क्योंकि प्रत्येक व्यावहारिक वर्गीकरण-पद्धति देर या सवेर अवश्य ही अंकों और अक्षरों दोनों का प्रयोग करती है।

अंकन का लोचदार होना महत्त्वपूर्ण गुण है। प्रत्येक सारणी में कुछ समय बाद कुछ विस्तार या फैलाव की आवश्यकता पड़ती है। पुस्तक-वर्गीकरण के विषय में तो यह बात विशेष रूप से लागू होती है। पुस्तक प्रायः ज्ञान के ताजे विकास के दृष्टिकोण से लिखी जाती है, जिनका पहले से बनी हुई सारणी में कोई स्थान नहीं रहता। अतः इन नए विषयों की पुस्तकों के लिए स्थान बनाना आवश्यक हो जाता है और यहीं पर अंकनों के लोचदार होने का महत्त्व साफ जान पड़ता है। यदि अंकन किसी भी स्थान पर अपने परिवर्द्धन की आज्ञा देता है तो वह नई विषय-सारणी में स्वसम्बन्धित स्थान पर समाविष्ट हो जाता है और क्रम-व्यवस्था में कोई हेर-फेर नहीं करनी पड़ती। दशमलव-वर्गीकरण पद्धति के अंकन के लोचदार होने का एक नमूना इस प्रकार है–

300	सामाजिक विज्ञान
370	शिक्षा
371	अध्यापन
371.2	स्कूल संगठन और संचालन
371.21	प्रवेश, दाखिला
371.22	ट्यूशन
371.23	स्कूल का वर्ष, इत्यादि

अंकन में स्मरणशीलता–अंकन में स्मरणशीलता का खास महत्त्व होता है। दशमलव-वर्गीकरण-पद्धति में यदि 'विभाजन के सामान्य रूप' एक बार याद हो जाएँ तो वे आवश्यकतानुसार सभी शीर्षकों के साथ प्रयोग किये जा सकते हैं। इतिहास का वर्ग भी स्मरणशीलता के गुण से युक्त है। '940–999' की भाँति देशों के अनुसार विभाजन कीजिए, ऐसे निर्देशन से बहुत सहायता मिलती है। जैसे–

655.5 प्रकाशन और पुस्तक-बिक्री

655.542 इंग्लैण्ड में प्रकाशन और पुस्तक-बिक्री

655.543 जर्मनी में प्रकाशन और पुस्तक-बिक्री

इन संख्याओं को बनाते समय 'इतिहास' को सूचित करनेवाला 9 का अंक छोड़ दिया जाता है। 942 इंग्लैण्ड और 943 जर्मनी में से क्रमशः 42 और 43 ले लिया गया।

5. अनुक्रमणिका—अनुक्रमणिका सारणी में उल्लिखित पदों का अकारादिक्रम से बनी हुई सूची है, जिसमें सामने अंकन भी दिया रहता है। इसमें पदों के सभी पर्यायवाची 'पद विषय' के सूक्ष्मतम भागों के साथ (यहाँ तक कि सारणी में चाहे वे न भी आ पाए हों) होना चाहिए। यह अनुक्रमणिका श्रम को बचाती है। इसकी सहायता से विषयों को खोजने में आसानी होती है। लेकिन इसे कभी भी वर्गीकरण का मुख्य साधन नहीं बनाना चाहिए। इसके प्रमुख गुण से यह विश्वास हो कि सारणी के अन्तर्गत रहने वाले विषय अपने निर्धारित स्थान पर ही वर्गीकृत हों।

अनुक्रमणिका दो तरह की होती हैं जो निम्नलिखित है—

1. सापेक्ष—जबकि सारणी में उल्लिखित विषय 'उसके सब पर्याय' और एक बड़ी सीमा तक एक विषय का अन्य विषयों से सापेक्ष सम्बन्ध भी शामिल कर लिया जाता है, तो उसे सापेक्ष अनुक्रमणिका या रिलेटिव इन्डेक्स कहते हैं जैसे—ड्युई में

Eggs and Nutrition Physiol	612.39283
as food dom, economy	614.12
hygiene	613.28
Cookery	614.665
Easter folklore	398.33212
Ornithology	598.2
Painting Medium	751.242
Poultry Farming	636.513

सुविधाएँ

1. यह सभी शीर्षकों को उन कई रूपों में दिखलाती है, जिसमें कि वह विषय व्यवहार में लाया जाता है, साथ ही उसका प्रतीक भी दे देती है।
2. यह अकारादिक्रम में आसानी से प्रयुक्त होती है और स्वयं व्याख्या करने में समर्थ होती है।

3. अलग-अलग जगहों में एक विषय की अवस्था को रखना वर्गकार के लिए सुविधा करती है।

असुविधाएँ

1. सभी दृष्टिकोणों को दिखना संभव नहीं होता, इसलिए यह आलोचना का पात्र भी बन जाता है।
2. छपाई के दृष्टिकोण से व्यय-साध्य होती है।
3. किसी विषय के लिए ज्यादा विकल्प देने से गलत 'निर्णय' भी हो जाता है।

2. विशिष्ट—जब सारणी में दिए गए हर टॉपिक के लिए सिर्फ एक प्रविष्टि उसके पर्याय सहित दी जाती है, तो उसे विशिष्ट अनुक्रमणिका कहते हैं।

सुविधाएँ

1. यह साक्षेप से छोटा होता है जिस कारण छपाई में कम खर्च होता है।
2. कम दुविधा और संदेह पैदा करता है।
3. सम्बन्धित विषयों को उनके नाम के अकारादि रूप के द्वारा अलग कर देता है।
4. यह वर्गीकरण हेतु सैद्धान्तिक रूप से 'एक स्थान' निर्धारित करने में पूर्ण होता है।

इस प्रकार पद्धति में जो भी अनुक्रमणिका हो, उससे केवल विषय को खोजने या अपने वर्गीकृत विषय की जाँच करने में मदद लेने तक ही ठीक है। इससे अधिक अनुक्रमणिका का पूरा सहारा लेना अच्छा नहीं है। क्योंकि वर्गीकरण का मुख्य उद्देश्य है सिद्धान्त रूप में ज्ञान-क्षेत्र में समान विषय को एकत्र करना और उनको उनकी सम्बन्धित दशा में क्रमबद्ध करना, जिससे कि उनका एक दूसरे से सम्बन्ध स्पष्ट रूप से दिखाई पड़े, पुस्तक-वर्गीकरण के व्यावहारिक पक्ष में उपयोगिता और सुविधा को विशेष रूप से दृष्टि में रखना पड़ता हैं। इसलिए सर्वांगपूर्ण पुस्तक-वर्गीकरण में उपर्युक्त सैद्धान्तिक और व्यावहारिक दोनों बातें यथासाध्य एक साथ लाने की कोशिश की जाती है जहाँ तक कि यह प्रयोग सम्भव हो।

6. विशिष्ट संग्रह का स्थान—सभी पुस्तक वर्गीकरण पद्धति में विशिष्ट संग्रह को अलग रखने के लिए भी जगह बनाने की व्यवस्था होती है।

7. सहायक सारणियाँ एवं तालिकाएँ—सभी वर्गीकरण पद्धति के अन्तर्गत देश, भाषा आदि की सहायक सारणी होनी हैं, जिनके द्वारा पुस्तक का सूक्ष्म वर्गीकरण

कर उन्हें अलग किया जा सके। इनके उदाहरण वर्गीकरण प्रायोगिक प्रश्न पत्र 5 में सविस्तार दिये गये हैं।

पुस्तक वर्गीकरण पद्धतियाँ

पुस्तकों एवं अन्य पाठन-सामग्री का वर्गीकरण करने के लिए प्राचीनकाल से कोशिश हो रही है। एक प्राचीन शासक असुरबानिपाल से लेकर हेनरी एब्लिन ब्लिस तक पुस्तक-वर्गीकरण की पद्धतियों का निर्माण होता आया है।

इन पुस्तक वर्गीकरण पद्धतियों में से निम्नांकित 7 वर्गीकरण पद्धतियाँ प्रसिद्ध और महत्त्वपूर्ण हैं–

1. कोलन वर्गीकरण विधि
2. विषयवाङ्मयात्मक वर्गीकरण
3. विश्व दशमलव वर्गीकरण विधि
4. दशमलव वर्गीकरण विधि
5. विस्तारशील वर्गीकरण विधि
6. कांग्रेस लाइब्रेरी की वर्गीकरण विधि
7. विषय वर्गीकरण विधि

इन पद्धतियों में से मात्र दशमलव वर्गीकरण विधि का परिचय यहाँ दिया जा रहा है।

दशमलव वर्गीकरण पद्धति

ड्यूई महोदय 10 दिसम्बर, 1851 में न्यूयार्क नगर के जेफरसन काउन्टी के आडम्स सेन्टर नामक एक गाँव में पैदा हुए थे। जिनका पूरा नाम मेल्विल लूई कोसुथ ड्यूई है। बाद में ये मेल्विल ड्यूई के संक्षिप्त नाम से प्रसिद्ध हो गये। उनकी बचपन से ही प्रत्येक वस्तुओं को क्रमबद्ध करके रखने की प्रवृत्ति थी। गणित उनका प्रिय विषय था। वे प्रारम्भिक शिक्षा के बाद ऐमहर्स्ट कॉलेज में प्रवेश लेकर अध्ययन करने लगे। उसी बीच उनको उस कॉलेज में अंशकालिक कार्य मिल गया। 1874 ई. में उन्होंने बी. ए. की परीक्षा उत्तीर्ण की। उसके पश्चात् उन्हें उसी कॉलेज में सहायक पुस्कालयाध्यक्ष के तौर पर कार्य करने का अवसर प्राप्त हुआ। वहाँ काम करते हुए पुस्तकों को विषय के अनुसार

वर्गीकरण करने की एक सरल वैज्ञानिक पद्धति की तरफ उन्होंने चिन्तन शुरू किया। उन्होंने लगभग 50 पुस्तकालयों का अवलोकन किया, किन्तु वहाँ पर उन्होंने देखा कि पुस्तक पर कमरों, आलमारियों और सेल्फ के नम्बर लगा कर रखा गया था। विषय को वर्गीकरण करने में आधार ही नहीं माना गया था। उधर से निराश होकर वे लगातार चिन्तन करने लगे। जानते थे कि पुस्तकालयों का विकास होता रहेगा। उनमें प्रविधिक कर्मचारी भी न होंगे। अतः वर्गीकरण की पद्धति आसान व व्यावहारिक होनी चाहिए। अन्त में 0 से 1 तक के अरबी हिन्दुसाँ एवं दशमलव के आधार पर दशमलव वर्गीकरण की विधि का उन्होंने आविष्कार किया। इस पद्धति की एक रूपरेखा बनाकर उन्होंने इसे ऐमहर्स्ट कॉलेज की पुस्तकालय समिति के सामने पेश किया। समिति की अनुमति से ड्यूई ने उस कॉलेज के पुस्तकालय का पुस्तकों का वर्गीकरण करने में प्रयोग किया। उसमें वे आवश्यकतानुसार परिवर्तन व संशोधन भी करते रहे। अन्त में 1876 ई. में 43 पृष्ठों में दशमलव वर्गीकरण प्रणाली का प्रथम संस्करण प्रकाशित हुआ। उसके बाद संशोधित एवं परिवर्तित संस्करण प्रकाशित होते रहे। इसका 19वाँ संस्करण फारेस्ट प्रेस, आल्वेनी, न्यूयार्क से 1979 में 3 खण्डों में प्रकाशित नया संस्करण था। इसका सम्पादन विद्वान् बेंजमिन ए. कस्टर के निर्देशन में हुआ है। पुस्तक का पूरा नाम है 'डेसीमल क्लासीफिकेशन एण्ड रिलेटिव इन्डेक्स'। अब 20वाँ संस्करण भी छप गया है।

प्रथम खण्ड में परिचय और सारणियाँ हैं।

द्वितीय खण्ड में तालिकाएँ हैं। यह खण्ड 1435 पृष्ठों में है। जिसके प्रारम्भ में संक्षिप्त प्रयोग विधि भी दी हुई है।

तृतीय खण्ड सापेक्षिक अनुक्रमणिका का है। इसमें भी प्रयोग विधि संक्षेप में दी गई है। यह 1 से 1217 पृष्ठों तक में व्यवस्थित है।

संरचना—दशमलव वर्गीकरण एक क्रम-परम्परित प्रणाली है। यह प्रणाली ज्ञान क्षेत्र के विभाग और क्रमिक रूप से उसके अनुभाग और प्रभाग आदि बताने में दशमलव सिद्धान्त का उपयोग करती है। इस प्रणाली में ज्ञान-क्षेत्र को सबसे पहले दस विभागों में विभाजित किया गया है। वे मुख्य वर्ग कहलाते हैं। इनको क्रम बद्ध करने में 0 से 9 तक अरबी हिन्दुसाँ का अंकन के रूप में उपयोग किया गया है।

ये मुख्य वर्ग प्रथम सारांश (First Summary) के रूप में निम्नलिखित हैं—

First Summary—प्रथम सारांश

000 Generalities—सामान्य वर्ग

100 Philosophy and related disciplines—दर्शन एवं सम्बन्धित ज्ञान क्षेत्र

200 Religion —धर्म

300 Social Sciences—सामाजिक विज्ञान

400 Language—भाषा

500 Pure Science—शुद्ध विज्ञान

600 Technology (Applied Sciences)—प्रौद्योगिकी (अनुप्रयुक्त विज्ञान)

700 The arts—कलायें

800 Literature (Belle-Letters) साहित्य (ललित साहित्य)

900 General Geography and History सामान्य भूगोल एवं इतिहास

किसी प्रमुख वर्ग के अन्तर्गत रखे गये विषय का ज्ञान द्वितीय संक्षेप (Second Summary) को देखने से होगा।

जैसे–

300 Social Sciences—सामाजिक विज्ञान

310 Statistics—सांख्यिकी

320 Political Science—राजनीति विज्ञान

330 Economics—अर्थशास्त्र

340 Law—विधि (कानून)

350 Public Administration—लोक प्रशासन

360 Social Problems and Services—सामाजिक समस्याएँ और सेवाएँ

370 Education—शिक्षा

380 Commerce (Trade)-वाणिज्य (व्यापार)

390 Customs, Etiquette, Folklore—रीति-रिवाज, शिष्टाचार, लोकवार्ता

इसके अन्तर्गत विषयों की जानकारी तृतीय संक्षेप (Times Summary) को देखने से होगी, जिसका एक उदाहरण निम्नवत है–

370 Education—शिक्षा

371 Generalities of education—शिक्षा की सामान्य किरण

372 Elementary education—बुनियादी शिक्षा

373 Secondary education—माध्यमिक शिक्षा

374 Adult education—प्रौढ़ शिक्षा

375 Curriculums—पाठ्यक्रम

376 Education of women—नारी शिक्षा

377 School and religion—विद्यालय एवं धर्म

378 Higher education—उच्चतर शिक्षा

379 Education and state—शिक्षा एवं राज्य

इनमें से प्रथम अंक 3 प्रमुख वर्ग सामाजिक विज्ञान को दर्शाता है। शिक्षा को जो कि सामाजिक विज्ञान का विभाग (Division) है और शून्य (0) शिक्षा, सामान्य को जो कि शिक्षा नामक विभाग का अनुभाग (Section) है।

इस तरह दशमलव वर्गीकरण विधि में 000 से 999 तक के तीन सारांश दिये गये हैं, जिनमें मुख्य वर्गों, उनके विभागों एवं अनुभागों को प्रकट किया गया है। इस प्रकार 000 से 999 तक लगभग 100 अनुभाग बनाये गये हैं उनके द्वारा मुख्य विषयों और विषयांशों को दिखाया गया है।

दशमलव का प्रयोग—उक्त विभाजन के बाद आगे विभाजन हेतु दशमलव का उपयोग किया जाता है।

जैसे–

371 Generalities of education—शिक्षा का सामान्यीकरण
.1 Teaching and teaching personnel
.2 Education administration
.3 Method of instruction and study
.4 Guidance and councilling
.5 School discipline
.6 Physical plant
.7 School health and safety
.8 The student
.9 Special education

इसके पश्चात् उनका पुनः विभाजन किया जा सकता है।

जैसे–

371.1 Teaching and teaching personnel

.11Personal characteristics and qualification of teachers

.12 Personal qualifications of teachers

.13 Training

.123 Participation in professional organisation and activities

इस प्रकार दशमलव के पश्चात् जितना सूक्ष्म विभाजन चाहे उतना किया जा सकता है।

विस्तारशीलता की युक्तियाँ—कुछ पुस्तकें किसी विषय पर कई नजरिये से लिखी जाती हैं, जैसे—उस विषय का सिद्धान्त, कोश, इतिहास इत्यादि। कुछ पुस्तकें किसी राष्ट्र से जुड़ी होती हैं। जैसे इंग्लैण्ड में मजदूरी की दर, भारत के राजनीतिक दल, भारत के समाचार पत्र, भारत और संयुक्त राज्य के वैदेशिक सम्बन्ध, पश्चिमी अफ्रीका का धर्म। कुछ पुस्तकें भाषाओं से सम्बन्ध रखती हैं। उदाहरणार्थ, हिन्दी विश्वकोश, अंग्रेजी-हिन्दी विश्वकोश, रामायण का रूसी अनुवाद, बाइबिल का हिन्दी अनुवाद इत्यादि।

साहित्य में पुस्तकें विषय के अनुसार न रखकर उनके रूप (Form) के अनुसार रखी जाती हैं।

जातियों एवं व्यक्तियों से सम्बन्धित पुस्तकें भी लिखी जाती हैं। इसलिए इस प्रणाली में तालिकाओं (Schedules) के अलावा सात निम्नांकित सारणियाँ (Tables) भी बनाई गई हैं—

1. Persons—व्यक्ति

2. Racial Ethnic National Groups—मानववंशीय प्रजातीय, राष्ट्रीय समुदाय

3. Languages—भाषाएं

4. Sub-divisions of individual languages—भाषात्मक उपविभाग (प्रत्येक भाषा का उपविभाग)

5. Standard Sub-division—मानक उपविभाग

6. Sub-divisions of individual literature—साहित्यात्मक उपविभाग (प्रत्येक साहित्य का उपविभाग)

7. Area—प्रक्षेत्र

स्मरणशीलता या स्मृति सहायक—एक वर्गांक के अन्तर्गत विशिष्ट विचारधारा का नेतृत्व करने के लिए अंकों के जरिए उसी विचाराधारा का प्रतिनिधित्व और सभी वर्गांकों में किया जाना चाहिए जब तक इससे अपेक्षाकृत ज्यादा आवश्यक माँगों की बाध्यता न हो। इसको स्मरणशीलता अथवा स्मृति सहायक कहा जाता है।

प्रकार—स्मृति सहायक तीन भागों में विभक्त है—

(i) शाब्दिक स्मृति सहायक

(ii) सजातीय स्मृति सहायक
(iii) सारणीबद्ध स्मृति सहायक
इनका परिचय इस प्रकार है—

(i) शाब्दिक स्मृति सहायक—वर्गीकरण विधि में अनुवर्ण अथवा शाब्दिक स्मृति सहायक होनी चाहिए। यत्र-तत्र में इसका प्रयोग फायदेमंद होता है। इसको शाब्दिक स्मृति सहायक कहते हैं।

(ii) सजातीय स्मृति सहायक—वर्गीकरण पद्धति में एक और उसी अंक का उपयोग सजातीय विचारों को बताने के लिए पूरी विधि में सभी ओर उपयोग किया जाना चाहिए। इसको सजातीय स्मृति सहायक कहते हैं।

(iii) सारणीबद्ध स्मृति सहायक—वर्गीकरण विधि में ऐसी सहायक सारणियाँ बनाई जानी चाहिए जो स्मृति सहायक हों और जहाँ आवश्यक हों वहाँ उनके द्वारा विभाजन किया जा सके। उदाहरणार्थ—देश, भाषा, काल एवं सामान्य विभाजन की सारणियाँ। इसको सारणीबद्ध स्मृति सहायक कहते हैं।

अंकन या संकेतन

एक कड़ी के रूप में पुस्तकों के अंकन या संकेतन का संकेतसूचक होता है, जो किसी वर्ग या उसके विभाग, अनुभाग या उप-अनुभाग के स्थान पर आता है और उसका प्रतिनिधित्व करता है। इसके द्वारा वर्गीकृत पुस्तकों को आसानी से व्यवस्थित किया जा सकता है।

अंकन की उपयोगिता

अंकन का ग्रंथों के व्यावहारिक वर्गीकरण के लिए अत्यधिक महत्त्व है। यदि अंकन न हो तो पुस्तकों पर सामान्य रूप से वर्गीकरण पद्धति को लागू नहीं किया जा सकता। चूंकि वर्गीकरण पुस्तकालय-विज्ञान की आधारशिला है, अतएव यह कहा जा सकता है कि ये अंकन व्यावहारिक पुस्तक-वर्गीकरण के आधार हैं।

अंकन के प्रकार

अनेक प्रकार से अंकन को निर्मित किया जा सकता है, जैसे अक्षर, गिनती या अन्य चिह्न जो सारणी के पदों का प्रतिनिधित्व कर सकें। इनमें से दो प्रकार के अंकन मिश्रित और शुद्ध ज्यादा महत्त्व के हैं।

मिश्रित अंकन दो या दो से ज्यादा प्रकार के संकेतों से मिलकर बनता है। डॉ॰ रंगनाथन महोदय ने अपनी वर्गीकरण-पद्धति में अक्षरों और अंकों के मिश्रित अंकनों का इस्तेमाल किया है।

पुस्तक वर्गीकरण पद्धति का मापदण्ड

(i) यह सामान्य से विशेष की ओर क्रमबद्ध होना चाहिए।
(ii) इसको जहाँ तक सम्भव हो परिपूर्ण होना चाहिए, जिसमें जानकारी का पूरा क्षेत्र आ जाए।
(iii) इसमें जो शब्द प्रयोग किये जाएँ वे स्पष्ट हों, जिनके साथ उसकी व्याख्या हो उसका क्षेत्र उल्लिखित हो और जरूरी स्थानों पर शीर्षक, नोटेशन आदि से युक्त हों जिससे वर्गीकरण करने वाले को मदद मिल सके।
(iv) इसमें सभी प्रकार की पुस्तकों के लिए स्थान निश्चित करने की उचित गुंजाइश हो।
(v) मुख्य वर्ग तथा उसके विभागों और उपविभागों का क्रम उपयोगकर्ताओं की सुविधा के दृष्टिकोण से सुव्यस्थित होना चाहिए।

क्रमांक संख्या

किसी पुस्तक या ग्रन्थ के विशेष स्थान को फलकों पर निर्धारित करने एवं पुस्तकालय की दूसरी पुस्तकों से दूर करने और विशेषता प्रकट करने वाले चिह्नों को क्रमांक संख्या कहते हैं।

आवश्यक

ग्रंथालयों में एक विषय से ही संबंधित अनेक लेखकों की पुस्तकें आ जाती हैं। विषय उन्हें दूसरे विषय की पुस्तकों से दूर करने हेतु और एक ही विषय के अनेक लेखकों की पुस्तक को अलग-अलग रखने के लिए क्रमांक संख्या की आवश्यकता होती है। इसके बिना रैक में फलकों पर पुस्तक के विशिष्ट स्थान का निर्धारण नहीं हो सकता और न तो पुस्तक की विशिष्टता का ही ज्ञान हो सकता है । अतएव क्रमांक संख्या का होना जरूरी है।

उद्देश्य

क्रमांक संख्याओं का मुख्य उद्देश्य ग्रंथालयों के समस्त संग्रहों को यांत्रिक तरीके से नियंत्रित करना है। इसका उद्देश्य हर पुस्तक का उपयुक्त स्थान तय करके

अन्य पुस्तकों से परस्पर दुहराव करना है। इसका उद्देश्य पुस्तकालय में पुस्तकों के आगत-निर्गत की सुविधा करना एवं पुस्तकों को उपयोग के बाद सही जगह लगाना है। इसका प्रयोजन कर्मचारियों एवं उपयोगकर्ता के समय की बचत भी है।

लाभ

क्रमांक संख्याओं से अधोलिखित लाभ हैं—

(1) पुस्तकों का प्रदर्शन करने में आसानी होती है।

(2) पुस्कालय के संचय सत्यापन में आसानी होती है।

(3) प्रयोगकर्ता और कर्मचारियों को पुस्तकों के लेन-देन एवं रख-रखाव में आसानी होती है।

(4) पुस्तकों का चयन करने, संग्रह से पुस्तकें निकालने एवं वापस रखने में आसानी होती है।

क्रमांक संख्या वर्गांक एवं पुस्तकांक

पुस्तकांक और वर्गांक से मिलकर क्रमांक संख्या बनती है वर्गांक को वर्ग संख्या से एवं पुस्तकांक को पुस्तक संख्या भी कहते हैं।

उदाहरण के लिए—

लेखक पुस्तक वर्गांक पुस्तकांक

ब्रजमोहन गुप्त काव्य कुसुम 891.431 गुप्त/ब्र/का

मैथिली शरण गुप्त साकेत 891.431 गुप्त/मै/सा

महादेवी वर्मा दीपशिखा 891.431 वर्मा/म/दी

महादेवी वर्मा यामा 891.431 वर्मा/यामा

प्रेमचन्द रंगभूमि भाग-1 891.433-1 प्रेमचन्द/र-1

प्रेमचन्द रंगभूमि भाग-2 891-433-2 प्रेमचन्द/र-2

उपरोक्त उदाहरण में क्रमांक संख्या के माध्यम से वर्ष की पुस्तकों से और एक लेखक से दूसरे लेखक की पुस्तक का और एक ही लेखक की दो पुस्तकों का एक दूसरे से और एक पुस्तक के एक भाग से उसके दूसरे भाग का दुहराव प्रदर्शित किया गया है।

वर्गांक

वर्गांक, पुस्तक की क्रमांक संख्या का वह अंश है जो उसके विषय वर्ग का बोधक होता है।

जैसे—दशमलव वर्गीकरण में—150 मनोविज्ञान, 33 अर्थशास्त्र।

पुस्तकांक

पुस्तकांक या पुस्तक संख्या क्रमांक संख्या में प्रयोग किये जाने वाले एक या कई चिह्नों को पुस्तकांक कहते हैं—जो एक लेखक एवं उसकी पुस्तक को दूसरे लेखक से अलग करने के लिए बनाया जाए—के बोधक हों।

जैसे—अमरनारायण अग्रवाल—अर्थशास्त्र परिचय = 33

अग्र/अ/अ/

इसमें 33 वर्गांक है और अग्र/अ/अ ब्रथाङ्क या पुस्तक संख्या।

यह पुस्तकांक पुस्तक की कुछ विशेषताओं का क्रम दर्शक अंकों एवं अक्षरों को मात्र अथवा अक्षरों की कृत्रिम या संकेतात्मक भाषा में अनुवाद के तौर पर होता है। अक्सर लेखक के अन्य नाम एवं व्यक्ति नाम के आदि अक्षर एवं पुस्तक के प्रथम अक्षर (आर्टिकिल को छोड़कर) को लेकर बनाया जाता है। जैसे ऊपर अग्र/अ/अ को संकेताक्षर के तौर पर बनाया गया है।

कई ऑथर टेबल क्रम सूचक अंकों के लिए अंग्रेजी और दूसरी भाषाओं में बनाये गये हैं उनमें से अंग्रेजी लेखकों के लिए कटर सनवार्न का लेख मेज एवं भारतीय नामों के लिए राष्ट्रीय लेखक मेज प्रसिद्ध हैं। हिन्दी-वर्णमाला अ से ह तक के आधार पर हिन्दी में बनाई गई सार्वभौम हिन्दी लेखक सारणी, प्रत्येक भाषाओं के लेखकों के प्रतीक अंकों में दोनों के लिए लाभकर होती है।

सार्वभौम लेखक सारणी में अग्रवाल का प्रतीक अंक अ 126 अ होगा। पुस्तकांक बनाने का नियम कोलन वर्गीकरण पद्धति में है और परिचय कोलन वर्गीकरण पुस्तक में दिया गया है।

संग्रहांक

ग्रंथालयों के विभिन्न विभागों में से ग्रंथों का चयन करने हेतु संग्रहांक का इस्तेमाल किया जाता है।

जैसे BD =गणित विभाग, यहाँ गणित B है और D = Department

जब किसी पुस्तकालय को किसी व्यक्ति की निजी पुस्तक, संग्रह भेंटस्वरूप प्राप्त होती है एवं उस संग्रह को अलग रखना होता है तो उस संग्रह की हर पुस्तक के बुक टेबल तथा सूचीकृत हर कार्ड इत्यादि के सिरे पर क्रमांक संख्या के ऊपर

उस व्यक्ति के नाम का संकेत संग्रहांक के तौर पर दिया जाता है। जैसे अखिल भारतीय संस्कृत परिषद, लखनऊ को मंगलदेद शास्त्री का पुस्तक संग्रह प्राप्त हुआ तो उसको दाता की इच्छानुसार अलग रखा गया और इसमें संग्रहांक लिख दिया गया।

उदाहरणार्थ

मं.

891.21 मंगलदेव संग्रह में कालिदास का

कालि/रघुवंशचरित महाकाव्य

ऐसा करने से पुस्तकालय के मुख्य संग्रह से मंगलदेव संग्रह की पुस्तकों का अलगाव हो गया।

आईएसबीएन (अंतर्राष्ट्रीय मानक पुस्तक संख्या)

आईएसबीएन सभी पुस्तकों को सिर्फ एक अपरिवर्तनीय संख्या प्रदान करने की एक प्रणाली है जो सभी पुस्तकों को एक दूसरे से अलग करती है तथा वाङ्मयात्मक सूचना के कम्प्यूटरीकृत व्यवहार को सहज एवं सुगम्य बनाती है। यह प्रणाली मुख्य रूप से वाङ्मयात्मक डटाओं के अन्तर्राष्ट्रीय विनिमय हेतु अत्यन्त उपयोगी होती है। आईएसबीएन का प्रयोग अनुसरण पुस्तकों के अभिज्ञान और अन्य प्रकार की व्यवस्थाओं एवं प्रक्रियाओं के लिए किया जाता है।

इसके माध्यम से अंकों का इस्तेमाल किया जाता है जो निम्नलिखित पांच अवयवों को प्रदर्शित करते हैं–

1. जाँच अंक जिसे अनुलेखन में त्रुटियों से बचने के लिए मार्गदर्शक के रूप में प्रयोग में लाया जाता है तथा जिसकी गणना 11 के मोड्यूल पर 10 से 2 तक के भार के आधार पर मालूम की जाती है। कोई भी अंक विशेष इसके अवयवों में विश्लेषित किया जा सकता है।
2. अब शेष को मोडयूल 11 से घटाये जाने पर 11–6 = 5 जो पुस्तक की निजी संख्या होगी।
3. आख्या अभिज्ञानकर्ता
4. समूह अभिज्ञानकर्ता–जिसमें राष्ट्रीय, भौगोलिक, भाषा एवं अन्य किसी सुविधाजनक समूह को शामिल किया जाता है।
5. प्रकाशक अभिज्ञानकर्ता

अतएव पूरी पुस्तक की **अन्तर्राष्ट्रीय मानक पुस्तक संख्या** 0 25463 104–5 ठीक है।

इस प्रकार ज्ञात होता है कि अंकों का यह सरल तरीका सही प्रकार से तब तक नहीं काम कर सकता जब तक इस सम्बन्ध में कोई अन्तर्राष्ट्रीय व्यवस्था, नियन्त्रण तथा संगठन न हो। इस हेतु सर्वप्रथम यह आवश्यक है कि पुस्तक प्रकाशन व्यवसाय में रत रहने वाले प्रत्येक देशों को इस व्यवस्था को स्वीकार करना चाहिए एवं समूह अभिज्ञानकर्ता अंक प्रदान करने हेतु उस देश विशेष की राष्ट्रीय एजेन्सियों को नियन्त्रित होना अनिवार्य है।

आई. एस. बी. एन. के प्रति भारत अभी कम जागरूक है। फिर भी वे प्रकाशक इस प्रक्रिया तथा विधि को व्यवहार तथा प्रयोग में ला रहे हैं, जिनके प्रकाशन विदेशों में भी बेचे जाते हैं। अमेरिका तथा ग्रेट ब्रिटेन जैसे देशों में इस प्रणाली को ज्यादा महत्त्व दिया गया है जहाँ अपने प्रकाशनों को यह मानक संख्या प्रदान की जा रही है।

अन्तर्राष्ट्रीय मानक धारावाहिक संख्या

आजकल प्रलेखों के अलावा सीरियल भी ज्यादा संख्या में प्रकाशित हो रहे हैं। इसलिए इन्हें अभिज्ञान करना सरल नहीं रहा। इसलिए इनके नियन्त्रण हेतु मानकीकरण की जरूरत अनुभव की गई। ऐसा माना गया अगर प्रत्येक सीरियल को एक विशिष्ट संख्या प्रदान कर दी जाए तो उसका अभिज्ञान करना सरल हो जायेगा। इसके अतिरिक्त जिस प्रकार पुस्तकों के अभिज्ञान हेतु अन्तर्राष्ट्रीय मानक पुस्तक संख्या (ISBN) उपादेय मानी गई उसी तरह सीरियलों के लिए अन्तर्राष्ट्रीय मानक धारावाहिक संख्या (ISSN) भी जरूरी मानी गई है। आईएसएसएन एक कोड संख्या है जो 8 अंकों से निर्मित की जाती है जिसका अन्तिम अंक जाँच अंक (Check Digit) होता है जिसकी मोड्यूल-11 के आधार पर गणना की जाती है तथा 2 के लिए 8 भारों का उपयोग किया जाता है।

प्रकाशनाधीन प्रसूचीकरण (CIP)

केंद्रीय प्रसूचीकरण के संदर्भ में डॉ. रंगनाथन ने महत्त्वपूर्ण कार्य किया है। उन्होंने प्रसूचीकरण के कार्य में लगने वाले अत्यधिक श्रम, समय तथा धन की फिजूल-खर्ची को रोकने हेतु नई प्रसूचीकरण प्रणाली पर बल दिया है। इसके लिए रंगनाथन ने प्रसूची से सम्बन्धित प्रत्येक सूचनाएँ किसी श्रेष्ठ प्रसूची संहिता द्वारा एक प्रामाणिक प्रारूप के आधार पर प्रस्तुत की थीं। इसके अन्तर्गत यह आवश्यक है कि

सभी प्रकाशित होने वाली पुस्तकों के प्रकाशन से पूर्व ही उन सभी संस्थाओं को भेजना जरूरी है जिससे पुस्तकों की क्रमांक संख्या एवं प्रसूची संलेख प्रस्तुत किये जा सकें। क्रमांक संख्या की छपाई पुस्तक के मुख्य पृष्ठ के पिछले भाग में हो सकती है तथा प्रसूची-पत्रकों को छापकर उन्हें पुस्तकालयों में पुस्तकों के प्रकाशन से पूर्व ही भेजा जा सकता है। इस प्रक्रिया को डॉ. रंगनाथन ने प्रीनेटल प्रसूचीकरण कहा था।

डॉ. रंगनाथन इस प्रक्रिया के द्वारा प्रकाशन से पूर्व ग्रंथों का वर्गीकरण तथा प्रसूचीकरण दोनों कार्य करना चाहते थे, ताकि वर्गीकरण द्वारा वर्गांक प्रदान किये जाने के बाद ही प्रसूचीकरण कार्य सम्पन्न हो सके। इस कार्य के लिए उन्होंने प्रत्येक देश में उसके राष्ट्रीय पुस्तकालय को, जो कानूनी दृष्टि से उस देश में प्रकाशित पुस्तकों के संग्रहकर्ता के रूप में कार्य करता है, सही बताया था। यहाँ पर किसी पुस्तक के आने से पहले ही उसके प्रसूची पत्रकों का एक मुख्य स्टेन्सिल तैयार कर उन प्रसूची पत्रकों को बाद में उन सभी पुस्तकालयों को वितरित करके उपलब्ध कराया जा सकता है जो उस पुस्तक विशेष को अर्जित एवं अधिग्रहीत करते हैं।

प्रकाशकों की सहायता के संबंध में सर्वप्रथम प्रयास संयुक्त राज्य अमेरिका ने किया जिसके लिए उसने अपने यहाँ एक नया उपविभाग केन्द्रीय संगठन नाम से खोला। तत्कालीन समय प्रसूची प्रविष्टियाँ पुस्तक में ही छपने लगी थीं। इस कार्य में अमेरिकी प्रकाशकों ने भरपूर साथ दिया। इस प्रकार जून 1958 से फरवरी 1959 तक इस संगठन में वहाँ के 157 प्रकाशकों के 1203 प्रकाशनों के प्रूफों का प्रयोग करके प्रसूचीकरण कार्य किया। तथापि 1959 में यह कार्य खत्म हो गया। लगभग 11 वर्षों के बाद 1971 में उसी प्रीनेटल प्रसूचीकरण योजना की कार्यपद्धति पर एक अन्य नई योजना शुरू की गई जिसे **प्रकाशनाधीन प्रसूचीकरण** (Cataloguing in Publication) एवं संक्षेप में सीआईपी (CIP) कहते हैं। इसके लिए पुस्तकों के गैली प्रूफों से प्रविष्टियाँ तैयार की जाती थीं एवं प्रकाशकों को प्रसूची से सम्बन्धित डेटा 10 वापस भेज दिया जाता था।

पाठ्य-सामग्री संकलन

ग्रंथालयों में उपलब्ध कराई जाने वाली समस्त सेवाओं को आधार मानकर उसमें शामिल कई प्रकार के प्रलेखों के एकत्रीकरण पर निर्भर करता है। प्रलेखों के एकत्रीकरण से प्रयोगकर्ता अपने प्रयोग के लिए प्रलेख का चुनाव करके सूचना व जानकारी अर्जित करते हैं, जो पुस्तकालय का प्रमुख प्रयोजन होता है। इसलिए पुस्तकालयों में इन प्रलेखों का निर्धारण करना, चयन करना, अर्जन करना तथा

व्यवस्थित करना अनिवार्य है, क्योंकि प्रभावशाली पुस्तकालय सेवा प्रदान करने के लिए पुस्तकालयों में एक विस्तृत, उचित और नवीनतम प्रलेखों का एकत्रीकरण होना जरूरी है तथा ऐसे संकलन के विकास हेतु विभिन्न प्रकारों और विभिन्न भौतिक प्रारूपों में प्रलेख अर्जित किये जाते हैं। अतएव विशिष्ट प्रलेखों के बारे में जानना आवश्यक है, जो पुस्तकालय के संकलन का विकास करने के लिए अर्जित किए जाते हैं।

पुस्तकालयों में प्रलेखों के एकत्रीकरण को विकसित करने हेतु वैसे तो विशाल मात्रा में पुस्तकें उपलब्ध हैं, लेकिन ऐसे हर प्रलेख को अर्जित नहीं किया जा सकता। इसलिए पुस्तकालयों में अर्थ का अभाव, संग्रहण हेतु जगह का अभाव, प्रयोग में लगने वाला समय, प्रयोगकर्ता की जरूरत आदि ऐसे कारण हैं जिनके कारण पुस्तकालय हेतु प्रलेखों का सोच-समझकर चयन किया जाता है।

संकलन विकास के लिए प्रलेखों का संग्रहण

पुस्तकालयों के संकलन के लिए प्रलेखों के अन्तर्गत पुस्तकें, प्रतिवेदन, शोध प्रबन्ध, पत्र-पत्रिकायें, माइक्रोफार्म आदि के संग्रह किये जाते हैं जिनका विवरण निम्नवत् प्रस्तुत किया जा रहा है।

पुस्तकें

पुस्तकें अधिक से अधिक संस्था वाले प्रलेख होते हैं। साधारणतया पुस्तक एक ऐसे विषय से सम्बन्धित होती है जिसका विस्तार ज्यादा हो और गहनता कम हो। ऐसे प्रलेख सूक्ष्म प्रलेख कहे जाते हैं। यूनेस्को के सिद्धान्तों के तहत एक पुस्तक में कम से 49 पृष्ठ तथा 22 से 32 सेमी की ऊँचाई तथा 1.5 से 4 सेमी की मोटाई होती है एवं पुस्तक एक खंडीय या बहुखण्डीय भी हो सकती है। यह एक सामान्य पुस्तक, संगत पुस्तक, पाठ्य पुस्तक अथवा सन्दर्भ पुस्तक भी हो सकती है।

पत्रिकाएँ और धारावाहिक

सभी प्रकाशन समय-समय पर नवीन पत्र-पत्रिकाओं का प्रकाशन करते रहते हैं। इन प्रकाशनों का यह प्रयोजन होता है कि पत्रिकाओं का प्रकाशन सतत खण्डों या भागों के अंतराल पर होता रहे। पत्रिका प्रकाशन हर आगामी खण्ड के लिए अलग संख्या प्रदान करती है। इसके साथ ही पत्रिका प्रकाशन सीरियल भी होता है लेकिन इसका हर खण्ड कम या अधिक समान लेकिन पूर्ण सूचना प्रदान करता है।

लघु शोध-प्रबन्ध एवं शोध-प्रबन्ध

ग्रंथालयों के अन्तर्गत किया गया प्रलेखों का एकत्रीकरण का एक अन्य प्रमुख प्रकार परास्नातक छात्रों के लघु शोध-प्रबन्ध तथा विश्वविद्यालयों में चिकित्सक उपाधि हेतु जमा किए जाने वाले शोध-प्रबन्ध होते हैं। ये मूल्यवान प्रारम्भिक स्रोत होते हैं। चूँकि इनका विवरण किसी भी प्रकार की व्यापार वाङ्मय सूची में प्रदर्शित नहीं किया जाता है, इसलिए पुस्तकालय में इनका अस्तित्त्व अज्ञात रहता है।

अनुसंधान प्रतिवेदन

अनुसंधान प्रतिवेदनों को सूचना का एक महत्त्वपूर्ण प्रलेख कहा जाता है, जिन्हें विशेषक अनुसंधान पुस्तकालयों में संचित करते हैं। ये सरकारी विभागों तथा अनुसंधान संगठनों द्वारा प्रकाशित किए जाते हैं, जिनमें अधिकांश रूप से अनुसंधान तथा विकास के बारे में सूचनाएँ होती हैं। परमाणु विज्ञान और हाइनोटिक्स जैसे विशिष्ट विषयों पर समुचित मात्रा में साहित्य प्रतिवेदनों से प्राप्त होता है।

स्टैण्डर्ड और स्पेसीफिकेशन्स

स्टैण्डर्ड उन्हें कहा जाता है जिसके अंतर्गत आपसी सहमति, अधिकार, किसी उत्पाद को परिभाषित करने की सामग्री, प्रक्रिया अथवा विधि, गुण निर्माण, प्रचालन विशेषताएँ, उपलब्धि, नामकरण तथा इसी तरह के कुछ तथ्यों के द्वारा सूत्रबद्ध किए जाते हैं। दूसरी ओर स्पेसीफिकेशन्स वे प्रलेख होते हैं जिनमें किसी उत्पाद, सामग्री, प्रक्रिया अथवा सेवा के लिए तकनीकी आवश्यकताओं का विवरण होता है जो ग्राहकों की विशिष्ट जरूरतों को पूरा करने हेतु अभिकल्पित किए जाते हैं। इन प्रलेखों का प्रयोजन उत्पादों के उत्पादन तथा विवरण को आसान बनाना, मानकीकरण तथा गुणवत्ता नियन्त्रण को प्रोत्साहन प्रदान करना, समता एवं विश्वसनीयता तय करना तथा अनुपयुक्त सामग्री को नष्ट करना होता है। इस तरह ये दोनों प्रलेख व्यापारिक संस्थानों तथा उत्पादन और निर्माण में महत्त्वपूर्ण भूमिका निभाते हैं।

पेटेन्ट्स

पेटेन्ट सरकार तथा आविष्कारकर्ता के मध्य एक प्रलेख होता है। जहाँ आविष्कारक जनता के मध्य अपने आविष्कार का प्रदर्शन करता है। हर पेटेन्ट उस आविष्कार करने की नई प्रक्रिया या प्रयुक्त प्रक्रिया में किए विकास, नवीन उत्पाद, जाँच तथा नियन्त्रण की नवीन विधि आदि का पूर्ण विवरण प्रदर्शित करता है। हर

देश में एक पेटेन्ट ऑफिस होता है। सभी विशिष्ट एवं अनुसंधान पुस्तकालयों में पेटेन्ट्स एकत्रित किये जाते हैं।

प्रलेख चुनाव का सिद्धान्त

हर एक ग्रंथालयों में उसके विकास का महत्त्व संकलन में बढ़ोतरी और उपयुक्त प्रलेखों की संख्या में बढ़ोतरी करने से होता है, जिसकी उपयोगिता का मूल्यांकन प्रलेखों की संख्या के साथ-साथ विशिष्ट रूप से उनकी उपयुक्तता तथा महत्ता पर ज्यादा आधारित होता है। इसलिए पुस्तकालय के संकलन में विकास किया जाना है तो वह ऐसा हो जो सुव्यवस्थित रूप से पुस्तकालय के उद्देश्यों को पूर्ण करने में सक्षम और सहायक हो। पुस्तकालय के एकत्रीकरण में पुस्तकों, पत्र-पत्रिकाओं, माइक्रोफिल्मों, दृश्य-श्रव्य उपकरणों, सीडी-रोम, डिस्क आदि कई प्रकार के प्रलेख शामिल किये जाते हैं, जिनके लिए एक श्रेष्ठ चयन नीति की जरूरत होती है। किसी भी पुस्तकालय में श्रेष्ठ, उपयोगी तथा प्रमुख प्रलेखों का ही चयन हो सके, इसके लिए कतिपय प्रलेख चयन के सिद्धांत हैं जिनके अंतर्गत प्रलेखों का चयन किया जाता है।

रंगनाथन का सिद्धान्त

डॉ. रंगनाथन के मतानुसार पुस्तकालय द्वारा प्रतिपादित पुस्तकालय विज्ञान के पांच नियमों से पूर्व तीन नियमों का स्मरण रखते हुए पुस्तकों का चयन करना चाहिए। ये नियम काफी मददगार सिद्ध होते हैं–

(i) प्रत्येक पाठक को उसकी पुस्तक मिले।

(ii) प्रत्येक पुस्तक को उसका पाठक मिले।

(iii) पुस्तकें प्रयोग के लिए हैं।

ड्यूई का सिद्धान्त

इस सिद्धांत का प्रयोजन उपयुक्त पाठक को उचित समय पर सही पुस्तकों को उपलब्ध करवाना है। इस सिद्धान्त में पाठकों को अधिक महत्त्व देते हुए ड्यूई महोदय ने कहा है कि पाठक के मांग के ध्यान में रखना अति आवश्यक है। इस सिद्धान्त का प्रतिपादन माँग के सिद्धान्त के अनुसार किया गया है, अर्थात् पाठक जैसा प्रलेख चाहते हैं वैसे ही प्रलेखों का चुनाव करना चाहिए।

पुस्तक चयन संबंधित एक सिद्धांत का डॉ. ड्यूवी ने प्रतिपादन किया है। The best reading material for the largest number of readers atleast cost. इस सिद्धान्त को माँग पूर्ति बनाम मूल्य उपयोगिता सिद्धान्त भी कहा जाता है। इस सिद्धान्त को इस प्रकार आसानी से समझा जा सकता है। कोई पुस्तक–

कम उपयोगी → माँग कम होगी → पूर्ति अधिक होगी → लागत अधिक होगी

सामान्य उपयोगी → माँग सामान्य → सामान्य पूर्ति → लागत सामान्य

अधिकतम उपयोगी → माँग अधिक → कम पूर्ति → लागत कम से कम

अर्थात् कम कीमत की पुस्तक का अधिक उपयोग होता है, अतः माँग और पूर्ति के सिद्धान्त के अनुसार कम से कम कीमत में ज्यादा से ज्यादा प्रयोग किया जा सकता है।

मैककाल्विन का सिद्धान्त

मैककाल्विन के अनुसार पुस्तकों की उपयोगिता माँग के अंतर्गत उपयोगी बनाने के उपरांत ही होता है। पुस्तक चयन जितना अधिक माँग से सम्बद्ध होगा उतनी ही अधिक सम्भाव्य सेवा होगी। इन्हीं के शब्दों में किसी भी पुस्तक की माँग अध्ययनार्थियों द्वारा उसकी उपयोगिता के कारणों से ज्यादा होती है, इसलिए पाठकों की माँग के अनुसार ही पुस्तकों का चुनाव करना चाहिए।

पुस्तक प्रस्तुतीकरण विभाग

ग्रंथालयों में पुस्तकों की प्राप्ति कर तकनीकी विभाग में भेजा जाता है, तथा उनसे सम्बन्धित बिलों को अग्रसारित कर भुगतान के लेखा विभाग में भेज दिया जाता है। तकनीकी विभाग में पुस्तकों से जुड़े सभी तकनीकी कार्य यथा–वर्गीकरण, सूचीकरण तथा लेखन कार्य आदि सम्पन्न किए जाते हैं। अनेक पुस्तकालयों में पुस्तक अर्जन तथा तकनीकी कार्य एक ही विभाग में सम्पन्न किए जाते हैं। क्योंकि पुस्तक अर्जन एवं तकनीकी कार्यों में आपस में घनिष्ठ सम्बन्ध होता है। विशेषकर बड़े पुस्तकालयों में इन कार्यों को दो विभागों में पृथक-पृथक सम्पन्न किया जाता है। तकनीकी कार्यों को करने के पश्चात् ही पुस्तकों को गति प्राप्त होती है एवं पाठकों के समक्ष प्रस्तुत होने के लिए पस्तकें इसी विभाग में तैयार की जाती हैं। इसलिए

इस विभाग को प्रस्तुतीकरण या प्रक्रिया विभाग (Processing Section) भी कहते हैं। प्रस्तुतीकरण विभाग में सूचीकरण और अन्य तकनीकी लेखन कार्य आदि आयोजित किए जाते हैं।

वर्गीकरण कार्य

वर्गीकरण सम्पूर्ण पुस्तकालय का एक प्रमुख अंग होता है। वर्गीकरण के माध्यम से ही हर विषय के पुस्तकों में एक क्रम व्यवस्था स्थापित की जा सकती है। विभिन्न विषय की पुस्तकों को व्यवस्थित करने के लिए वर्गीकरण पद्धति का प्रयोग होता है। विश्वभर में भिन्न-भिन्न वर्गीकरण पद्धतियों का निर्माण किया गया है। जिसमें प्रधान रूप से दशमलव वर्गीकरण (DDC), सार्वभौमिक दशमलव वर्गीकरण (UDC), लाइब्रेरी ऑफ कांग्रेस वर्गीकरण (LCC), इत्यादि प्रचलित हैं। इन विभिन्न पद्धतियों में द्विबिन्दु वर्गीकरण (CC) पद्धति भारतीय पद्धति है एवं यह पद्धति वैश्लेषी-संश्लेषणात्मक (Analytico-Synthesis) आधार पर निर्मित है। दशमलव वर्गीकरण पद्धति (DDC) यद्यपि विदेशी पद्धति है, किन्तु अपनी कतिपय विशिष्ट विशेषताओं के आधार पर दुनिया के ज्यादातर ग्रंथालयों में इसका इस्तेमाल किया जाता है।

अपनी जरूरत एवम् योग्यता के आधार पर कोई भी पुस्तकालयी इन वर्गीकरण पद्धतियों में से किसी एक विधि को अपना सकता है, जिसे पुस्तकों के वर्गीकरण करने के लिए जरूरत होती है अतः तकनीकी विभाग में पुस्तकों का वर्गीकरण करने हेतु इसकी एक प्रति होना आवश्यक होती है।

वर्गीकरण प्रक्रिया—पुस्तकों का परिग्रहण कर उसे वगीकृत करने की प्रक्रिया को वर्गीकरण प्रक्रिया कहते हैं। यह प्रक्रिया इस प्रकार सम्पन्न होती है—

विषय का निर्धारण—सर्वप्रथम वर्गीकार को पुस्तक का विशिष्ट विषय निर्धारित करना पड़ता है। विशिष्ट विषय को ज्ञात करने हेतु पुस्तक के विभिन्न भागों (Part) का अवलोकन किया जाता है, जिससे विशिष्ट विषय ज्ञात हो सके।

(i) विषय-सूची को देखकर (ii) पुस्तक की सामग्री को पढ़कर (iii) शीर्षक को देखकर (iv) उपं-शीर्षक को देखकर (v) प्राक्कथन को पढ़कर।

वर्ग क्रमांक का निर्धारण—किसी विषय से संबंधित उत्कृष्ठ पुस्तकों की जानकारी होने के उपरांत प्रयुक्त की जाने वाली वर्गीकरण पद्धति के द्वारा उस विषय का वर्गांक निर्धारित किया जाता है। इसके लिए वर्गीकरण विधि की मुख्य अनुसूची (Schedule) एवं अनुक्रमणिका (Index) दोनों का ही प्रयोग किया जाता है। उस पुस्तक का जो वर्गांक बनता है उसे मुखपृष्ठ के पिछले पृष्ठ पर पेन्सिल से लिख

दिया जाता है। पेन्सिल से इसलिए लिखा जाता है ताकि भविष्य में वर्गांक में कोई बदलाव हो तो उसे आसानी से मिटाकर परिवर्तन किया जा सके। वर्गीकरण पद्धति में समय-समय पर परिवर्तन होने के कारण वर्गांक में बदलाव होते रहते हैं।

पुस्तक का निर्धारण–पुस्तक का क्रमांक निश्चित करने के पूर्व प्रयोग का वर्गांक निश्चित करते हैं। इसके लिए विभिन्न विद्वानों ने अनेक क्रमांक सारणियाँ प्रस्तुत की हैं, जिनमें से किसी एक का प्रयोग पुस्तक के क्रमांक निर्धारण करने के लिए किया जा सकता है–

(1) Merril Auttor Mark
(2) Cutter Sanborne Mark
(3) Cutter Author Mark
(4) Doscoe Numbers
(5) Colon Number of Dr. Ranganathn
(6) Stanley Jast Auttor Mark

उक्त भिन्न-भिन्न पुस्तक क्रमांक में लेखकों के नाम से कुछ संख्याएँ निर्धारित कर दी गई हैं और उन्हीं के आधार पर पुस्तक निर्मित करने का प्रावधान किया जाता है। डॉ. रंगनाथन द्वारा निर्मित पुस्तक के लिए उन्होंने एक सूत्र निर्धारित किया है जिसके तहत पुस्तक की भाषा, उसका रूप, प्रकाशन वर्ष, खण्ड संख्या, प्रति संख्या आदि प्रस्तुत किये गये हैं। लेकिन साधारणतया पुस्तक संख्या के लिए प्रकाशन वर्ष को ही महत्त्वपूर्ण माना जाता है।

उपर्युक्त कार्यों को करने के उपरांत पुस्तकों पर पुस्तकांक अंकित कर दिया जाता है तथा पुस्तक वर्णांक तथा पुस्तकांक को परिग्रहण रजिस्टर में तत्सम्बन्धित कालमों में लिख दिया जाता है।

सूचीकरण कार्य

सूचीकरण प्रक्रिया के अंतर्गत वर्गीकरण भण्डार गृह के रैकों में ग्रंथों की व्यवस्था को सुविधाजनक ही नहीं बनाता बल्कि पाठकों की मांगों को भी संतुष्टि प्रदान करता है। कोई भी पाठक एक पुस्तक की माँग विविध आधारों पर कर सकता है। पाठकों को पुस्तक प्राप्त करने में सूची सहायक होती है। पुस्तकालय में सूची का विशेष महत्त्व होता है, अतः किसी पुस्तक का सूचीकरण करना आवश्यक होता है।

पुस्तकों का सूचीकरण करने की भी कई पद्धतियाँ हैं। पुस्तकालय की आवश्यकता एवं उपयोगिता के अनुसार ही किसी भी सूचीकरण पद्धति को अपनाया

जा सकता है। उनमें से निम्न अति प्रसिद्ध हैं—अमेरिकन लाइब्रेरियन एसोसियेशन कोड (ACA Code), क्लासीफाइड केटलॉग कोड (CCC) तथा ए ए सी आर—प्रथम और द्वितीय कोड (AACR-I and II code) इनमें से किसी एक पद्धति को पुस्तकालयों में सूचीकरण करने के लिए अपनाया जाता है।

सूचीकरण के महत्त्वपूर्ण तत्त्वों में परिशुद्धता, एकरूपता तथा सामंजस्यता है। अतः पुस्तकों का सूचीकरण करने के लिए उपर्युक्त सूची संहिताओं में से किसी एक को आधार बनाना जरूरी है। सामान्यतया सार्वजनिक पुस्तकालयों में अनुवर्णिक सूची (Dictionary Catalogue) एवं शैक्षणिक तथा शोध पुस्तकालयों में अनुवर्ग सूची (Classified Catalogue) निर्मित करने की अनुशंसा की जाती है। सूची के बाह्य-स्वरूपों में पत्रक स्वरूप को अपनाने पर ज्यादा बल दिया जाता है।

सूचीकरण के उपकरण

ग्रंथों का सूचीकरण करने के लिए अग्रलिखित उपकरणों की आवश्यकता होती है—

सूची संहिता—किस सूची संहिता को सूचीकरण के लिए प्रयोग करना है, इसे तय करने के पश्चात् उस सूची संहिता की प्रति सूचीकरण के पास होना जरूरी है। इसके अतिरिक्त मदद के लिए अन्य सूची संहिताओं की प्रतियाँ भी उसके पास होना लाभदायक होता है।

(i) विषय शीर्षकों की तालिकाएँ
(ii) राष्ट्रीय संघ सूची
(iii) महत्त्वपूर्ण जीवन-चरित्र शब्दकोश
(iv) भारत तथा ग्रेट ब्रिटेन की राष्ट्रीय वाङ्मय सूचियाँ (INB and BNB)
(v) सूची-पत्रकों को विन्यासित करने के लिए नियमावली
(vi) सूचीकरण की पाठ्य पुस्तक (Text books)
(vii) अनामक एवं कृत्रिम नाम वाले पुस्तककारों के कोश
(viii) नामों की अन्य शब्द सूचियाँ।

सूचीकरण प्रक्रिया

ग्रंथों का सूचीकरण करते समय, अग्रलिखित प्रक्रियाओं को अपनाना पड़ता है।

(1) प्रविष्टियों का निर्माण—किसी पुस्तक से सम्बन्धित पुस्तकालयों में दो प्रकार की प्रविष्टियों तथा आवश्यकता एवं उपयोगितानुसार दो या तीन या इससे अधिक प्रविष्टियाँ निर्मित की जाती हैं।

(2) प्रविष्टियों का विन्यसन--सूचीकरण के लिए प्रविष्टियों का विन्यास करना जरूरी है। इसलिए इसे उचित व क्रम अनुसार होना आवश्यक है। प्रविष्टियों का विन्यसन करने की दो मुख्य प्रणालियाँ प्रचलित हैं जिनमें (1) शब्द प्रति शब्द एवं (2) वर्ण प्रति वर्ण होती है। प्रविष्टियों का विन्यसन करने के लिए इनमें से किस प्रणाली का प्रयोग करना चाहिए। इसके साथ प्रविष्टियों को विन्यसन करने के लिए कुछ निर्धारित नियमों का भी पालन करना पड़ता है। ये नियम ALA Rules for Filling Catalogue Entries नामक पुस्तक में देखे जा सकते हैं एवं उनसे मार्गदर्शन तथा सहायता प्राप्त की जा सकती है।

(3) गाइड्स का इस्तेमाल—सूचीकरण की प्रक्रियाओं को आसान बनाने में गाइड्स का महत्त्वपूर्ण योगदान होता है। सूची एक उलझाऊ प्रक्रिया एवं विधि है जो साधारण पाठक की समझ से बाहर की बात होती है। अतः सूची की इस जटिलता को दूर करने हेतु तथा पाठकों की सहायतार्थ सूची में गाइडों का प्रयोग किया जाता है जो सूची को देखने व समझने में पाठकों की मदद करते हैं। गाइड्स (Guides) का प्रयोग सूची के अन्दर तथा बाहर दोनों रूपों में किया जाता है।

जगह-जगह पत्रकों के साथ सूची की दराजों में ही गत्तेदार मोटे कागज के कतिपय खाली पत्रक लगे होते हैं, जिनमें कतिपय संकेत दिए जाते हैं जैसे—002-037 तक या A to C तक आदि। या इस दराज में केवल 002 वर्गांक से लेकर 037 वर्गांक तक की ही पुस्तकों के पत्रक समाहित हैं। बाह्य रूप में सूची के पास ही एक बोर्ड लगा होता है जिसमें सूची का प्रयोग करने की विधि एवं नियम लिखे होते हैं। इन्हें ही गाइड्स कहा जाता है।

दूसरे प्रक्रियात्मक कार्य

ग्रंथों की प्राप्ति वर्गीकरण तथा सूचीकरण करने के उपरांत पुस्तकों को गति देने हेतु उनमें और भी कार्यों का समापन करना पड़ता है। जैसे—पुस्तकों को विन्यसित करना, चिपकाना और लगाना।

(1) सूची पत्र—सूचीकरण करने हेतु सूचीकार पुस्तक की प्रमुख प्रविष्टि का निर्माण करता है और उसी के आधार पर अन्य इतर प्रविष्टियों का निर्माण किया जाता है। विदेशों में ऐसी संस्थाएँ हैं जो पुस्तकों के प्रकाशन के साथ ही उनके

कैटलॉग भी मुद्रित करा देती हैं, जिससे पुस्तकालयों का कार्य कम हो जाता है तथा सूची पत्रकों में एकरूपता भी आ जाती है। लेकिन भारत में ऐसी कोई व्यवस्था नहीं है।

किसी मान्य सूची संहिता के अनुरूप ही सूचीकरण कार्य किया जाता है। चूंकि एक पुस्तक के कई सूची पत्रक तैयार किये जाते हैं, अतः पुस्तकालय अपनी जरूरत को दृष्टिगत रखते हुए पत्रकों की संख्या में कमी कर सकते हैं। सूची पत्रकों के निर्माण में स्वच्छता तथा शुद्धता पर विशेष ध्यान रखना चाहिए।

(2) क्रमांकन कार्य--यह एक जटिल कार्य है। छोटे-छोटे पुस्तकालयों के अन्तर्गत सूचीकरण का काम करने वाला व्यक्ति क्रमांक आदि लिखने का कार्य भी कर लेता है। किन्तु बड़े पुस्तकालयों में बड़ी संख्या में पुस्तकों का काम करने वाले व्यक्ति का लेखन अच्छा होना चाहिए। क्रमांकन कार्य बार-बार होने वाला कार्य है। वर्गीकार द्वारा दिए गये क्रमांक अंक को एवं परिग्रहण अंक को अधिकार पर्णी, बुक कार्ड, देय दिनांक पर्णी, आदि कई जगह लिखना पड़ता है। स्पाइन पर क्रमांक अंक स्याही में लिखा जाता है जबकि अन्य स्थानों पर पेन्सिल में लिखा जाता है। प्रत्येक सूची पत्रकों पर भी क्रमांक अंक पेंसिल से लिखे जाते हैं।

(3) सूची-पत्रकों का सूची-मंजूषा में व्यवस्थापन—केबिनेट में सूत्री पत्रकों को सूची केबिनेट में व्यवस्थित करने हेतु संचिकाकरण के नियमों का ज्ञान होना आवश्यक है। सम्बन्धित कर्मचारी को इस कार्य में प्रशिक्षित किया जाना चाहिए। पत्रकों को फाइल करने का कार्य अनवरत् रूप से किया जाना चाहिए। जिन पुस्तकों को पाठकों को प्रदान करने के लिए तैयार किया जाय उनके सूची पत्रक जल्द ही सूची में उचित स्थान पर व्यवस्थित कर देना चाहिए।

(4) पुस्तकों को व्यवस्थित करना—ग्रंथालयों की मुहर लग जाने के उपरांत पुस्तकों को वर्गीकरण के अंतर्गत व्यवस्थित करने के लिए भेज दिया जाता है। एवं वे निधानियों पर व्यवस्थित कर दी जाती हैं। जिन पुस्तकालयों में खण्डित क्रम व्यवस्था है वहाँ पुस्तकों पर सम्बन्धित श्रेणी चिह्न डाल दिया जाता है और उन्हें सूचीकरण विभाग में ही पृथक कर दिया जाता है जिससे पुस्तकें सम्बन्धित क्रम के अन्तर्गत व्यवस्थित कर दी जाती हैं।

(5) नवीन पुस्तकों का प्रदर्शन—पुस्तक मेला एवं प्रदर्शनी पुस्तक प्रेमियों को प्रभावित करने तथा प्रकाशित नवीन पुस्तकों का प्रचार करने के लिए आयोजित की जाती है। प्रदर्शन कार्य हेतु प्रदर्शन फलक (Display Rack) प्रयोग में लाये जाते हैं। पुस्तकों से सम्बन्धित तकनीकी प्रक्रिया पूरी होने के बाद प्रायः एक सप्ताह तक

उन्हें प्रदर्शन फलक पर सजाया जाता है ताकि पाठक पुस्तकों से जुड़ी जानकारी ले सकें। उसके बाद पुस्तकों को निधानियों पर लगा दिया जाता है। लेकिन प्रायः पुस्तकालयों में प्रदर्शन के लिए पुस्तकें न रखकर उनके आवरण पृष्ठ (रैपर) डिसप्ले के लिए रखे जाते हैं। प्रदर्शन हेतु पुस्तकों की अपेक्षा उनके आवरण पृष्ठ रखना ही सही रहता है क्योंकि एक तो पुस्तकों की चोरी हो जाने की सम्भावना रहती है दूसरे पुस्तक को पाठकों को प्रदान करने के लिए तैयार करने की प्रक्रिया में भी देरी हो जाती है। वैसे भी आवरण पृष्ठ किसी काम की वस्तु नहीं होती है। इसलिए आवरण पृष्ठ को ही प्रदर्शन हेतु काम में लिया जाए तो अच्छा रहता है। अनेकानेक ऐसे प्रकाशन है जो कुछ चुनिंदा पुस्तकों का ही प्रदर्शन करते हैं।

(6) प्राधिकरण स्लिप—इस स्लिप में उस पुस्तकालय का विवरण होता है जिस पुस्तकालय की वह पुस्तक होती है तथा पुस्तकालय का मोनोग्राम भी इसमें छपा होता है जो पुस्तकालय की प्रामाणिकता साबित करता है। उसके नीचे पुस्तक की परिग्रहण संख्या, वर्गांक, पुस्तकांक, खण्ड संख्या तथा प्रति संख्या आदि के भी खाने बने होते हैं। जिनमें उपरोक्त कालम पुस्तक के उपरोक्त विवरण से क्रमानुसार लिखे होते हैं। एसी स्लिपों को पुस्तकों के मुख पृष्ट के पीछे के पृष्ठों पर चिपकाया जाता है।

(7) दिनांक स्लिप—इस स्लिप को कालमनुमा पुस्तकों के अंतिम पृष्ठों में चिपकाया जाता है। सबसे ऊपर पुस्तकालय का नाम लिखा होता है। उसके बाद देय दिनांक तथा हस्ताक्षर के कालम बने होते हैं। जिस दिनांक को पुस्तक प्रदान की जाती है उसे पुस्तक की देय तिथि कहते हैं। पुस्तक प्रदान करते समय कर्मचारी उस दिन का दिनांक डालता है एवं हस्ताक्षर वाले कालम में अपने हस्ताक्षर करता है और जब पुस्तक लौटकर आती है तो कर्मचारी पुस्तक के पीछे पड़ी हुए तिथि को देखकर ही पुस्तक लौटाने की कार्यवाही प्रारम्भ करता है।

(8) पुस्तक कार्ड—यह मोटे कागजों से निर्मित होता है। जिसमें पुस्तक से सम्बन्धित विवरण के साथ-साथ कतिपय अन्य कालम बने होते हैं जो पुस्तक को आदान-प्रदान करने की प्रक्रिया में काम आते हैं।

(9) पाकेट—यह एक ऐसा तिकोना पाकेट होता है जो पुस्तक के पिछले पृष्ठ के अन्दर की ओर नीचे दायें वाले किनारे पर इस प्रकार चिपकाया जाता है इसमें कार्ड को लगाकर रखा जा सके।

(10) परिग्रहण संख्या की मुहर—ग्रंथालयों में पुस्तकों की प्राप्ति संख्या मुहर लगाने के पूर्व इन स्लिपों को लगाया जाता है। जो पुस्तक की प्रामाणिकता सिद्ध

करती है कि पुस्तक किस पुस्तकालय की है। उस मुहर में पुस्तकालय का नाम तथा परिग्रहण संख्या एवं उनका दिनांक डाल दिया जाता है।

(11) स्पाइन– यह एक प्रकार की कागज से निर्मित एक गोल छोटी स्लिप होती है जो पुस्तक के जिल्दबन्दी वाले हिस्से पर नीचे की ओर चिपकाई जाती है। यह पुस्तक का वह हिस्सा होता है जो रैकों में क्रमानुसार व्यवस्थित पुस्तकों में सामने से पाठक को दिखाई देता है। पुस्तक का क्रमांक अंक (वर्गांक एवं पुस्तकांक) इस पर लिखे जाते हैं। स्पाइन चिपकाकर उस पर पुस्तक का क्रमांक अंक लिखने का आशय यह होता है कि पुस्तक को निकालकर देखने की अपेक्षा स्पाइन पर लिखे क्रमांक अंक से ही पहचान लिया जाता है। अन्यथा पुस्तक को निकालकर देखना पड़ता है।

(12) गुप्त पृष्ठ–हर एक पुस्तकालय की पुस्तकों के विषय में एक गुप्त पृष्ठ होता है। जिस पर न दिखाई देने वाले स्थान सीमन (सिलाई) के पास ही पुस्तक की परिग्रहण संख्या लिखी जाती है। यह परिग्रहण संख्या इस तरह से लिखी जाती है कि सामान्य पाठक उसे देख न सके। पुस्तक के खो जाने तथा उसके पुनः प्राप्त होने पर उस गुप्त पृष्ठ पर लिखी हुई परिग्रहण संख्या से ही पुस्तक का ज्ञान होता है कि यह पुस्तक इस पुस्तकालय की है अथवा नहीं।

उपरोक्त अध्यायों के अध्ययन से ज्ञात होता है कि पुस्तकें कई तकनीकी प्रक्रियाओं से गुजरने के उपरांत ही पाठकों के प्रयोग के लिए पहुंचती हैं। छोटे पुस्तकालयों में थोड़ी संख्या में पुस्तकें खरीदी जाती हैं। उनसे सम्बन्धित सभी तकनीकी कार्य एक या दो व्यक्तियों द्वारा पूरे कर लिये जाते हैं। किन्तु बड़े पुस्तकालयों में जहाँ ग्रंथ खरीदने का कार्य चलता रहता है उक्त सभी प्रक्रियाएँ अनेक व्यक्तियों के द्वारा सम्पन्न होती हैं।

9

पुस्तकालय सांख्यिकी, नियम एवं प्रदर्शन

पुस्तकालय सांख्यिकी एक ऐसा महत्त्वपूर्ण साधन है जिसके द्वारा पुस्कालय के सभी विभागों द्वारा सम्पन्न किये जाने वाले कार्यों के सम्बन्ध में पूर्ण ज्ञान उपलब्ध किया जा सकता है। इसकी सहायता से पुस्तकालय की सफलता एवं असफलता की जानकारी, आसानी से प्राप्त कर सकते हैं। पुस्तकालय सांख्यिकी पुस्तकालय कर्मचारियों, पुस्त्कालय प्राधिकारी एवं पुस्तकालय समिति के लिये उपयोगी एवं महत्त्वपूर्ण साधन है क्योंकि इसकी सहायता से पुस्तकालय कर्मचारियों द्वारा प्रदत्त सेवाओं का मूल्यांकन आसानी से किया जा सकता हैं। ग्रंथालयों में सांख्यिकी के निर्माण की आवश्यकता निम्नलिखित कारणों से हई है–

1. इसकी सहायता से पुस्तकालय के तथ्यों को संक्षिप्त रूप में प्रस्तुत कर सकते हैं।
2. पुस्तकालयों में तथ्य को स्पष्ट एवं प्रामाणिक रूप में प्रयुक्त करने में सहायक होती है।
3. पुस्तकालयों के लिये प्रभावशाली योजना के निर्माण में सहायक होती है।
4. नीति निर्धारण में भी पुस्तकालय सांख्यिकी सहायक होती है।

5. पुस्तकालय के कार्यों के मूल्यांकन हेतु।
6. इसकी सहायता से वर्तमान तथ्यों का विश्लेषण एवं भविष्य के लिये पूर्वानुमान लगाया जा सकता है।
7. यह पुस्तकालय की वार्षिकी तैयार करने में भी सहायक होती है।

पुस्तकालय सांख्यिकी की विशेषताएँ

प्रशासनिक सांख्यिकी के माध्यम से किसी भी संस्था अथवा प्रशासन द्वारा पूर्ण किये गए कार्यों की सही जानकारी आसानी से प्राप्त की जा सकती है। पुस्तकालय की व्यवस्था और प्रशासनिक कार्यों की सफलता अथवा असफलता की सच्ची जानकारी के लिए सांख्यिकी का बहुत महत्त्व है। दूसरे शब्दों में हम यह कह सकते हैं कि पुस्तकालय सांख्यिकी पुस्तकालय अधिकारियों एवं उनके कर्मचारियों द्वारा प्रदान की जाने वाली सेवाओं का सच्चा दर्पण है। यद्यपि पुस्तकालय सांख्यिकियों के अभिलेख निर्माण में समय व्यतीत होता है। जिसका उपयोग अन्य कार्यों में किया जा सकता है इसकी निम्नलिखित विशेषताएं हैं–

1. पुस्तकालय कार्य निष्पादन नियन्त्रण में सहायक होती है।
2. वार्षिक प्रतिवेदन निर्माण में सांख्यिकी आधार सामग्री के रूप में उपयोगी सिद्ध होते है।
3. एक पुस्तकालय की सांख्यिकियों के आधार पर उसी क्षेत्र के अन्य पुस्तकालयों में सांख्यिकियों से तुलना करके यह पता लगाया जा सकता है कि वह पुस्तकालय अन्य पुस्तकालयों की तुलना में विकास कर रहा है अथवा पिछड़ रहा है। इस प्रकार सांख्यिकी पुस्तकालयों को स्वस्थ प्रतिस्पर्धा की ओर अग्रसर करती है।
4. सांख्यिकियों द्वारा किसी क्षेत्र में प्रति व्यक्ति पुस्तकालय व्यय, पुस्तकों की संख्या तथा पुस्तकों का उपयोग आदि को ज्ञात किया जा सकता है।
5. इनके द्वारा पुस्तकालय की उन्नति एवं अवनति का ज्ञान होता है।
6. कार्यभार में बढ़ोत्तरी तथा कमी का ज्ञान इनके द्वारा होता है और पुस्तकालय कार्य का विस्तृत विवरण पुस्तकालय प्रकाशक के समक्ष उपस्थित होता है।
7. सांख्यिकी किसी पुस्तकालय का ऐतिहासिक सर्वेक्षण कर उसका इतिहास लिखने में आधार सामग्री के रूप में सहायक सिद्ध होती है।
8. यदि प्रतिदिन भेजने वाली पुस्तकों की विस्तृत सांख्यिकी निर्मित की जाए अर्थात् भाषानुसार, विषयवार तथा स्तरानुसार तो सांख्यिकी द्वारा पुस्तक चयन

में पर्याप्त सहायता तथा मार्गदर्शन प्राप्त हो सकता है और चयन को मांग पूरी होती है।

पुस्तकालय सांख्यिकी का महत्त्व एवं उपयोगिता के सम्बन्ध में डीन.सार. ग्रास ने अपने स्पष्ट शब्दों में कहा है कि "प्रत्येक पुस्तकालय को यह ध्यान में रखना पड़ता है कि उसके प्रत्येक वर्ष का कार्य गतवर्ष की अपेक्षा अच्छा रहे, वह अपने पाठकों की सेवा पिछले वर्षों की अपेक्षा अधिक अच्छी तरह से कर सके, उनकी कार्यविधि में निरन्तर सुधार हो तथा उसके कार्य का निष्पादन मितव्ययता से हो।" यह तभी सम्भव हो सकता है जब इस सभी बातों की नाप-तोप की जा सके, अपनी तुलना अन्य पुस्तकालयों से भी की जा सके तथा अपनी प्रगति के तथ्यों को अधिकृत मापदण्डों से मिलकर यह जानकारी प्राप्त की जा सके कि वह अपने लक्ष्य की दिशा में, किस प्रकार से तथा किस गति से प्रगति कर रहा है। पुस्तकालय सांख्यिकी ग्रंथालयों से संबंधित समस्त ज्ञान का स्त्रोत है।

सांख्यिकी के प्रकार

ग्रंथालयों में निर्मित की जाने वाली सांख्यिकी को अग्रलिखित शीर्षकों के माध्यम से समझा जा सकता है–

1. सन्दर्भ सेवा विभाग–संदर्भ सेवा विभाग पाठकों को मानवीय सेवा देने के साथ-साथ विभिन्न की प्रकार जिज्ञासाओं को शांत करने तथा जानकारी देने का प्रयास करती है। अतः सन्दर्भ विभाग के कर्मचारियों के कार्यों का मूल्यांकन उनके द्वारा रखी गई सांख्यिकियों से ही किया जा सकता है। इसके लिए सांख्यिकियां निम्न प्रारूप की तालिका में रखी जा सकती हैं :

दिनांक	अल्पकालीन सन्दर्भ सेवा सम्बन्धी पूछे गए प्रश्नों की संख्या	दीर्घकालीन सन्दर्भ सेवा सम्बन्धी पूछे गए प्रश्नों की संख्या
	अनुत्तरित प्रश्नों की संख्या	अनुत्तरित प्रश्नों की संख्या
	अनुत्तरित प्रश्नों की संख्या	उत्तत्तरित प्रश्नों की संख्या
	योग दिनांक	

व्यक्तिगत रूप से पूछे गए प्रश्नों की संख्या	दूरभाष द्वारा पूछे गए प्रश्नों की संख्या	पत्र द्वारा पूछे गए प्रश्नों की संख्या

पुस्तकालयों में प्रस्तुत सारणी के जरिए सांख्यिकियों का लेखा-जोखा रखा जाता है। सांख्यिकी निर्माण में इस बात का ध्यान रखा जाना चाहिए कि सांख्यिकियां

अति आवश्यक कार्यों के लिए ही रखी जाएं क्योंकि विधिवत् सांख्यिकियों का निर्माण स्वयं में एक कार्य है अतः इनका निर्माण किसी अन्य आवश्यक कार्य की अवहेलना करके नहीं किया जाना चाहिए।

2. पुस्तक अवाप्ति विभाग—पुस्तकालय में इस विभाग का एक महत्त्वपूर्ण स्थान है। इसकी मदद के द्वारा साल में खरीदी गई पुस्तकों की संख्या का ज्ञान व उपहार और आदान-प्रदान की सहायता से प्राप्त पुस्तकों की जानकारी मिलती है। इस सांख्यिकी की सहायता से प्रतिवर्ष बढ़ने वाली पुस्तकों की संख्या भी ज्ञात हो जाती है।

पुस्तकालय में खरीदी जाने वाली पुस्तकों के लिये निम्न तरह की सांख्यिकी को निर्मित करना चाहिए :

वर्ष माह

100 200 300

विभाग हिन्दी अंग्रेजी योग हिन्दी अंग्रेजी योग

हिन्दी अंग्रेजी योग

बाल विभाग

सन्दर्भ विभाग

वयस्क विभाग

इसी प्रकार पुस्तकालय में उपहार और आगत-निर्गत द्वारा प्राप्त पुस्तकों के लिये निम्न प्रकार सांख्यिकी का निर्माण किया जाता है।

वर्ष माह

पाठ्य-सामग्री 000 100 200 300

400 500 600 700 800 900

योग

उपहार द्वारा पुस्तकें शोध ग्रन्थ अन्य

आदान-प्रदान द्वारा पुस्तकें शोध ग्रन्थ अन्य

3. पत्र-पत्रिका विभाग—पत्र-पत्रिका विभाग का पुस्तकालय के अन्तर्गत अत्यधिक योगदान होता है। पुस्तकालय में विभागी पत्र-पत्रिकायें आती हैं उनका प्रतिवेदन रखने हेतु सांख्यिकी का निर्माण किया जाता है :

इसी प्रकार पुस्तकालय में खरीद कर, उपहार और आगत-निर्गत द्वारा अर्जित पत्र-पत्रिकाओं की सांख्यिकी तैयार की जाती है :

	वर्ष		
प्राप्ति की तिथि	विषय संख्या	शुल्क	योग
शुल्क देकर			
उपहार			
आदान-प्रदान			
योग-पत्र पत्रिका			

4. परिसंचालन विभाग—यह पुस्तकालय का एक प्रमुख विभाग कहलाता है इस विभाग में पुस्तकों को आगत-निर्गत किया जाता है। पुस्तकालय में आदान-प्रदान की जाने वाली पुस्तकों की संख्या की जानकारी प्राप्त करने हेतु सांख्यिकी का निर्माण किया जाता है :

हिन्दी	योग	अंग्रेजी	
विषय	सन्दर्भ	आदान प्रदान	अप्रवेश्य अनुक्रम
सन्दर्भ आदान-प्रदान अप्रवेश्य अनुक्रम योग दिनांक			
सामान्य			
पुस्तकालय विभाग			
सामान्य विभाग			
योग			

कतिपय ग्रंथालयों में आगत-निर्गत पुस्तकों की सांख्यिकी परिग्रहण संख्या के आधार पर भी रखी जाती है :

वर्ष माह

दिनांक	आगत की गई पुस्तकों की संख्या	दिनांक	निर्गत की गई पुस्तकों की संख्या

कतिपय ग्रंथालयों में आगत-निर्गत पुस्तकों की संख्या का प्रतिवेदन विभागों के अनुसार किया जाता है। जिनकी सांख्यिकी का प्रारूप इस प्रकार का होगा :

दिनांक

	वयस्क विभाग			बाल विभाग			सन्दर्भ विभाग		योग
विषय	हिन्दी	अंग्रेजी	योग	हिन्दी	अंग्रेजो	योग	हिन्दी	अंग्रेजी	योग
000									
100									

200

300

400

500

600

900

5. सदस्यता विभाग—पुस्तकालय में मंगाई गई पुस्तकों का महत्त्व तब प्रभावशाली होता है जब पुस्तकालय के अन्तर्गत ज्यादा से ज्यादा पाठक आकर्षित हों। पुस्तकालय के सदस्यों की संख्या का उसके लिये अधिक महत्त्व है। पुस्तकालय के सदस्यों की संख्या से सम्बन्धित जानकारी प्राप्त करने हेतु सांख्यिकी का निर्माण किया जाना चाहिए :

वर्ष	माह				
दिनांक	पुरुष	महिला	योग		
बालक	वयस्क	योग	बालक	वयस्क	योग

6. पुस्तक प्रस्तुतीकरण विभाग—इस विभाग के अंतर्गत पुस्तकालयों पुस्तकों के प्रस्तुतीकरण का कार्य किया जाता है। पुस्तकों प्रस्तुतीकरण कार्य को निम्नलिखित दो भागों में विभाजित किया जा सकता है :

(i) वर्गीकरण (ii) सूचीकरण

(i) ***वर्गीकरण विभाग***—इस विभाग की सांख्यिकी को तैयार कर पुस्तकालय कर्मियों द्वारा की गई प्रतिदिन वर्गीकृत पुस्तकों की संख्या को आसानी से ज्ञात किया जा सकता है। वर्गीकरण द्वारा तैयार की जाने वाली सांख्यिकी का प्रारूप निम्न प्रकार है—

वर्ष माह

कर्मचारी का नाम

पदः

माह	1	2	3	4	5	6
	7	8	9	10	11	12
	13	14	15	31	योग	
जनवरी						
फरवरी						
मार्च						

अप्रैल

मई

दिसम्बर

(ii) *सूचीकरण विभाग*—पुस्तकालय कर्मचारियों द्वारा हर दिन सूचीकृत की गई पुस्तकों की संख्या इस सांख्यिकी की सहायता से आसानी से एवं शीघ्रता के साथ प्राप्त की जा सकती है। सूचीकरण विभाग द्वारा तैयार की जाने वाली सांख्यिकी का प्रारूप निम्न प्रकार है–

वर्ष माह

कर्मचारी का नाम

पद

दिनांक	सूचीकृत पुस्तकों की संख्या	बनाये गये पत्रकों की संख्या
1 जनवरी	10	30
2 जनवरी	8	32

पुस्तकालय नियम

कोई संस्था अथवा केंद्र अपनी उम्मीदों की पूर्ति करना चाहता है तो उसके लिए कुछ आवश्यक नियम बनाने पड़ते हैं। बिना नियम के किसी भी संस्था का सफल संचालन नहीं किया जा सकता है। जिस प्रकार सभी संस्थाओं के संचालन हेतु नियमों की आवश्यकता पड़ती है उसी प्रकार पुस्तकालयों के सफल संचालन हेतु भी नियमों का निर्माण किया जाना चाहिए। इस नियमों की सहायता से ही पुस्तकालय अपने उद्देश्यों को प्राप्त कर सकते हैं। जिन राज्यों में अधिनियम पारित हो चुके हैं उनमें तो सार्वजनिक पुस्तकालयों हेतु नियमों का प्रावधान अधिनियम में भी रखा गया है।

पुस्तकालय अधिनियम

बेहतर किस्म के पुस्तकालयों की स्थापना हेतु कतिपय महत्त्वपूर्ण नियम निम्नवत हैं–

1. पुस्तकों के आदान-प्रदान के बारे में बताने हेतु।
2. पाठकों एवं कर्मचारियों को पारम्परिक अधिकार एवं कर्त्तव्य का बोध कराने हेतु।
3. विवाद और परेशानी के निराकरण हेतु।

4. पुस्तकालयों में संग्रहीत पाठ्य-सामग्री के दुरुपयोग को रोकने हेतु।
5. पुस्तकालयों को अपने प्रयोजनों को प्राप्त करने हेतु।
6. सदस्यता, प्रवेश, पुस्तकालय के कार्यालय इत्यादि के बारे में जानकारी प्रदान करने हेतु आदि।

पुस्तकालय अधिनियमों का वर्गीकरण

पुस्तकालय के अधिनियमों को निम्नलिखित वर्गों में बांटकर उनका अध्ययन किया जा सकता है–

(i) उपयोग में वृद्धि सम्बन्धी अधिनियम
(ii) दुरुपयोग पर रोक सम्बन्धी अधिनियम
(iii) विविध अधिनियम।

(अ) पुस्तकालयों की उपयोगिता में वृद्धि लाने हेतु अधिनियम

पुस्तकालयों का ज्यादा से ज्यादा प्रयोग हो, इससे संबंधित कुछ नियम इस प्रकार हैं–

(1) प्रवेश सम्बन्धी अधिनियम–ग्रंथालयों में प्रवेश संबंधी नियम सरल होने चाहिए क्योंकि बहुत से व्यक्ति बिना सदस्यता प्राप्त किए ही पाठ्य-सामग्री के उपयोग के इच्छुक हो सकते हैं तथापि यह आवश्यक है कि पागल, शराबी, छूत रोग से ग्रस्त, अन्य प्रकार के असामाजिक तत्त्वों को पुस्तकालय में प्रवेश की अनुमति न दी जाए। पुस्तकालय में प्रवेश करने के इच्छुक व्यक्ति से पुस्तकालय द्वार पर रखी पंजिका पर पूरा नाम, पता लिखवाया जाए तथा हस्ताक्षर करवाए जाएं। यह हस्ताक्षर इस बात के साक्ष्य होते हैं कि उक्त व्यक्ति पुस्तकालय के समस्त नियमों के पालन के लिए सहमत है। पुस्तकालयों को यह नियम बना देना चाहिए कि पाठक अपने पालतू जानवरों को पुस्तकालयों के अंदर न लाए।

(2) पुस्तकालय कार्यकाल एवं अवकाश सम्बन्धी नियम–पाठकों की आवश्यकता एवं सुविधानुसार पुस्तकालय के खुलने व बन्द होने के समय का निर्धारण ही किया जाना चाहिए। नियम का निर्धारण करते समय पुस्तकालय विज्ञान के प्रथम सूत्र 'पुस्तकें उपयोग के लिए हैं' के पालन को ध्यान में रखते हुए पुस्तकालय केवल महत्त्वपूर्ण राष्ट्रीय एवं धार्मिक पर्वों को छोड़कर अधिक से अधिक समय तक खुला रखा जाए। स्थानीय जलवायु के पहलुओं को ध्यान में रखकर समय में परिवर्तन किया जा सकता है। पुस्तक निर्गम-आगम सेवाएं पुस्तकालय के बन्द

होने के समय से कुछ पहले स्थगित कर दी जानी चाहिए जिससे कर्मचारियों को अपने दिन-भर के कार्य को पूर्ण करने तथा अगले दिन की आवश्यक तैयारी करने के लिए पर्याप्त समय मिल जाए।

(3) प्रतिबन्धित पाठ्य-सामग्री सम्बन्धी अधिनियम—कीमती पाठ्य-सामग्री का होना, विशाल आकार का होना, अनेक पाठकों द्वारा उनका लगातार एवं बार-बार उपयोग करना, अलभ्य होना आदि के कारण पुस्तकालय में कुछ पाठ्य-सामग्री यथा अलभ्य पुस्तकें, मूल्यवान अथवा कई खण्डों की पुस्तकें, पाण्डुलिपियों (Manuscripts), चित्रित ग्रन्थों-सामयिक प्रकाशन आदि का निर्गम प्रतिबन्धित होता है। अतः ऐसी पाठ्य-सामग्री के सम्बन्ध में भी स्पष्ट नियमों का निर्माण किया जाना चाहिए।

(4) सदस्यता सम्बन्धी अधिनियम-- ग्रंथालयों की सदस्यता का नियम जटिल नहीं अपितु उदार होना चाहिए। किसी प्रकार की सदस्यता शुल्क अथवा सुरक्षा निधि सदस्यों से प्राप्त नहीं की जानी चाहिए। यदि आवश्यक हो तो शुल्क अथवा सुरक्षा निधि के स्थान पर किसी प्रतिष्ठित व्यक्ति की अनुशंसा (Recommendation) तथा सदस्य के नाम तथा पते का सत्यापन करवा लिया जाए। बाहर से आने वाले व्यक्तियों को भी पुस्तकालय के प्रयोग की सुविधा मिलनी चाहिए।

सदस्य बनाने के लिए पाठकों से निम्नलिखित रूप से उनका नाम, पता व अन्य विवरण सहित आवेदन करवाना चाहिए तथा नियमों के पालन करने की सहमति लेनी चाहिए।

(5) पुस्तकालय उपयोग एवं पुस्तकों के निर्गम-आगम सम्बन्धी अधिनियम— पुस्तकालय का उपयोग और पुस्तकों के आगत-निर्गत सम्बन्धी नियम आसान और स्पष्ट होने चाहिए। पुस्तकालय उपयोग हुते बनाए जाने वाले नियमों के अन्तर्गत पुस्तकें किन पाठकों को प्रदान की जाएंगी, सन्दर्भ ग्रन्थ या ऐसी पुस्तकें अथवा पत्रिकाएं जिन्हें पुस्तकालय से निर्गम नहीं किया जा सकता उनका उपयोग पाठक पुस्तकालय परिसर में ही कर सकते हैं आदि से सम्बन्धित नियमों का निर्माण किया जाता है।

पाठक अधिकाधिक पुस्तकों के अध्ययन का लाभ उठा सकें इसके लिए जरूरी है कि निर्गमित की जानी वाली पुस्तकों की सीमा निर्धारित हो। विभिन्न पाठकों के लिए यह अवधि विभिन्न हो सकती है। उदहारणार्थ, विद्यार्थियों के लिए 15 दिन, शोधकर्ता के लिए एक माह तथा प्राध्यापकों के लिए 3 माह की। पुस्तकों का पुनः निर्गमन (Reissue) उसी स्थिति में किया जाएगा जब किसी अन्य पाठक द्वारा

उनकी मांग की गई हो। अगर पुस्तकें निर्धारित समय में पाठक नहीं पहुँचा पा रहे हो तो इसके लिए शुल्क निर्धारित की जानी चाहिए। पाठकों को पुस्तक देने से सम्बन्धित दूसरे नियमों में पाठक को पुस्तक अध्ययन-पत्रक के साथ सदस्यता-पत्र प्रस्तुत करने के बाद ही देनी चाहिए। अध्येयता-पत्रक पर निर्धारित संख्या में ही पुस्तकें निर्गमित की जाएंगी।

पाठकों को अपने अध्येयता-कार्ड को सुरक्षित एवम् संभालकर रखना चाहिए। यदि पाठक का अध्येयता पत्र खो जाता है तो उसे दूसरा अध्येयता पत्र उसका उचित शुल्क देने तथा क्षतिपूर्ति अनुबन्ध भरने पर प्रदान किया जाएगा। पुस्तक आरक्षण सम्बन्धी नियम भी इसके अन्तर्गत आएंगे।

(ब) पुस्तकों के दुरुपयोग को रोकने सम्बन्धी अधिनियम

पुस्तकों के दुरुपयोग को रोकने संबंधित नियम अधोलिखित हैं—

(1) पुस्तकों के पृष्ठ चित्र आदि नष्ट करने के सम्बन्ध में अधिनियम—पुस्तकों के पृष्ठ तथा चित्र आदि फाड़ने तथा उन पर लिखने आदि वाले पाठकों के लिए उचित दण्ड का प्रावधान नियमों में किया जाना चाहिए। ऐसे पाठकों से पुस्तक की नई प्रति अथवा पुस्तक का पूरा मूल्य प्राप्त करना आवश्यक है।

(2) पुस्तकालय की अन्य सामग्री को नष्ट करने अथवा क्षतिग्रस्त करने पर रोक लगाने सम्बन्धी अधिनियम—ग्रंथालय भवन तथा उसकी दूसरी सामग्रियों को किसी प्रकार से क्षतिग्रस्त करने वाले व्यक्तियों पर कठोर दंड का प्रावधान होना चाहिए। पुस्तकालयाध्यक्ष के ऐसे पाठकों से अर्थ-दण्ड लेने अथवा उसकी सदस्यता निलम्बित करने का अधिकार नियमों द्वारा प्रदान किया जाना चाहिए।

(3) पुस्तकालय से ग्रंथों की चोरी को रोकने हेतु अधिनियम—सभी पाठकों को पुस्तकालय से बाहर निकलते समय निर्गमित पुस्तक या अन्य पाठ्य-सामग्री की द्वारपाल द्वारा जांच करवाना अनिवार्य होना चाहिए। पुस्तक या अन्य पाठ्य-सामग्री बिना विधिवत् निर्गमित करवाए पुस्तकालय से बाहर ले जाने की अनुमति नहीं होनी चाहिए।

(स) विविध अधिनियम

(1) नियमों की अवज्ञा करने पर प्रतिक्रिया सम्बन्धी अधिनियम—उपर्युक्त नियमों का पालन जो पाठक नहीं करते हैं उनके लिये पुस्तकालय का उपयोग करने

अथवा पुस्तकों के आदान-प्रदान के अधिकार पर बिना कारण बताए रोक लगाने एवं ऐसे सदस्यों की सदस्यता कुछ समय के लिए निलम्बित करने का अधिकार होना चाहिए जो स्वभाव से ही पुस्तकें निश्चित समय के पश्चात् लौटाने के आदी होते हैं।

(2) पुस्तकालय समिति तथा पुस्तकालयाध्यक्ष के विशेषाधिकार सम्बन्धी अधिनियम—पुस्तकालय संस्थान का यह प्रमुख दायित्व है कि पाठकों को नियम का पालन कराए। अतः नियमों में पुस्तकालयाध्यक्ष को कुछ अधिकार एवं शक्तियां प्रदान की जाएं जिससे वह पुस्तकालय में अवांछित तथा असामाजिक तत्त्वों का सामना कर उन्हें उचित दण्ड दे सके। पुस्तकालय में धूम्रपान, गन्दगी करने वाले अथवा अध्ययन कक्ष में सोने वालों पर भी रोक लगाने का प्रावधान नियमों में किया जाना चाहिए।

पुस्तकालय प्रबन्धक का यह विशिष्ट नियम होना चाहिए कि वह जब चाहे पाठकों से पुस्तकों की माँग कर सकती है।

आदर्श नियमों की रूपरेखा

आदर्श नियमों की रूपरेखा निम्न शीर्षकों में स्पष्ट किया जा सकती है—

1. कार्य के दिन एवम् अवधि

सार्वजनिक पुस्तकालय

सार्वजनिक पुस्तकालय घोषित साप्ताहिक अवकाश एवं अन्य राजपत्रित अवकाशों को खुला रहेगा। साथ ही इन पुस्तकालयों के खुलने का समय इस प्रकार रहेगा :

1. ग्रीष्मकाल (अप्रैल से सितम्बर) प्रातः 7 से रात्रि 7 बजे तक
2. शरद काल (अक्तूबर से मार्च) प्रातः 8 से रात्रि 7 बजे तक

शैक्षणिक पुस्तकालय

शैक्षणिक पुस्तकालय अर्थात् विद्यालय, महाविद्यालय एवं विश्वविद्यालय पुस्तकालय रविवार एवं राजपत्रित अवकाशों के अतिरिक्त हमेशा खुलेंगे।

इन पुस्तकालयों के खुलने का समय शैक्षणिक समय से अधिक होना चाहिए अर्थात् शैक्षणिक समय से पूर्व व पश्चात् पुस्तकालय छात्रों हेतु खुले रहने चाहिए।

2. सदस्यता

सभी पुस्तकालयों में सदस्यता के नियम भिन्न-भिन्न होते हैं।

सार्वजनिक पुस्तकालय

सार्वजनिक पुस्तकालय में पाठकों से कोई शुल्क नहीं लिया जाता है यह सबके लिए सेवा मुहैया कराने के लिए खुला रहता है। सार्वजनिक पुस्तकालय द्वारा निःशुल्क सेवा दी जाती है तथा इनका उपयोग सभी लोग कर सकते हैं। सार्वजनिक पुस्तकालय के सदस्यों की अवधि 1 जनवरी से 31 दिसम्बर तक होती है।

शैक्षणिक पुस्तकालयों के पाठक संस्था से जुड़े छात्र होते हैं इन पुस्तकालयों का उपयोग केवल संस्था के छात्र ही कर सकते हैं एवं इनकी अवधि शैक्षणिक सत्र के आधार पर होती है।

3. पुस्तकालय में प्रवेश

सभी पुस्तकालयों में निम्नलिखित नियम बनाए जाते हैं–

1. पुस्तकालय में पाठक अपने साथ किसी पालतू पशू को साथ नहीं लायें।
2. पुस्तकालयों में प्रवेश करते समय पाठकों का अपना सामान जैसे : पुस्तकें, थैले इत्यादि को बाहर ही नियत स्थान पर रखवा देना चाहिए।

4. पुस्तकों का आदान-प्रदान

पुस्तकों के आदान-प्रदान हेतु निम्नलिखित नियमों का निर्माण किया जाना चाहिए–

1. सन्दर्भ पुस्तक, पत्र-पत्रिका का आगत-निर्गत नहीं होगा।
2. ऐसे सदस्य को जिस पर पुस्तकालय का किसी भी प्रकार का बकाया है, उस समय तक पुस्तक प्रदान नहीं की जायेगी जब तक कि वह उक्त बकाए का भुगतान नहीं कर देता।
3. आवश्यकता पड़ने पर पुस्तकालयाध्यक्ष द्वारा पुस्तक समय से पूर्व मंगवाई जा सकती है।
4. आरक्षित पुस्तकें वापस आने पर केवल उसी सदस्य को निर्गमित की जा सकेंगी, जिसने उनका पहले ही आक्षरण करवा रखा है।
5. पाठक पत्रक खो जाने पर उसकी सूचना पुस्तकालय कर्मचारियों को दी जानी चाहिए साथ ही इसकी जिम्मेदारी पाठक की ही होगी।

6. सदस्यता का समय समाप्त हो जाने पर पाठक को अपना पत्रक पुस्तकालय में लौटा दिया जाना चाहिए।
7. अगर पुस्तकें समय अवधि के पश्चात् लौटाई गईं तो पुस्तकालय के नियमानुसार 50 पैसे या एक रुपया प्रतिदिन के हिसाब से दण्ड लिया जायेगा।
8. एक पाठक को एक या दो से अधिक पुस्तकें एक साथ नहीं दी जायेंगी।
9. पाठक को नियमानुसार पुस्तकें 14 या 15 दिन में वापिस लौटानी पड़ेंगी।
10. एक पुस्तक लगातार दो बार से अधिक एक पाठक को निर्गत नहीं की जायेगी।

5. पुस्तकालय का वातावरण

1. पुस्तकालय में शान्ति बनाये रखें।
3. पुस्तकालय में धूम्रपान वर्जित है।
2. पुस्तकालय में थूकदान के अलावा अन्य स्थान पर थूकना वर्जित है।
4. सदस्यों द्वारा अपना पता परिवर्तन करने के पश्चात् पुस्तकालय कर्मचारियों को सूचित किया जाना चाहिए।

6. अन्य नियम

उपरोक्त नियमों के अतिरिक्त कुछ अन्य नियम भी बनाये गये हैं जो निम्नलिखित हैं–

1. पुस्तकालय से सम्बन्धित किसी भी प्रकार की समस्या के समाधान हेतु पुस्तकालयाध्यक्ष से सम्पर्क किया जाना चाहिए।
2. पुस्तकालय की पुस्तक खो जाने या नष्ट हो जाने पर नई पुस्तक या पूरा मूल्य भरना होगा।
3. पुस्तकालय सभ्यता, संस्कृति एवं शिक्षा को संग्रहीत रखते हैं। अतः पुस्तकालय सामग्री को क्षति पहुंचाना वर्जित है।

अतएव पुस्तकालयों के सफल संचालन हेतु पुस्तकालय नियमों का निर्माण किया जाना चाहिए जिससे वह अपने उद्देश्यों को प्राप्त कर सके।

पुस्तकालय का प्रदर्शन

ग्रंथालयों की सफलता संग्रहीत पाठ्य-सामग्रियों की उपयोग पर निर्भर करती है। पुस्तकालय एक सामाजिक संस्था है जिसका उपयोग जनता द्वारा किया जाता

है। अतः पाठकों को वहाँ संग्रहीत पाठ्य-सामग्री से अवगत कराने के लिए पुस्तकालय वर्गीकरण एवं सूचीकरण जैसी यान्त्रिक विधियों के साथ-साथ प्रदर्शन विधियां अपनाते हैं। आधुनिक युग में तो प्रदर्शन अत्यधिक महत्त्वपूर्ण हो गया है क्योंकि जिस गति से आज पाठ्य-सामग्री का मुद्रण हो रहा है उस गति से पाठक के लिए यह असम्भव होता जा रहा है कि वह अपने विषय में मुद्रित समस्त साहित्य के बारे में जानकारी रख सके। अतएव पाठ्य-सामग्री की उपयोगिता को व्यापक बनाने के लिए प्रदर्शन लाभप्रद है। पुस्तकों को प्रदर्शन के माध्यम से पुस्तकालयाध्यक्ष अलमारियों में बन्द पड़ी रहने वाली अथवा मृतप्रायः समझी जाने वाली पुस्तकों को पाठक के समक्ष प्रस्तुत-कर उन्हें पाठक को प्राप्त करवाता ही है साथ ही प्रत्येक पाठक को उसकी आवश्यकतानुसार पाठ्य-सामग्री प्राप्त करवाता है। यही नहीं, पुस्तकालय में आने वाली नवीन पाठ्य-सामग्री से भी पाठक को रूबरू करवाता है।

पुस्तकालय प्रदर्शन के प्रमुख उद्देश्य

1. पुस्तकों के प्रति जिज्ञासा पैदा करना : पुस्तकों के प्रदर्शन के माध्यम से पाठकों को पुस्तकालय की सदस्यता ग्रहण करने के प्रति आकर्षण पैदा किया जाता है। पुस्तकालय द्वारा प्रदान की जाने वाली सेवाएं और उपलब्ध अध्ययन सामग्री व्यक्तियों एवं समुदाय के विभिन्न वर्गों को किस प्रकार सहयोग प्रदान कर सकती हैं के सम्बन्ध में स्पष्ट जानकारी पाठकों को प्राप्त होती है। प्रदर्शन के द्वारा पुस्तकालय संग्रह की समस्त पुस्तकों एवं अन्य अध्ययन सामग्री को व्यापक रूप से जन-साधारण के समक्ष प्रस्तुत किया जा सकता है और पाठक को पुस्तकालय में उपलब्ध उनकी रुचि की पुस्तकों एवं अन्य अध्ययन-सामग्री की जानकारी दी जा सकती है।

2. पुस्तकालय को लोकप्रिय बनाना और जनसम्पर्क में बढ़ोत्तरी करना : पुस्तक मेला एवं प्रदर्शनियों द्वारा पुस्तकालय की लोकप्रियता व जनसम्पर्क में बढ़ोत्तरी की जा सकती है। यदि प्रदर्शन सही तरीके, सतर्कतापूर्ण एवं योग्यतापूर्वक किया जाए तो वह पुस्तकालय की प्रसिद्धि में आशातीत वृद्धि कर सकता है। इसके लिए अतिरिक्त धन की आवश्यकता नहीं होती। परन्तु निर्धारित धन व कर्मचारियों का उपयोग यदि सही ढंग से किया जाए तो न केवल अच्छे सामाजिक सम्बन्ध बनाने में सहयोग करेगा, वरन् पुस्तकालय की गरिमा में भी वृद्धि होगी और अप्रत्यक्ष रूप में पुस्तकालय आय-व्यय (Budget) का भी उपयोग अधिक प्रभावशाली रूप में हो सकेगा।

3. सूचना प्रसारण माध्यम के रूप में कार्य करना : सूचना प्रसारण के माध्यम से पुस्तकालय प्रबन्धन अपने ध्येयों की प्राप्ति कर सकता है। यह एक साधन है, स्वयं में साध्य नहीं है। यह भी अन्य उपकरणों की भांति स्वयं कार्य नहीं करता। इस साधन का महत्त्व इसके भली-भांति एवं विद्वतापूर्ण उपयोग पर निर्भर करता है। यदि इसका उपयोग योजनाबद्ध तरीके से किया जाए तो यह एक महत्त्वपूर्ण एवं प्रभावशाली शिक्षण साधन होगा।

4. शैक्षिक साधन के रूप में कार्य करना : शैक्षणिक दृष्टि से पुस्तकों का अत्यधिक महत्त्व है। यद्यपि शैक्षिक प्रदर्शन द्वारा सम्पूर्ण संग्रह की जानकारी प्रदान करना सम्भव नहीं है, फिर भी पाठक को ज्ञान जगत् के नवीन क्षेत्रों तक पहुंचाने में यह पुल का कार्य अवश्य करता है। शैक्षिक दृष्टि से किए गए प्रदर्शनों के क्षेत्र में समय एक महत्त्वपूर्ण अंग है। प्रेक्षक से यह कहना सम्भव नहीं कि "जब तक मैं एक या दो अध्यायों का अध्ययन करूं तब तक वह इन्तजार करे।" अतः पुस्तकालयों में शिक्षा ग्रहण करने के लिए ऐसे वातावरण का निर्माण किया जाना चाहिए जिससे हमारे द्वारा दिए जाने वाले सन्देश की प्रेक्षक सरलता एवं शीघ्रता से समझ सके अर्थात् संग्रह की सम्पूर्ण विषय सामग्री को सावधानी एवं सतर्कतापूर्वक इस प्रकार प्रदर्शित किया जाए कि वह प्रेक्षकों की समझ में तुरन्त आ सके जिससे वे पुस्तकालय संग्रह में उपलब्ध अध्ययन-सामग्री का समग्र रूप में उपयोग करने में समर्थ हो सकें।

पुस्तकालय प्रदर्शन की प्रणाली

जिस प्रकार व्यवसायी अपने उत्पाद को अनेक प्रकार से प्रदर्शन कर उसकी बिक्री बढ़ाने के लिये ग्राहकों को आकर्षित करता है उसी प्रकार एक अच्छे पुस्तकालयाध्यक्ष द्वारा अपने पुस्तकालय को लोकप्रिय एवं अधिक उपयोगी बनाने के लिए विभिन्न प्रदर्शन प्रणालियां अपनानी पड़ती जैसे–

1. प्रदर्शन मंजूषा का उपयोग–इस विधि में प्रवेश द्वार के सम्मुख या ऐसे स्थान पर जहाँ पाठकों का अधिक आना-जाना रहता है, छोटी-छोटी आकर्षक प्रदर्शन मंजूषाओं का निर्माण करवा लिया जाता है। जिनमें नवीन पुस्तकों एवं ऐसी पुस्तकों का जिनका उपयोग नहीं होता, उनको आकर्षक ढंग से व्यवस्थित कर दिया जाता है जिससे पाठक उनकी ओर आकर्षित होते हैं।

2. मेज पर प्रदर्शन–मेज पर पुस्तक प्रदर्शन पुस्तकालयों के प्रदर्शन का सबसे आसान तरीका है। साधारणः नवीन पुस्तकों को प्रदर्शित करने के लिए इस विधि

को बहुत काम में लाया जाता है। कभी-कभी कुछ चुनी हुई पुस्तकों का उपयोग बढ़ाने के लिए उन्हें एक अस्थायी शीर्षक के अन्तर्गत अस्थायी रूप से प्रदर्शित कर दिया जाता है।

3. पुस्तक आवरणों का प्रदर्शन—ग्रंथालयों में प्रवेश द्वार के सामने एक पट की व्यवस्था कर उस पर नवागत पुस्तकों के आवरण अथवा ऐसी पुस्तकों के आवरण जिनका उपयोग साधारणतः पाठकों द्वारा नहीं किया जा रहा है, लगा दिए जाते हैं। इस विधि में अस्वीकृत अथवा ऐसी जीर्ण-शीर्ण पुस्तकों पर जो पुस्तकालय में रखने योग्य नहीं हैं, नवीन पुस्तकों के आवरण लगाकर डम्मी के रूप में भी प्रदर्शित किया जाता है। इससे प्रदर्शन में सजीवता तो आ ही जाती है साथ ही मांग होने पर वास्तविक पुस्तक अध्ययनार्थ पाठक को दे दी जा सकती है, क्योंकि यदि पाठक को वास्तविक पुस्तक प्राप्त करने के लिए प्रदर्शन के समाप्त होने की प्रतीक्षा करनी पड़े तो सम्भवतः उस व्यक्ति की उस पुस्तक के अध्ययन की रुचि समाप्त हो जाए।

4. पुस्तकालय भवन की दीवारों पर प्रदर्शन—यह प्रणाली पुस्तक प्रदर्शन करने की प्रभावशाली प्रणाली है। यह कम स्थान तो घेरती ही है साथ ही इसे सरलता से अस्त-व्यस्त भी नहीं किया जा सकता है। इस प्रकार के प्रदर्शन के लिए धरातल का मुलायम और समतल होना आवश्यक है। सिलोटैक्स (Celotex) का धरातल अधिक उपयुक्त होता है।

5. लोकप्रिय विभागों का निर्माण कर—ग्रंथालयों में कुछ जनप्रिय विभागों की स्थापना करके भी पुस्तकों की पाठ्य-सामग्रियों का प्रदर्शन किया जाता है। उदाहरणार्थ रोचक एवं मनोरंजनात्मक पुस्तकों का विभाग अलग तैयार किया जाता है तथा वहाँ पर पुस्तकों को आकर्षक ढंग से व्यवस्थित कर पाठकों को उनकी ओर आकर्षित किया जाता है। पुस्तकालय में प्रदर्शन का एकमात्र उद्देश्य यही है कि जनता में पुस्तकालय में उपलब्ध पाठ्य-सामग्री के उपयोग के लिए उपयुक्त वातावरण बन जाए। प्रदर्शन भी एक आधुनिक कला है जिसके लिए शिक्षा, व्यवहार कुशलता एवं होशियारी की आवश्यकता होती है।

6. विशिष्ट कक्ष निर्माण—अधिकांश ग्रंथालय भवनों में सुन्दर ढंग से मुद्रित दुर्लभ पुस्तकों के स्थाई प्रदर्शन के लिए विशिष्ट कक्ष का निर्माण किया जाता है अथवा अध्ययन कक्ष की ओर जाने वाले मार्ग की दीवार में एक छोर से दूसरे छोर तक प्रदर्शन मंजूषाओं का निर्माण किया जाता है।

7. पुस्तक प्रदर्शनी—पुस्तक प्रदर्शनी के माध्यम से पुस्तकों का व्यापक प्रचार-प्रसार होता है। पुस्तकालय अपने परिवार में कभी-कभी नई आई हुई पुस्तकों

को प्रदर्शित करने के लिए प्रदर्शनी का आयोजन करता है, जिससे पाठकों को वहाँ पर उपलब्ध पाठ्य-सामग्री की जानकारी प्राप्त होती है। यह प्रदर्शन दो प्रकार का होता है : (i) स्थाई (ii) अस्थाई। स्थाई प्रकार के प्रदर्शन में पुस्तकों की विशिष्टता अर्थात् अच्छे मुद्रण, अप्राप्य पुस्तक, पाण्डुलिपि, कलात्मक पुस्तकें आदि के आधार पर प्रदर्शन किया जाता है। जबकि अस्थाई प्रदर्शनी का आयोजन विशिष्ट विषय, समय, महत्त्वपूर्ण घटनाओं, उत्सवों व मेलों, साहित्यिक वार्षिकोत्सव तथा किसी प्रमुख लेखक अथवा व्यक्ति की शताब्दी पर किया जाता है।

निष्कर्ष में कहा जा सकता है कि पुस्तकालयों की लोकप्रियता में वृद्धि करने हेतु पुस्तकालय प्रदर्शन प्रणाली को अपनाकर उल्लेखनीय सफलता प्राप्त की जा सकती है।

10

पुस्तक आगत-निर्गत की विधियाँ

वर्तमान समय में पाठकों के पास इतना समय नहीं है कि पुस्तकालयों में जाकर पुस्तकों का अध्ययन करें अतः वर्तमान समय में पुस्तकालयों में पुस्तक आगत-निर्गत कार्य अत्यन्त महत्त्वपूर्ण माना जाता है। अतः उन समस्त गतिविधियों को जिनके द्वारा पाठक को पुस्तकें पुस्तकालय से बाहर जाने की अनुमति दी जाती है, निर्गत विधि तथा उन समस्त गतिविधियों जिनके द्वारा पुस्तक पाठक से पुनः पुस्तकालय में प्राप्त की जाती है, आगत विधि कहलाती है उसे अतएवं सारांश में कहा जा सकता कि जिन नियमों के तहत पुस्तकों के आदान-प्रदान का कार्य किया जाता है उसे आगत-निर्गत प्रणाली कहते हैं।

जब किसी पुस्तकालयों में पुस्तकों के संकलन की संख्या तथा पुस्तकें लेने वालों की संख्या कम होती है, तो आदान-प्रदान प्रक्रिया में कोई कठिनाई नहीं होती है तथा कोई भी आदान-प्रदान विधि प्रयोग में लाई जा सकती है। परन्तु ज्यों-ज्यों पुस्तकें लेने वालों की संख्या में वृद्धि होती है त्यों-त्यों यह प्रक्रिया कठिन होती जाती है और किसी ऐसी विधि का प्रयोग इस कार्य के लिए करना पड़ता है, जो इस जटिल कार्य को सरलतापूर्वक आयोजित कर सके।

आगत-निर्गत की पद्धतियाँ

पुस्तकालय प्रबन्ध विज्ञान की प्रणेता डॉ. रंगनाथन ने पुस्तकालय विज्ञान का चतुर्थ सूत्र 'पाठकों का समय बचाओ' ने पुस्तकालयों में पुस्तकों की आगत-निर्गत की प्रक्रिया को बहुत ज्यादा प्रभावित किया है। जिससे जहाँ आदान-प्रदान कार्य में प्रगति हो। पुस्तकालय कर्मचारियों का पाठकों को पुस्तकें प्रदान करने में कम से कम समय लगे तथा आदान-प्रदान पटल पर भी भीड़ न हो और पुस्तक आदान-प्रदान करने के लिए पहले से कोई विशेष तैयारी न करनी पड़े तथा जो विधि पुस्तकों के आदान-प्रदान कार्य के लिए अपनाई जाये वह अधिक कठिन भी न हो।

इस प्रकार ऐसा करने पर पाठकों के समय की बचत करके **डॉ. रंगनाथन के चतुर्थ सूत्र** का पालन होता है।

डॉ. रंगनाथन का पंचम सूत्र–**पुस्तकालय सरल है**। यहाँ पर इसका अर्थ यह होता है कि आदान-प्रदान नियम ऐसा होना चाहिए जो पुस्तकालय पाठकों की बढ़ती हुई संख्या के साथ ठीक प्रकार से कार्य कर सके। यदि किसी पुस्तकालय में पाठकों की संख्या कम है, तो उसमें किसी भी विधि से काम चलाया जा सकता है।

आगत-निर्गत की प्रमुख प्रणालियाँ

यद्यपि पुस्तकालयों में पुस्तकों की आगत-निर्गत की प्रक्रिया अलग-अलग होती है। परन्तु पुस्तकालय में पाठकों की संख्या के आधार पर ही लेन-देन कार्य करने के लिए उचित विधि का चुनाव उपयोग में लाया जाता है। विभिन्न पुस्तकालयों में विभिन्न प्रकार की विधि अपनाई जाती है। भारत में उनमें से अधिकतर पंजीयन प्रणाली के अतिरिक्त **ब्राउन विधि** अथवा **न्यूयार्क विधि** अपनाई जाती है। जबकि पाश्चात्य देशों में नवीन एवं वर्तमान विध्यिाँ प्रयोग में लाई जाती हैं जिनमें से कुछ कम्प्यूटर के माध्यम से भी संचालित की जाती हैं। ग्रंथालयों में ग्रंथों की आगत-निर्गत की प्रमुख विधियाँ निम्न प्रकार हैं–

1. पंजी प्रणाली

ग्रंथालयों में दो प्रकार की पंजी प्रणाली होती है–

1. दैनिक पंजी प्रणाली
2. खाता बही प्रणाली

उपरोक्त प्रणालियों की मदद से ही पुस्तकालय में पुस्तकों के लेन-देन का कार्य किया जाता है। दैनिक पंजी पद्धति में एक रजिस्टर उपयोग में लाया जाता है, जिसमें निम्न प्रकार से कॉलम बने होते हैं--

क्र.सं. परिग्रहण	*पुस्तक का शीर्ष*	*लेखक का नाम*	*पाठक की संख्या*	*पाठक का हस्ताक्षर*	*पाठक के वापसी ह. दिनांक*
1.					
2.					
3.					
4.					
5.					
6.					
7.					
8.					
9.					

इस प्रणाली में पुस्तकें प्रदान करते समय रजिस्टर में पुस्तक से सम्बन्धित सभी विवरण भरकर पाठकों से हस्ताक्षर करा लिये जाते हैं तथा पुस्तक की दिनांक पर्ची (Date Slip) पर जो पुस्तक के अन्तिम पृष्ठ पर लगी होती है, पुस्तक प्रदान करने की तिथि डाल दी जाती है तथा पुस्तक पाठक को प्रदान कर दी जाती है। पुस्तक वापस करते समय पुस्तक का जो विवरण लिखा हुआ है, उसे एक रेखा से काटते हुए लेने वाला कर्मचारी अपने हस्ताक्षर दिनांक सहित कर देता है। प्राचीन काल से पुस्तकों की यह आगत-निर्गत की विधि रही है। जिसका अब प्रचलन बंद-सा हो गया है लेकिन भारत के अनेक छोटे-छोटे पुस्तकालय में यह अब भी प्रचलित है।

खाता बही पद्धति इस नियम की दूसरी पद्धति है। जिसमें दैनिक खाता तथा बही दो प्रकार से लेन-देन प्रक्रिया को पूरा किया जाता है। दैनिक खाता एक अस्थायी रजिस्टर होता है। पुस्तक प्रदान करते समय पुस्तकालय के कार्यकाल में दिन में पुस्तक से सम्बन्धित सभी विवरण इस अस्थायी रजिस्टर में भर लिए जाते हैं तथा बाद में बही में जिसमें एक पाठक के लिए बैकों के खाते की तरह एक पृष्ठ निर्धारित रहता है, विवरण कर दिए जाते है। बही में पुस्तक तथा पाठक से सम्बन्धित सभी कालम बने

(2) इस पद्धति में पुस्तकों, पाठकों तथा समय से सम्बन्धित तीनों विवरणों की आवश्यकताओं की पूर्ति सन्तोषजनक रूप से होती है अर्थात् ज्ञात हो सकता है कि कोई विशिष्ट पुस्तक किस पाठक के पास है तथा उसके कब तक लौटने की सम्भावना है।

(3) यह पद्धति पुस्तक आदान-प्रदान करने की एक सन्तोषजनक पद्धति है जिसमें इससे पहले वर्णित पद्धतियों से कम समय लगता है।

(4) जो पुस्तकें निर्धारित समय पर लौट आनी चाहिए लेकिन अभी नहीं लौटाई गई हैं उनके लौटाने के लिए स्मरण पत्र आसानी से भेजे जा सकते हैं क्योंकि रीडर्स कार्ड में पाठकों का सम्पूर्ण विवरण पते सहित लिखा होता है।

(5) इस पद्धति के माध्यम से एक पाठक एक समय में कितनी पुस्तक ले सकता है एवं रख-रखाव का नियन्त्रण स्वयंमेव हो जाता है क्योंकि एक रीडर्स कार्ड पर एक ही पुस्तक प्रदान की जाती है।

(6) यह एक सरल एवं सुविधाजनक प्रणाली है। इसमें किसी विशेष सामग्री की आवश्यकता नहीं पड़ती है। केवल पाठकों के लिए रीडर्स कार्ड की ही आवश्यकता होती है।

एक-पत्रक प्रणाली की कमियाँ

(1) पाठक के पास पुस्तक के अतिरिक्त अन्य कोई अभिलेख नहीं रहता जिससे ज्ञात हो सके कि उसके पास पुस्तकालय की कितनी पुस्तकें हैं उन्हें कब वापस लौटाना है।

(2) इस पद्धति में पुस्तक आदान-प्रदान करने में पर्याप्त समय लग जाता है क्योंकि पुस्तकालय कर्मचारी को रीडर्स कार्ड तथा देने की तिथि की पर्ची पर सूचना अंकित करनी पड़ती है।

(3) यदि पाठक द्वारा रीडर्स कार्ड गुम हो जाता है, तो उसके दुरुपयोग की सम्भावना रहती है जिससे पाठक तथा पुस्तकालयों को हानि पहुँच सकती है।

(4) पुस्तकालय में पुस्तकों के उपयोग का कोई लेखा नहीं रहता जैसे पंजी प्रणाली में रहता है।

(5) रीडर्स कार्ड को व्यवस्थित करने में तथा खोजने में असुविधा होती है क्योंकि पुस्तक की क्रमांक संख्या तथा परिग्रहण संख्या सबसे ऊपर अंकित न होकर नीचे अंकित होती है।

(ii) न्यूयार्क प्रणाली

न्यूयार्क प्रणाली आगत-निर्गत की महत्त्वपूर्ण प्रणाली है। इस प्रणाली का आविर्भाव न्यूयार्क में सन् 1900 में न्यूयार्क पुस्तकालय में ''गाहेन केटन डेला'' नामक पुस्तकालय द्वारा किया गया है। अमेरिका तथा भारत के असंख्य पुस्तकालयों में इस विधि को अपनाया जाता है। इस पद्धति में पाठक को एक रीडर्स कार्ड प्रदान किया जाता है, जिसमें पाठक का पूर्ण विवरण लिखा होता है। इसके अतिरिक्त बुक कार्ड मुद्रित करवा लिए जाते हैं जिनमें पुस्तक के सम्पूर्ण विवरण के साथ-साथ नीचे की ओर चार कालम बने होते हैं, जिनमें पुस्तक प्रदान करने का दिनांक तथा प्रदान करने वाले के हस्ताक्षर और पुस्तक वापस आने का दिनांक एवं हस्ताक्षर होते हैं। सभी पुस्तकों के पीछे दिनांक पर्ची भी चिपकी रहती है।

इस पद्धति में पुस्तक देते समय कर्मचारी पाठक से Reader's Card लेकर उसमें दिनांक डालकर हस्ताक्षर कर देता है तथा उसे पाठक को ही वापस कर देता है तथा पुस्तक के पीछे लगी Date Slip पर भी दिनांक डालकर हस्ताक्षर कर देता है। उसके बाद पुस्तक के बुक कार्ड को निकालकर, जो पुस्तक के पीछे पाकेट में लगा होता है उसमें पाठक की पंजी संख्या तथा देय दिनांक डालकर पाठक से हस्ताक्षर कराके वापस ले लिया जाता है जिसे लकड़ी की बनी ट्रे (Tray) में दिनांकवार (Datehise) व्यवस्थित कर दिया जाता है। पुस्तक वापस आते समय कर्मचारी पाठक के Reader's Card में वापसी दिनांक डालकर हस्ताक्षर कर देता है और ट्रे में से बुक कार्ड निकालकर वापसी दिनांक डालकर हस्ताक्षर कर देता है तथा उसे पुस्तक की पाकेट में लगा देता है। पुस्तक अपने स्थान पर चली जाती है। न्यूयार्क पद्धति में इस्तेमाल किए जाने वाले पत्रकों की संख्या का विवरण निम्नलिखित है।

बुक कार्ड—बुक कार्ड का प्रयोग उन सभी पुस्तकों के लिए किया जाता है जिसमें पुस्तक के विवरण के साथ ही देने की तिथि एवं प्राप्ति दिनांक तथा कर्मचारी के हस्ताक्षर के कालम बने होते हैं। यह कार्ड 3" × 5" आकार का होता है जो पुस्तक के पिछले कवर पृष्ठ में लगी जेब जैसी (Pocket) में रख दिया जाता है। इस कार्ड का कागज भी कुछ मोटा होता है।

पुस्तकालय का नाम :

पुस्तक का क्रमांक अंक : **परिग्रहण संख्या :**

पुस्तक का शीर्षक :

लेखक का नाम :

पाठक की सदस्य संख्या	देय दिनांक	प्राप्ति दिनांक	हस्ताक्षर

गुण—इस पद्धति के गुण निम्न प्रकार हैं—

(1) भीड-भाड़ के समय पुस्तकें आदान-प्रदान करने का कार्य एक ही समय में कई कर्मचारियों द्वारा सम्पन्न किया जा सकता है।

(2) पुस्तकें रखने की निश्चित तिथियों जैसे सात दिन या एक माह आदि को सरलता से नियन्त्रित किया जा सकता है, क्योंकि बुक कार्ड पर देने की तिथि डाली जाती है।

(3) पाठक का रीडर्स कार्ड बैंक पास बुक के समान कार्य करता है, जो पुस्तक की किसी उलझन को सुलझाने में सहायता करता है।

(4) रीडर्स कार्ड पर स्थायी विवरण रहता है। कौन-सी पुस्तक किन-किन पाठकों ने पढ़ी है, जिससे एक ही पाठक को किसी विशिष्ट पुस्तक के बार-बार लेने पर रोक लगाई जा सकती है।

(5) एक रीडर्स कार्ड पर कई पुस्तकें प्रदान की जा सकती हैं।

(6) रीडर्स कार्ड पाठक के पास ही रहता है। इसलिए उसे ज्ञात रहता है कि उसके पास कितनी पुस्तकें हैं और उनको कब वापस करना है।

कमियाँ—इस पद्धति की अधोलिखित कमियाँ हैं—

(1) यदि पाठक अपना रीडर्स कार्ड किसी कारण से न ला पायें तो पुस्तक मिलना नितान्त असम्भव हो जाता है जबकि पाठक को पुस्तक की नितान्त आवश्यकता है।

(2) विशेष रूप से भीड़-भाड़ के समय सदस्य संख्या अंकित करने तथा देय दिनांक आदि अंकित करने में त्रुटि की सम्भावना हो जाती है। क्योंकि इस पद्धति में रीडर्स कार्ड तथा बुक कार्ड असंख्य संख्या में मुद्रित करवाने पड़ते हैं। इसलिए यह व्यर्थ की पद्धति है एवं खर्च भी अधिक होता है।

(3) इस पद्धति में पुस्तकों की आदान-प्रदान प्रक्रिया में काफी समय लगता है क्योंकि पुस्तकों को पाठकों को प्रदान करते समय कई कालमों में प्रविष्टियाँ भरनी पड़ती हैं। इसलिए यह पद्धति समय साध्य है। पुस्तक वापस करते समय भी कई प्रविष्टियाँ पड़ती हैं।

(4) एक पाठक निश्चित संख्या से अधिक पुस्तक एक समय में ले जा सकता है। ऐसा विशेष रूप से भीड़-भाड़ के समय हो सकता है।

रीडर्स कार्ड—प्रत्येक पुस्तकालयों में इस पद्धति के अंतर्गत प्रत्येक पाठकों को रीडर्स कार्ड उपलब्ध कराया जाता है। इसका आकार कोई प्रामाणिक आकार नहीं होता है। पुस्तकालय अपनी सुविधानुसार इसका आकार रख सकते हैं। इसका कागज मोटा

होता है तथा इस कार्ड में नियमानुसार कालम मुद्रित कराये जाते हैं। विभिन्न विभागों के लिए विभिन्न रंगों में इनका मुद्रण कराया जा सकता है।

पुस्तकालय का नाम–	
सदस्य का नाम–	सदस्य संख्या–
पता–	विभाग का नाम–
पाठक द्वारा प्राप्त की जा सकने वाली पुस्तकों की संख्या–	
देय कर्मचारी–	प्राप्ति कर्मचारी–
दिनांक–	दिनांक–
हस्ताक्षर	हस्ताक्षर

(iii) ब्राउन प्रणाली

न्यूयार्क पद्धति के साथ भारतीय पुस्तकालयों में सबसे ज्यादा प्रयोग की जाने वाली यह पद्धति है। इस पद्धति को जन्म देने का श्रेय अमेरिका के बोस्टन नगर की लाइब्रेरी ब्यूरो की एक महिला पुस्तकालयी नीना ई. ब्राउने (Neena E. Browne) को जाता है। इन्होंने अपने ही नाम पर इस पद्धति का नामकरण किया। इस पद्धति का प्रयोग ब्रिटेन के सार्वजनिक पुस्तकालयों में अधिक किया जाता है तथा भारत में भी इसे पर्याप्त लोकप्रियता मिली हुई है। इस पद्धति का प्रयोग निरन्तर बढ़ रहा है परन्तु जिस देश में इसका आविष्कार किया गया है वहाँ इसका प्रयोग केवल नाम मात्र का रह गया है।

ब्राउन पद्धति में प्रयुक्त होने वाली सामग्री

(1) रीडर्स कार्ड (गृहीता कार्ड)—इस प्रणाली में गृहीता अथवा पाठक को एक या दो अथवा निश्चित संख्या में पाठक टिकट जाते हैं जो आकार में पत्रक की अपेक्षा लिफाफे अथवा पॉकेट की भांति होते हैं, जिसके ऊपर पाठक का संक्षिप्त विवरण, जैसे—पुस्तकालय का नाम, टिकट की संख्या, पाठक का नाम, पाठक का पता आदि छपे होते हैं जो पाठक के लिए परिचय-पत्र का कार्य करते हैं। रीडर्स टिकट के पीछे पुस्तकालय की नियमावली संक्षिप्त रूप में मुद्रित होती है, जो पुस्तकों के आदान-प्रदान आगम से सम्बन्धित होती है।

(2) दिनांक पंजी—दिनांक पंजी की तिथि पुस्तकों के अंतिम पृष्ठों में चिपकायी जाती है। उसमें पहला कालम देने की तिथि का होता है जिसमें पुस्तक के दिये जाने वाले देय दिनांक को उसमें डाला जाता है।

(3) बुक कार्ड—सभी पुस्तक का एक बुक कार्ड बनाया जाता है, जो मोटे आकार के कागज पर 3"×5" आकार का बना होता है जिसको पुस्तक के पिछले पृष्ठ के अन्दर की ओर एक पॉकेट बनी होती है उसमें रखा जाता है। इसमें पुस्तक का समस्त विवरण दिया रहता है। जैसे—पुस्तकालय का नाम, पुस्तक की संख्या तथा लेखक का नाम आदि दिया रहता है तथा परिग्रहण संख्या भी दी हुई होती है। इतना विवरण समाप्त होने के बाद नीचे की ओर देय दिनांक तथा हस्ताक्षर के खाने बने होते हैं।

ब्राउन पद्धति की प्रक्रिया

पुस्तकों को भंडार गृह से निकालने हेतु ब्राउन पद्धति का इस्तेमाल किया जाता है। जिन पुस्तकालयों में मुक्त-प्रवेश रीडर्स कार्ड की व्यवस्था है वहाँ पाठक स्वयं Stock Room में जाकर अपनी वान्छित पुस्तक को निकाल लाते हैं तथा प्रदान-पटल पर जाकर अपने पाठक-टिकट के साथ प्रदान-सहायक को प्रस्तुत कर देते हैं तथा प्रदान-सहायक पुस्तक की खानापूर्ति करके पाठक को देता हैं तथा पाठक टिकट को वह स्वयं ले लेता है पुस्तक के पुस्तक-पत्रक को वहाँ से निकाल कर पाठक को रीडर्स कार्ड में जो पाकेटनुमा होता है, लगा देता है। पुस्तक पाठक को प्रदान करने से पूर्व उसमें पिछले पृष्ठ पर लगी Date Slip में तिथि डालकर पुस्तक पाठक को दे दी जाती है तथा पुस्तक-पत्रक (Book Card) में भी दिनांक डाल दिया जाता है। रीडर्स कार्ड को बुक कार्ड के साथ बनी हुई ट्रे (Tray) में देने की तिथि से पूर्व पाठकों को प्रदान की जाने वाली पाठकों के क्रमांक के अनुसार व्यवस्थित कर लिया जाता है।

अगर पाठक पुस्तक को वापस करना चाहता हो, तो पुस्तक को प्रदान-पटल पर प्रस्तुत करता है तब प्रदान-सहायक पुस्तक के प्रदान करने की तिथि पुस्तक के पिछले पृष्ठ पर लगी Date Slip में देखकर उक्त पुस्तक सम्बन्धी (Reader's Card को Tray में से निकाल लेता है तथा Book Card में वापस होने का दिनांक डालकर कार्ड फिर पुस्तक की पॉकेट में लगा देता है और रीडर्स कार्ड को पाठक को वापस कर देता है। इस प्रकार लेन-देन की गतिविधि सम्पन्न होती है। किसी पुस्तकालय में पुस्तकों का लेन-देन करने के लिए विभिन्न पटलों की व्यवस्था की जाती है।

जब पुस्तकालय कर्मचारी को पाठक टोकन देता है, तो उसे पुस्तकालय से पुस्तक दे दी जाती है और दिनांक पर्ची पर देय दिनांक अंकित कर दिया जाता है। पुस्तक वापस करने पर टोकन वापस पाठक को दे दिया जाता है—

टोकन निर्गम पद्धति के अंतर्गत इस बात का ध्यान रखा जाता है कि समस्त पाठकों को कुल कितने टोकन दिए गये हैं। वर्ष के अन्त में पाठकों को प्रदान किए गये सभी टोकन पुस्तकालय में वापस करने पड़ते हैं। यदि कोई टोकन किसी पाठक से गुम हो जाता है तो उसे इसके बदले में दण्ड स्वरूप पुस्तक की कीमत के हित में कुछ पूर्व निश्चित धनराशि पुस्तकालय में जमा करनी होती है।

टोकन निर्गत प्रणाली के कुछ प्रमुख लाभ

इस प्रणाली के निम्नलिखित लाभ हैं–

(1) टोकन प्रणाली सबसे आसान प्रणाली है तथा आदान-प्रदान प्रक्रिया में गति लाने के लिए अत्यन्त सरल है। क्योंकि इस प्रणाली में किसी प्रकार का लेखन कार्य आदि नहीं करना पड़ता है।

(2) पाठक द्वारा निर्धारित संख्या में ही पुस्तकें ली जा सकती हैं।

टोकन निर्गत प्रणाली के दोष

इस प्रणाली के अग्रलिखित दोष हैं–

(1) इस पद्धति में भी यह ज्ञात नहीं हो सकता है कि कौन-सी पुस्तक किस पाठक के पास है तथा कब वापस आने की सम्भावना है।

(2) धूर्त अथवा चालाक पाठकों द्वारा पुस्तकालय से बहुमूल्य तथा अमूल्य पुस्तक निर्गत कराकर तथा उन्हें अपने पास रखकर टोकन गुम हो जाने की सूचना दी जा सकती है। इस स्थिति में पुस्तकालय उनसे केवल एक निश्चित धनराशि ही लेने का अधिकारी होता है।

(3) अनेक पाठकों को टोकन गुम होने की स्थिति में निर्धारित धन राशि देनी पड़ती है जबकि सम्भव है उस टोकन पर पुस्तकालय से कोई भी पुस्तक निर्गत न हुई हो। इस प्रकार सदस्यों या पाठकों में असन्तोष बढ़ सकता है।

6. डेट्राइट स्व-निर्गत प्रणाली

सन् 1929 में ड्रेटाइट स्व-निर्गत पद्धति का आविष्कार संयुक्त राज्य अमेरिका के ड्रेटाइट सार्वजनिक पुस्तकालयों में किया गया था। इस पद्धति को विकसित करने का श्रेय राल्फ ए. उल्वेलिंग को जाता है। इस पद्धति की गतिविधि न्यूयॉर्क पद्धति के अनुरूप ही होती है तथा इसमें भी वही सामग्री प्रयुक्त होती

है, जो न्यूयार्क प्रणाली में होती है। जैसे—रीडर्स कार्ड, बुक कार्ड, दिनांक पर्ची तथा ट्रे आदि।

डेट्राइट स्व-निर्गत पद्धति की आगम निर्गम की प्रक्रिया

इस प्रक्रिया में पुस्तक प्राप्ति के दौरान पाठक द्वारा पुस्तकालय कर्मचारी के सामने प्रस्तुत करने से पूर्व उससे संवंधित पुस्तक्र के बुक कार्ड में अपने हाथ से अपनी सदस्यता संख्या लिख दी जाती है। कर्मचारी पाठक के सदस्यता कार्ड से उसकी जाँच करने के पश्चात् पुस्तक की पॉकेट में दिनांक पत्रक लगा देता है और पुस्तक को पाठक को प्रदान कर देता है। पाठक को पुस्तक देने से पूर्व बुक कार्ड पर देने की तिथि अंकित कर लेता है। उसके बाद उक्त दिनांक के अन्तर्गत वर्गीकृत क्रम अथवा पाने की संख्या के अनुसार बुक कार्डों को व्यवस्थित कर लिया जाता है। पुस्तक वापस करते समय कर्मचारी उक्त पुस्तक के दिनांक पत्रक से दिनांक देखकर पुस्तक का बुक कार्ड ढूंढ लेता है तथा पुस्तक तथा पर्ची की भली-भांति जाँच करने के बाद बुक कार्ड को पुस्तक की पॉकेट में लगा देता है और दिनांक पत्रक पुस्तक के पॉकेट में से निकाल लेता है। इसके उपरांत पुस्तकों को अपनी निश्चित अलमारियों में पुनः रख दिया जाता है। इस प्रकार प्रणाली द्वारा पुस्तकों के लेन-देन की प्रक्रिया सम्पन्न होती है।

डेट्राइट स्व-निर्गत प्रणाली के कुछ प्रमुख लाभ

ड्रेटाइट स्व-निर्गत प्रणाली के प्रमुख लाभ अधोलिखित हैं—

(1) पाठकों में उत्तरदायित्व तथा स्वामित्व की भावना का उदय होता है तथा इस प्रकार उनके हृदय में पुस्तकालय तथा पुस्तकों के प्रति लगाव की भावना का विकास होता है।

(2) इस प्रणाली में बिल्कुल न्यूयार्क पद्धति के समस्त लाभ विद्यमान हैं। रीडर्स कार्ड का कार्य परिचय-पत्र से लिया जाता है। परन्तु उसमें कोई सूचना अंकित नहीं की जाती है। अतः पाठक के पास न्यूयार्क प्रणाली के समान पुस्तक से अलग कोई आलेख नहीं होता है कि उसके पास पुस्तकालय की कितनी पुस्तकें हैं और उन्हें कब लौटाना है।

(3) कर्मचारियों का समय अधिक व्यय न होने के कारण आदान-प्रदान प्रक्रिया में अधिक गति आ जाती है, जिससे कर्मचारियों के साथ-साथ पाठकों का समय भी बचता है।

डेट्राइट स्व-निर्गत प्रणाली के दोष

ड्रेटाइट स्व-निर्गत प्रणाली के कुछ प्रमुख दोष निम्नांकित हैं–

(1) प्राचीन पुस्तकों के स्मरण पत्र भेजने में असुविधा होती है तथा अधिक समय लगता है क्योंकि पाठक की सदस्य संख्या देखकर उसके रजिस्ट्रेशन कार्ड से उसका पूरा पता निकालना पड़ता है।

(2) एक पाठक द्वारा एक समय में अधिक से अधिक कितनी पुस्तकें ली जा सकती हैं, इस सम्बन्ध में इस पद्धति में कोई नियन्त्रण सम्भव नहीं है अर्थात् एक पाठक निश्चित संख्या से अधिक पुस्तकें एक समय में निर्गत करवा सकता है।

(3) पाठक द्वारा भी भूल-चूक में अपना सदस्य क्रमांक गलत अंकित किया जा सकता है और उसके दुष्परिणाम पुस्तकालय को भोगने पड़ सकते हैं। अतः अत्यन्त सावधानी की आवश्यकता होती है।

(4) सुविधा की दृष्टि से आवेदन पत्रों की दो प्रतियाँ भरवाना तथा उनकी अलग-अलग एक प्रति को सदस्य संख्यानुसार तथा दूसरी प्रति को सदस्यों के नाम से वर्णानुसार व्यवस्थित करना आवश्यक हो जाता है। इसलिए कर्मचारियों का समय अधिक नष्ट होता है।

अन्य प्रणालियां

उपरोक्त महत्त्वपूर्ण परिचालन प्रणालियों के अतिरिक्त कुछ अन्य महत्त्वपूर्ण परिचालन प्रणालियां इस प्रकार हैं–

(i) आई. बी. एम. आदान-प्रदान नियन्त्रण प्रणाली।

(ii) मशीन निर्गम प्रणाली

(iii) दृश्य अभिलेख निर्गम प्रणाली

(iv) टेब आदान-प्रदान प्रणाली

(v) वाइने काउन्टी आदान-प्रदान प्रणाली

(vi) पंचकार्ड निर्गम प्रणाली

(vii) श्रव्य प्रणाली

(viii) फोटोग्राफी प्रणाली

(ix) गेलर्ड निर्गम प्रणाली

(x) द्वि-अभिलेख आदान-प्रदान प्रणाली

(xi) कम्प्यूटर निर्गम-आगम प्रणाली

(xii) रंगीन-पत्रक निर्गम-आगम प्रणाली

(xiii) परिग्रहण संख्या निर्गम-आगम प्रणाली

(xiv) कोलम्बिया पद्धति

(xv) मिसौरी पद्धति

उपरोक्त अध्याय के अध्ययन से ज्ञात होता है कि पुस्तकालय की आगत-निर्गत की इन पद्धतियों ने पुस्तकालय प्रबन्ध जगत में परिवर्तन कर विश्वभर के पाठकों को पुस्तकों के अध्ययन हेतु आकर्षित किया है। जिन देशों में पुस्तकालय प्रबन्ध का कार्य पिछड़ी अवस्था में है उन्हें इन विधियों को अवश्य अपनाना चाहिए।